JN055784

能力向上教育用テキスト

衛生管理者の実務

中央労働災害防止協会

ま え が き

　職業性疾病は，長期的には減少してきましたが，ここ数年は増加傾向もみられ，依然として腰痛等の負傷に起因する疾病は多く，化学物質，酸素欠乏等による災害も繰り返し発生し，じん肺等の職業性疾病も後を絶たない状況にあります。

　また，高齢化の一層の進展，就業形態の多様化や産業構造の変化等労働者を取り巻く環境が変化する中で，一般定期健康診断の結果，脳・心臓疾患につながる所見をはじめとして何らかの所見を有する労働者が半数を超え，職場において疲労やストレスを感じている労働者や，過重労働による健康障害，精神障害に係る労災認定件数も高い水準で推移しています。最近では，新型コロナウイルス感染症の流行という大きな問題も生じています。

　このような状況の中，充実した勤労者生活を実現するためには，健康の確保と快適な職場環境づくりを基本として，現在発生している職業性疾病を減少させるだけでなく，職場における潜在的危険有害性を排除するという観点からの取組みが不可欠であり，職場の衛生管理水準の向上を担っている衛生管理者は，衛生管理組織の中で重要な役割を持つ者として，その位置づけはいやが上にも高まってきています。

　衛生管理者は，単に経営者の指示を実行するのではなく，むしろ経営者に対して労働衛生面における不具合事項について強く働きかけ，これを改善させるような存在でなければなりません。そのためには，労働衛生管理についての十分な知識を有していることが不可欠です。さらに，労働者の健康管理面においては，当該事業場の産業医と連携協力し合って，取り組んでいくことが大切です。

　本書は，このような観点で，衛生管理者の資質の向上を目的とした能力向上教育用テキストとして編纂されたものです。このほど，最新の法令，統計等に対応して改訂いたしました。本書が関係者各位に広く活用いただければ幸いです。

令和 3 年 7 月

中央労働災害防止協会

平成 27 年の第 5 版発行時の大幅な改訂にあたりましては，より実務的な観点から，衛生管理者の職務に役立つ内容を盛り込むべく，「全国衛生管理者協議会・衛生管理者の職務と能力向上小検討会」（平成 26 年〜平成 27 年）にて検討いただき，次の委員の皆様に見直しと執筆を行っていただきました。改めて感謝申し上げます。

（所属・役職名等は，第 5 版執筆当時（平成 27 年 11 月）のもの）

HOYA㈱HOYA グループ　OSH 推進室　環境・安全衛生統括マネジャー　第 1 編　第 1 章
神津　進　（委員長）

椎野労働衛生コンサルタント事務所　所長　　　　　　　　　　　　　第 1 編　第 2 章
椎野　恭司

㈱トッパンコミュニケーションプロダクツ　総務部主任　　　　　　　第 1 編　第 6 章
小沼　博子

新日鐵住金㈱名古屋製鐵所　安全環境防災部　安全健康室主幹　　　　第 4 編　第 4 章
瀧口　好三

三菱化学㈱人事部健康支援センター　　　　　　　　　　　　　　　　第 6 編　第 1 章
伊藤　伸也

㈱リコー日本統括本部　総務統括センター　H&S 統括部　　　　　　第 6 編　第 5 章
田端　和美

労働衛生コンサルタント　中央労働災害防止協会相談員　　　　　　　全編
武田　繁夫

目　次

衛生管理者能力向上教育（初任時）カリキュラム

科　目	範　囲	時　間
1　労働衛生管理の進め方	(1)　労働衛生管理体制における衛生管理者の役割 (2)　危険性又は有害性等の調査及びその結果に基づき講ずる措置 (3)　事業場における安全衛生の水準の向上を図ることを目的として事業者が一連の過程を定めて行う自主的活動 (4)　職場巡視 (5)　健康障害発生原因の調査 (6)　産業医等安全衛生管理者との連携 (7)　法定の届出，報告書等の作成 (8)　労働衛生統計等労働衛生関係基礎資料の作成及び活用	4.5(2.5)
2　作業環境管理	(1)　作業環境測定及び評価 (2)　局所排気装置等労働衛生関係施設の点検 (3)　一般作業環境の点検	1.0(0.5)
3　作業管理	(1)　作業標準の活用 (2)　労働衛生保護具の適正使用及び保守管理	1.0(0.5)
4　健康管理	(1)　健康診断及び面接指導等の対象者の把握，実施結果の記録及び保存並びに実施結果に基づく事後措置等 (2)　メンタルヘルス対策 (3)　健康の保持増進の進め方 (4)　救急処置	2.5(2.0)
5　労働衛生教育	(1)　教育の進め方	1.0(1.0)
6　災害事例及び関係法令	(1)　健康障害発生事例及びその防止対策 (2)　労働衛生関係法令	2.0(1.0)
計		12.0(7.5)

＊1　安全衛生団体等が行う場合は，「事業場における労働衛生管理の実際」として事例紹介を1時間程度加えることが望ましい。
　　2　第二種衛生管理者については，上記カリキュラムから有害業務に係るものを除き，時間については，括弧内の時間とする。

（「労働災害の防止のための業務に従事する者に対する能力向上教育に関する指針」（平成元年5月22日能力向上教育指針公示第1号。最終改正：平成18年3月31日）より）

衛生管理者能力向上教育（定期又は随時）カリキュラム

科　目	範　囲	時　間
1　労働衛生管理の機能と構造	(1)　企業活動における労働衛生管理 (2)　労働衛生管理に係る中長期計画の策定及び活用 (3)　労働衛生管理規程等の作成及び活用 (4)　事業場における安全衛生の水準の向上を図ることを目的として事業者が一連の過程を定めて行う自主的活動（危険性又は有害性等の調査及びその結果に基づき講ずる措置を含む。） (5)　健康障害発生原因の分析及び結果の活用 (6)　職場巡視計画の策定及び問題点の処理 (7)　労働衛生情報・資料の収集及び活用	2.5(1.5)
2　作業環境管理	(1)　作業環境測定結果の評価及びそれに基づく環境改善 (2)　労働衛生関係施設等の定期自主検査及び整備 (3)　一般作業環境の整備	1.0(0.5)
3　作業管理	(1)　作業分析の評価 (2)　作業標準の評価 (3)　労働衛生保護具の選定	2.0(1.0)
4　健康管理	(1)　有害要因と健康障害 (2)　健康危険調査及び疫学的調査等 (3)　健康診断及び面接指導等並びにこれらに基づく事後措置に関する実施計画の作成 (4)　メンタルヘルス対策 (5)　疫病管理計画の作成 (6)　健康保持増進対策	2.5(1.5)
5　労働衛生教育	(1)　教育計画の作成	1.0(0.5)
6　実務研究	(1)　各種労働衛生管理規程の作成 (2)　作業標準の作成 (3)　労働衛生管理計画等の作成	2.0(1.0)
7　災害事例及び関係法令	(1)　健康障害発生事例及びその防止対策 (2)　労働衛生関係法令	2.0(1.0)
計		13.0(7.0)

＊1　第二種衛生管理者については，上記カリキュラムから有害業務に係るものを除き，時間については，括弧内の時間とする。

（「労働災害の防止のための業務に従事する者に対する能力向上教育に関する指針」（平成元年5月22日能力向上教育指針公示第1号。最終改正：平成18年3月31日）より）

序　章

労働衛生管理の現況

1. 労働災害の概況

　労働災害の発生状況は，長期的には死傷者数，死亡者数ともに減少傾向を示しており，全産業における死傷者数は，昭和 36 年の 48 万 1,686 人（休業 8 日以上の死傷者数）をピークとして減少し，平成 21 年には 10 万 5,718 人（休業 4 日以上）となったが，近年は増加傾向も見られ，令和 2 年には 13 万 1,156 人となっている。また，業務上疾病者数（休業 4 日以上）についても，ほぼ横ばいながら，この数年は増加傾向も見られている。死亡者数はピーク時の昭和 36 年の 6,712 人の 8 分の 1 以下まで減少し，令和 2 年は 802 人であった（図 1）。労働災害を発生率の面でみると，令和 2 年の度数率は 1.95 であった。

　近年の労働災害の問題点として，

①　中小規模事業場での労働災害発生率が依然として高いこと

②　人口の高齢化を反映して，労働災害に占める高年齢労働者の割合が増加し発生率も高いこと

③　サービス経済化の進展等に伴い，第三次産業における労働災害が増加していること

等があり，その対策の徹底が重要な課題となっている。

　事業場の規模別発生状況をみると，中小規模事業場が依然として多い。また，事故の型別（休業 4 日以上）にみると，令和 2 年は，転倒，墜落・転落，動作の反動・無理な動作（腰痛等），はさまれ・巻き込まれの順となっている。

2. 業務上疾病の発生状況

⑴　業種別発生状況

　令和元年は，8,310 人が業務上疾病（休業 4 日以上）にり患しているが，推移を見ると，ここ数年増加傾向が見られている。

　同年の業務上疾病の発生状況についてみると，製造業が 1,569 人（業種別構成比 18.9％），運輸交通業・貨物取扱業が 1,169 人（同 14.1％），建設業が 605 人（同 7.3％）等と多くなっており，各々ほぼ横ばいながら，増減を繰り返している。

　また，業務上疾病の発生状況を疾病者数年千人率でみると，横ばいで推移しており，同年は 0.1 となっている（表 1）。

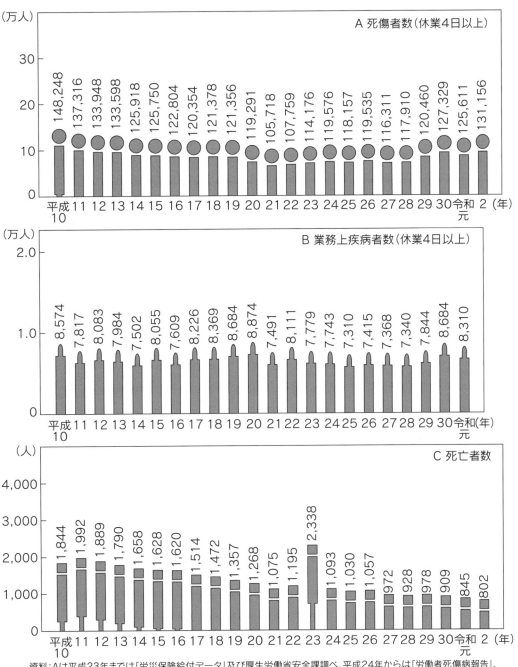

図1 労働災害及び業務上疾病の推移

資料：Aは平成23年までは「労災保険給付データ」及び厚生労働省安全課調べ、平成24年からは「労働者死傷病報告」、Bは厚生労働省「業務上疾病調」、Cは厚生労働省安全課調べ
平成23年は、東日本大震災を直接の原因とする死傷者数(2,827人)，死亡者数(1,314人)を含む。

表1　年次別・業種別業務上疾病の発生状況

業種 年	全製造業	製造業					鉱業	建設業	運輸交通業	貨物取扱業	その他の事業	合計
		繊維工業	化学工業	窯業・土石製品製造業	金属工業	機械器具工業						
平成21	(0.1) 1,485	(0.2) 30	(0.1) 145	(0.5) 141	(0.3) 280	(0.1) 322	(5.1) 141	(0.2) 718	(0.4) 927	(0.7) 82	(0.1) 4,138	(0.2) 7,491
22	(0.2) 1,745	(0.1) 19	(0.2) 178	(0.5) 151	(0.3) 309	(0.1) 434	(5.0) 138	(0.3) 881	(0.4) 956	(0.8) 88	(0.1) 4,303	(0.2) 8,111
23	(0.2) 1,624	(0.1) 22	(0.2) 167	(0.5) 133	(0.3) 293	(0.1) 408	(4.3) 117	(0.3) 800	(0.4) 922	(0.7) 87	(0.1) 4,229	(0.2) 7,779
24	(0.2) 1,479	(0.2) 29	(0.1) 125	(0.5) 128	(0.3) 244	(0.1) 358	(4.4) 107	(0.3) 745	(0.4) 912	(0.8) 104	(0.1) 4,396	(0.2) 7,743
25	(0.1) 1,389	(0.2) 29	(0.1) 125	(0.4) 105	(0.3) 277	(0.1) 301	(4.0) 97	(0.2) 733	(0.4) 887	(0.8) 103	(0.1) 4,101	(0.1) 7,310
26	(0.1) 1,459	(0.2) 27	(0.2) 161	(0.4) 112	(0.3) 262	(0.1) 311	(2.5) 61	(0.2) 705	(0.4) 860	(0.8) 107	(0.1) 4,223	(0.1) 7,415
27	(0.1) 1,411	(0.1) 24	(0.1) 125	(0.3) 89	(0.2) 261	(0.1) 324	(2.1) 63	(0.2) 641	(0.4) 1,007		(0.1) 4,246	(0.1) 7,368
28	(0.1) 1,421	(0.0) 18	(0.1) 134	(0.3) 83	(0.2) 272	(0.1) 336	(2.7) 54	(0.2) 614	(0.4) 1,059		(0.1) 4,192	(0.1) 7,340
29	(0.1) 1,464	(0.1) 24	(0.1) 154	(0.3) 85	(0.2) 245	(0.1) 349	(1.4) 42	(0.2) 665	(0.4) 1,163		(0.1) 4,510	(0.1) 7,844
30	(0.2) 1,631	(0.1) 20	(0.1) 169	(0.3) 86	(0.2) 288	(0.1) 358	(1.6) 32	(0.2) 697	(0.5) 1,297		(0.2) 5,027	(0.2) 8,684
令和元	(0.2) 1,569	(0.1) 24	(0.1) 137	(0.3) 86	(0.2) 296	(0.1) 377	(2.0) 39	(0.2) 605	(0.4) 1,169		(0.1) 4,928	(0.1) 8,310

資料：厚生労働省「業務上疾病調」
（注）　1　表は休業4日以上のものである。
　　　　2　（　）は疾病者数年千人率　　疾病者数年千人率＝$\frac{疾病者数}{労働基準法適用労働者数}$×1,000

⑵　疾病分類別発生状況

　業種別の状況の推移は表1のとおりであるが，令和元年度の業種別・疾病分類別の業務上疾病の発生状況を見ると，全業種計で，業務上の負傷に起因する疾病が，6,015人で，疾病全体の72.4％を占めており，この中でも腰痛（災害性腰痛）が5,132人で，業務上の負傷に起因する疾病のうちの85.3％を占めている。また，熱中症が829件，化学物質による疾病（がんを除く）が220件発生している（**表2**）。

表2 業種別・疾病別業務上疾病発生状況（令和元年）

業種＼疾病分類	(1)負傷に起因する疾病	うち災害性腰痛	(2)有害光線による疾病	(3)電離放射線による疾病	(4)異常気圧下における疾病	(5)異常温度条件による疾病	うち熱中症	(6)騒音による耳の疾患	(7)(1)～(6)以外の物理的因子による疾病	(8)重激業務による運動器疾患又は腰痛	(9)業務上の負傷によらない腰痛	(10)振動障害	(11)手指前腕の障害及び頸肩腕症候群	(12)(8)～(11)以外の作業態様に起因する疾病	(13)酸素欠乏症	(14)化学物質による疾病（がんを除く）	(15)じん肺症及びじん肺合併症	(16)病原体による疾病	がん (17)電離放射線によるがん	がん (18)化学物質によるがん	がん (19)(17)(18)以外の原因によるがん	(20)過重な業務による脳血管疾患・心臓疾患等	(21)強い心理的負荷を伴う業務による精神障害	(22)その他の明らかに業務に起因する疾病	合計
食料品製造業	270(0)	226(0)	1(0)	0(0)	0(0)	62(1)	37(1)	1(0)	2(0)	8(0)	2(0)	0(0)	17(0)	3(0)	0(0)	27(0)	0	0	0(0)	0(0)	0(0)	2(1)	3(2)	6(0)	404(4)
繊維・繊維製品製造業	14(0)	11(0)	0(0)	0(0)	0(0)	4(0)	4(0)	0(0)	0(0)	0(0)	0(0)	0(0)	2(0)	3(0)	0(0)	3(2)	0	0	0(0)	0(0)	0(0)	0(0)	0(0)	0(0)	24(2)
木材・木製品家具装備品製造業	30(0)	19(0)	0(0)	0(0)	0(0)	7(0)	7(0)	0(0)	0(0)	0(0)	0(0)	0(0)	3(0)	1(0)	0(0)	0(0)	0	0	0(0)	0(0)	0(0)	1(1)	0(0)	1(0)	43(1)
パルプ・紙・紙加工品印刷・製本業	38(0)	35(0)	0(0)	0(0)	0(0)	12(1)	10(1)	0(0)	0(0)	0(0)	0(0)	0(0)	2(0)	2(0)	0(0)	4(0)	0	0	0(0)	0(0)	0(0)	1(1)	1(0)	0(0)	60(2)
化学工業	66(0)	53(0)	0(0)	0(0)	0(0)	26(0)	22(0)	0(0)	3(0)	3(0)	0(0)	0(0)	5(0)	1(0)	0(0)	23(1)	4	0	0(0)	0(0)	0(0)	0(0)	2(0)	4(0)	137(1)
窯業・土石製品製造業	30(0)	22(0)	0(0)	0(0)	0(0)	14(1)	12(1)	0(0)	0(0)	0(0)	0(0)	0(0)	3(0)	1(0)	0(0)	1(0)	35	0	0(0)	0(0)	0(0)	0(0)	2(1)	0(0)	86(2)
鉄鋼・非鉄金属製造業	44(0)	34(0)	0(0)	0(0)	0(0)	28(0)	6(0)	0(0)	2(0)	0(0)	0(0)	0(0)	3(0)	1(0)	0(0)	6(3)	9	0	0(0)	0(0)	0(0)	0(0)	1(0)	2(0)	95(3)
金属製品製造業	126(0)	97(0)	0(0)	0(0)	0(0)	25(0)	18(0)	0(0)	2(0)	5(0)	0(0)	0(0)	6(0)	2(0)	0(0)	26(0)	8	0	0(0)	0(0)	0(0)	0(0)	1(1)	2(1)	201(1)
一般・電気・輸送用機械工業	259(0)	220(0)	2(0)	0(0)	0(0)	44(1)	37(1)	0(0)	5(0)	5(0)	5(0)	0(0)	19(0)	4(0)	0(0)	15(0)	16	0	0(0)	0(0)	0(0)	6(3)	1(1)	5(0)	377(2)
電気・ガス・水道業	7(0)	5(0)	0(0)	0(0)	0(0)	2(0)	2(0)	0(0)	0(0)	0(0)	0(0)	0(0)	0(0)	0(0)	0(0)	0(0)	0	0	0(0)	0(0)	0(0)	0(0)	0(0)	0(0)	9(0)
その他の製造業	74(0)	54(0)	1(0)	0(0)	0(0)	40(0)	29(0)	0(0)	2(0)	2(0)	0(0)	0(0)	5(0)	4(0)	0(0)	4(0)	4	1(0)	0(0)	0(0)	0(0)	0(0)	0(0)	0(0)	133(0)
製造業 小計	958(0)	776(0)	4(0)	0(0)	0(0)	264(4)	184(4)	4(0)	5(0)	20(0)	7(0)	3(0)	62(0)	14(0)	0(0)	109(6)	76	6(0)	0(0)	1(0)	0(0)	6(3)	10(4)	20(1)	1,569(18)
鉱業	4(0)	4(0)	0(0)	0(0)	0(0)	0(0)	0(0)	0(0)	0(0)	0(0)	0(0)	0(0)	0(0)	0(0)	0(0)	0(0)	34	0	0(0)	0(0)	0(0)	0(0)	0(0)	0(0)	39(0)
建設	299(0)	190(0)	0(0)	0(0)	3(0)	159(10)	153(10)	0(0)	3(0)	10(0)	2(0)	0(0)	7(0)	3(0)	1(1)	41(0)	46	4(0)	0(0)	0(0)	0(0)	6(3)	2(1)	14(0)	605(15)
運輸交通業	763(0)	668(0)	1(0)	0(0)	0(0)	113(2)	102(2)	0(0)	3(0)	26(0)	3(0)	0(0)	13(0)	9(0)	0(0)	5(0)	1	1(0)	0(0)	0(0)	0(0)	23(11)	5(1)	16(2)	994(16)
貨物取扱業	134(0)	120(0)	0(0)	0(0)	0(0)	22(0)	16(0)	0(0)	3(0)	6(0)	0(0)	0(0)	8(0)	4(0)	0(0)	5(0)	0	1(0)	0(0)	0(0)	0(0)	1(1)	1(0)	4(0)	175(1)
農林業	104(1)	59(0)	0(0)	0(0)	0(0)	35(0)	34(0)	0(0)	5(0)	20(0)	5(0)	0(0)	4(0)	0(0)	0(0)	8(0)	5	5(0)	0(0)	0(0)	0(0)	1(1)	1(0)	4(0)	171(2)
水産業	0(0)	0(0)	0(0)	0(0)	0(0)	0(0)	0(0)	0(0)	0(0)	0(0)	0(0)	0(0)	0(0)	0(0)	0(0)	0(0)	0	0	0(0)	0(0)	0(0)	0(0)	0(0)	0(0)	0(0)
商業・金融・広告業	971(11)	848(0)	2(0)	0(0)	3(0)	124(1)	88(1)	0(0)	5(0)	20(0)	10(0)	0(0)	42(0)	17(0)	2(2)	14(0)	0	5(0)	0(0)	0(0)	0(0)	6(3)	7(0)	14(1)	1,231(7)
保健衛生業	1,750(0)	1,648(0)	3(0)	0(0)	0(0)	21(0)	11(0)	0(0)	5(0)	22(0)	10(0)	0(0)	17(0)	9(0)	0(0)	4(0)	0	69	0(0)	0(0)	0(0)	6(3)	14(1)	9(0)	1,930(2)
接客・娯楽業	353(0)	294(0)	1(0)	0(0)	1(0)	96(2)	47(2)	0(0)	5(0)	20(0)	10(0)	0(0)	33(0)	21(0)	2(2)	18(0)	0	12(0)	0(0)	1(0)	0(0)	2(1)	10(0)	7(3)	567(3)
清掃・と畜業	272(0)	208(0)	1(0)	0(0)	0(0)	65(0)	61(0)	0(0)	4(0)	2(0)	2(0)	0(0)	6(0)	5(0)	2(2)	14(2)	0	3(0)	0(0)	0(0)	0(0)	1(1)	9(1)	7(0)	384(5)
その他の事業	407(1)	317(0)	2(0)	0(0)	0(0)	133(6)	61(6)	0(0)	7(0)	18(0)	8(0)	0(0)	18(0)	8(0)	0(0)	14(0)	8	8(0)	0(0)	0(0)	2(0)	5(2)	9(1)	16(1)	645(11)
合計	6,015(13)	5,132(0)	13(0)	0(0)	22(0)	1,039(25)	829(25)	9(0)	35(0)	118(0)	33(0)	4(0)	210(0)	92(0)	5(5)	220(8)	164	113(0)	0(0)	2(0)	0(0)	51(26)	58(8)	107(5)	8,310(80)

資料：厚生労働省「業務上疾病調」

（注）
1 表は休業4日以上のものである。
2 疾病分類は労働基準法施行規則第35条によるものを整理したものである。
3 表中の（　）は死亡で内数である。
4 (14),(18)の「化学物質」は労働基準法施行規則別表第1の2第7号に掲げる名称の化学物質である。
5 本統計の数字は平成31/令和元年で令和2年3月末日までに把握したものである。

3. 健康診断の実施状況と結果

(1) 定期健康診断

　定期健康診断は，全労働者に対し実施することとされており，このうち労働者数が50人以上の事業場では，その結果を所轄労働基準監督署長に報告しなければならない。これに基づき，平成30年には全国で12万914事業場，約1,360万人の結果が報告されている。そのうち何らかの所見のあった者は約756万人で，有所見率は55.5%（精査中）（平成29年は54.1%）となっている（表3）。

　平成元年に，定期健康診断項目の改正が行われ，同年10月1日より肝機能検査，血中脂質検査，心電図検査等のいわゆる生活習慣病に関する検査が追加され，有所見率がそれまでの10%強から平成2年には一気に2倍以上となった後も年々増加し，平成20年からは半数以上が何らかの所見を有するに至り，増加傾向に歯止めがかかっていない。

表3　定期健康診断実施結果（項目別の有所見率等）（平成30年）（%）

項目	項 目 別 の 有 所 見 率												所見のあった者の割合(注)
	聴力(1000Hz)	聴力(4000Hz)	胸部X線検査	喀痰検査	血圧	貧血検査	肝機能検査	血中脂質検査	血糖検査	尿検査(糖)	尿検査(蛋白)	心電図検査	
有所見率	3.7	7.4	4.3	2.3	16.1	7.7	15.5	31.8	11.7	2.8	4.3	9.9	55.5

資料：厚生労働省「定期健康診断結果調」
(注)　「所見のあった者の割合」は労働安全衛生規則第44条及び第45条で規定する健康診断項目のいずれかが有所見であった者（他覚所見のみを除く。）の人数を受診者数で割った値である。
　　　令和3年5月現在，厚生労働省において数値を精査中。

(2) 特殊健康診断

　有機溶剤業務等の有害業務については法定の特殊健康診断及び行政指導による特殊健康診断が行われている。平成30年の特殊健康診断の有所見率は4.6%であるが，対象作業別には表4のとおりとなっている。そのうちじん肺健康診断については，有所見率は着実に減少してきているが，依然として労働衛生管理の大きな課題であることに変わりはない。

表 4 法定の特殊健康診断（抜粋）

年	有機溶剤			鉛		
	受診者数	有所見者数	有所見率	受診者数	有所見者数	有所見率
平成 25 年	608,475	36,050	5.9	60,642	866	1.4
平成 26 年	625,373	36,270	5.8	59,057	1,101	1.9
平成 27 年	641,010	36,398	5.7	58,371	987	1.7
平成 28 年	660,521	39,213	5.9	57,895	1,026	1.8
平成 29 年	672,641	40,340	6.0	57,344	910	1.6
平成 30 年	690,378	43,528	6.3	56,901	1,089	1.9

年	電離放射線			高気圧業務		
	受診者数	有所見者数	有所見率	受診者数	有所見者数	有所見率
平成 25 年	293,134	21,445	7.3	2,606	153	5.9
平成 26 年	304,419	22,261	7.3	2,429	117	4.8
平成 27 年	317,970	24,357	7.7	2,640	99	3.8
平成 28 年	325,171	27,282	8.4	2,846	151	5.3
平成 29 年	331,950	28,906	8.7	2,966	191	6.4
平成 30 年	336,083	30,663	9.1	3,099	156	5.0

年	製造禁止物質			特定化学物質		
	受診者数	有所見者数	有所見率	受診者数	有所見者数	有所見率
平成 25 年	323	18	5.6	364,157	3,592	1.0
平成 26 年	192	0	0.0	450,576	4,777	1.1
平成 27 年	172	2	1.2	650,798	10,484	1.6
平成 28 年	201	8	4.0	743,402	11,670	1.6
平成 29 年	564	63	11.2	798,682	12,356	1.5
平成 30 年	439	17	3.9	853,903	14,812	1.7

年	石綿			じん肺		
	受診者数	有所見者数	有所見率	受診者数	有所見者数	有所見率
平成 25 年	44,068	668	1.5	243,740	2,493	1.0
平成 26 年	40,904	446	1.1	251,730	2,225	0.9
平成 27 年	40,466	557	1.4	249,759	1,935	0.8
平成 28 年	38,390	474	1.2	269,763	1,807	0.7
平成 29 年	42,834	537	1.3	262,056	1,684	0.6
平成 30 年	42,888	763	1.8	306,475	1,366	0.5

表5　行政指導に基づく特殊健康診断（抜粋）

年	紫外線・赤外線			騒　音		
	受診者数	有所見者数	有所見率	受診者数	有所見者数	有所見率
平成25年	69,409	1,421	2.0	273,309	39,460	14.4
平成26年	70,857	1,604	2.3	286,007	39,116	13.7
平成27年	71,480	1,614	2.3	290,384	39,465	13.6
平成28年	73,293	1,806	2.5	297,740	39,750	13.4
平成29年	71,497	1,632	2.3	308,030	41,256	13.4
平成30年	72,778	1,631	2.2	319,023	41,292	12.9

年	振　動			腰　痛		
	受診者数	有所見者数	有所見率	受診者数	有所見者数	有所見率
平成25年	56,412	3,131	5.6	28,052	4,650	16.6
平成26年	58,462	3,556	6.1	30,012	5,172	17.2
平成27年	58,319	3,749	6.4	33,117	6,157	18.6
平成28年	61,866	3,699	6.0	39,482	8,110	20.5
平成29年	63,758	3,763	5.9	45,408	8,932	19.7
平成30年	67,524	4,140	6.1	51,511	9,687	18.8

資料：厚生労働省「特殊健康診断結果調」等
（注）　一部数値については，令和3年5月現在，厚生労働省において精査中。

　行政指導に基づく特殊健康診断は29種類の有害な業務について健診項目が定められているが，そのうち，腰痛，騒音等の健康診断において有所見率が高い（**表5**）。

　なお，騒音については平成4年10月，「騒音障害防止のためのガイドライン」（**巻末〔資料2〕**）が示され，健康診断の対象業務が追加されるとともに健診項目も充実された。

4．労働衛生管理状況等の調査

　各企業の衛生管理は有害業務の管理のみにとどまらず，健康づくり，快適環境の推進へと広がってきている。しかし一方では，法定の産業医や衛生管理者の選任がなされていなかったり，定期健康診断が実施されていない事業場もあり，企業間，規模間格差が依然として大きい。わが国における労働衛生管理の現状について，厚生労働省の調査として，「労働安全衛生調査」（実態調査）（労働環境調査）などがある。参照するとよい（厚生労働省ホームページ　「労働安全衛生に関する調査」https://www.mhlw.go.jp/toukei/list/list46-50.html）。

第1編

労働衛生管理の機能と構造

本編で学ぶ主な事項：

→衛生管理者の役割

→労働安全衛生マネジメントシステム

→リスクアセスメント

→労働衛生計画の策定・活用

→労働衛生管理規程等の作成・活用

→健康障害発生原因の分析と結果の活用

→職場巡視・労働衛生点検

→労働衛生情報・資料の収集・活用

第1章　企業活動における労働衛生管理

1. 労働衛生の目標

　1948年，世界保健機関（WHO）はその発足と同時にWHO憲章を発表したが，そのなかに，今日あらゆる場で「健康」の定義として引用される有名なことばがある。すなわち，「健康とは，肉体的・精神的かつ社会的に完全に良好な状態にあることであり，ただ単に，疾病又は虚弱でないことをいうのではない」とし，さらに，「到達できる最高水準の健康を享受することは，人種，宗教，政治的信念，経済的または社会的条件の差別なしに万人の有する基本的人権の1つである」と述べている。

　この定義は，健康を病気の反対の状態ととらえる考え方から脱し，身体的な能力や精神的な能力のみならず社会的な生活能力にも言及し，これらの能力が充実し，十分に発揮され，また，完全に調和がとれている状態であると述べており，健康の理想的な姿を描いている。

　1950年及び1995年の労働衛生に関するILO/WHO合同委員会は，WHOの健康の定義をもとに，労働衛生の目標を次のように定義している。

　「あらゆる職業に従事する人々の肉体的，精神的及び社会的福祉を最高度に増進し，かつ，これを維持させること。作業条件に基づく疾病を防止すること。健康に不利な諸条件に対して，雇用労働者を保護すること。作業者の生理的，心理的特性に適応する作業環境にその作業者を配置すること。」

　労働衛生の目標は，従来は職業性疾病や災害の発生を防止することであったが，最近はそれより一歩進んで，健康的な労働の場をつくり，労働者のより高い健康状態を確保することが目標となっている。

　また1986年，WHOオタワ憲章において「健康は，社会・経済・個人の発展にとって大切な資源であり，生活の質の重要な要素である」と認識し，トータルヘルスに基づく多様，多面的な健康管理活動が，企業の労働衛生管理活動として総合的に実践される必要があるとしている。

　労働安全衛生法では，第1条の目的の中で次のように規定している。

　「この法律は，労働基準法と相まつて，労働災害の防止のための危害防止基準の確立，責任体制の明確化及び自主的活動の促進の措置を講ずる等その防止に関する総合的計画的な対策を推進することにより職場における労働者の安全と健康を確保するとともに，快適な職場環境の形成を促進することを目的とする。」

　すなわち，労働基準法で確保が定められている最低基準にとどまらず，労働安全衛生法では，さらに積極的に，健康的で安全でかつ，快適な職場づくりを目指している。

　そこで，現在の労働衛生においては，職業性疾病の防止にとどまらず，健康的で快適な職場をつくり，労働者のより高い健康状態を維持，確保することを目標として，種々の活動を行う必要がある。特に，高齢社会にあって，高血圧，高血糖，脂質異常，肝疾患等のいわゆるメタボリックシンドロームに該当する労働者は多く，職場における労働者の健康と安全とを確保するためには，年齢にかかわりなく，日頃から継続的,計画的に心身両面にわたる健康の保持増進を図ることが重要である。

2.　労働衛生管理を進めるうえでの衛生管理者の役割

⑴　労働衛生管理の機能

　労働衛生管理を大別すると，作業環境管理，作業管理，健康管理に分けられるが，これらが有機的に連携を保つためには労働衛生管理体制の整備・確立等の総括管理が不可欠であり，またこれらの管理を有効に機能させるために労働衛生教育の推進が必要となる（図1-1）。

図1-1　総合的労働衛生管理（高田）

　基本となる労働衛生管理体制は，総括安全衛生管理者をトップとして，医学的立場からトップをサポートする産業医と，トップの指揮を受けてトップの職務のうち衛生に関する技術的事項を管理する衛生管理者により構成される。事業場の労働衛生管理はこの管理体制のもとで行われ，労使で構成する（安全）衛生委員会は，労働者の健康障害の防止及び健康の保持増進に関する重要事項を調査審議する機関として機能する。

　総括安全衛生管理者が統括管理する業務は，次のとおりとなっている。

①　危険又は健康障害を防止するための措置に関すること
②　安全又は衛生のための教育の実施に関すること
③　健康診断の実施その他健康の保持増進のための措置に関すること
④　労働災害の原因の調査及び再発防止対策に関すること
⑤　安全衛生に関する方針の表明に関すること
⑥　危険性又は有害性等の調査及びその結果に基づき講ずる措置に関すること
⑦　安全衛生に関する計画の作成，実施，評価及び改善に関すること

　⑤，⑥及び⑦の業務は，衛生管理者の業務としても大変重要なもので「労働安全衛生マネジメントシステムに関する指針」（平成11年4月30日労働省告示第53号，令和元年最終改正）の主要な項目に対応しており，総括安全衛生管理者の業務とされたことで，事業場には事実上このマネジメントシステムの導入が求められることにもなる。また，⑥は労働安全衛生法第28条の2により事業者の努力義務とされているリスクアセスメントの実施とその結果に基づくリスク低減措置に関することである。また，平成28年6月以降は，同法第57条の3により義務化された化学物質に関するリスクアセスメントが含まれている。これらの措置を的確に実施していくことは，当然，上記の①から④の業務の履行にもつながるものである。

　労働安全衛生マネジメントシステム及びリスクアセスメントの詳細については後述するが，概略は次のとおりである。

　「事業者が労働者の協力の下に一連の過程を定めて，継続的に行う自主的な安全衛生活動を促進し，事業場の安全衛生水準の向上に資すること」を目的としており，このために，リスクアセスメント等の結果をもとに「計画を立て」（Plan）→「計画を実施し」（Do）→「実施結果を評価し」（Check）→「評価を踏まえて見直し，改善する」（Act）という一連のサイクル（PDCAサイクル）を繰り返し実施するものである。また，これらの活動を支える基本要素として，システム各級管理者の指名などの体制の整備，労働者の意見の反映，文書化（明文化），記録とその保管なども

実施しなければならない。

　労働安全衛生マネジメントシステムの衛生関係の事項については，衛生管理者が中心となってシステムの構築，運営に当たる必要がある。さらに大切なことは，衛生管理と安全管理は一体の関係にあり，相互に補い合い高め合うものであることから，両者の連携を深め，相互に持っているノウハウや情報の交換，連絡調整を図っていく必要がある。また，他企業の衛生管理者との交流，関係学会への参加等を通じて事業場の安全衛生管理水準の向上に努めなければならない。

⑵　衛生管理者の職務と能力向上

　全国衛生管理者協議会（事務局　中央労働災害防止協会）が平成 19 年に公表した「衛生管理者の職務と能力向上」では，労働衛生管理を次の「5 管理」に分類し整理している。

　①　総括管理

　　労働衛生管理の職務体系は従来，「作業環境管理」，「作業管理」，「健康管理」のいわゆる「3 管理」で進めるものと考えられていた。3 管理は労働衛生管理の実務的側面から整理されたものであるが，3 管理が独立していては労働衛生管理の総合的展開が困難になるおそれがある。そのためこれらの 3 管理を有機的に結合させ，総合的な労働衛生管理を進めるための総括管理の考え方が生まれてきた。例えば，安全衛生目標の設定や安全衛生計画の策定，体制の整備，予算管理などがこれに含まれる。総括管理は労働衛生管理を企業内で総合的に展開するための不可欠な管理である。

　②　作業環境管理

　　作業環境管理の目的は，良好な作業環境を維持・向上させることにある。そのためには職場の中に存在する化学的，物理的，生物学的等さまざまな有害要因（ハザード）をできるだけ客観的に把握し，働く人の健康障害等に結びつくリスクを評価し，そのリスクを除去，低減する必要がある。作業環境管理では作業環境測定，特殊健康診断等により作業環境の現状を把握する手法があり，これらの手法を活用して目的を達成することが重要である。

　　また，作業環境管理は単にリスクを除去，低減し業務上疾病を防止するにとどまらず，快適な職場環境の確立を目指す必要がある。

　③　作業管理

　　作業管理は人と作業による不適合の中で発生する健康障害の防止ばかりでな

く，作業をより負担が少なく，効率的に遂行できるようにする快適作業，快適職場の実現も重要な目的になっている。

作業管理は事業場の生産性，作業性に直接的に影響を与える重要な要素であり，エルゴノミクス（人間工学），動作分析，生産技術等の多角的な手法を活用しての，作業管理の着実な推進が求められる。また，この延長線上に作業環境管理と同様，快適職場がある点も忘れてはならない。

④　健康管理

健康管理は労働者の健康状態を把握し，作業環境や作業との関連を検討することにより労働者の健康障害を未然に防止することに加え，さらに健康の水準を継続し，より高めるための健康づくりを行うものである。

また，職業性疾病及び作業関連疾患の防止ばかりでなく，労働者自身が行う健康保持増進活動への支援を含めて生活習慣病等の予防やメンタルヘルス対策など，心身にわたる幅広い健康管理の推進が近年では重要になっている。

⑤　労働衛生教育（管理）

労働衛生管理はスタッフ部門の衛生管理者，産業医，産業看護職等だけで進めるものではない。事業場トップの労働衛生に関する意識や，ラインの管理監督者による職場の管理と一人ひとりの労働者の自己管理も重要であり，事業場の全員が労働衛生管理に理解と認識を持ち，作業環境管理，作業管理，健康管理を有機的に進めるための労働衛生教育が必要である。すなわち労働衛生教育とは労働衛生管理を事業場全員のものにするための体系である。

また，「衛生管理者の職務と能力向上」では労働衛生管理を，事業場の中の他の管理体系と同じく，経営管理体系の一環として考え，さらに，労働安全衛生マネジメントシステムを考慮して，衛生管理者の機能を，以下の「基本的機能」,「専門的機能」,「マネジメント機能」の 3 つに分類した。

ア．基本的機能

労働衛生管理を進めるために必要な基本的な機能であり，労働衛生管理を実質的に推進するための機能である。法令，社内規程，手順書などで規定されている事項等すでに決められていることを実施する役割と，情報の収集，整理など専門的機能を補完する役割が含まれる。日常行われる実務的な領域といえる。

イ．専門的機能

　　衛生管理者が事業場全体の管理の中で，その専門分野の知識，技術をもとに，各職場，各部門における労働衛生管理を指導，調整，支援する領域の機能といえる。

ウ．マネジメント機能

　　衛生管理者は，法的に総括安全衛生管理者の業務のうち，衛生に係る技術的事項を管理する立場にあり，かつ労働衛生管理が事業場におけるマネジメントシステムの一環であることから，衛生管理者が経営全体を視野に入れて経営トップ等（経営者，総括安全衛生管理者，事業場長等）を補佐する機能をマネジメント機能と表現している。事業場の労働衛生に関する方針の策定に中心的かつコーディネーター的な役割を果たすこと，労働衛生管理に関する「仕組み」の策定・見直し，体制の整備等が含まれる。

⑶　衛生管理者の職務に関係する部門等について

　事業場における労働衛生管理を効果的に行うには，関係部門との連携，協働が不可欠である。衛生管理者は，専門スタッフとして自ら労働衛生管理活動に携わるとともにコーディネーターの役割を果たすことが求められている。衛生管理者の各職務に応じて異なるが，一般的に関係する部門等を**表1-1**に例示する。

　また**表1-2**は，5管理それぞれに求められる機能・職務とその能力を向上するために必要な教育訓練をまとめたものである。事業場の実状に合わせて参考にするとよい。

表1-1　衛生管理者の職務に関係する部門等

事業場内の部門，組織等	事業場外の団体，組織等
○健康管理部門（含：産業医） ○人事・労務・総務部門 ○安全・保安・環境部門 ○経理部門 ○生産技術部門（含：保全） ○購買部門 ○各部門及びラインの管理監督者 ○（安全）衛生委員会 ○労働組合	○行政官庁 ○労働基準協会等 ○労働衛生関係機関，医療機関 ○業種別団体 ○工業団地等地域組織 ○安全衛生協力会等 ○労働災害防止団体 ○健康保険組合

表1-2　労働衛生管理に求められる機能・職務と教育訓練の例

① 総括管理

項目	基本的機能 職務	基本的機能 教育訓練の例	専門的機能 職務	専門的機能 教育訓練の例	マネジメント機能 職務	マネジメント機能 教育訓練の例
1. リスクアセスメントの推進・支援、OSHMSの構築・運用（含規程類の整備、衛生活動の評価等）	●労働衛生管理全般 ●管理状況の記録 ●リスクアセスメントの支援 ●安全衛生計画の展開 ●日常的な点検・改善	●労働安全衛生関係法令研修 ●労働安全衛生マネジメントシステム研修 ●リスクアセスメント研修 ●安全衛生計画研修 ●労働安全衛生マネジメントシステム研修	●労働衛生管理全般 ●各種規程類の作成 ●リスクアセスメントの推進 ●安全衛生計画の策定 ●システム監査の推進	●労働安全衛生関係法令研修 ●労働安全衛生マネジメントシステム研修 ●リスクアセスメント研修 ●安全衛生計画研修 ●システム監査研修	●労働衛生管理全般 ●リスクアセスメントに関する立案 ●OSHMSの見直しへの関与	●管理者研修 ●リスクアセスメント研修 ●労働安全衛生マネジメントシステム研修
2. 体制の整備・運営			●（安全）衛生委員会の運営 ●他部門との連携	●OJT	●管理体制の立案、整備 ●衛生管理スタッフの育成	●企業におけるマネジメント研修
3. 緊急事態への対応	●対応 ●教育訓練の実施 ●救急法の指導 ●設備・資材の保守	●事例研究 ●救急法の研修	●行動マニュアルの作成 ●教育・訓練計画の作成 ●連絡、調整、指揮 ●資材の取得 ●救急設備の配備計画、配備	●事例研究	●危機管理規程の策定 ●体制整備 ●緊急時の事業者等の補佐 ●事業継続の検討、対応	●企業におけるリスクマネジメント研修
4. 職場巡視	●職場巡視の事前準備、連絡等 ●職場巡視の実施、報告書の作成・配布	●OJTを含む研修	●職場巡視（方法・計画）の検討 ●職場巡視結果の評価、対応	●OJTを含む研修		
5. 予算管理	●日常の予算・実績管理	●社内教育／研修	●予算・実績管理 ●費用対効果の検討	●社内教育／研修	●予算計画の策定	●社内教育／研修
6. 情報管理	●労働衛生情報・資料の収集・整備・提供・情報保護・届出・報告等	●OJT ●情報セキュリティ教育	●労働衛生情報・資料の評価・対応	●業界等での情報交換・交流	●情報管理基準の策定（労働衛生に関する個人情報の適正管理）	●業界等での情報交換・交流
7. 関連会社の衛生管理状況の把握			●関連会社（構内協力会社等）の衛生管理状況の把握と指導、支援	●OJT		

② 作業環境管理

項　目	基本的機能		専門的機能		マネジメント機能	
	職　務	教育訓練の例	職　務	教育訓練の例	職　務	教育訓練の例
1. 作業環境管理業務の企画・調整	●危険・有害要因（ハザード）の把握 ●有害性情報の入手 ●SDSの入手と活用 ●化学物質の表示の確認と職場への指導	●作業環境測定研修 ●作業環境測定関連法令研修 ●化学物質リスクアセスメント研修 ●SDS研修	●作業環境の現状評価 ●年間計画の策定 ●作業環境管理基準の作成 ●化学物質の表示基準の作成	●作業環境測定研修 ●作業環境測定関連法令研修 ●化学物質リスクアセスメント研修	●作業環境管理方針の策定の関与（環境との関連性確認） ●作業環境管理目標の立案	●（他研修の応用、自己研鑽）
2. 作業環境測定と評価	●作業環境測定の実施、協力 ●作業環境評価の実施 ●記録の作成と保管	●作業環境測定研修 ●作業環境測定関連法令研修	●作業環境測定・評価の実行計画の策定 ●作業環境測定・評価基準の作成	●作業環境測定研修 ●作業環境測定関連法令研修	●測定・評価体制の整備	
3. 作業環境改善	●作業環境改善の指導 ●法令、指針等の関係部門への情報提供	●衛生工学研修 ●局排研修 ●作業環境改善の事例研究研修	●作業環境改善方法の検討 ●作業環境改善効果の評価	●衛生工学研修 ●局排研修 ●作業環境改善の事例研究研修	●作業環境改善計画の策定	●改善事例研修
4. 施設、設備の保守管理	●保守管理の実施指導 ●保守管理実施記録の確認	●局排点検研修	●保守管理計画の作成		●保守管理基準の策定	
5. 快適な職場環境づくり	●快適職場づくりの指導 ●受動喫煙対策	●快適な職場づくり事例研究、研修 ●受動喫煙対策の講習会等	●年間計画の作成 ●快適環境基準の評価	●快適な職場づくり事例研修、研修	●快適な職場環境に関する方針の策定への関与 ●快適職場環境目標の立案	

③ 作業管理

項　目	基本的機能		専門的機能		マネジメント機能	
	職　務	教育訓練の例	職　務	教育訓練の例	職　務	教育訓練の例
1. 作業管理業務の企画・調整	●情報収集（法規制・社内外の事例等）	●作業管理法令研修	●年間計画の策定 ●作業管理目標の立案	●作業管理法令研修	●作業管理方針の策定への関与 ●作業管理目標の立案	
2. 作業負荷等の評価	●作業評価の実施（作業姿勢、強度、単調性、作業時間、交代制、休日、ストレス、疲労等）	●作業分析・作業標準・作業手順研修 ●エルゴノミクス研修 ●長時間労働（ストレスを含む）対策研修	●作業評価の実行計画の作成	●作業分析・作業標準・作業手順研修 ●エルゴノミクス研修 ●長時間労働（ストレスを含む）対策研修	●評価体制の整備 ●作業評価基準の作成	
3. 作業管理対策	●改善指導（作業方法、作業時間、作業姿勢、設備・工具等）●休憩施設等の整備 ●法令、指針等の関係部門への情報提供 ●作業記録の保管	●作業分析・作業標準・作業手順研修 ●エルゴノミクス研修（疲労調査を含む）●事例研究・研修 ●作業管理関係法令研修 ●長時間労働（ストレスを含む）対策研修	●改善方法の検討 ●改善効果の評価	●作業分析・作業標準・作業手順研修 ●エルゴノミクス研修（疲労調査を含む）●事例研究・研修 ●作業管理関係法令研修 ●長時間労働（ストレスを含む）対策研修	●作業環境計画の策定	●事例研究・研修
4. 保護具	●正しい使用法に関する教育 ●保護具の使用、保管・管理の指導	●保護具管理研修	●保護具の選択、使用基準の作成	●保護具管理研修	●保護具の整備計画の作成	

④ 健康管理

項目	基本的機能 職務	基本的機能 教育訓練の例	専門的機能 職務	専門的機能 教育訓練の例	マネジメント機能 職務	マネジメント機能 教育訓練の例
1. 健康管理業務の企画・調整	●実行計画の作成 ●データ作成	●労務関連研修 ●健康管理関係法令研修	●年間計画の策定 ●内外との連絡調整 ●情報の収集 ●健康管理基準の作成	●労務関連研修 ●健康管理関係法令研修	●健康管理方針の策定への関与 ●健康管理目標の立案 ●情報管理 ●健康管理規程の策定	●労務関連研修
2. 職業性疾病　特殊健康診断 1) 健康診断 2) 事後措置	●特殊健康診断の運営 ●有所見者への対応（結果・通知）		●特殊健康診断の企画 ●事後措置基準に基づく関係者との調整		●特殊健康診断基準の策定 ●事後措置基準の策定	
3. 一般健康管理対策 1) 健康診断 2) 事後措置	●一般健康診断の運営 ●有所見者への対応（結果通知）		●一般健康診断の企画 ●基準運営のための関係者との調整		●一般健康診断基準の策定 ●事後措置基準の策定	
4. 休職、復職への対応	●ラインの管理監督者、人事管理者等への協力	●個人情報保護、安全配慮義務等の外部講習会	●主治医、産業医との連絡・調整	●心身の疾患について の外部講習会	●就業規則、衛生管理規程等の策定	
5. 海外派遣労働者の健康管理	●赴任前、帰任後の健診の手配 ●予防接種等の手配		●赴任地の衛生事情の調査と対応	●海外医療事情の外部講習会		
6. 健康の保持増進	●健康づくりの実施運営 ●健康相談等	●THP関連研修	●関係者との調整	●THP関連研修	●健康づくり計画の企画・立案・調整・評価	
7. 過重労働対策	●情報収集 ●面接指導の実施運営	●過重労働対策研修	●対象者の決定と調整	●過重労働対策研修	●過重労働対策の企画・立案・調整・評価	
8. 健康管理業務の企画・調整	●関係者への協力	●メンタルヘルス対策研修	●関係者との調整（社内外）	●メンタルヘルス対策研修	●心の健康づくり計画の企画・立案・調整・評価	●メンタルヘルス対策研修
9. 感染症、食中毒対策	●資材手配、情報収集	●行政機関の研修・説明会	●関係者等との連絡・調整（広報、啓発）	●行政機関の研修・説明会	●感染症対策の企画、立案、調整、評価	

⑤　労働衛生教育（管理）

項　目	基本的機能		専門的機能		マネジメント機能	
	職　務	教育訓練の例	職　務	教育訓練の例	職　務	教育訓練の例
1. 労働衛生教育の企画・調整	●実施計画の作成 ●計画の実施 ●実施計画のまとめ	●自己研鑽 ●職長安全衛生教育	●実施体制の整備 ・教材作成 ・講師要請 ●年間計画の策定 ●評価（実施）	●労働衛生管理専門講座	●労働衛生教育方針の策定への関与 ●労働衛生教育目標の立案 ●体系・規程の作成 ●評価基準の作成・改善	
2. 資格者管理	●配置基準の確認（有資格者調査等）		●配置基準の作成・運用	●外部トレーナー研修（RST・特別教育等トレーナー等）	●養成計画の作成	
3. 啓発活動 　1) 小集団活動を通じた活動 　2) 広報	●小集団活動計画の展開 ●資料作成・広報活動	●KYT研修	●小集団活動計画の作成 ●広報計画の作成 ●労働衛生週間活動計画の作成			

⑷　衛生委員会の機能と衛生管理者の役割

　労働安全衛生法における衛生委員会の目的は，労働者の健康障害の防止及び健康の保持増進を図るための基本となる対策を調査審議し，事業者に対して意見具申することである。衛生管理者は，これらの対策を調査審議するための情報を収集，整理するにあたり中心的な役割を担うべきである。

1)　衛生管理者が関与すべき内容

　危険有害な物質を取り扱っている事業場であれば，作業環境測定，特殊健康診断，局排装置等の設備の点検結果などの情報を収集し，取り扱い職場の衛生管理の現状を整理して，衛生委員会の中で分かりやすく報告するよう工夫することが望まれる。衛生委員会のメンバーは必ずしも労働衛生について十分な知識がない場合もあり，調査審議に当たっては内容を検討するために十分な情報提供が必要なときもある。

　また，労使が協力して積極的に過重労働による健康障害防止対策及びメンタルヘルス対策を推進することが求められ，衛生委員会の付議事項にもなっている。衛生管理者としては，関連する指針等で示されている情報の収集と整理を行うなど，大いに関与すべきであり，これらの事項を審議する場合は，衛生委員会の事務局と各種情報の取り扱い方などを事前打合せすることも有効である。

2)　現場及び事業者とのコミュニケーション

　1)の情報は，測定結果や集計結果など数値で示すことができるものもあるが，当然数値ではとらえきれない情報も多数ある。このため，衛生管理者は職場巡視の場面などを通じて現場とのコミュニケーションを図り，日頃から衛生管理に対する現場の声を吸い上げておく必要がある。このことは，現場の実情に合った衛生管理の計画，対策を衛生委員会を通じて立案するうえでなくてはならないものである。また，日頃から，事業者に対しても衛生管理に関する事業場内の情報や労働安全衛生法令の改正情報などを適宜提供するなどして良好なコミュニケーションを図っておくことも，委員会の場で意見具申する内容を事業者に取り入れてもらううえで有効であろう。

3)　複数の事業場を持つ企業における衛生委員会等

　複数の事業場を持つ企業の場合，企業における衛生管理の年度方針などトップの指示事項が事業場の活動に反映されるよう，衛生委員会でも基本となる対策を審議することが望ましい。各事業場の衛生委員会において，衛生管理者が年度方針の解説を行えば，全社の活動と事業場の活動がリンクし，より効果的な衛生管

理活動を行うことができる。

　また，各職場に共通した課題をもっているような事業場，例えば，化学物質を複数の職場で使用していたり，あるいは健康づくりや快適職場づくりなど職場間で共有して検討することが効率的であったりする場合には，衛生委員会の下部組織として，専門委員会や専門部会を設置するとよい。その課題に精通している衛生管理者をリーダーとして専門的見地から課題を掘り下げて検討し，衛生委員会に報告することで，衛生委員会をより実効あるものとすることができる。

⑸　記録，報告，届出等

労働衛生管理に必要な記録，報告，届出等には，次のものがある。

1)　記録

　衛生管理者が作成に関与すべき労働衛生関連の記録には，主に次のようなものがある。

① 衛生管理者の職場巡視結果

② 産業医の職場巡視結果

③ (安全)衛生委員会の議事録

④ 局所排気装置等の定期自主検査結果

⑤ 安全衛生教育の実施結果

⑥ 作業環境測定結果

⑦ 健康診断結果

⑧ 作業の記録

2)　報告，届出

　衛生管理者が関与すべき行政官庁への主な報告，届出には，次のようなものがある。

㋐ 総括安全衛生管理者，衛生管理者，産業医の選任報告（選任した後，遅滞なく報告する。）

㋑ 健康診断結果報告（⑤以外は常時50人以上労働者を使用している事業場）

① 安衛則第44条の定期健康診断結果報告

② 安衛則第45条の特定業務従事者の健康診断結果報告

③ 安衛則第48条の歯科医師による健康診断結果報告（定期のものに限る。）

④ 安衛則第52条の9のストレスチェック結果等報告

⑤ 安衛法施行令第22条に定める業務の特殊健康診断結果報告

(ｳ)　計画の届出等

①　局所排気装置等の計画の届出（安衛法第88条による。）

②　石綿解体作業等の作業計画，作業届等

③　特別管理物質及び石綿に係る事業廃止の際の記録等の報告届

④　事故報告（化学物質等による火災，爆発等）

(ｴ)　その他の報告・申請

①　労働者死傷病報告（休業が4日以上，4日未満に分けて報告する。）

②　じん肺の管理区分決定申請（じん肺健康診断の結果，有所見者に関して申請する。）

③　その他（伝染性疾患，食中毒等の疾患については，当該事業場として所轄保健所との連絡，調整等を忘れてはならない。）

⑹　能力向上の観点から衛生管理者として特に留意すべき事項

衛生管理者として能力向上に励むことは大変重要なことであり，特に現在のように変化の激しい時代にあっては，次のような点に留意して衛生管理を遂行することが望まれる。

1)　関係法令の制定，改正に適応

衛生管理者が身につけておくべきものとして，“法令”にまつわる知識の習得があることは周知の事実である。法令を知らずに衛生管理を行っても正しい衛生管理はできない。労働衛生関係法令には，健康障害を防止するための過去の経験が豊富に盛り込まれ，貴重なノウハウが数多く条文として明示されていることから，衛生管理者は，これら関係法令をいつでも確認，活用できるようにしておくことが重要である（本書第8編第2章に関係法令の抜粋，巻末の資料に労働衛生関係の指針，ガイドライン等が掲載されているので，それらも参照されたい。）。

また，労働衛生関係法令は，業務上の急性疾患や慢性疾患といった古くからある健康障害防止に関わるものから，産業疲労やメンタルヘルス不調，生活習慣病を予防するといった新たな課題への対応を促すものまで幅広く構成されており，昨今の新たな知見を基にした法令改正，さらには労働者の心身の健康問題を取り巻く環境の変化から「化学物質等の危険性又は有害性等の調査等に関する指針」や，「ストレスチェック制度」など，社会の変化，時代の変化に応じた制定，改正が数多くなされている。これらに対して，衛生管理者としてアンテナを広げ，制定，改正動向を把握するとともに，改正された法令，指針の主旨，新たに規定

された内容などを理解して，活用できるようにしておくことが大変重要である。

　衛生管理者は，事業場内の現状をしっかりと把握し，職場を預かる管理・監督者，関係スタッフとの協力・連携のもと，職場の実態に照らし合わせて，必要となる関係法令を事業者や関係部署に周知し，法令に定められた実施事項に対応していくことが必要である。

2)　海外へ進出する企業におけるグローバルな労働衛生管理

　日本の企業のグローバル化は昨今大きく進展し，東南アジアをはじめ，諸外国へ進出している企業も多い。海外の拠点には，当然，日本とは異なる文化的背景，生活習慣があり，法規制等も国，地域により異なる。また，多くの場合，日本とは異なる品目の生産，ライン構成などが行われることも多く，日本の事業場でこれまで培ってきた知識と技術を生かすことができないこともしばしばある。このような場合，日本の企業が海外の拠点の衛生管理を統括管理する1つの手法として，労働安全衛生マネジメントの活用が挙げられる。労働安全衛生マネジメントシステムは多くの国で認知されており，方針，目標を統一管理する手段，PDCAを運用する方法として大変有効である。また，マネジメントシステムを導入するだけではなく，リスクアセスメントの手法，ハザードに対する管理手法等についてもグローバルに共通化を図り，各拠点で適用し，労働衛生管理を効果的に進める。

　日本の企業として，世界各地に点在する拠点がどのような労働衛生に関わるリスクを抱えているのか，あるいは，労働衛生上の問題が発生して企業として多大な被害を受ける大きなリスクを潜在的に持っていないかなど，リスクを特定し，リスク管理を行うことが大変重要である。労働衛生上の不安材料を払拭し，安定操業へつなげることで企業の事業を支えることに衛生管理者が力を発揮することも大変重要な任務の1つである。

3.　衛生管理者免許試験

　衛生管理者に求められる職務は業種によって異なることから，労働安全衛生法に定める免許試験は，第一種衛生管理者免許試験及び第二種衛生管理者免許試験に分けられている。すなわち，農林畜水産業，鉱業，建設業，製造業（物の加工業を含む），電気業，ガス業，水道業，熱供給業，運送業，自動車整備業，機械修理業，医療業及び清掃業においては，第一種衛生管理者免許を有する者もしくは衛生工学衛生管理者免許を有する者等のうちから選任すること，その他の業種においては，第

一種または第二種衛生管理者免許を有する者もしくは衛生工学衛生管理者免許を有する者から選任することが義務づけられている。

4. 労働安全衛生マネジメントシステムとリスクアセスメント

(1) 労働安全衛生マネジメントシステムとは

労働安全衛生マネジメントシステム（Occupational Safety and Health Management System　以下「OSHMS」という）は，事業者が労働者の協力のもとに，「計画－実施－評価－改善」のPDCAサイクル（図1-2）を定めて，連続的かつ継続的な安全衛生管理を自主的に行うことにより，事業場の労働災害の潜在的危険有害性を低減するとともに，労働者の健康の増進及び快適な職場環境の形成の促進を図り，事業場における安全衛生水準の向上に資することを目的とした安全衛生管理の仕組みである。OSHMSは，安全衛生管理を経営と一体化させ，安全衛生管理のノウハウを適切に継承し，その効果的かつ継続的な実施を可能とするものであり，これを適切に運用することにより，労働災害のさらなる減少，そして安全衛生水準の一層の向上が実現できるものである（図1-3）。

このOSHMSについては，前述のとおり，厚生労働省から「労働安全衛生マネジメントシステムに関する指針」（平成11年4月30日労働省告示第53号，最終改正：令和元年厚生労働省告示第54号。巻末〔資料7〕）が公表されている。

なお，「労働安全衛生マネジメントシステムに関する指針」の令和元年7月の改正により，システムに従って行う措置を実施する単位として，従来事業場ごととしていたものを，小売業や飲食業といった第三次産業の多店舗型企業等様々な業態等で同システムが導入されることを想定し，法人が同一である複数の事業場を併せて

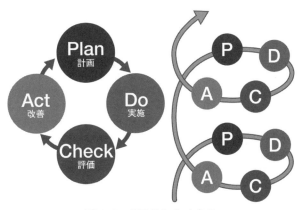

図1-2　PDCAサイクル

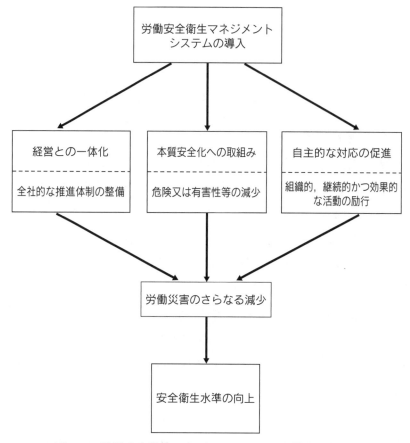

図1-3　労働安全衛生マネジメントシステム導入の効果

一の単位とすることもできることとなった。

　また，平成30年3月に，OSHMSの国際的な規格として，国際標準化機構（ISO）によるISO 45001が発行され，同システムへの取組みはISO 45001認証が軸となったが，ISO 45001の国内での普及のため，同規格のJIS規格化（JIS Q 45001）と，それと併せ，同規格と一体となって運用されることでより高い労働災害防止効果が期待できる，日本独自の追加要求事項（KYT，4S活動，ヒヤリ・ハット活動や健康保持増進の取組み等）を定めるJIS規格（JIS Q 45100）が制定されている。

⑵　OSHMSの導入の必要性

1）　潜在的な危険有害要因の存在

　労働災害の発生件数は年々減少し，製造業では度数率（延べ実労働時間100万時間あたりの労働災害による死傷者数（休業1日以上））は1強となっている。これは，1人あたりの年間労働時間を2,000時間とすると労働者数500人の事業場

で年間1件強の労働災害が発生している計算であり，昭和30年代，40年代の水準と比較すれば相当の減少が図られたものではあるが，必ずしも事業場における安全衛生水準が満足できるものになったことを意味するわけではない。厚生労働省の調査では，災害には至らなかったがヒヤリ・ハットを体験した者は多く，製造業では調査した労働者の46.9%であった（平成27年労働安全衛生調査（実態調査））。

今日，このように，潜在的な危険有害要因は事業場の中で数多く存在しており，何年かに1回の割合で大きな災害，最悪の場合には死亡災害につながるケースもみられる。

2) 安全衛生ノウハウの継承困難

事業場では，安全衛生パトロール，ヒヤリ・ハット報告，危険予知活動など，さまざまな自主的安全衛生活動により，職場に密着した労働災害の防止活動が進められてきている。しかし，従来これらの活動を組織的にかつ継続的に改善し，維持していくためのシステムが不十分であったため，その時その場の対策で終わってしまうこともあったのは否めない実態であった。また，現場の管理者が熱心である場合は的確な安全衛生対策がなされるが，管理者の安全衛生への関心が薄かったり，安全衛生に経験のない管理者が配置された場合，これまでの安全衛生対策が継続されなくなるという面が認められた。

特に災害を身近に経験した管理者等の安全衛生に関するノウハウを組織の中に確実に引き継いでいくことが重要となっていた。

(3) 「労働安全衛生マネジメントシステムに関する指針」の概要

指針に示された主要な次の3つの事項について述べる（図1-4）。
・安全衛生に関する方針の表明に関すること
・危険性又は有害性等の調査とその結果に基づき講ずる措置に関すること
・安全衛生計画の作成，実施，評価及び改善に関すること

1) 安全衛生に関する方針の表明に関すること

安全衛生方針は，事業場における安全衛生水準の向上を図るための安全衛生に関する基本的考え方を示すものである。安全衛生方針は，OSHMSを運用していく最も基本となるものであり，単なるスローガンではなく，事業者の安全衛生に対する基本姿勢や理念とともに重点課題への取組みが明快に示されていることが必要である。

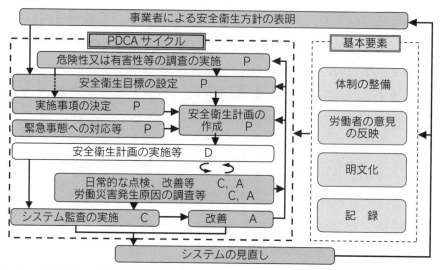

図1-4　「労働安全衛生マネジメントシステムに関する指針」のフローチャート

　OSHMS に関する指針においては，安全衛生方針には，労働災害の防止を図ることのほか，次の事項を含むものとされている。

①　労働者の協力のもとに，安全衛生活動を実施すること

　　OSHMS の構築，実施・運用は事業者すなわち経営者の責任であるが，これを確実なものとするためには，労働者の協力が不可欠である。このため，安全衛生方針のなかにこのことを含めて表明することとされている。

②　法又はこれに基づく命令，事業場において定めた安全衛生に関する規程等を遵守すること

　　企業経営において，法またはこれに基づく命令を遵守することが必要であることはもちろんのこと，OSHMS を運用するに当たっては，事業場における安全衛生規程等も守ることが前提でなければ意味のないものとなることから，安全衛生方針の中に含めることとされている。

③　OSHMS に従って行う措置を適切に実施すること

　　OSHMS を導入するとした場合，この内容は当然であるが事業者が決意を示すとの意義もあり，安全衛生方針に含めることとされている。

　安全衛生方針は，事業場の安全衛生の基本的考え方，方向性を示すものであり，これに基づいて安全衛生管理を行うものである。そのため安全衛生方針は，労働者をはじめとして，構内の関係請負人など，この方針に基づく安全衛生管理に共同して取り組む必要のある関係者へ周知する必要がある。

2)　危険性又は有害性等の調査とその結果に基づき講ずる措置に関すること

　　危険性又は有害性等の調査（リスクアセスメント）とその結果に基づき講ずる措置は，平成18年施行の労働安全衛生法の改正により新たに事業者の努力義務とされた事項であるとともに，OSHMSにおける主要な実施事項の1つである。

（ア）　リスクアセスメントの基本

　　労働者の安全と健康を確保するために，単に「労働安全衛生法令を遵守すればよい」ということでは十分ではないということはもちろん，今日では，事業者は労働者の安全と健康の確保にできる限り努めなければならないというのが社会の当然の要請になっている。この要請に応えるためには，事業者は「実行可能な限り事業場における安全衛生水準を最大限に高めることができる方法」を組み込んだ安全衛生管理を行う必要がある。これを実現するための有力な方法の1つがリスクアセスメントである（化学物質等のリスクアセスメントについては，第6編第1章の4を参照）。

　　リスクアセスメントは，次のように，リスクの低減を体系的に進める手法である。

　　①　事業場のあらゆる危険性又は有害性を洗い出す。

　　②　それらのリスクの見積りを行う。

　　③　優先的に対処しなければならないものを明らかにする。

　　④　リスク低減措置を検討・実施するとともに，残留リスクについても必要な措置を検討・実施する。

　　従来，多くの事業場で，職場に存在する危険・有害要因を見つけ出し，事前に安全衛生対策を立てるために，安全衛生パトロール，安全衛生診断，KY活動などが一般的に行われてきた。リスクアセスメントは，これらの経験的な活動に対し，体系的，論理的に進める点に特徴がある。

（イ）　リスクアセスメントの基本的な手順

　　リスクアセスメントの基本的な手順は**図1-5**のとおりである。

　　リスクアセスメントを実施するうえで重要なことは，**図1-6**に示す優先順位でリスク低減措置の内容を検討のうえ，実施することである。リスクアセスメントにおけるリスク低減措置は，本質的な安全化，すなわち設備面での対策をまず優先して行うものであり，安易にマニュアルの整備や教育訓練の徹底，個人用保護具の使用といった手法を選択してはならない。

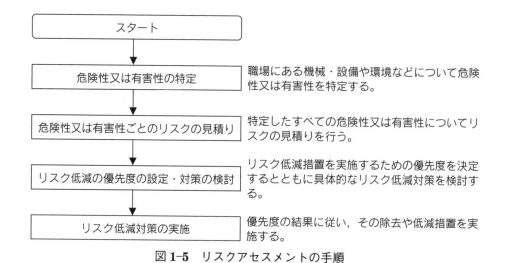

図1-5　リスクアセスメントの手順

高	① 本質的対策	危険な作業の廃止・変更，より危険性又は有害性の低い材料への代替，より安全な反応過程への変更等，設計や計画の段階から労働者の就業に係る危険性又は有害性を除去または低減する措置
リスク低減措置の優先順位	② 工学的対策	①の措置により除去しきれなかった危険性又は有害性に対する，ガード，インターロック，安全装置，局所排気装置の設置等の措置
	③ 管理的対策	①及び②の措置により除去しきれなかった危険性又は有害性に対する，マニュアルの整備，立入禁止措置，ばく露管理，警報の運用，教育訓練，健康管理等の作業者等を管理することによる対策
低	④ 個人用保護具の使用	①から③までの措置により除去しきれなかった危険性又は有害性に対する，呼吸用保護具や保護衣等の使用。この措置により①から③までの代替を図ってはならない。

図1-6　リスク低減措置の優先順位

(ウ)　リスクアセスメントの意義と効果

　　リスクアセスメントを導入することにより，次のような効果が期待できる。

①　リスクに対する認識を共有できる

　　リスクアセスメントは現場の作業者の参加を得て，管理・監督者とともに進めるので，職場全体の安全衛生のリスクに対する共通の認識を持つことができるようになる。

②　本質安全化を主眼とした技術的対策への取組みができる

　　リスクアセスメントではリスクレベルに対応した安全対策を選択することが必要となるため，本質安全化を主眼とした技術的対策への取組みを進めることになる。特に，リスクレベルの大きい場合は本質安全化に向けた対策に

取り組むことになる。

③　安全対策の合理的な優先度が決定できる

　　リスクアセスメントではすべてのリスクを許容可能なリスク以下にするよう低減対策を実施するが，リスクの評価結果等によりその優先度を決定することができる。

④　費用対効果の観点から有効な対策が実施できる

　　リスクアセスメントにおいて明らかになったリスクレベルやリスク低減対策ごとに緊急性と人材や資金など，必要な経営資源が具体的に検討され，費用対効果の観点から合理的な対策を実施することができる。

⑤　残留リスクに対して「守るべき決めごと」の理由が明確になる

　　技術的，時間的，経済的にすぐにリスク低減ができない場合，作業方法・手順の改善，管理監督者や作業者の教育など必要な管理的な措置を講じた上で，対応を現場に委ねることになるため，リスクアセスメントに作業者を参加させることにより，注意して作業しなければならない理由が理解されることにもつながり，守るべき決めごとが守られるようになる。

3)　安全衛生計画の作成，実施，評価及び改善に関すること

(ア)　安全衛生計画の作成

　　OSHMS では，安全衛生方針に基づき，事業者が安全衛生目標を設定して，それに向かって自主的に努力することが必要とされている。その安全衛生目標を達成するための具体的な実施事項と，目標達成に向けたスケジュール，担当等を定めたものが，安全衛生計画である。安全衛生計画は事業場レベルの年間計画が基本であるが，事業場の規模等を勘案し，必要に応じて，例えば，中長期的な計画を作成したり，部門の計画，職場の計画などをあわせて作成するのが効果的である。

　　安全衛生計画は，安全衛生目標を達成していくための具体的な方策を示す実施計画であるため，その内容は実行性を十分考慮したものとする必要がある。

　　安全衛生計画の内容は，特定された危険性又は有害性を除去・低減するための実施事項や，安全衛生関係法令，事業場安全衛生規程に基づく実施事項を踏まえて決めていくが，それらに加え，過去の，例えば前年度の安全衛生目標の達成度合いや安全衛生計画の実行結果を参考にすることなどが考えられる。

(イ)　安全衛生計画の実施

　　安全衛生計画の実施に当たっては，計画が計画どおり確実に実施されるよう

詳細な事項を決定し，事業場及び各部門においてこの実施管理を行うことが必要となる。そのため，担当部門，実施時期，実施方法等を示した具体的な実行計画が定められ，この実行計画に従って安全衛生計画が推進される。

計画に盛り込まれた目標を達成するためには，設備改善，外部機関による各種機械の検査，健康診断，作業環境測定の実施等費用の支出を伴うことがあるため，これらの予算を確保する必要がある。

また，労働者の協力の下にOSHMSを推進していくためには，安全衛生計画の内容を労働者に周知しておくことが必要である。

㈡　安全衛生計画の評価・改善

ア）日常的な点検・改善

安全衛生計画は，事業者の方針を受けて具体的に定められた目標を計画期間内に確実に達成することがその目的である。このため，安全衛生計画の進捗状況や安全衛生計画の目標達成状況について，担当の部門（ライン）や安全衛生部門（スタッフ）等が日常的に点検・評価を行い，これらの状況について問題が認められたときには，改善を行うことが必要である。

また，これらの点検，評価，改善の結果については，次回の安全衛生計画に反映させることにより，一層の安全衛生水準の向上が図られる。

イ）3つのCA

PDCAサイクルを適切に回すために重要なことは，それぞれの安全衛生活動が，計画や実施要領に基づき実施されているか，効果が上がっているか，できていない場合は必要な修正や改善が行われているか，というように，CA（評価・改善）を適切に行うことである。

このため，OSHMSでは，上に述べた①日常的な点検・改善，に加え，②システム監査，③事業者によるシステムの見直し，の3つのCAを行うことが求められている（図1-7）。これらの3つのCAを，それぞれの階層において適切に実施することが事業場全体のPDCAサイクルを適切に回すということにつながる。

②の「システム監査」は，安全衛生計画の実施担当部門等の当事者が行う日常的な点検，評価，改善とは異なり，事業場内における他部門に対し公平・公正を期して第三者の立場で行う評価，改善である。

③の「事業者によるシステムの見直し」は，OSHMS全般について事業者の責任で行うものであり，定期的なシステム監査の結果を踏まえ，事業者自

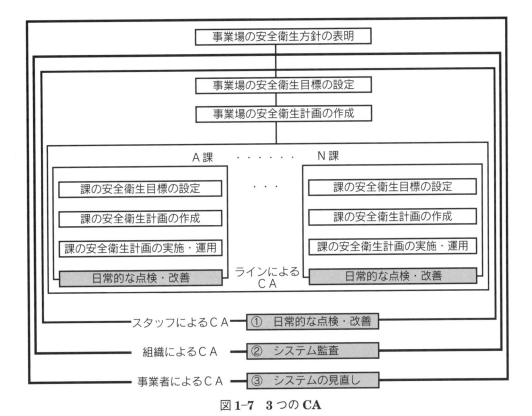

図1-7　3つのCA

らがOSHMSの妥当性と有効性という観点から，安全衛生方針，OSHMSの中で作成された各手順などを包括的に評価して，実施するものである。システムの見直しは，OSHMSの妥当性および有効性を確保するものであり，OSHMS全体の方向性にかかわる大変重要な評価・改善である。

(4)　OSHMSの導入及び運用における衛生管理者の役割について

1)　OSHMSの事業場への導入

　　事業場へOSHMSを導入するにあたっては，「労働安全衛生マネジメントシステムに関する指針」をよく理解しておく必要がある。一般に，事業場にマネジメントシステムを導入する前の衛生管理活動は，PDCAサイクルによって連続的かつ継続的に管理されているケースは少なく，単年度計画に基づく活動を実行することに終始し，活動結果の評価や継続的な改善が行われていないケースが見られる。このため衛生管理者は，事業場の他の安全衛生スタッフとともにOSHMSの仕組みをよく理解し，現状を把握したうえで，協力し合って導入のための準備を進める必要がある。すなわち，事業場の衛生管理に関する目標設定はできているのか，その目標は衛生管理水準の的確把握のもとに設定されたのか，年間の活

動実施計画は事業場の衛生管理水準の向上に役立つ内容になっているのか，効果を評価できるような項目と内容の計画になっているのか等々，OSHMSとして運用するにあたっての問題点を整理することが必要である。そのうえで，関係者と協議を重ね，指針に示された項目に対して不足する点等を整理し，それを埋めることのできるシステムとすることが必要である。

　また，OSHMSの実施事項である「危険有害性等の調査(リスクアセスメント)」と「その結果に基づき講ずる措置（リスク低減措置)」は，体系的，論理的に進めることが望ましく，衛生管理者はリスクアセスメント等の実施にかかわるとともに，それが適切に実施され，リスクが十分に低減されているか確認することなど，幅広くかかわることが必要である。このためにも，専門的な知識や最新の知識を得ておくことが望まれる。OHSMSの仕組みの中で「法又はこれに基づく命令，事業場安全衛生規程等に基づき実施すべき事項」についても実施する措置を決定することが求められており，衛生管理者はそれぞれの事業場や職場に必要な関係法令の洗い出しと遵守状況の確認など，事業場として法令が遵守されるよう進める。このようにOSHMSの導入・運用にあたって衛生管理者の果たす役割は多い。

2)　OSHMSの効果的な運用

　OSHMSを事業場に導入し，運用するにあたり，形式的に展開しても意味がない。衛生管理者としては，持っている知識，能力を活用し，指針に示された項目を実効あるものに仕上げていく努力が必要である。例えば，安全衛生に関する方針の表明については，事業者の衛生管理に対する基本姿勢や考え方を分かりやすく明文化する役割を担うことも必要である。また，計画の評価・改善に当たっては，計画の進捗確認及び評価に関与するとともにシステム監査における内部監査者として参画し，事業者によるシステムの見直しに資することも必要である。

　OSHMSの運用を開始したからといって劇的に衛生管理が進展するというものではない。当初は文書の整理，記録の作成などに時間を取られ，システム自体に疑念をいだくことがあるかもしれない。しかし，決して忘れてはならないことは，システムを回すことが目的なのではなく，システムを使って健康的で快適な職場を作っていくということである。そのためには，OSHMSにおいても衛生管理者として総括安全衛生管理者の衛生に関する技術的事項を管理すること，職場巡視を行い現場の衛生管理に関する声に耳を傾けることなど，自らの職務を地道に繰り返すとともに，事業場の衛生管理に関するPDCAサイクルの一つひとつの過程の実効性を高め，継続的に繰り返していく努力をすることが何よりも肝心である。

第 2 章　労働衛生計画の策定及び活用

1. 労働衛生計画の基本的考え方

労働衛生計画を単なる活動スケジュールとしてではなく，具体的な管理計画として捉えると次のような考えが必要となる。

(1)　現状を把握しておく

労働衛生計画は必ずしも改善計画が中心とは限らないが，少なくとも現状における企業や職場の問題点は把握しておかなければならない。

問題点の捉え方については後述するが，広い角度から問題点やニーズを知っておくことをまず初めに心掛けなければならない。特に注意しなければならないことは従業員あるいは企業の要望は，客観的なニーズとは必ずしも一致しないことである。真のニーズとは科学的，客観的に見た本当の必要性であり，衛生管理者は要望とニーズの違いを冷静に見分ける必要がある。

そのうえで問題点，ニーズに対して現状のレベルがどれくらいであるかをできるだけ正確に評価しなければならない。

ニーズと現状のレベルとの差がすなわち労働衛生計画の対象となるからである。

(2)　将来の動向を予測しておく

計画を策定する際には，ニーズと現状との差を把握するだけでは十分ではない。なぜならば長期的に見れば目標水準は環境の変化に伴って大きく変化しているはずであるからである。計画は将来水準を予測して策定するものであるから，もし方向を誤るとその活動は正しい目標から大きく外れてしまうおそれもある。もちろん先にも述べたように計画は時代の推移を見ながら常に修正していく必要があるが，基本路線に影響を与えるおそれもあるから必要な情報を集めてできるだけ正確に目標水準を把握しておくことが重要である。

⑶　経営管理の一環として捉える

　これからの時代における労働衛生管理は単なる専門職の仕事として捉えるのではなく，もっと広い立場で認識することが重要である。労働衛生管理の目的は働く人の健康を守るというばかりでなく，作業環境や作業そのものを改善して，より高い健康，環境，作業水準を実現し，個人に向けた取組みだけでなく，企業目標水準向上に寄与することが必要となるため，正しい意味での，衛生管理活動と企業目標との合致性を常に意識しておくべきである。

⑷　目標水準を正しく設定

　労働衛生管理は活動そのものよりも目標水準を達成することに意義がある。労働衛生計画には具体的な到達目標を持たせることが重要である。また，より高い衛生水準が達成できるよう，目標水準を見直すことも必要である。

⑸　実行に結びつく計画

　いかに優れた計画を策定しても，それが実行に結びつかなくては無意味である。計画を立てる際は必ず実行性を考慮したものにしなければならない。そのためには役割分担を明確にし，実行しやすい計画にすることが何よりも重要である。

⑹　チェックシステムを組み込んでおく

　計画は実行してこそ意味があるのであり，計画しただけで安心してはならない。定期的にチェックし，評価して，実施状況及び達成した水準を確認しなければならない。そのためには計画の中にチェックのタイミング及び期待される水準を組み込んでおくことが有効な方法である。

2．労働衛生計画の具体的ステップ

⑴　基本的ステップ

　労働衛生管理は1つの管理体系であるから当然一連の流れを持たなければならない。この流れに最も適しているのがPDCAの流れである。ただし労働衛生管理では現状の問題点の把握が最も重要であるからPDCAの前段階に現状把握すなわちS（See）（現状を把握する）を加えるのが望ましい。

　要約すれば労働衛生管理のステップは次のようになる。

前段階　S（See）　　現状を把握する

①　P（Plan）　　　計画を立案する

②　D（Do）　　　　計画を実施する

③　C（Check）　　結果をチェック（評価）する

④　A（Act）　　　不十分な部分に対して対応策を取る（改善する）

⑵　前段階──現状の把握

現状といっても，必ずしも現時点だけを考えればよいというものではない。

計画の作成に当たっては，将来における社会・健康・企業活動等の予測のうえに立って立案しなければならないのは当然である。一例を挙げれば，次のとおりである。

①　将来，人の健康問題はどのように推移していくか

　　現在の生活スタイルが続けば，将来の健康レベルは今以上に低下するのではないか

②　将来において企業の人員構成はどのように変化するか

　　高年齢労働者，女性労働者，未熟練労働者や派遣労働者が増加して，価値観の多様化やリスク評価の見直しが必要となるのではないか

③　作業環境水準の変化

　　作業環境に対する要求がより厳しくなり，現在とは比較にならない厳しい環境基準が要求されるのではないか

④　労働に対する価値観の変化

　　若い世代を中心として労働に対する価値観が多様化し，質の高い労働力を確保するためには，作業環境や作業そのものを含めた人材育成計画の再検討が必要になるのではないか

⑤　労働人口の変化

　　若年者の人材確保が一層深刻な問題になるのではないか

⑥　生産形態の変化

　　材料，設備，動力，工程に大きな変化が出てくるのではないか

これらの要因の1つでも具現化すれば現在の労働衛生管理は大きな影響を受ける。したがっていかに将来の変化を事前に読み取り，長期的にそれに対応してゆくかが計画の作成に際しての重要な課題になるのである。

そしてこの長期的予測を踏まえて現状における問題点を探るのがこのステップの

大きな課題であり，そのためには衛生管理者は経営的センスを身につけながら，特に以下の点に留意して計画の作成に取り組むべきである。

1)　法令との対比と目標水準

労働安全衛生法等の法令は，安全衛生を確保するための最低水準について示したものであり，労働衛生計画のベースの1つであることは当然である。特に最近の労働安全衛生法令の改正は従来の危険・有害物対策という考え方から，さらに進んで快適な職場環境の形成やメンタルヘルス対策や働く人達の健康の保持増進という，より積極的な立場に立っている。したがって計画の策定に当たっては単に法令を守るというだけではなく，その事業場の考え方を明確にした独自のものを織り込むことが望まれる。

一般に法的な問題と目標水準を考える時は，次の点がポイントになる。

①　法的要求水準を満たしているか

②　法的要求水準とのギャップが大きいのはどの点か

③　より積極的な目標に対してはどの程度の水準を目指せばよいか

④　安全衛生を確保するとともに快適な職場環境を形成するために解決しなければならない課題は何か

2)　管理体制のチェック

労働衛生管理の現状把握においてまず重要なのは労働衛生管理体制が確立しているかという点である。いかに設備や環境水準が充実していようとも管理体制が整備されていなければ長期間にわたって良好な水準を維持することは困難だからである。

管理体制の在り方については，（安全）衛生委員会や衛生管理者のような法令で定められているものは当然であるが，現実には（安全）衛生委員会の下部機構としての専門プロジェクトチームのような法令にうたわれていないサブシステムも重要な位置を占めるようになってきている。

したがって企業内の労働衛生管理活動に不活発な点があれば，組織の構成メンバーも含めて管理体制の見直しをすることがまず重要である。管理体制を整備することはもちろん，効果的に活動することが最も重要であるからである。

3)　健康水準の把握

従業員の健康水準は労働衛生管理の基本指標でもあるため，計画の作成において重要な意味を持っている。このためには当然正確な疾病休業統計や健康診断結果の集約などのデータが必要となるが，このほか健康測定のような健康の評価

データも重要な情報となる。

　もちろん，健康水準はただ把握しただけでは不十分であり，職場や年齢別に層別化して比較したり各種統計と対比させて，背景にある問題点を把握することが重要である。

　そして心身両面にわたる健康水準，健康的ライフスタイル等の改善目標を設定することにより，具体的目標を設定することができる。

4)　環境水準の把握

　作業環境測定手法の発達により作業環境の状態を客観的に評価することはかなり日常的になってきたが，労働衛生計画の基礎データとして活用するためには，測定結果だけではなく，特殊健康診断結果やラインの意見を聞くなどして，できるだけ作業環境を総合的に評価することが必要である。

　これからの作業環境は有害物管理の視点からさらに進んで労働衛生管理の本質的目標である快適な職場環境レベルまで要求される時代となっている。

　特にこの時代では若年労働力の減少ともあいまって中高年齢労働者あるいは派遣労働者の増加等労働人口構成の多様化に対応し，人材確保，あるいは作業適応という見地から働きやすい作業環境の実現が強く望まれることは確実である。したがって有害物という人間の健康にとってのマイナスレベルの環境改善から，健康の保持・増進といったプラスレベルの職場環境の達成目標を織り込むべきである。

5)　作業形態等

　労働衛生管理においては作業環境の管理ばかりでなく，作業そのものをより楽にし，効率化することも重要である。最近の作業形態は体軀の局部使用作業の増加，工程や作業の高速化，単調化等多くの問題を抱えており，この面の改善も大きな課題となる。

　したがって，単純作業や危険作業についてはロボット化等により，作業を人間主体から機械主体へと変換する等の対策が必要である。

(3)　第1ステップ——計画の立案

　労働衛生管理のレベルが把握され，問題点や課題が判明したら，いよいよ計画の作成に入る。

1)　労働衛生方針

　その企業の特質・性格により計画の重点が異なることは当然である。企業にお

ける労働衛生方針はその企業の労働衛生管理に関する基本ポリシーを表したものであり，したがって中長期・年間などの計画を作成する際の基本構想の基盤となるものである。

　通常，労働衛生方針は企業における最重点課題や対応姿勢・考え方など企業の基本ポリシーを表すものであるから，修正がなされない限り永続性のあるものであり，年ごとに大きく変更される性質のものではない。

　もちろん，衛生管理者はトップ層が時代の要求に対応した的確な労働衛生方針を表明するための，企業における課題，法令の動向等の情報を提供し，その作成に協力しなければならない。

2)　**労働衛生目標**

　活動の目標はできるだけ具体的に数量化することが望ましい。目標が具体的であるほど活動も具体的となり，数量化することにより評価も容易となる。

　一般には次のものが挙げられている場合が多い。

　①　成果目標を表したもの

　　例——疾病休業日数 10％ 低減，第 3 管理区分の作業場を解消する

　②　活動の実施状況を表したもの

　　例——健康診断受診率 100％，作業改善 1 職場当たり月 2 件以上等

3)　**スローガン**

　厚生労働省などから発表されている安全週間スローガン等を利用してもよいが，社内で募集するなどしてオリジナルなスローガンを掲げることも望ましい。

4)　**重点実施項目**

　把握された課題に対する労働衛生計画のポイントを示すに当たり，目標の中であまり詳細な表現をとるとそれを受ける形の計画に制約を強めることになるので,事業場の特性を織り込める余地を残しておかなければならない。作成に当たってのポイントは次のとおりである。

　①　課題に対して正確に対応すること

　　取り組むべきテーマは沢山あるが，その中から企業，事業場，職場が持っている課題に対応する重点項目を適切に選択しなければならない。

　　この段階で最も重要なのは，現状把握で得られたデータであり，この評価を誤ると衛生管理活動を違う方向にそらしてしまう。

　②　効果を期待できる計画とすること

　　適切なテーマであってもその課題を解決しなければ意味がない。したがっ

て，計画を立てる際は，当然その活動により実際的にどれくらいの効果が期待できるかを予測しておかねばならない。労働衛生計画は効果が出てこそ価値のあるもので，テーマのみが先行して計画倒れにならないよう配意すべきである。

③　多角的に対策を検討すること

1つの課題に対する対策は非常に多くのものがある。その中から適切な対策を選ぶポイントは前項の効果の大きさが最大要素であるが，その効果の持続性，かかる費用の経済性，生産・品質への影響度，さらには地球環境への影響など多角的に考慮しなければならない。

④　推進体制を機能させること

重点目標であっても，それを実施に移す際には推進体制を作らなければならない。すでに体制が確立していればそれを利用すればよいが，そうでない場合には推進体制を整備するとともに，役割分担を明確にして計画に織り込んでおくことが必要である。

⑤　月間テーマとスケジュール

年間計画をさらに細分化してゆくと，タイムスケジュールが必要になってくる。この場合は月間テーマを設定して，計画に目盛りとアクセントをつけると進捗状況の管理が容易になる。

以上が計画作成のポイントである。

5)　予算

労働衛生計画を実行していくには，予算が必要である。また，日常の職場巡視等において見つかった新たな問題対策のための予算も確保する必要がある。予算の計上方法（費用負担）は，各職場の場合，設備管理部門の場合，安全衛生部門の場合，あるいはケースによって変える場合など，事業場によって方針が異なるため，事前に関係部門と調整し，確実に予算を確保しなければならない。

予算（投資）の考え方は，経営状況などの事業環境要因により常に変動する。優先順位を上げるべきなのかを判断するためには，以下のポイントで検討を進める。

①　法令遵守（コンプライアンス）

法違反の状況を放置すれば，社会の公器として企業責任を問われることになるため，法令遵守のための施策は当然優先しなければならない。

②　事業運営のリスク

企業は事業を進めるうえで，あらゆるリスクに対応しながら活動を進めているが，労働衛生に関しても，次のような事業運営リスクが存在する。

a　休業災害となった場合の労働損失

b　労災補償（休業補償，障害補償，遺族補償など）によるコスト

c　損害賠償請求によるコスト

d　企業イメージダウンによる顧客離れ，人材流出

課題によって想定される災害に対するリスクをあらゆる角度から検証して，総合的に優先順位を決定していくことが重要である。

③　会社方針

会社方針として，働きやすい職場環境づくりや健康の保持増進を進めていくことが明確になっている場合には，積極的な設備投資が必要であり，優先順位を上げて予算を確保しなければならない。

⑷　第2ステップ——計画の実施

このステップのポイントは計画で示された事項を事業場や職場に正確に伝え，そこでさらに具体化して実際的な活動に結びつけることである。個々の活動についてはふれないが，衛生管理者の立場としては，推進組織に対するサポートが最大のポイントである。

企業はトップ層から従業員に至る大きなチームであるが，衛生管理者は専門的立場からサポートすることが重要な役割であり，単なる事務担当者ではない。したがってこの推進組織づくりをサポートし，運営に協力することこそ最も重要である。

またラインにおける衛生管理者は単に計画の実施をサポートするだけにとどまらず，自ら率先して実際的な活動を行うことを常に意識すべきである。

1)　労働衛生計画を組織全体に伝達する

せっかく作成された計画は机の中にしまわれてしまっては無意味である。経営トップ層や調査・審議した衛生委員会はもとより，計画の伝達は，管理監督者，関係部門には文書をもって伝達し，従業員には社内報等を利用して浸透を図る必要がある。

2)　実行に対するサポート

計画を作成した部門はその実行に対しても責任を持たなければならない。実行

に移す際には起案部門より具体的な実施要領を添付して，各部門が実行しやすいように支援する活動が重要である。

3) 自ら実行する

ラインの衛生管理者は計画すると同時に内容によっては自ら実行する立場になる場合が多い。ただしこの場合であっても自ら実行し，自分だけが結果を把握するのではなく，活動そのものに関係者を巻き込むとともに，その結果を関係部署に伝えることを忘れてはならない。

特にラインにおいて実行する立場にあるものは全社方針で示された計画をさらに具体化し，現場の特性にあった活動にすることが重要である。衛生管理に対する全社ニーズと現場のニーズとのウエイトが完全に一致することは少ないからである。

⑸ 第3ステップ——結果のチェック（評価）

労働衛生計画が実施され，効果が表れるように衛生管理者などが中心となって日常的な点検や定期的なシステム監査によりその計画が予定どおり実行され，期待された効果を上げているかをチェック（評価）することこそ最も重要な職務である。そして計画どおり進んでいなかったり，期待された効果が表れていなかったならば，その原因を調べ，改善を行うなど適切な対応をとることが何より重要である。

1) 評価基準を設定する

結果のチェックは主観的に行っては効果が期待できない。計画を作成したときに立てられた目標に基づいた評価基準を設定しておき，期待された効果に対する達成度をできるだけ定量的に把握するように努めなければならない。

2) 評価の実施

その実行計画が終了してからでは遅きに失する。このステップは評価を行うことが目的ではなく，計画の遂行状況を把握し，適宜修正し，計画に対する効果を最大限にすることが狙いだからである。

したがって評価は計画の実行中に，示された評価基準に基づいて定量的に定期的に行うことが重要である。評価は衛生管理者だけで行うのではなく，関係者と協議しながら行った方がより客観的になり，対応する際にも協力が得られやすい。

3) 不十分な点の原因を把握する

計画実施の途中で不満足な結果が把握できたならば，評価だけで終わらせるこ

となく，必ずその原因を追究しなければならない。組織的な原因か，方法論的な欠陥か，あるいは活動そのものの努力が不足しているかを知ることは，次に述べる対応の段階の重要なポイントになるのである。

⑹　**第4ステップ——不十分な部分に対する対応（改善）**

計画との対比において不十分な部分があればその原因を洗い出し，的確な対応を図らねばならない。特に労働衛生管理に対する要求水準は時代とともに常に変化していることを念頭において対応しなければならない。

1)　**チェック結果に対する対応**

前項の結果で把握された問題点に対しては必要なフォローアップを行う。特に不満足な点に至った原因が把握されたならば，それが本来の目的にあうように対応（改善）していかなければならない。

2)　**労働衛生計画の修正**

一度作成した計画が十分な効果を得られない原因の1つに計画そのものの不備や法令改正等の状況変化がある。このような場合では期の途中であっても計画を修正する必要に迫られる場合がある。計画に対しては柔軟な姿勢で対応することも必要なのである。

このように十分にフォローアップを行った後，再びより高い水準で第1ステップに戻り，PDCAのサイクルを回すことでステップアップすることが期待されるのである。

第3章　労働衛生管理規程等の作成及び活用

1.　労働衛生管理規程の必要性

　企業の中には人事規程，品質管理規程等さまざまな規程が存在し，運営されている。というよりも企業活動そのものは規程・基準等によって運営されるものであり，労働衛生管理規程も当然これらの一環として存在する。

⑴　労働衛生管理を企業活動とするため

　労働衛生管理はあくまでも企業活動の一環として行われるものである。したがって，衛生管理者がいくらレベルの高いプログラムを作っても，それが企業活動として導入されなければ実際的な効果は発揮できない。

　労働衛生管理規程は企画された衛生管理活動を企業活動の中に織り込ませ，効力を発揮させるための重要手段である。したがって，起案に当たっては，企業や職場が導入しやすいように運用の仕方を常に念頭に置くべきである。専門レベルにこだわり過ぎて運用を意識しない規程は，結局実施の段階でトラブルとなりやすいものである。

⑵　組織力をより一本化するため

　労働衛生管理活動が企業運営の一環として導入されたとしても，そのままでは十分な効果は期待できない。なぜならば企業は組織により運営されており，各部門の役割分担，目標，実施方法等が明確にされなければ効果的な運用はできないからである。

　労働衛生管理規程は，役員会等企業における意思決定機関で承認されることによって，組織運営ルールとして明確化するものである。すなわちこの規程は，それぞれの部門の責任分担，目標，実施方法等を明確化して効率的な運用をするための基本となるものである。

2. 労働衛生管理規程作成に当たっての情報

　一概に労働衛生管理規程といっても，企業によりその名称，形式も異なってくるが，これを効果的に作成・運用するためには，関連する必要な情報を集めることが第一歩である。

⑴　関 係 法 令

　関係法令は労働衛生管理規程の底流をなすものであるから，まずはじめに規程の中で整備しておくべきものである。もちろん関係法令の中心となるのは労働安全衛生法及び関連規則であるが，地球規模まで広がった環境問題，ますます強化されている防火管理等を考え併せ，公害関係法規，消防法等の周辺法規も考慮しておかなければならない。

⑵　企業の労働衛生活動の歴史

　それぞれの企業は，労働衛生管理に関して長い歴史を持っていることは当然である。したがって労働衛生管理規程は，企業における活動の歴史や特性が反映されていなければならない。労働衛生管理規程を定める意義が活動の標準化にある以上，そこに至った経過や現状のレベルは当然規程の中に反映させるべきである。

　労働衛生管理活動をより効果的にするためには，標準化された規程の中にその企業が抱えている課題と，それに対する施策が望ましい形でうたわれていなければならない。

⑶　企業内の他の領域の規程

　企業が組織やルールにより運営されている以上，労働衛生管理部門のみが独自のルールを作っても満足に機能するものではない。なぜならば，労働衛生管理は人事管理，生産管理等の他の管理体系と常に密接な関係を持って活動しているものであり，労働衛生管理を規程化する以上，他の領域の中にどの程度融合できるかが大きな課題となるからである。

　効果ある規程とするためには，規程作成に当たってフォームの統一化や他の規程との整合性を配慮しなければならない。

⑷　他社の関連規程

　規程をよりよいものにするためには，他社の規程類も重要な情報となる。これらはその企業から提供される場合もあるが，文献や専門誌等から得られる場合も多い。

　ただし，いずれの場合もそれをそのまま真似るのではなく，自分の企業の特性やレベルに合わせ，あるいはさらに改善を加えて独自なものにしていくことが，これらの情報を有効に活用する道である。

⑸　今後の動向

　規程は現時点での活動内容を表したものであるが，詳細な運営基準は時代とともに変化してゆく性質のものである。

　したがって規程の作成に当たっては将来の動向を踏まえたうえで，将来の変化に対応できるように考慮しておくべきである。

　労働衛生管理規程はいままでの活動の仕方を表したものではなく，発行されたときから次の改訂の間までの期間，すなわち近未来の活動を示すものだからである。

3．労働衛生管理規程作成のポイント

⑴　目的を明確にする

　労働衛生管理規程類には，労働衛生管理に関する具体的な進め方が示されているが，ともすると方法論にとらわれて本質的な目的を見失ってしまうケースも多く見られる。

　例えば，健康診断の目的が従業員の健康の維持・向上にあるから有所見者のフォローや疾病予防に向けられるべきところを，健康診断の実施にのみ重点を置いてしまうようなケースである。そのため労働衛生管理規程は章ごとに目的を明示し，全体の方向づけを行っておくことが必要である。

⑵　無理な押しつけは禁物

　企業運営はルールを中心として動いていることは事実であるから，労働衛生管理規程の位置づけも当然重要である。

　しかしながら，詳細な規程類を作りさえすれば衛生管理を効果的に推進できるという考え方は短絡的である。衛生管理規程は実際に行われている活動を標準化する

ものであり，実行が困難なものを規程化することによって無理に押しつけるものではない。

　本来，労働衛生管理は個人の努力よりも，企業としての衛生管理のシステムを整備することにより，人に負担を掛け過ぎぬよう進めるべきである。過度の制約を含んだ規程は効果を発揮できないばかりではなく，実施体制がゆらぐことにより衛生管理レベルそのものの低下を招く場合さえある。

⑶　役割分担・実施内容を明確に

　実施すべき衛生管理活動の進め方を規程により明確にする以上，その実施内容や役割分担を明示し，具体的に実行できるように表現されていなければならない。

⑷　法との整合性

　労働衛生管理は法を遵守したうえで実施されるべきものであるから，規程類を作成・改訂するときには当然，法令との整合性をチェックしなければならない。

　また法令や通達は時代の流れとともに改正されるものであるから，法令が改正されたときには規程類も直ちに見直し，メンテナンスに努めなければならない。

⑸　将来の動向を読み込んでおく

　規程の作成が現状維持だけを基盤としていては，良い規程とはなりえない。規程は将来を先取りして方向づけをしながら作成することが重要であるから，一度方向づけを誤ると能率的にも経済的にも大きな無駄を生じさせることになってしまう。

　例えば将来大きく変える必要がある材料や工法に対して現状肯定の形でルール化すれば，それは次の時期には対応不能になってしまうのである。

4．労働衛生管理規程の構成

　規程の作成に当たっては，すでに述べたように他の規程との整合性をとる必要があり，また独自の歴史や特性も規程に反映されなければならない。このことは規程の構成にも影響を及ぼすものであるが，安全衛生管理規程の構成の一例を挙げれば，次のようなものが考えられる（**表 1-3** 参照）。

表 1-3　安全衛生管理規程に具備すべき事項

大項目	中項目	記述に当たっての留意点	附属規程または細則、心得、要領など
1 総則	A 目的		附属規程または細則、心得、要領など
	B 適用範囲		
	C 用語の定義		
	D 遵守義務	労使双方の遵守義務	
2 安全衛生管理体制	A 組織	ライン、スタッフ委員会（安衛法規制事項と会社の職制との関係づけ）	職務基準（職制＋安全・衛生）安全衛生管理機構図
	B 管理者等の責務	各ポストの職責と安全衛生管理図による関連づけ（誰が何をどのようにを明確に）	安全衛生管理機構図
	C 委員会等	法定委員会（諮問機関）と自主的な委員会（規模、構成、開催頻度等）	安全衛生委員会規則
	D 管理計画	年度方針、年間推進計画から月間計画まで（誰が計画するかを明確に）	安全衛生（管理方針・推進計画）
3 安全衛生基準（概括的な規程に止め、具体的な内容は、付属規程、細則等で決める）	A 設備、環境	設備については、外観、構造、強度、機能（安全装置・インターロック等）操作性、保全性を考慮のこと。設計基準に基づき点検検査表を作る。法定以外の社内基準も、特に判定基準を定めることが大切	設計基準
	B 点検、検査		設備・環境（点検・検査）基準
	C 教育		教育体系・計画
	D 健康管理	例示を参考のこと	特殊健康診断実施基準 有機溶剤中毒防止要領
	E 作業標準	安全作業マニュアル及び作業標準書について規制	作業標準書、手順書、○○安全心得、実施要領
	F 就業制限		就業心得、女性年少者 危険・有害業務、疾病者
	G 異常時等の措置	災害発生時の処置基準も	異常時の措置基準
4 総合安全衛生管理	A 安衛法29条関係	自動車製造業、電機製造業にあっては、構外協力会社の指導基準にも触れることが望ましい	協力会社指導援助基準 建設工事安全衛生管理基準
	B 安衛法30条関係		無災害職場表彰基準
5 その他	B 派遣者等の安全		出張、派遣者等の安全心得
	C 表彰、懲戒		
	D		

備考
1　本規程細目は省略した。
2　附属規程等は一例を示した。

資料：「安全衛生管理規程の実際」中央労働災害防止協会

⑴ 総　　則

労働衛生管理を進めるに当たっての基本的考え方，適用範囲等を示したものであり，規程の目的，性格などを明らかにする部分である。

1）目　　的

規程を制定した目的を示し，特にその規程によって達するべき状態及びその水準を表す部分である。

2）定　　義

規程の中にはさまざまな用語が繰り返し使われることが多いが，これらの用語の意味を明確にしておかないと，規程全体が目的とのずれを生じてしまう場合がある。特に通常ごく一般的に使用されている言葉ほどあいまいさを持っている場合が多く，明確な定義づけが必要である。

例えば『健康診断』という言葉の中に二次健康診断や人間ドックまで含まれるかどうか，『作業環境測定』の中に個人サンプリング法による結果が含まれるか等，いずれの場合も定義を明確にしておく必要がある。

3）適　用　範　囲

その規程の適用対象の範囲を示すものであり，従業員の範囲はもちろんのこと，協力会社，構内協力企業従業員等に対する適用の有無を明確にするものである。

4）遵　守　義　務

労働衛生管理規程に示されたものが正しく運用され，一人ひとりに遵守されなければ無意味である。したがって規程には会社側及び従業員に対して定められた事項の遵守義務を明確にしておくのが通例である。

また中には規程に対する違反行為のペナルティを示したものも見られるが，この場合ペナルティの程度には十分な配慮が必要である。

⑵ 衛生管理体制

内容は4つに大別される。すなわち管理組織体系，各管理者の種類と役割，衛生委員会等の組織，協力会社等の指導に関するものである。

1）組　　織

衛生管理を推進するための組織体系を表すもので，**図1-8**のように組織図の形で示すと全体を理解するのに役立つ。

組織図においては会社の業務組織との関連性も高いが，労働衛生管理規程では

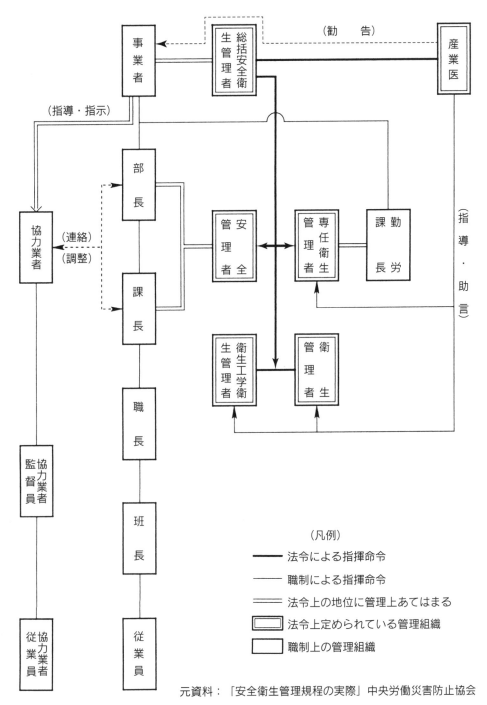

（凡例）

―――　法令による指揮命令

―――　職制による指揮命令

＝＝＝　法令上の地位に管理上あてはまる

□　法令上定められている管理組織

□　職制上の管理組織

元資料：「安全衛生管理規程の実際」中央労働災害防止協会

図 1-8　安全衛生管理組織図の例

あくまでも衛生管理組織を中心とし，業務組織は脇に示して業務との関連を示す場合が多い。

2)　管理者等の責務

衛生管理に関し労働安全衛生法で定められた法定管理責任者（総括安全衛生管理者，衛生管理者等）の位置づけ，役割等を示すとともに，企業における独自の責任者（例えば健康づくり指導員等）及びラインの管理監督者の責任範囲を規程の中で示す場合が多い。

3)　衛生委員会等

労働安全衛生法に規定する衛生委員会の位置づけ等を明らかにするもので，具体的な運営方法の詳細は別の基準で示される場合が多い。特に最近は全社的な中央安全衛生委員会や下部の専門小委員会，あるいは健康管理を扱う専門委員会等独自のものが増加しているので，具体的な付議事項を含め規程の中で明確にすることが必要である。

4)　協力会社等に対する指導

労働衛生管理は企業内のみでなく，関連企業，協力企業がある場合には，それらのグループに対する親企業としての指導責任も大きいものがある。したがって関連企業等に対する指導責任，組織体系，活動内容等を明示しておくことが望ましい。

⑶　衛生管理の実施基準

1)　設備，作業環境

作業環境管理については従来抽象的なものが多く見られるので，これからは細則などの下部規程において環境基準や局所排気装置の性能基準の目標値等を定量的に表しておくことが有効である。

作業環境管理のポイントは作業環境測定，有害材料管理，換気装置の性能等が中心であるが，これからは設備や材料の導入の際のリスクアセスメントの実施についても明確な形で規程化しておくことが重要である。

2)　保　全　管　理

保全管理の評価については標準等の細則に譲る場合が多いが，実施を完全にすることが重要であるので，設備ごとに明確に実施を義務づけるべきである。

3)　健　康　診　断

健康診断の詳細は細則等で取り上げられるべきであるが，健康診断の種類や対

象を明確にするほか，特に受診の義務づけおよび二次検査等のフォローを明確にすることが重要である。

4）作　業　管　理

今後ますます重要となる領域であるが，直接的に作業のやり方を表すものは作業手順書として定めるべきである。

5）労働衛生教育

衛生管理は一部の専門職により進められるべきものではなく，あくまでも働くすべての人々がそれぞれの役割に応じて参加して推進されるものである。

そのためには知識等を広める労働衛生教育は不可欠なものであり，労働衛生管理規程類の中でも中核をなすものである。

これも詳細な内容は細則で示せばよいが，重要なのは層別に各種の教育の位置づけを行うことと，実行の義務づけである。

基本はやはり労働安全衛生法がベースとなるが，企業独自のものも多くあるのでそれらを整理して位置づけ，対象等を明確にした教育体系図を作成しておくことが必要である。

⑷　その他

一般に，規程類の改廃手続きなどを定めるものである。

5．労働衛生管理規程の活用

労働衛生管理規程は守られて初めて効果が表れるものであるから，実施されやすい作り方をするとともに，実施状況を常にチェックすることが何よりも重要である。

規程を決めてはあるが，ほとんど実施されない場合がよく見られる。この主な理由は規程の内容が複雑すぎたり，効率的でないため守りにくい内容になっているか，チェックが甘く，守られていないことを結果的に黙認している場合である。

いずれの場合も実施状況を常にチェックして，守られていない場合には，その原因を追求して規程を改善したり，遵守を働きかけるなどのフォローアップが必要である。

第4章　健康障害発生原因の分析及び
　　結果の活用

　企業において行う「労働者の健康障害の原因の調査」は，労働安全衛生法第13条を受けた労働安全衛生規則第14条第1項で，産業医の職務に示されている。しかし衛生管理者も，労働災害の原因及び再発防止対策で衛生に係わる技術的な事項を管理する必要があり，産業医と協力して実施する必要がある。

1.　健康障害と労働との関係の分類

　健康障害の発生原因は多様であるが，衛生管理を進めるうえでは次の3群に分けて考えることが有用である。
　①　健康障害と作業の因果関係が明らかなもの
　②　健康障害と作業との因果関係は明らかではないが，作業が健康障害の発症要因あるいは増悪因子の1つであると推定されるもの
　③　健康障害が主として個々の労働者の個人的な要因によって生じているもの
　①の中核となる健康障害は既知の業務上疾病（職業病）であり，その大枠は労働基準法施行規則第35条（別表第1の2）に示されている（**表1-4**）。
　③には，血友病や進行性筋ジストロフィーなどの「遺伝病」のようにその健康障害が労働者個人の生物学的な因子によって生じているものと，健康障害の原因として外部環境因子（物理的，化学的，生物学的，心理・社会的）が関与しているが，その外部環境因子が作業とは無関係なものとが含まれる。
　②は，「作業関連疾患」で，心身症や軽症うつ病などのいわゆる「ストレス関連疾患」，高血圧・虚血性心疾患（狭心症・心筋梗塞）・脳血管障害・糖尿病などの「生活習慣病」が入る。
　作業関連疾患，ストレス関連疾患，生活習慣病というのは，それぞれ，ある考え方に基づいて一定の共通点をもつ疾患をひとまとめにしたときの呼び方である。したがって，1つの病気が複数の群に属することもまれではない。例えば本態性高血圧症は，作業関連疾患でありストレス関連疾患でもあるが，生活習慣病でもあるという関係になっている。

表 1-4　業務上疾病の範囲

1　業務上の負傷に起因する疾病
2　物理的因子による次に掲げる疾病
　⑴　紫外線にさらされる業務による前眼部疾患又は皮膚疾患
　⑵　赤外線にさらされる業務による網膜火傷，白内障等の眼疾患又は皮膚疾患
　⑶　レーザー光線にさらされる業務による網膜火傷等の眼疾患又は皮膚疾患
　⑷　マイクロ波にさらされる業務による白内障等の眼疾患
　⑸　電離放射線にさらされる業務による急性放射線症，皮膚潰瘍等の放射線皮膚障害，白内障等の
　　　放射線眼疾患，放射線肺炎，再生不良性貧血等の造血器障害，骨壊死その他の放射線障害
　⑹　高圧室内作業又は潜水作業に係る業務による潜函病又は潜水病
　⑺　気圧の低い場所における業務による高山病又は航空減圧症
　⑻　暑熱な場所における業務による熱中症
　⑼　高熱物体を取り扱う業務による熱傷
　⑽　寒冷な場所における業務又は低温物体を取り扱う業務による凍傷
　⑾　著しい騒音を発する場所における業務による難聴等の耳の疾患
　⑿　超音波にさらされる業務による手指等の組織壊死
　⒀　⑴から⑿までに掲げるもののほか，これらの疾病に付随する疾病その他物理的因子にさらされ
　　　る業務に起因することの明らかな疾病
3　身体に過度の負担のかかる作業態様に起因する次に掲げる疾病
　⑴　重激な業務による筋肉，腱，骨もしくは関節の疾患又は内臓脱
　⑵　重量物を取り扱う業務，腰部に過度の負担を与える不自然な作業姿勢により行う業務その他腰
　　　部に過度の負担のかかる業務による腰痛
　⑶　さく岩機，鋲打ち機，チェーンソー等の機械器具の使用により身体に振動を与える業務によ
　　　る手指，前腕等の末梢循環障害，末梢神経障害又は運動器障害
　⑷　電子計算機への入力を反復して行う業務その他上肢に過度の負担のかかる業務による後頭部，
　　　頸部，肩甲帯，上腕，前腕又は手指の運動器障害
　⑸　⑴から⑷までに掲げるもののほか，これらの疾病に付随する疾病その他身体に過度の負担のか
　　　かる作業態様の業務に起因することの明らかな疾病
4　化学物質等による次に掲げる疾病
　⑴　厚生労働大臣の指定する単体たる化学物質及び化合物（合金を含む）にさらされる業務による
　　　疾病であって，厚生労働大臣が定めるもの
　⑵　弗素樹脂，塩化ビニル樹脂，アクリル樹脂等の合成樹脂の熱分解生成物にさらされる業務によ
　　　る眼粘膜の炎症又は気道粘膜の炎症等の呼吸器疾患
　⑶　すす，鉱物油，うるし，テレビン油，タール，セメント，アミン系の樹脂硬化剤等にさらされ
　　　る業務による皮膚疾患
　⑷　蛋白分解酵素にさらされる業務による皮膚炎，結膜炎又は鼻炎，気管支喘息等の呼吸器疾患
　⑸　木材の粉じん，獣毛のじんあい等を飛散する場所における業務又は抗生物質等にさらされる業
　　　務によるアレルギー性の鼻炎，気管支喘息等の呼吸器疾患
　⑹　落綿等の粉じんを飛散する場所における業務による呼吸器疾患
　⑺　石綿にさらされる業務による良性石綿胸水又はびまん性胸膜肥厚
　⑻　空気中の酸素濃度の低い場所における業務による酸素欠乏症
　⑼　⑴から⑻までに掲げるもののほか，これらの疾病に付随する疾病その他化学物質等にさらされ
　　　る業務に起因することの明らかな疾病
5　粉じんを飛散する場所における業務によるじん肺症又はじん肺法（昭和 35 年法律第 30 号）に
　　規定するじん肺と合併したじん肺法施行規則（昭和 35 年労働省令第 6 号）第 1 条各号に掲げる疾
　　病

6　細菌，ウイルス等の病原体による次に掲げる疾病

(1)　患者の診療もしくは看護の業務，介護の業務又は研究その他の目的で病原体を取り扱う業務による伝染性疾患

(2)　動物もしくはその死体，獣毛，革その他動物性の物又はぼろ等の古物を取り扱う業務によるブルセラ症，炭疽病等の伝染性疾患

(3)　湿潤地における業務によるワイル病等のレプトスピラ症

(4)　屋外における業務による恙虫病（つつが）

(5)　(1)から(4)までに掲げるもののほか，これらの疾病に付随する疾病その他細菌，ウイルス等の病原体にさらされる業務に起因することの明らかな疾病

7　がん原性物質もしくはがん原性因子又はがん原性工程における業務による次に掲げる疾病

(1)　ベンジジンにさらされる業務による尿路系腫瘍（しゅよう）

(2)　ベータ - ナフチルアミンにさらされる業務による尿路系腫瘍（しゅよう）

(3)　4 - アミノジフェニルにさらされる業務による尿路系腫瘍（しゅよう）

(4)　4 - ニトロジフェニルにさらされる業務による尿路系腫瘍（しゅよう）

(5)　ビス（クロロメチル）エーテルにさらされる業務による肺がん

(6)　ベリリウムにさらされる業務による肺がん

(7)　ベンゾトリクロライドにさらされる業務による肺がん

(8)　石綿にさらされる業務による肺がん又は中皮腫（しゅ）

(9)　ベンゼンにさらされる業務による白血病

(10)　塩化ビニルにさらされる業務による肝血管肉腫又は肝細胞がん（しゅ）

(11)　オルト - トルイジンにさらされる業務による膀胱がん（ぼうこう）

(12)　1，2 - ジクロロプロパンにさらされる業務による胆管がん

(13)　ジクロロメタンにさらされる業務による胆管がん

(14)　電離放射線にさらされる業務による白血病，肺がん，皮膚がん，骨肉腫，甲状腺がん，多発性骨髄腫又は非ホジキンリンパ腫（しゅ）（しゅ）

(15)　オーラミンを製造する工程における業務による尿路系腫瘍（しゅよう）

(16)　マゼンタを製造する工程における業務による尿路系腫瘍（しゅよう）

(17)　コークス又は発生炉ガスを製造する工程における業務による肺がん

(18)　クロム酸塩又は重クロム酸塩を製造する工程における業務による肺がん又は上気道のがん

(19)　ニッケルの製錬又は精錬を行う工程における業務による肺がん又は上気道のがん

(20)　砒素を含有する鉱石を原料として金属の製錬もしくは精錬を行う工程又は無機砒素化合物を製造する工程における業務による肺がん又は皮膚がん（ひ）

(21)　すす，鉱物油，タール，ピッチ，アスファルト又はパラフィンにさらされる業務による皮膚がん

(22)　(1)から(21)までに掲げるもののほか，これらの疾病に付随する疾病その他がん原性物質もしくはがん原性因子にさらされる業務又はがん原性工程における業務に起因することの明らかな疾病

8　長期間にわたる長時間の業務その他血管病変等を著しく増悪させる業務による脳出血，くも膜下出血，脳梗塞，高血圧性脳症，心筋梗塞，狭心症，心停止（心臓性突然死を含む。）もしくは解離性大動脈瘤又はこれらの疾病に付随する疾病（りゅう）

9　人の生命にかかわる事故への遭遇その他心理的に過度の負担を与える事象を伴う業務による精神及び行動の障害又はこれに付随する疾病

10　前各号に掲げるもののほか，厚生労働大臣の指定する疾病（昭和 56 年労働省告示第 7 号）

(1)　超硬合金の粉じんを飛散する場所における業務による気管支肺疾患

(2)　亜鉛黄又は黄鉛を製造する工程における業務による肺がん

(3)　ジアニシジンにさらされる業務による尿路系腫瘍（しゅよう）

11　その他業務に起因することの明らかな疾病

　これらの健康障害は，従来，③に分類されてきたが，その発症・増悪因子として，仕事の量や仕事の質などの作業要因，さらには職場の人間関係などが重要視されるようになり，新たなグループとして位置づけられるようになったのである。

　②の具体例として，次に軽症うつ病の事例を示す。

　〔事　例〕　50歳，男性，会社事務職員

　関連会社に出向。何事も人に頼らず自分で完全にやる主義なので，出向先では1人で3人分くらいの仕事をした。3年ほど頑張っているうちに，心身両面の強い疲労感，歩行時の頭重・フラフラ感を自覚するようになった。その後，半年ほどの間に，歩行時のフラフラ感は増悪し，後頭部が痛み，眼痛が起こってきた。そのような状態のときに親会社に戻ることになった。元の会社に戻ってみると，自分のためのポストは特に用意されておらず，1週間休むように指示された。自分としては，4年間出向先で苦労してきたから，当然役職に就けると考えていたのに，その期待が裏切られ，非常にショックであった。その後，不眠が強くなってきて，会社へ行くことができなくなってしまった。

　勧められて近くの大学病院の心療内科を受診したところ，軽症うつ病と診断された。医師の指示で会社を休み，抗うつ薬と抗不安薬を飲むことによって，このうつ状態は3カ月でほぼ完全に改善した。しかし，この段階で，人から頼まれ，断りきれないで選挙運動を手伝ったところ，一時症状が悪化した。けれども，これはすぐに快ゆし，職場復帰することになった。今度こそはと思っていた本人の希望は今回もかなえられず，現場に回されることになった。この処置には，本人は非常に不満であり，自己を100％否定されたような気になったと述べている。このときにも，うつ状態は，初めと同じ程度まで悪化した。医師の指示で，薬を飲みながら1週間ほど休んでいる間に，なんとか気持ちの整理ができ，現場ではあっても一度職場に出てみようという気になった。その後，気分の変動はあったが，症状は徐々に軽快した。

　近年，この事例に類似した人達が数多く医療機関を受診するようになった。また，自分のまわりに，この事例と同じような状態の同僚や部下を持ったことのある人や，現在もっている人も多くなってきた。皆さんは，この事例についてどのような印象を持たれたであろうか。

　以前は③とした事業場もあったと思われるが，このような事例は②の可能性も考

慮して対応していくことが，重要になっていくものと考えられる。

2．分類に必要な情報

労働者の健康障害と労働との関係を明らかにするためには，労働者個人に関する情報とその労働者が属している集団についての情報が必要である。

労働者個人に関するものとして，次に示す項目を挙げることができる。

① 自覚症状

② 現病歴

③ 理学的所見

④ 検査所見

⑤ 日常生活状況（家庭・職場）

⑥ 作業の状況

⑦ 職場の作業環境

⑧ 人間関係（家庭・職場）

⑨ ライフスタイル

⑩ 既往歴

⑪ 家族歴

⑫ 職歴・業務の経歴の調査

⑬ 過去の健康診断結果

⑭ 作業条件の調査，作業の条件の簡易な調査

所属集団については，次のような情報が重要である。

① 類似の健康障害の発生状況

② 労働者全体の健康レベル（他の集団との比較）

③ 労働者全体の作業状況（作業上のトラブルの発生状況を含む）

④ 集団内の人間関係（集団としての活動がスムーズにできる状態にあるかどうか）

これらの情報は，本来，日常の衛生管理活動の中で集められ，蓄積されることが望ましく，このようにして蓄積された情報は，健康障害が発生した後で集められたものに比べて一般には信頼度が高いものである。

なお，ここに挙げられている個人の情報は，健康診断とその事後措置，面接指導等や健康測定とその結果に基づく健康指導（トータル・ヘルスプロモーション・プ

ラン；THP）が継続的に実施されているところでは，そのほとんどが揃っていると考えられる。

3．情報提供による診断の支援と診断結果の理解

　個人を対象として健康障害の存在を確認し，その健康障害がどのようなカテゴリーに属するものなのかを判断することは，医師の仕事である。医師は，管理者から得られる個人情報の①，②，⑩，⑪，⑫についてひととおりの問診を行い，実際に診察をして理学的所見を確認する。また，その結果に基づいて，必要と考えられる臨床検査を実施し，④の検査所見を得る。近年，この検査の技法が多様になり高度化してきたので，検査結果が有所見であれば，ほとんどの場合，ここで胃潰瘍，狭心症，脳梗塞，肺がんなど，日常生活になじみの深い病名がつけられる。

　この段階で明らかにされているのは，健康障害が確実に存在していることと，それがどのような種類の健康障害であるかということの2点であり，その健康障害が起こったプロセスや背景要因は分かっていないことが多い。

　したがって，医師の診断のレベルがこの段階にとどまっている場合には，災害に直接起因した健康障害のような特殊な例を除くと，健康障害と労働との関係の分類はできない。

　まず，昼の休憩時間に，たばこを吸いながら同僚と雑談をしている労働者に，突然，強い前胸部痛が起こった場合を例として取り上げてみよう。検査の結果，心電図に典型的な狭心症の所見があることが明らかになり，引き続いて行われた心臓の血管撮影では，心臓の動脈の一部に軽度の狭窄が認められた。そのデータから，この労働者は狭心症であると診断された。

　それでは，次に必要な情報は何だろうか。医師が知りたいのは，発作の引金は何かということである。この情報は検査では得られないので，医師は問診によってそれをつかもうとするが，本人自身がそれを自覚していないことも多い。そこで必要となるのが，配偶者や職場の同僚の目から見た個人情報⑤～⑨なのである。

　産業医の指示で，衛生管理者が日常生活状況を調べてみると，この労働者は，退社時間が毎日午後11時を過ぎており，休日もほとんど出勤していた。さらに，この労働者は，自分の上司に対して仕事の量を減らしてくれるように頼んでおり，発作の起きた前日にも上司にそのことを訴えていたという事実も明らかになった。

　これだけの情報が集まると，この労働者の狭心症という病気の全体像が医師の目

にもよく見えてくる。医師は，「心臓にみつかった動脈の狭窄は動脈硬化という本人の生物学的な要因によって生じているが，もう1つの重要な要因の可能性が職場にある」という疑いをもつことができ，よりレベルの高い診断が可能となる。

　ここまでの内容をもった診断結果を医師から得ることができれば，産業医や衛生管理者にとっても，この労働者の狭心症と労働との関係を疑うことは可能である。

　次に，特別有機溶剤の一種であるテトラクロロエチレンを使う作業に従事している労働者に，たまたま軽度の肝機能障害がみつかった場合を考えてみよう。医師は，まず，テトラクロロエチレンの代謝物であるトリクロロ酢酸あるいは総三塩化物の尿中の濃度を測定し，同時に肝炎ウイルスの感染の有無を調べる。尿中の代謝物の量が明らかに多い場合や，検査で肝炎ウイルスがみつかったときには，医師は①～④，⑩の情報だけで一応の診断ができる。しかし，そうでない場合には，その他の個人情報に加えて，所属集団①～③の情報が必要となる。

　このような情報があっても，原因物質の特定ができるとは限らないが，こうした情報が十分に得られないまま下された診断の場合は，診断そのものの信頼度が低く，事後措置の役にたたない。

　また，いわゆるストレス関連疾患のうち，神経症や軽症うつ病のように，検査で特別の所見がみつからないのが普通である病気の場合は，これらの情報が十分にそろわないと医学的な診断そのものができないこともあり，たとえできてもその診断は偏ったものになる可能性がある。これでは，産業医や衛生管理者は，医師の診断を，その健康障害と労働との関係を考えるための情報として使えない。

　このようにみてくると，医師の診断結果を受けて，事業場内での事後措置を実施しなければならない立場にある産業医や衛生管理者にとっては，医師の診断がどの程度の情報に基づいて下されたものであるかの判断がいかに重要であるかが理解されるだろう。

　この判断を的確に行うためには，労働者を診療している医師との情報交換が不可欠であり，医師に対する積極的な情報提供が必要である。しかし，健康診断や健康測定の結果は高度な個人情報であるので，産業医や衛生管理者がその労働者に無断でこうした情報を提供することは，相手が医師であっても，原則として避けなければならない。

4. 調査結果の活用

　健康障害と労働との関係の分類が決まれば，その分類に応じ，あらためて次に示す作業を進める。

　健康障害と労働との関係が分類①であれば，理論的には必ず，作業環境管理又は作業管理上の問題点が存在する。問題点は1つとは限らないので，総合的な点検を行い，同時に，その職場の他の労働者の健康状態を調査する。そして，調査結果に基づいた労働衛生教育を実施する。

　分類②の場合は，健康障害と関係のありそうな外部環境因子を可能な限り列挙し，それを作業側の要因とそうでないものに分ける。実際には，両者が，相互に関係しあっていることも少なくないので，その点にも注意する。また，取り上げられた作業側の要因が，その職場の他の労働者にどのように影響しているかも調べる。調査結果を，健康教育に反映させる。

　分類③では，個人の経済問題，家族の病気のように，作業側の要因ではないことが明らかな環境因子については，産業医や衛生管理者が直接かかわる必要はない。しかし従業員から相談があったり，就業規則上の問題があった場合などには，面接を行う必要がある。

　いずれの場合にも，労働者個人に対しては，事業場での疾病管理が必要である。第4編第5章の「疾病管理計画の作成」に示した原則的な考え方に従って実行する。

第5章　職場巡視計画の策定及び問題点の処理

　労働衛生水準や現状の問題点を把握するための職場巡視は日常よく行われるところであるが，その進め方も目的，対象，メンバー，時間帯等によって異なった特徴を持っている。通常行われる職場巡視は種々の制約により特定の領域に限定されたり，あるいは短時間で行われることもある。

　そこでここでは一般的な職場巡視をさらに一歩進めた労働衛生点検まで話を進めることとする。

1．職場巡視の意義

　労働衛生の管理対象はますます広がりつつあり，またその手法も多岐にわたっている。その中で企業，職場の管理活動のポイントを正確に把握し，効果的な活動計画に結びつけるためには職場巡視をはじめとする現状把握をできるだけ正確に行う必要がある。

　ただし，職場巡視は表面的に行うだけでは不十分である。現状把握といっても実際にはそれのみにとどまらず，将来における技術や社会の動向等を踏まえて，これからの活動計画を策定する必要がある。

　職場巡視は単なる行事の一環でもなければ目に見える部分だけの問題点の摘出であってはならない。

2．職場巡視の種類

　職場巡視は目的，メンバーによって次のように分類される。

⑴　目的による分類
1）　問題点の発見のため

　局所排気装置の能力，労働衛生保護具の使用状態等，具体的な問題点の把握を目的とするものである。巡視するメンバーと対象職場で働く人達双方の意識づけ

にもなる。

2)　労働衛生管理レベルの把握のため

　労働衛生管理レベルの評価を目的として行われるものである。他の職場や企業と比較するための評価基準やチェックリストが必要になる。

3)　労働衛生計画を立てるため

　前項の評価に加え，幅広い角度から問題点を摘出し，総合的立場から管理計画に結びつけるためのものである。

⑵　メンバーによる分類

1)　トップ層による巡視

　総括安全衛生管理者をはじめとするトップ層が行う職場巡視は，総合的な見地から診断を行うため，その後の活動レベルを上げるのに役立つ。またトップ層による活動への参加は，企業全体の労働衛生意識を向上させるのに最も効果的である。

2)　管理監督者による巡視

　管理監督者にとって職場巡視は労働衛生管理にとどまらず，安全管理，業務管理，人事管理上からも当然必要な活動である。これらは通常同時に実施されるため，目的が不明確になる場合が多い。したがって労働衛生管理に重点を置いた職場巡視により，自分の職場をチェックし，併せて他の職場と比較することができる。

3)　作業者による巡視

　当番制により指名された作業者による職場巡視は職場の具体的な問題点を発掘するのに役立つばかりでなく，労働衛生の意識を向上させる効果も期待できる。

4)　産業医，労働衛生スタッフによる巡視

　専門的な立場から行われる職場巡視である。この中で産業医による職場巡視は，労働安全衛生法により1カ月に1回以上の実施が義務づけられている。

　産業医の巡視を行う場合，労働衛生スタッフが同行することが多い。

　作業環境測定士，産業保健看護職等の労働衛生スタッフがチームを組んで行うことにより，各々の専門を生かすことができ，効果的な場合がある。

5)　労働衛生コンサルタントによる巡視

　労働衛生コンサルタント等の外部専門家による職場巡視は高い専門性を持つため職場の盲点を見つけることもできるが，反面十分な情報を提供しておかないと

情報不足によって良い効果が期待できない場合もある。

6)　衛生管理者による巡視

　衛生管理者による職場巡視は労働安全衛生法により週1回以上行うことが義務づけられている。衛生管理者の職場巡視は自らの業務の中核となるものであり，専門的立場から職場をチェックし，評価し，問題点を見つけ出さねばならない。

3.　労働衛生点検の考え方

　職場巡視は一般にその目的が限定されている場合が多いが，労働衛生点検は文字どおり職場を労働衛生の立場から広い角度でチェックし，評価し，問題点と対応策を探るものである。労働衛生点検は衛生管理者が中心となって行うものであり，その考え方をまとめると次のようになる。

(1)　広い角度から点検する

　労働衛生点検の本来の目的は企業や職場における労働衛生管理の水準を評価し，実際の活動に結びつけることに大きな意義があることから，部分的な見方は重要な問題を見落とす危険が大きい。労働衛生は一種の総合管理体系であるから衛生工学面，健康管理面等特定の領域だけを点検することは本来の目的から逸脱する可能性がある。

　したがって，労働衛生点検では関連する種々の手法を活用して広い視野に立って実施することが重要である。

(2)　目的を明確にする

　労働衛生点検といってもその目的は決して1つではない。例えば対象は事業場全体かあるいは特定の職場かによって異なるし，目的が評価にあるのか，あるいは改善活動にあるのかによって進め方も異なる。

　いずれにしても労働衛生点検活動においてはあらかじめその目的を明確にし，点検を行うメンバーのコンセンサスを得ておくことが重要である。

(3)　先行きの見通しを立てるものである

　労働衛生点検にしても職場巡視にしても，目に映るものだけが対象ではない。点検といえば現在の水準を把握することのような印象があるが，対象職場が持つ将来

にわたる問題点を把握することが最も重要である。そのためには目に映る表面的なものだけにとどまらず，対象職場の労働衛生問題を将来にわたって予測していく必要がある。点検や巡視は「見て回る」だけではなく，巡思すなわち「思いめぐらす」基本的態度が必要である。

　特に問題が多い非定常作業に関する情報は，ほとんどの部分が目に見えない場合が多い。

(4)　事前に必要な情報を得ておく

　労働衛生点検は総合的な性格を持つものであるので，法令，原材料，設備，生産情報等の関連情報を十分に把握しておく必要がある。点検結果の精度は，事前情報の量と質によって左右されるといっても過言ではない。

(5)　チームによる運営を図る

　労働衛生点検は総合的な活動であるから，参加するメンバーもまた種々の専門を持つ人達によって構成することが重要である。もちろんチームには労働衛生スタッフばかりでなく管理監督者，技術職等ラインの情報を持っている人達も含めた方が効果的である。そして衛生管理者は自らが労働衛生の専門家として加わるだけでなく，そのチームの持つ多くの情報を調整し，集約することも重要な役割となる。

(6)　適切なチェックリスト及び評価基準を用意する

　点検及び評価は感覚的に進めるべきではない。標準化されたチェック項目を記載した適切なチェックリストと，評価基準を持つことが見落としを防ぎ，正しい評価や比較を行うために特に重要である。

(7)　トータルリスクを意識する

　労働衛生点検だからといって，点検項目が労働衛生のみに限ることは必ずしも適切とはいえない。なぜなら職場や作業の評価を労働衛生面からのみ行うことは，結果の評価を一面的にする危険を伴うからである。

　労働災害に結びつく安全問題，地域や社会に影響を与える環境問題，さらには火災，防災問題等，いわゆるトータルリスクマネジメントの立場から考慮する必要もある。そしてそのうえに生産性，品質，コスト等広い視野に立って評価しなければ，実際の活動の場における総合評価は行えないのである。

4．労働衛生点検の進め方

(1) 基本的ステップ

労働衛生点検は他の管理体系と同じく，PDCA すなわち Plan（計画），Do（実施），Check（評価），Act（改善）というサイクルで進められる。特に重要なのは第3段階の Check，すなわち評価である。労働衛生点検では通常の職場巡視以上に労働衛生管理体系を見落とさないよう，総合的に，同時に客観的，できれば数値的に評価を加える必要がある。

さらに低い評価の項目については，評価のみにとどまることなく，その根本的原因を追求して今後の正しい対応に結び付ける努力が重要である。

(2) 労働衛生点検を計画する

1) 目的を明確にする

労働衛生点検の目的は，労働衛生管理レベルの評価，改善計画の立案，長期計画の策定等種々あるが，その目的を明確に示しておかないと実施の段階で目的から逸脱してしまう危険がある。

さらに，目的の確認は点検チーム内ばかりでなく，対象職場の管理監督者まであらかじめ通知しておき協力を求めることが重要である。

2) 労働衛生点検チームを作る

労働衛生点検は重要な活動であるから衛生管理者だけで実施するより多くの専門知識を持った人たちでチームを作って実施する方が効果的である。

チームの構成は目的によっても異なるが，一般的に考えられるのは産業医，作業環境測定士，産業看護職等の労働衛生スタッフ，管理監督者，できればトップ層，さらに設備・材料担当の技術職を含めればより効果的である。

また，労働衛生コンサルタント等の外部専門職がチームに加われば習慣の陰に隠れた新しい問題を見つけることも期待できる。

3) 点検スケジュールを作る

大規模事業場等で行う労働衛生点検はかなりの時間を必要とするため，対象職場ごとのタイムスケジュールを作成する必要がある。特に時間帯の設定は重要であり，通常は正規の作業時間帯に行うが，薬品補充や設備点検等の非定常作業に対して実施しようとする場合は作業時間外に行う場合もある。

また，温湿度や照度，有機溶剤の気中濃度のような環境状態は季節や時間の影

響が大きいので計画の際最も顕著な結果が得られる時間に設定すべきである。

⑶　労働衛生点検の実施
1)　点検の準備

　労働衛生点検では，実施の前の準備の善し悪しが結果の精度に大きく影響する。実施前に次の準備が必要である。

(ア)　事前の連絡

　対象職場ばかりでなく上部組織にまで事前に目的，時間帯，対象職場等を文書で連絡する。職場の管理監督者の理解が得られない労働衛生点検は，職場の協力が不足になり，点検の効果を低下させてしまう。

(イ)　事前情報の入手

　点検結果は，事前に必要な情報をどれだけ得ているかにより，大きく左右される。

①　職場の組織——職制組織，安全衛生組織，作業主任者等

②　主な工程，設備の状況——特に局所排気装置等の換気設備の性能，全体的なレイアウト図

③　使用する原材料の種類，毒性，使用量等，SDS（安全データシート）

④　関連法規，社内規定——特に作業安全衛生基準，作業手順書，該当する規定，基準類

⑤　作業環境測定結果——項目，管理区分

⑥　健康診断結果——定期健診，特殊健診の有所見者の有無

⑦　労働衛生教育の実施状況

(ウ)　点　検　用　具

　労働衛生点検に当たっては簡易に使える測定器具，スモークテスター等の調査用具を用意すればより正確となる。

(エ)　服装・保護具

　その職場に入るのにふさわしい服装，必要な保護具（安全靴，ヘルメット，保護眼鏡，防毒・防じんマスク等）は当然準備すべきである。

(オ)　チェックリスト

　労働衛生点検は感覚的に行ってはならない。その目的，対象に応じたチェックリストを準備すべきである。ただしチェックリストを備えるに当たっては必ずしも既成のものがよいわけではなく，目的，対象に応じた適切なものを作成

すべきである。

　以下参考までに，目的に応じたチェックリストの例を示す。

　例1　総合的な労働衛生点検チェックリストの一例（**表1-5**）

　例2　有機溶剤業務点検表の一例（**表1-6**）

2)　労働衛生点検の実施における着眼点

　労働衛生点検は計画したとおりに行えばよいわけであるが，実施上の着眼点について触れる。

㋐　メンバーに対して十分説明しておくこと

　せっかく労働衛生点検を行っても，メンバーのコンセンサスが得られていなければ十分な成果は期待できない。実施前に打合せをもち，メンバー全体のコンセンサスを得ておくことが非常に重要である。

㋑　役割分担を明確にすること

　チームによる点検でも，すべてのメンバーが同時に同じ内容を点検することは少ない。そのメンバーの持つ専門性に応じて点検項目や対象を分担して実施することも効果的である。

㋒　五感や器具を活用すること

　点検は目で行うばかりではない。聴覚や触覚等五感を利用するほか，簡単な器具や測定器を使ってできるだけ正確に点検することを心掛ける。

㋓　管理監督者や作業員からの聞き取り

　最も重要なことは実際にその職場で働いている人達から問題点等を聞くことである。その内容は材料や作業のやり方，非定常作業に関するもの，訴え等，広範囲である。

㋔　非定常作業の点検

　労働災害は修理，点検，調整等の非定常作業のなかで発生しているものも多く見られるが，労働衛生に関する問題点も，液の交換，装置の点検・修理・洗浄等のような非定常作業の中に存在することが多い。非定常作業の時には高濃度の有害物との接触がみられる場合が多く，労働衛生保護具の使用が真に必要となるのはこのような場合である。この点に着眼することが重要である。

表 1-5　総合的な労働衛生点検チェックリストの一例

点　検　項　目	不必要	必要	高　　い優先順位	良い事例
保　護　具 38　適切な種類の保護ゴーグルや顔面シールド，マスク，耳栓，安全靴，ヘルメット，手袋を，十分な数供給する。 39　すべての種類の保護具の維持管理の状態がよく，しかも，それらが実際に使われていることを定期的にチェックしているか，確認する。 40　可能なところでは，個人用保護具を使わずに，その代わりに機械に組み込んだガードやその他の本質的な危険減少手段を使うように変える。 〔必要な対策〕_____ _____				
持 ち 上 げ と 作 業 姿 勢 41　重労働や長時間にわたる不自然な作業姿勢を避けるために，対象物を手を使わずに支持してくれる治具，てこ，滑車，その他の機械的な手段を利用する。 42　重い荷物を動かすときは，手押し車やクレーン，コンベヤー，その他の機械的な補助手段を利用する。 43　重量物を持ち上げるときは，腰曲げではなく膝を曲げて伸ばすやり方をするよう，労働者を訓練する。 〔必要な対策〕_____ _____				
作 業 面 の 高 さ 44　器具自体や操作を行う部分あるいは作業面の高さを上げて，立ち作業者が前かがみ姿勢にならないようにする。 45　立ち作業者が腕を高く上げなくてはならないような作業は，足台やふみ台を供与して，避ける。 46　座位作業者の腕の位置が，高すぎたり，低すぎたりしないように，適切な高さの作業台を備える。 〔必要な対策〕_____ _____ _____				

資料：「安全・衛生・作業条件トレーニング・マニュアル」(ILO，スウェーデン合同産業安全審議会——労働科学研究所)

表 1-6　有機溶剤業務点検表の一例

点検年月日		点検箇所		点検者氏名	
点　検　項　目			良○　否×		問　題　点・措　置
原材料	1　成分及び含有量(率)の把握がされているか。 2　有害性のチェックがなされているか。				
設　備	3　施設の特例許可を受けているか。				
	4　密閉装置 5　局所排気装置 6　プッシュプル型換気装置 7　全体換気装置	適切な設備が設置されているか。			
	8　局所排気装置のフード等 9　〃　　　　の排風機 10　局排・プッシュプルの排気口	適切に管理されているか。			
	11　局所排気装置の性能はどうか。 12　プッシュプル型換気装置の性能はどうか。 13　全体換気装置の性能はどうか。 14　換気装置は有効に稼働しているか。				
作業主任者	15　作業主任者を選任しているか。 16　汚染・吸入しないように作業方法を決め，指揮しているか。 17　換気装置の月例点検を行っているか。 18　点検の記録はあるか。				
定期自主検査・点検	19　1年以内ごとに1回定期自主検査を行っているか。 20　検査の項目はどうか。 21　自主検査の記録はあるか（3年間保存）。 22　初使用，分解，改造，修理時の点検を行っているか。 23　自主検査，点検での異常は補修されているか。				
掲示表示	24　見やすい場所に掲示されているか。 25　色別区分の表示がなされているか。				

点　検　項　目		良○　否×	問 題 点・措 置
作業環境の測定・評価	26　測定は 6 月以内ごとに定期的に行っているか。 27　測定結果の記録はあるか（3 年間保存）。 28　測定結果について評価しているか。管理区分はどうか。 29　第 3 管理区分について改善措置を行ったか。 30　改善措置の効果確認の測定を行ったか。		
健康診断	31　雇入れ時，配置替え時に実施しているか。 32　6 月以内ごとに 1 回定期に実施しているか。 33　必要な健診項目により実施しているか。 34　結果の記録はあるか（5 年間保存）。 35　事後措置はどうか。 36　健診結果報告を提出しているか。		
保護具	37　保護具は適切に使用されているか。 38　いつでも使用し，または交換できるよう必要数を備えつけているか。		
貯蔵等	39　貯蔵場所，貯蔵方法は適切か。 40　空容器は密閉するか，屋外の一定の場所に集積されているか。		
その他	41　有機溶剤業務従事者の衛生教育を行っているか。 42　緊急時の連絡体制は整っているか。 43　有害性の少ない原材料への代替はできないか。		

⑷　労働衛生点検結果の評価

　点検終了後に集められたチェックリストを集約して評価を行うが，この時のポイントは次のとおりである。

1)　できるだけ数値化して集計する

　職場ごとの比較をするときなどは 5 点法等により数値化しておくことが望ましい。数値化した点検結果は全体の傾向を簡潔に表すことができると同時に，評価の悪い項目がどの部分であるかが容易に分かるからである。

　このような評価をする場合には平均点ばかりでなく評価が平均よりも低い項目については（5 点法では 2 点以下）項目を個別に示しておく必要がある。

2) **評価が低い原因を討議する**

　低い評価が与えられた項目についてはチーム内でその具体的内容と理由について討議することが重要である。評価は必ず改善に結び付ける前提だからである。

⑸　**改善**

　点検活動は職場の実態や管理レベルを評価するものであるから，不具合点に対しては修正・改善が必要である。

1) **衛生委員会等への報告**

　労働衛生点検結果は単なる評価のために行うのではないから結果は必ず職場の管理者や衛生委員会等に報告する必要がある。

2) **対応策の検討**

　不具合点に対しては評価の項で触れた具体的内容をもとに対応策を検討する。もし真の原因が把握できないときは，追加調査を行うなどして原因の究明にあたることが大切である。

3) **対策の実施計画**

　対策の内容に対して担当部署，時期，予算等具体的な実施計画を作成する。簡単に対策が実施できるものは職場が中心となって直ちに着手するが，多くの費用が必要なものや労働衛生管理システムそのものの改善には専門プロジェクトチームを設置することも有効である。

　また対策の実施は点検を行った職場だけではなく，関連する職場に対しても同様に実施することが必要である。

4) **改善結果に伴う再点検の実施**

　改善を行った場合にはただちに再点検を行って改善効果を確認する。

　評価及び改善の管理こそ衛生管理者が行うべき重要な職務の1つである。

第 6 章　労働衛生情報・資料の収集及び活用

1．労働衛生情報とは何か

　情報は外部から内部から発生し，我々の周りには無数の情報があふれている。どの情報が衛生管理活動に有効か，選択とともに利用方法についても迷うほどである。衛生管理は健康的な労働の場をつくり，労働者のより高い健康状態を確保することが目的である。衛生管理の重要な情報としては，疾病統計や疾病事例があり，労働安全衛生法とその関連規則や通達などが挙げられる。法律などは過去の業務上の災害や疾病の発生の情報を検討し，再発することがないようその対策として規制しているものである。

2．情報資料の収集と活用

⑴　外部情報

　衛生管理の業務で比較的よく利用される外部情報は，色々な媒体から入手可能である（**表 1-7** 参照）。

1）　書籍など

　衛生管理についての書籍は，専門分野であるために種類が限られている。したがって，労働衛生関係の団体などが発行している機関誌などに参考になるものが多い。例えば

- ・中央労働災害防止協会
- ・業種別労働災害防止協会
  - （建設業，陸上貨物運送事業，港湾貨物運送事業，林業・木材製造業）
- ・労働者健康安全機構 労働安全衛生総合研究所　など

　中央労働災害防止協会が毎年発行している「労働衛生のしおり」は，労働衛生全般の情報がコンパクトに記載されており，新任衛生管理者にとって役立つだけでなく最新の労働衛生分野の動向についても把握できるため，ベテランの衛生管理者にとっても有用である。

表1-7　労働衛生関連情報の主な入手先

団体等	書籍、雑誌	セミナー・研修会等	学会・研究発表会	インターネット	相談窓口
厚生労働省				○	
都道府県労働局・労働基準監督署				○	○
労働基準協会連合会・労働基準協会等		○		○	○
中央労働災害防止協会	○	○	○	○	○
業種別労働災害防止協会（建設業，陸上貨物運送事業，港湾貨物運送事業，林業・木材製造業）	○	○	○	○	
労働者健康安全機構				○	
労働者健康安全機構 労働安全衛生総合研究所	○	○		○	
産業保健総合支援センター		○		○	○
地域産業保健センター		○		○	○
全国労働衛生団体連合会	○	○		○	
日本作業環境測定協会	○	○	○	○	
産業医学振興財団	○	○		○	
大原記念労働科学研究所	○	○		○	
衛生管理者協議会（都道府県）		○			
学会（日本産業衛生学会，日本労働衛生工学会，日本産業精神保健学会等）	○	○	○	○	
職場のあんぜんサイト（厚生労働省）				○	
安全衛生情報センター（中央労働災害防止協会）				○	
安全衛生教育センター（中央労働災害防止協会）		○		○	

2)　セミナー，講習会，研修会

　労働衛生関係の機関，団体などが主催する衛生管理者のための講座，作業主任者技能講習，各種能力向上教育などの講習会がある。

　これらに積極的に出席し，新しい情報を吸収し，同じ分野で活動を行っている人々と積極的に情報交換を行い，自社の衛生活動に反映させることが望ましい。

　　・労働基準協会連合会・労働基準協会等

　　・中央労働災害防止協会

　　・産業保健総合支援センター

　　・安全衛生教育センター　　など

3)　学会，研究発表会

　学会や研究発表会も貴重な情報源である。日本産業衛生学会，日本労働衛生工

学会，日本産業精神保健学会などの年会，中央労働災害防止協会主催の全国産業安全衛生大会や日本作業環境測定協会の研究発表会などは，年により各地方で開催されるようになっているので，機会が得られれば参加することが望ましい。

4)　**衛生管理者の情報交換会**

　　異なる事業場の衛生管理者が，お互いに情報交換し研鑽を積むことにより自社の衛生活動に反映させる。各都道府県の主に労働基準協会などの中に組織する衛生管理者協議会では定期的に勉強会などが開催され，衛生管理者の情報交換の場になっている。

5)　**マスメディア**

　　テレビ，ラジオ，新聞，雑誌などは災害，事故などの情報をはじめ，健康管理情報，快適職場づくり，メンタルヘルス，環境問題など情報が豊かである。

　　特に災害や事故などの情報はタイムリーに自社の衛生管理活動への活用，教育資料としてなどに活用することができる。

6)　**インターネット**

　　労働衛生関係のデータベースなど多くの情報源へのアクセスが可能になっている。

　　①　厚生労働省

　　　https://www.mhlw.go.jp/stf/seisakunitsuite/bunya/koyou_roudou/roudou
　　　kijun/anzen/index.html

　　　　安全衛生に関する主な施策紹介

　　②　職場のあんぜんサイト

　　　https://anzeninfo.mhlw.go.jp

　　　　労働災害統計・労働災害事例，労働災害などデータベース・化学物質（SDS，GHS モデルラベル，コントロール・バンディングなど）

　　　（化学物質情報は，https://anzeninfo.mhlw.go.jp/user/anzen/kag/kagaku_
　　　index.html）

　　③　安全衛生情報センター　https://www.jaish.gr.jp

　　　　法令・通達，調査研究情報など

① 厚生労働省（画面例）

https://www.mhlw.go.jp/stf/seisakunitsuite/bunya/koyou_roudou/roudoukijun/anzen/index.html

施策紹介

安全衛生に関する総合情報、安全衛生統計

安全衛生に関する総合情報（職場のあんぜんサイト）

安全衛生関係リーフレット等一覧

労働災害発生状況・災害事例・安全衛生関係統計

申請など手続き

労働安全衛生関係主要様式

労働安全衛生関係の免許・資格・講習・教育など

労働安全衛生法に基づく新規化学物質関連手続き

労働災害が発生したとき

安全衛生優良企業公表制度について

安衛法等上の登録機関の登録の申請・基準の詳細

分野別情報

職場における安全対策について

職場における労働衛生対策について

職場における化学物質対策について

リスクアセスメント等関連資料・教材一覧

労働安全衛生マネジメントシステムについて

メンタルヘルス対策等について

職場における受動喫煙防止対策について

治療と仕事の両立について

高年齢労働者の安全衛生対策について

派遣労働者の安全衛生対策について

外国人労働者の安全衛生対策について

既存不適合機械等更新支援補助金について

東電福島第一原発等労働者対策関連情報

アスベスト（石綿）情報について

登録教習機関一覧（都道府県別）

PDF 検査検定実施機関一覧［PDF形式：253KB］

別ウィンドウで開く

女性労働者の母性健康管理のために

電離放射線障害防止対策について NEW

有害物ばく露防止対策補助金について NEW

その他

よくある質問（安全衛生に関するQ&A）

働き方改革関連法（労働安全衛生法改正を含む）

労働安全衛生法の改正（平成26年法律第82号）

労働災害防止計画について

安全衛生週間・表彰について

国際協力について

「労災かくし対策」について

家内労働（安全衛生含む）

労働安全衛生に関する研究の推進について

相談窓口等（雇用・労働）

所管法人（労働基準局）

English site (Labour Standards)

ページの先頭へ戻る

② 職場のあんぜんサイト（画面例）

https://anzeninfo.mhlw.go.jp

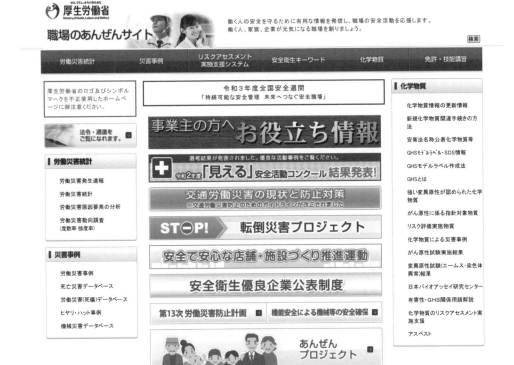

③ 安全衛生情報センター（画面例）

https://www.jaish.gr.jp

7)　相談窓口

　　労働衛生に関する相談窓口が中央労働災害防止協会，産業保健総合支援センターに設置されており，事業場が抱える課題・問題・悩み等の解決を手助けしてくれる。安全衛生の専門的知見やノウハウをもった専門家が対応してくれる。

　　また，労働局，労働基準監督署でも相談対応してくれる。

・中央労働災害防止協会　安全衛生相談の窓口（電話 03-3452-6296）

・各地区安全衛生サービスセンター　（各センターへ）

・労働局，労働基準監督署　（各局，監督署へ）

⑵　内部情報

　内部情報は，企業の衛生管理を有効に進めるために重要である。企業内の情報としては，作業環境測定結果，健診結果，職場巡視結果や職場からの要望，不平，不満等がある。これらの情報は積極的に収集し，それを衛生管理者が分析・検討し，使いやすいような形に自らの手で，適切に加工することが必要である。さらに，前項で取り上げた外部情報と比較検討を行ったり，参考とするべきである。

1)　健康診断結果

　　健康診断結果は，主として産業医が健康管理を行うために利用するものであるが，衛生管理者も，産業医の指導のもとに事務処理等を行う。健康診断結果については守秘義務があり，その取扱いには注意を払わなければならない。また，集団としての健康状態を把握し健康管理の評価のために活用するには，統計的に取り扱うのがベストである。このためには，衛生管理者も統計学のみならず疫学についても理解し，有効に使用できることが望まれる。

2)　職場巡視による情報

　　職場を見ずして職場を語るなかれ！　であり，職場が実際どうなっているかは，職場を巡視してみて初めて分かることである。職場巡視結果は，最も有効な情報であり，作業環境測定データの評価，作業環境の評価，健康管理の評価に十分反映されなければならない。

　　このような鋭い感覚を持って産業医とともに職場を巡視することが大切である。また，衛生委員会での討議を前向きに，スムーズに進めるためにも重要である。

3) 作業環境測定結果

　作業環境測定結果も重要な情報源である。労働安全衛生法及び作業環境測定法で定められている測定は，自社又は専門機関の作業環境測定士等によって実施され，その評価もその人たちが実施している。ここで衛生管理者がそれを傍観していてはならず，そのデータのもつ意味を理解しなければならない。たとえ測定結果の評価が良好であっても，そこに隠された衛生管理上の問題点，例えば，通常は感覚的には環境はもっと悪いと感じているのにデータからはそのように受け取れない，何かおかしいぞ，本当だろうか，個人へのばく露や経皮吸収の疑いなどはないのか，などの疑問を感じる力を養い，原因を徹底的に追究して適切な対応を策定し，それを実現するまでに持っていく活動こそ，衛生管理者にとって重要な業務である。さらにそこで働いている人達の健康診断結果や，尿中代謝物等の生物学的モニタリング結果と比較検討することにより，より的確な対策が可能となる。

4) 労働災害情報

　労働災害とりわけ労働衛生に係る業務上疾病は，個々の事業場においてそれほど頻繁に発生するものではない。しかし，発生要因は全くないわけではなく，いつどのような疾病が発生するかもしれないし，いつ疾病が発生しても不思議ではないほど危険有害要因の多い事業場もある。そこで疾病がないから何もしないというのではなく，疾病が発生する前にその要因を取り除いて未然に防ぐというのが管理者の重要な役割である。

　このため，同業他社の疾病情報，あるいは自社で使用している有害物の疾病情報などは，自社の管理と照らして問題点はないか検討するうえで非常に有効な情報である。

　疾病情報は各社とも外に出したがらないが，業種別団体の災害情報や，厚生労働省の「職場のあんぜんサイト」，労働衛生関係団体等が発行している雑誌や事例集等に掲載されている疾病事例等が活用できる。

5) 労働衛生管理統計

　1) から4) の関係も含め，主な労働衛生管理統計を整理すると，**表1-8** のとおりである。

　労働衛生管理統計の目的は，労働衛生管理に関する集団的情報を数量的データとして把握し，起きている現象を定量的に捉え解析することにより，背景にある問題点を読み取り，対応策を検討し，実行することにある。

表1-8　主な労働衛生管理統計

基本的な統計資料	従業員の人数，年齢構成，性別，通勤方法・時間，家族状況，職歴，教育歴，有害物質・有害エネルギーの種類と使用工程，作業工程等
作業環境管理にかかわる統計	使用する原材料等の種類及び使用量の経時的変動，生産設備の現況，局所排気装置等設備の能力と稼働状況，作業環境測定結果（評価）
作業管理にかかわる統計	作業工程，作業方法，作業負担，作業時間，休憩時間，勤務形態，労働衛生保護具の種類と着用状況等
健康管理にかかわる統計	既往歴，現病歴，特殊・一般健康診断結果，運動歴等個々の健康状態のデータ，喫煙歴，有害物質・有害エネルギーのばく露歴，疾病状況等

統計は，労働衛生管理において，大別して次のように役立てることができる。

①　統計を作成することにより，事業場の労働衛生管理の現状，動向を把握する。

・得られた統計から，どんな問題点があるか，緊急性を要するものがあるかなど，現状を把握し，今後の労働衛生リスクを予測することが可能になることによって，問題が発生する前に対策を立案，実行に移すことができる。

・全国統計，業種別統計と比較することにより，事業場の労働衛生管理水準を評価することができる（各種全国統計は，毎年，厚生労働省や総務省統計局から公表されている。）

等である。

②　立案した対策を統計結果を根拠に衛生委員会，管理者等に説明することにより，理解を得やすくすることができる。

6)　個人情報

個人情報には，さまざまなものがあるが，衛生管理上必要な情報は，職場一人ひとりの健康に関する情報はもちろんのこと，法令に定められている資格，作業主任者，特別教育の受講状況なども把握しておくことが必要である。個人情報については特にその管理を厳重にしなければならない。

第 2 編

作 業 環 境 管 理

本編で学ぶ主な事項：

→作業環境測定結果の評価・環境改善

→労働衛生関係施設等の検査・整備

→一般作業環境の管理

第1章　作業環境測定，測定結果の評価及びそれに基づく環境改善

1．作業環境測定

⑴　法で規定されている作業環境測定

　労働安全衛生法第65条では，有害な業務を行う屋内作業場その他の作業場では作業環境測定を行い，その結果を記録しておかなければならないと規定されている。

　作業環境測定を行わなければならない作業場，測定の頻度等は**表2-1**のとおりであるので，衛生管理者は測定が必要な作業場，測定の種類などを把握し，測定の実施時期等について内部及び測定機関等と調整しておく必要がある。また，作業環境測定基準（昭和51年4月22日労働省告示第46号（最終改正：令和2年12月25日厚生労働省告示第397号）の概要は**表2-2**のとおりである。

⑵　衛生管理者の役割

　衛生管理者は，作業環境測定士が適正な測定ができるように支援することが必要である。また，作業環境測定士による測定が業務づけられている指定作業場以外の測定は，衛生管理者も実施することができる。

　作業環境測定士が行った測定結果について総合的な評価ができることも必要である。

⑶　作業環境，作業実態の記録

　測定結果の記録には，サンプリング時の作業場の状況についての記録を同時につけておくことが重要である。それがないと測定値の変化が一体何を意味しているのか不明瞭になりやすく，対策をたてるうえで的確な判断を誤ることにもなる。

表 2-1　作業環境測定を行うべき作業場（労働安全衛生法施行令第21条）

作業場の種類 （労働安全衛生法施行令第21条）		関連規則	測定項目	測定回数	記録の 保存年
○1	土石，岩石，鉱物，金属又は炭素の粉じんを著しく発散する屋内作業場	粉じん則 第25条 第26条	空気中の粉じん濃度，遊離けい酸含有率	6月以内ごとに1回	7
2	暑熱，寒冷又は多湿の屋内作業場	安衛則 第587条 第607条	気温，湿度，ふく射熱 （注1）	半月以内ごとに1回	3
3	著しい騒音を発する屋内作業場	安衛則 第588条 第590条 第591条	等価騒音レベル	6月以内ごとに1回 （注2）	3
4	坑内作業場 　(1)炭酸ガスの停滞場所	安衛則 第592条 第603条 第612条	空気中の炭酸ガス濃度	1月以内ごとに1回	3
	(2)通気設備のある坑内		通 気 量	半月以内ごとに1回	3
	(3)28℃を超える場所		気 温	半月以内ごとに1回	3
5	中央管理方式の空気調和設備を設けている建築物の室で，事務所の用に供されるもの	事務所則 第7条	空気中の一酸化炭素および二酸化炭素の含有率，室温及び外気温，相対湿度	2月以内ごとに1回 （注3）	3
6	放射線業務を行う作業場 　(1)放射線業務を行う管理区域	電離則 第53条 第54条 第55条	外部放射線による線量率又は線量当量	1月以内ごとに1回 （注4）	5
	○(2)放射性物質取扱作業室 ○(3)事故由来廃棄物等取扱施設 　(4)坑内核原料物質掘採場所		空気中の放射性物質の濃度	1月以内ごとに1回	5
○7	第1類若しくは第2類の特定化学物質を製造し，又は取り扱う屋内作業場など	特化則 第36条	空気中の第1類物質又は第2類物質の濃度	6月以内ごとに1回	3 特別管理物質については30年間
	石綿等を取り扱い，若しくは試験研究のため製造する屋内作業場若しくは石綿分析用試料等を製造する屋内作業場	石綿則 第36条	空気中の石綿の濃度	6月以内ごとに1回	40
○8	一定の鉛業務を行う屋内作業場	鉛則 第52条	空気中の鉛濃度	1年以内ごとに1回	3
※9	酸素欠乏危険場所において作業を行う場合の当該作業場	酸欠則 第3条	空気中の酸素濃度 〔硫化水素発生危険場所の場合は同時に硫化水素濃度〕	その日の作業開始前	3
○10	有機溶剤を製造し，又は取り扱う屋内作業場	有機則 第28条	空気中の有機溶剤濃度	6月以内ごとに1回	3

　作業場の種類の欄に○印を付した作業場は指定作業場であり，測定は作業環境測定士又は作業環境測定機関が行わなければならない。
　また，※印を付した作業場の測定は，酸素欠乏危険作業主任者に行わせること。
(注)　1　ふく射熱については，安衛則第587条第1号から第8号までの屋内作業場。
　　　2　施設，設備，作業工程又は作業方法を変更した場合には，遅滞なく測定する。
　　　3　室温及び相対湿度については，1年間基準を満たし，かつ，今後1年間もその状況が継続すると見込まれる場合は，春又は秋，夏及び冬の年3回。
　　　4　放射線装置を固定して使用する場合において使用の方法及び遮へい物の位置が一定しているとき，又は3.7ギガベクレル以下の放射性物質を装備している機器を使用するときは6月以内ごとに1回。

表 2-2　作業環境測定基準の概要

条番号	測定の種類			測定点の定め方等	試料空気の採取方法等	採取した試料の分析方法等
2の2	鉱物性粉じん中の遊離けい酸の含有率					① エックス線回折分析方法 ② 重量分析方法
2	鉱物性粉じん			① 測定点は，単位作業場所の床面上に 6 m 以下の等間隔で引いた縦の線と横の線との交点の床上 50 cm 以上 150 cm 以下の位置とすること。（A 測定） 　ただし，単位作業場所における空気中の測定対象物質の濃度がほぼ均一であることが明らかなときは，6 m を超える等間隔で引いた縦の線と横の線との交点とすることができる。	⑦ 分粒装置を用いるろ過捕集方法	重量分析方法
					⑦ 相対濃度指示方法（1 以上の測定点において，⑦の方法を同時に行う場合に限る）	かっこ書きは重量分析方法
					⑦ 第 1 管理区分が 2 年以上継続した単位作業場所であって，所轄労働基準監督署長の許可を受けた場合（以下「許可単位作業場所」という）は，相対濃度指示方法（定期に較正された測定機器を用い，一定の質量濃度変換係数を用いる場合に限る）	
10の2	石　綿			② 測定点は単位作業場所について 5 以上とすること。 　ただし，単位作業場所が著しく狭い場所であって，当該単位作業場所における空気中の測定対象物質の濃度がほぼ均一であることが明らかなときは，この限りでない。	ろ過捕集方法	計数方法
10	特定化学物質			③ 測定は，作業が定常的に行われている時間に行うこと。 ④ 測定対象物質の発散源に近接する場所において作業が行われる単位作業場所にあっては，A 測定のほか，当該作業が行われる時間のうち，空気中の測定対象物質の濃度がもっとも高くなると思われる時間に，当該作業が行われる位置において測定を行うこと。（B 測定） ⑤ 1 の測定点における試料空気の採取時間は，10 分間以上継続した時間とすること。 　ただし，相対濃度指示方法，直接捕集方法または検知管方式による測定機器またはこれと同等以上の性能を有する測定機器を用いる方法による試料空気の採取については，この限りでない。 　個人サンプリング法による作業環境測定については，本章の 2 の(5)を参照のこと。	⑦ 物質の種類に応じ，液体捕集方法，固体捕集方法，直接捕集方法，ろ過捕集方法又は同等以上の方法が定められている。	物質の種類に応じ，吸光光度分析方法，蛍光光度分析方法，ガスクロマトグラフ分析方法，高速液体クロマトグラフ分析方法，原子吸光分析方法，誘導結合プラズマ質量分析法，重量分析方法，計数方法又は同等以上の方法が定められている。
					⑨ アクリロニトリル，エチレンオキシド，塩化ビニル，塩素，クロロホルム，シアン化水素，四塩化炭素，臭化メチル，スチレン，テトラクロロエチレン，トリクロロエチレン，弗化水素，ベンゼン，ホルムアルデヒド，硫化水素については，妨害物質のない場合に限り検知管方式またはこれと同等以上の性能を有する測定機器を用いることができる。	
					⑦ ⑨の物質又は⑨に掲げる物質以外の特別有機溶剤については，許可単位作業場所では，検知管方式の測定機器又はこれと同等以上の性能を有する測定機器を用いる方法（1 以上の測定点において，⑦の方法を同時に行う場合に限る）	
11	鉛				ろ過捕集方法又は同等以上の方法	吸光光度分析方法，もしくは原子吸光分析方法又はこれと同等以上の性能を有する測定機器
13	有機溶剤等				⑦ 物質の種類に応じ，液体捕集方法，固体捕集方法，直接捕集方法又は同等以上の方法が定められている。	物質の種類に応じ，吸光光度分析方法，蛍光光度分析方法，ガスクロマトグラフ分析方法又は同等以上の方法が定められている。
					⑨ アセトン，イソブチルアルコール，イソプロピルアルコール，イソペンチルアルコール，エチルエーテル，キシレン，クレゾール，クロルベンゼン，酢酸イソブチル，酢酸イソプロピル，酢酸エチル，酢酸ノルマルブチル，シクロヘキサノン，1・2－ジクロルエチレン，N・N－ジメチルホルムアミド，テトラヒドロフラン，1・1・1－トリクロルエタン，トルエン，二硫化炭素，ノルマルヘキサン，2－ブタノール，メチルエチルケトン，メチルシクロヘキサノンについては，妨害物質のない場合に限り検知管方式の測定機器又はこれと同等以上の性能を有する測定機器を用いる方法	
					⑦ ⑨の物質または，クロロホルム，四塩化炭素，スチレン，テトラクロロエチレン，トリクロロエチレンを主成分とする混合有機溶剤等については，許可単位作業場所では，検知管方式による測定機器又はこれと同等以上の性能を有する測定機器を用いる方法（1 以上の測定点において，⑦の方法を同時に行う場合に限る）	
7・8・9	電離放射線	放射性物質	粒子状	単位作業場所について，測定を行うこと。	液体捕集方法又はろ過捕集方法	① 全アルファ放射能計測方法，全ベータ放射能計測方法，全ガンマ放射能計測方法等のうち，当該放射性物質の濃度の測定に最も適した方法 ② 放射化学分析方法

条番号	測定の種類	事項		測定点の定め方等	試料空気の採取方法等	採取した試料の分析方法等
7・8・9	電離放射線	放射性物質	ガス状	単位作業場所について，測定を行うこと。	液体捕集方法，固体捕集方法，直接捕集方法又は冷却凝縮捕集方法	③ 蛍光光度分析方法（気中ウラン濃度の測定に限る）
					直接濃度指示方法	
		外部放射線による線量当量率	中性子線	単位作業場所について，測定を行うこと。	計数管式中性子測定器，シンチレーション式中性子測定器，熱ルミネッセンス線量計又はフィルムバッジ	
			ガンマ線又はエックス線		電離箱式照射線量率計，ガイガ・ミュラー計数管式線量率計，シンチレーション式線量率計，電離箱式照射線量計，熱ルミネッセンス線量計，フィルムバッジ又は蛍光ガラス線量計	
3	気温・湿度等	気温及び湿度		測定点は単位作業場所について，当該単位作業場所の中央部の床上 50 cm 以上 150 cm 以下の位置で，1 以上とすること。	0.5 度目盛のアスマン通風乾湿計	
		ふく射熱		熱源ごとに，作業場所で熱源に最も近い位置とすること。	0.5 度目盛の黒球寒暖計	
4	騒音			① 測定点は，単位作業場所の床面上に 6 m 以下の等間隔で引いた縦の線と横の線との交点の床上 120 cm 以上 150 cm 以下の位置（設備等があって測定が著しく困難な位置を除く）とすること。この場合において測定点は，単位作業場所について 5 以上となるようにすること。（A 測定） ② 音源に近接する場所において作業が行われる単位作業場所にあっては，騒音レベルが最も大きくなると思われる時間に，当該作業が行われる位置において測定を行う。（B 測定） ③ 1 の測定点における等価騒音レベルの測定時間は，10 分間以上継続した時間とすること。	㋑ 等価騒音レベルを測定できるものであること。 ㋺ 周波数補正回路の A 特性を使用すること。	
5	坑内における測定	CO₂濃度		測定点は，坑内における切羽と坑口との中間の位置及び切羽に，それぞれ 1 以上とすること。	検知管方式による炭酸ガス検定器	
		気温			0.5 度目盛の温度計	
6	建築物の室における測定	CO の含有率		① 測定点は，建築物の室の中央部の床上 75 cm 以上 120 cm 以下の位置に 1 以上とすること。 ② 測定は，建築物の室の通常の使用時間中に行うこと。	検知管方式による一酸化炭素検定器	
		CO₂の含有率			検知管方式による炭酸ガス検定器	
		室温及び外気温			0.5 度目盛の温度計	
		相対湿度			0.5 度目盛の乾湿球の湿度計	
12		酸素		測定点は，当該作業場における空気中の酸素及び硫化水素の濃度の分布の状況を知るために適当な位置に，5 以上とすること。	酸素計又は検知管方式による酸素検定器	
		硫化水素			検知管方式による硫化水素検定器	

2．作業環境測定結果の評価・見方

⑴　作業環境測定の結果の評価

　作業環境測定を実施したときは，その結果を適切に評価し，必要があると認められるときは施設又は設備の設置，改善を行い，場合によっては健康診断を再度実施する等の措置を講じなければならないこともある。測定結果の評価については厚生労働省告示（作業環境評価基準）で基準が定められており，これに従って行わなければならない。作業環境測定の一連のフローは**図 2-1** のとおりである。

　衛生管理者はこの評価基準の意味を正しく理解した上で，適切な対策をたてなければならない。さらに，測定結果が作業場の実態を的確に表しているか否かについてもみることが必要である。このため，測定結果と健診結果との対比，作業場の実態，作業方法等総合的に検討することが重要である。

⑵　評 価 基 準

　「作業環境評価基準」は昭和 63 年 9 月 1 日労働省告示第 79 号（最終改正：令和 2 年 4 月 22 日厚生労働省告示第 192 号）により示されている。

　その概要は，単位作業場所における気中有害物質の濃度の平均的な状態を把握するための測定（以下「A 測定」という）の結果得られた測定値及び労働者のばく露が最大と考えられる場所と時間における測定（以下「B 測定」という）の結果得られた測定値を，定められている管理濃度と比較することによって，作業環境を 3

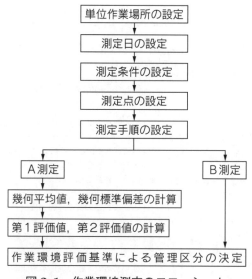

図 2-1　作業環境測定のフローシート

つの管理区分に分け，この管理区分に応じて必要な措置を講ずるというものである。

1)　管理区分の決定

作業環境評価基準では，次により評価を行い管理区分を定めている（**表 2-3，表 2-4**）。

「第 1 評価値」とは，単位作業場所におけるすべての測定点の作業時間における気中有害物質の濃度の実現値のうち，高濃度側から 5% に相当する濃度の推定値であり，「第 2 評価値」とは，単位作業場所における気中有害物質の算術平均濃度の推定値であり，いずれも A 測定値から計算で求められる。

なお，評価は測定対象物質ごとに行うが，混合有機溶剤の場合は，各有機溶剤を管理濃度と加味した総合評価を行う。

表 2-3　A 測定のみを実施した場合の評価

A　　測　　定		
第 1 評価値＜管理濃度	第 2 評価値≦管理濃度≦第 1 評価値	第 2 評価値＞管理濃度
第 1 管理区分	第 2 管理区分	第 3 管理区分

表 2-4　A 測定及び B 測定を実施した場合の評価

		A　　測　　定		
		第 1 評価値＜管理濃度	第 2 評価値≦管理濃度≦第 1 評価値	第 2 評価値＞管理濃度
B 測定	B 測定値＜管理濃度	第 1 管理区分	第 2 管理区分	第 3 管理区分
	管理濃度≦B 測定値≦管理濃度×1.5	第 2 管理区分	第 2 管理区分	第 3 管理区分
	B 測定値＞管理濃度×1.5	第 3 管理区分	第 3 管理区分	第 3 管理区分

2)　管理区分に応じて講ずべき措置

測定結果を適正に評価し，管理区分が決定されれば，それに応じた措置を講じなければならない。対策は**表 2-5** に示す基準により行う。

女性労働基準規則において，**表 2-6** に示された化学物質について，第 3 管理区分と評価された屋内作業場では女性の就労が禁止されている。女性が就労している場合は，女性が就労できる環境とすることが必要である。

表 2-5　管理区分と管理区分に応じて講ずべき措置

管理区分	作業場の状態	講ずべき措置
第 1 管理区分	当該単位作業場所のほとんど（95% 以上）の場所で気中有害物質の濃度が管理濃度を超えない状態	現在の管理の継続的維持に努める
第 2 管理区分	当該単位作業場所の気中有害物質の濃度の平均が管理濃度を超えない状態	①　施設，設備，作業工程又は作業方法の点検を行い，その結果に基づき，作業環境を改善するため必要な措置を講じるように努める ②　測定結果の評価の記録および作業環境を改善するために講ずる措置を労働者に周知する
第 3 管理区分	当該単位作業場所の気中有害物質の濃度の平均が管理濃度を超える状態	①　施設，設備，作業工程又は作業方法の点検を行い，その結果に基づき，作業場所を改善するために必要な措置を講ずる ②　有効な呼吸用保護具の使用 ③　健康診断の実施とその他労働者の健康の保持を図るため必要な措置を講ずる ④　測定結果の評価の記録，作業環境を改善するために講ずる措置および改善効果確認のための測定の評価結果を労働者に周知する

表 2-6　女性労働基準規則による就業制限対象物質

1	塩素化ビフェニル（PCB）
2	アクリルアミド
3	エチルベンゼン
4	エチレンイミン
5	エチレンオキシド
6	カドミウム化合物
7	クロム酸塩
8	五酸化バナジウム
9	水銀若しくはその無機化合物（硫化水銀を除く）
10	塩化ニッケル（II）(粉状のものに限る)
11	スチレン
12	テトラクロロエチレン（パークロルエチレン）
13	トリクロロエチレン
14	砒素化合物（アルシン及び砒化ガリウムを除く）
15	ベーターブロピオラクトン
16	ペンタクロルフェノール（PCP）若しくはそのナトリウム塩
17	マンガン
18	鉛およびその化合物
19	エチレングリコールモノエチルエーテル（セロソルブ）
20	エチレングリコールモノエチルエーテルアセテート（セロソルブアセテート）
21	エチレングリコールモノメチルエーテル（メチルセロソルブ）
22	キシレン
23	N,N-ジメチルホルムアミド
24	トルエン
25	二硫化炭素
26	メタノール

表 2-7　管理濃度

物の種類	管理濃度（温度 25 度，1 気圧の空気中での濃度）
土石，岩石，鉱物，金属または炭素の粉じん	次の式により算定される値　$E=\dfrac{3.0}{1.19\,Q+1}$ この式において，E 及び Q は，それぞれ次の値を表すものとする。 E　管理濃度（単位 mg/m³） Q　当該粉じんの遊離けい酸含有率（単位 %）
アクリルアミド	0.1 mg/m³
アクリロニトリル	2 ppm
アルキル水銀化合物（アルキル基がメチル基またはエチル基である物に限る）	水銀として 0.01 mg/m³
エチルベンゼン	20 ppm
エチレンイミン	0.05 ppm
エチレンオキシド	1 ppm
塩化ビニル	2 ppm
塩素	0.5 ppm
塩素化ビフェニル（PCB）	0.01 mg/m³
オルト-トルイジン	1 ppm
オルト-フタロジニトリル	0.01 mg/m³
カドミウム及びその化合物	カドミウムとして 0.05 mg/m³
クロム酸及びその塩	クロムとして 0.05 mg/m³
クロロホルム	3 ppm
五酸化バナジウム	バナジウムとして 0.03 mg/m³
コバルト及び無機化合物	コバルトとして 0.02 mg/m³
コールタール	ベンゼン可溶性成分として 0.2 mg/m³
酸化プロピレン	2 ppm
三酸化二アンチモン	アンチモンとして 0.1 mg/m³
シアン化カリウム	シアンとして 3 mg/m³
シアン化水素	3 ppm
シアン化ナトリウム	シアンとして 3 mg/m³
四塩化炭素	5 ppm
1·4-ジオキサン	10 ppm
1·2-ジクロロエタン（二塩化エチレン）	10 ppm
3·3'-ジクロロ-4·4'-ジアミノジフェニルメタン	0.005 mg/m³
1,2-ジクロロプロパン	1 ppm
ジクロロメタン（二塩化メチレン）	50 ppm
ジメチル-2·2-ジクロロビニルホスフェイト（DDVP）	0.1 mg/m³
1·1-ジメチルヒドラジン	0.01 ppm
臭化メチル	1 ppm
重クロム酸及びその塩	クロムとして 0.05 mg/m³
水銀及びその無機化合物（硫化水銀を除く）	水銀として 0.025 mg/m³
スチレン	20 ppm
1·1·2·2-テトラクロロエタン（四塩化アセチレン）	1 ppm
テトラクロロエチレン（パークロルエチレン）	25 ppm
トリクロロエチレン	10 ppm
トリレンジイソシアネート	0.005 ppm
ナフタレン	10 ppm
ニッケル化合物（ニッケルカルボニルを除き，粉状の物に限る）	ニッケルとして 0.1 mg/m³
ニッケルカルボニル	0.001 ppm
ニトログリコール	0.05 ppm
パラ-ニトロクロルベンゼン	0.6 mg/m³
砒素及びその化合物（アルシン及び砒化ガリウムを除く）	砒素として 0.003 mg/m³
弗化水素	0.5 ppm

物の種類	管理濃度（温度 25 度，1 気圧の空気中での濃度）
ベーター－プロピオラクトン	0.5 ppm
ベリリウム及びその化合物	ベリリウムとして 0.001 mg/m³
ベンゼン	1 ppm
ベンゾトリクロリド	0.05 ppm
ペンタクロルフェノール（PCP）及びそのナトリウム塩	ペンタクロルフェノールとして 0.5 mg/m³
ホルムアルデヒド	0.1 ppm
マンガン及びその化合物	マンガンとして 0.05 mg/m³
メチルイソブチルケトン	20 ppm
沃化メチル	2 ppm
リフラクトリーセラミックファイバー	5 μm 以上の繊維として 0.3 本/cm³
硫化水素	1 ppm
硫酸ジメチル	0.1 ppm
石綿	5 μm 以上の繊維として 0.15 本/cm³
鉛及びその化合物	鉛として 0.05 mg/m³
アセトン	500 ppm
イソブチルアルコール	50 ppm
イソプロピルアルコール	200 ppm
イソペンチルアルコール（イソアミルアルコール）	100 ppm
エチルエーテル	400 ppm
エチレングリコールモノエチルエーテル（セロソルブ）	5 ppm
エチレングリコールモノエチルエーテルアセテート（セロソルブアセテート）	5 ppm
エチレングリコールモノ－ノルマル－ブチルエーテル（ブチルセロソルブ）	25 ppm
エチレングリコールモノメチルエーテル（メチルセロソルブ）	0.1 ppm
オルト－ジクロルベンゼン	25 ppm
キシレン	50 ppm
クレゾール	5 ppm
クロルベンゼン	10 ppm
酢酸イソブチル	150 ppm
酢酸イソプロピル	100 ppm
酢酸イソペンチル（酢酸イソアミル）	50 ppm
酢酸エチル	200 ppm
酢酸ノルマル－ブチル	150 ppm
酢酸ノルマル－プロピル	200 ppm
酢酸ノルマル－ペンチル（酢酸ノルマル－アミル）	50 ppm
酢酸メチル	200 ppm
シクロヘキサノール	25 ppm
シクロヘキサノン	20 ppm
1・2－ジクロルエチレン（二塩化アセチレン）	150 ppm
N・N－ジメチルホルムアミド	10 ppm
テトラヒドロフラン	50 ppm
1・1・1－トリクロルエタン	200 ppm
トルエン	20 ppm
二硫化炭素	1 ppm
ノルマルヘキサン	40 ppm
1－ブタノール	25 ppm
2－ブタノール	100 ppm
メタノール	200 ppm
メチルエチルケトン	200 ppm
メチルシクロヘキサノール	50 ppm
メチルシクロヘキサノン	50 ppm
メチル－ノルマル－ブチルケトン	5 ppm

3）　管　理　濃　度

　管理濃度（**表2–7**）は，作業環境測定に基づく作業環境管理を進めるうえでの指標であり，測定値を統計的に処理したものと比較するもので，個々の測定値とは直接比較することはできない。この値は，行政的な見地から，日本産業衛生学会の「許容濃度」や ACGIH（American Conference of Governmental Industrial Hygienists：米国産業衛生専門家会議）の「TLV：個人ばく露の許容濃度（TWA，Ceiling 等）」等や各国のばく露の規制のための規準の動向，作業環境管理技術の可能性等を参考として決められたものである。

⑶　測定データが変動しているときの見方

　測定データの変動が例えば第1管理区分の中で振れている場合であっても，これらの値が従来より次第に大きくなっていたり，毎年の測定値をグラフ化したときに右上り傾向になっているときは，その変化の背景をよく考察し，必要に応じて再測定計画を立てる。背景の考察に当たっては作業者一人ひとりに測定時の詳しい作業状況を聞いたり，自分で現場をつぶさに観察し，あるいはまたビデオやカメラで撮影したりすることも問題を解決するための近道である。

⑷　管理濃度が定められていない場合の評価

　管理濃度の定められていない化学物質についても，日本産業衛生学会の許容濃度や米国のACGIHのTLVの値を参考にすることにより，一応の評価を行うことができる。

　ただ，これらの値は個人ばく露の評価のための濃度であって，作業環境管理のための濃度ではないことに留意する必要がある。

　また，日本産業衛生学会や ACGIH にも定められていない化学物質も多く使用されており，その場合には当該化学物質の SDS（安全データシート）によりその有害性の程度を調べ，測定結果と比較して評価する。衛生管理者は，できるだけの知識を身につけるよう日頃から研鑽を積まなければならない。

　米国の民間会社では，自社で使用している全ての化学物質に対し，社内で独自の個人ばく露の許容濃度を定め，それに基づいて管理をしている例もある。

⑸　個人サンプリング法による作業環境測定

　作業環境測定基準等が改正され，従来から行われている A 測定・B 測定による作業環境測定に加えて，作業者の身体に試料採取機器等を装着して行う個人サ

ンプリング法による作業環境測定が，一部の対象物質または作業について，令和3年4月から選択できることとなった。

　対象となるのは，①特定化学物質のうち管理濃度の値が低いベリリウムおよびその化合物，マンガンおよびその化合物を含む11物質（低管理濃度特定化学物質）ならびに鉛およびその化合物の作業環境測定と，②有機溶剤または特別有機溶剤の作業環境測定のうち，塗装作業等の発散源の場所が一定しない作業の作業環境測定である。

　個人サンプリング法では，従来法のA測定に相当する作業場の空気中の平均的な有害物の分布状態を把握するC測定と，従来法のB測定に相当する高濃度ばく露を把握するD測定がある。C測定は，有害物質を取り扱う作業を行う複数の作業者の身体にサンプラーを装着して原則全作業時間を通してサンプリングし，D測定は，発散源への近接作業者等，高濃度のばく露が想定される作業を行う作業者の身体にサンプラーを装着して15分間サンプリングする。

　作業環境測定結果の評価は，A測定と同様に，C測定の結果から第1評価値と第2評価値を計算し，管理濃度と比較して管理区分を決定する。また，D測定を行った場合には，B測定と同様に，管理濃度または管理濃度の1.5倍の数値と比較し，C測定の結果と合わせて管理区分を決定する。

　個人サンプリング法のデザイン及びサンプリングを実施できるのは，個人サンプリング法について登録を受けている作業環境測定士になる。また，作業環境測定を作業環境測定機関に委託する場合には，個人サンプリング法について登録を受けている作業環境測定機関でなければならない。

　詳細は，「個人サンプリング法による作業環境測定及びその結果の評価に関するガイドライン（令和2年2月17日付け基発0217第1号：https://www.mhlw.go.jp/content/11302000/000595744.pdf）」を参照のこと。

3. 作業環境測定結果の評価に基づく環境改善

⑴　環境改善に着手するときの留意点

　改善には，投資が必要である。したがって，データの評価は慎重に行うことが大切である。改善方法を検討するに当たって，今まで各設備の改善に参加した多くの技術者や現場の責任者の意見等を聞いたりして当時の経緯や実績を調査するのがよい。その中から一番効果があるものを選択する。また代替案も用意し，それぞれに

ついての投資効果を検討しておくことが必要である。大切なのは，改造工事をしただけで改善が100％成功するとは限らないことを認識しておくことである。むしろ，不具合なところを何度も何度も試行錯誤しながら改善していくのが通常であり，そのため予算の中にはこのための経費を見込んでおくことも忘れてはならない。このように手堅くバックアップしておけば，もう一歩だという結果が出たときの次の対策が素早くとれる。

⑵　改善の方法

　化学物質等による危険性又は有害性等の調査等に関する指針に基づき法令に定められた事項がある場合には，それを必ず実施するとともに，次に掲げる優先順位でリスク低減措置内容を検討の上実施する（**表2-8** 参照）。

㋐　危険性又は有害性のより低い物質への代替，化学反応のプロセス等の運転条件の変更，取り扱う化学物質等の形状の変更等又はこれらの併用によるリスクの低減

表2-8　有害物質に対する管理の対象と内容等

	管理の対象	管理の内容	管理の目的	インデックス	判断基準
作業環境管理	有害物使用量 ↓	物質の代替 使用形態，使用条件，生産工程の変更 設備装置の負荷低減	発散の抑制		
	有害物発散量 ↓	遠隔操作，自動化，設備の密閉化	隔　　離	環境気中濃度	管理濃度
	環境気中濃度 ↓	局所排気 全体換気 建物の構造改善	除去，希釈		
作業管理	呼吸域濃度 （ばく露濃度） ↓ 体内侵入量	作業位置，作業方法 作業姿勢の管理 時間制限 呼吸用保護具の使用	ばく露制限 侵入の抑制	ばく露濃度 （ばく露量）	ばく露限界 （TLV） 許容濃度
健康管理	↓ 生体反応 ↓ 健康影響	配置転換 保健指導 休養，治療	障害予防	生物学的モニタリング 健康診断結果	BEI 基準値

資料：興「日本医師会雑誌」第88巻第12号，日本医師会，昭和57年（一部修正）
　　　BEI：Biological Exposure Index：（生物学的ばく露指標）

　㈡　化学物質等に係る機械設備等の防爆構造化，安全装置の二重化等の工学的対策又は化学物質等に係る機械設備等の密閉化，局所排気装置の設置等の衛生工学的対策

　㈢　作業手順の改善，立入禁止等の管理的対策

　㈣　化学物質等の有害性に応じた有効な保護具の使用

1)　有害物質を無害なものに代替

　作業環境を改善する場合において，まず第一に考えなければならないことは，有害物質を使用しなくてすむ工程に変更できないかという点である。現在使用している有害物質を無害な物質に代替することにより，品質が落ちたり，生産性が悪くなったりすることがよくある。現状のままでいくか，代替物によるか，事業場において意見が分かれるところである。最終判断はその事業場のトップが行うことになるが，職業性疾病が発生したときのリスク，人命尊重等を考慮したとき，可能な限り有害物質の使用をなくすという考え方に立つべきである。また，完全に有害物質をなくすことが困難な場合は，量を減らしたり，有害性のより低い物で代替することも有効な手段である。これらの手段で一時的に生産性が落ちても，生産方式，作業方法等を工夫することによって回復できる場合も多い。これらの創意工夫には衛生管理者が中心となって取り組むことが望まれる。

2)　有害物質を取り扱う設備の密閉化

　有害物質を取り扱う場合は，当該設備を密閉化することが有害物の発散，飛散，拡散を防止する最も有効な手段である。この場合，設備の自動化，ロボット化についても併せて検討することが望ましい。機械全体をボックスで囲んでしまうことができない場合には，内部を陰圧状態にすることによってボックスの外部に有害物質が漏れないようにする方法もある。

3)　局所排気装置の設置

　設備や装置が密閉化できない場合に，作業する人の呼吸域に有害物が発散しないように発散源で有害物を吸引して，作業者がばく露することを防ぐための装置が局所排気装置である。局所排気装置は，有害物の性状，発散の形態，作業方法等を考慮し，最も適したものにしなければならない。また，性能については法令で定めた制御風速あるいは抑制濃度を満足するものでなければならない。

4)　プッシュプル型換気装置の設置

　プッシュプル型換気装置は，空気の吹出しと吸込みにより，一方から他方に向けて流れる一様な定常気流を作って有害物質をその気流の中に回収し，その拡散

を制御する装置である。プッシュプル型換気装置は，有害物質の発散面積が大きく，局所排気装置の設置が困難な場合に有効な装置で，その例に自動車の塗装ブースがある。これは天井からの定常流の空気を下向きに吹き出し，自動車にスプレーで塗装したときに発生する有機溶剤の蒸気やペンキのミストなどをその気流に回収して，自動車の床下等から空気を全て吸引し汚染物質を除去するように設計したものである。

　また，メッキ槽や有機溶剤による洗浄槽等の開放槽では，横方向にプッシュ空気が一様に流され，反対側で空気を吸引してちょうどエアーカーテンのように空気で蓋をしたような構造のものがある。

5)　全体換気装置の設置

　有害物質の発散源が室内に広く分布していたり，有害物質の発散源が移動するような場合には，局所排気装置の設置が難しい。このため室内の空気中の有害物質の濃度が有害な程度にならないようにするため，室内の空気を新鮮な空気と入れ換えることが必要であり，全体換気装置が用いられる。また，有害物質の取扱量が少ない場合などにも使用されるが，あくまでも補助手段であって，根本的な解決手段ではない。

　全体換気装置であっても，換気のために流入してくる空気の入口の位置と作業者の位置を適切にすれば，作業者が有害物質にばく露される危険性を大幅に低減することが可能である。しかし，逆にこれらの位置関係がよくない場合は，逆効果となりかえってばく露を多くすることがある。

6)　作業行動の改善

　作業者が取扱い物質の有害性の知識を持ち，有害物質が飛散しないような作業行動を工夫することによっても作業環境を改善できる。

　例えば，作業のたびに粉じんが足元から舞い上っているのに，全く意に介さずといった作業行動をみかけることがしばしばある。このような作業では，水を撒くなどちょっとした工夫をすることで，粉じんの巻上げによる二次発じんをなくすことができる。

　このように適正な作業を行うためのマニュアルが作業標準であり，これは誰がやっても同じ品質のものが同じテンポでできるという品質管理，生産管理から始まったものである。作業標準をつくるとき配意しなければならない一例を挙げれば，次のようなことである。

　①　塗料缶は使用後には必ず蓋をする習慣をつける。

② 汚染した作業衣等を有機溶剤等で洗濯しない。

③ 有機物質の発散源に対しては，風上に位置して仕事をする。

ごく基本的なことであるが，現場では意外に守られていない。

　なお，「溶接ヒューム」について，労働者に神経障害等の健康障害を及ぼすおそれがあることが明らかになったことから，労働者の化学物質へのばく露防止措置や健康管理を推進するため，労働安全衛生法施行令等が改正され（令和2年4月22日政令第148号による労働安全衛生法施行令，厚生労働省令第89号による特定化学物質障害予防規則の改正等），「溶接ヒューム」が特定化学物質（管理第2類物質）として指定され，全体換気装置による換気の実施や有効な呼吸用保護具の使用等のばく露防止対策の実施や特定化学物質障害予防規則に規定される特殊健康診断の実施，金属アーク溶接等作業での特定化学物質作業主任者の選任等の措置義務が新たに規定された（令和3年4月1日施行。一部令和4年3月31日まで経過措置あり）（詳細は，「労働安全衛生法施行令の一部を改正する政令等の施行等について」(令和2年4月22日基発0422第4号）参照）。

第2章　労働衛生関係施設等の定期自主検査及び整備

1. 定期自主検査の意義と重要性

⑴　定期自主検査の意義

　有害な化学物質を取り扱ったり，有害な作業を行う作業環境で，局所排気装置等を長期間にわたって所定の性能を維持するためには，一定期間ごとに必要な点検を行って異常を早期に発見し，低下した性能の回復を図ることが重要である。

　性能の低下は，使用時間の経過とともに，例えば局所排気装置の場合では，フード，ダクトその他の構造部分の摩耗，腐食，破損，ダクトやファンへの粉じん等のたい積，振動による緩み，ダンパー調節のズレ，ファン，モーターの機能低下等となって表れる。

　定期自主検査は，1年以内(特定化学設備及びその附属設備にあっては2年以内)ごとに1回，定期に実施し，その結果の記録は3年間保存しなければならないとされている。

　また，定期自主検査を行わなければならない労働衛生関係施設等については，はじめて使用するとき，又は分解して改造もしくは修理を行ったときの点検，特定化学設備又はその附属設備についてはこのほかに1月以上使用を休止した後に使用するときの点検を実施し，その結果の記録を3年間保存しなければならないとされている。

　さらに，有機溶剤，鉛及び特定化学物質を取り扱う作業場の作業主任者は，局所排気装置等について1カ月を超えない期間ごとに（鉛に係る装置については毎週1回以上）点検することとされている。

⑵　定期自主検査を行わなければならない労働衛生関係施設等

　安衛法第45条に基づき同法施行令第15条第1項第9号及び第10号で定期自主検査を行わなければならない労働衛生関係施設等が規定されている。第9号では局所排気装置，プッシュプル型換気装置，除じん装置，排ガス処理装置及び排液処理装置で厚生労働省令で定めるもの，第10号では特定化学設備（第2類物質のうち

厚生労働省令で定めるもの又は第3類物質を製造し，又は取り扱う設備で，移動式以外のものをいう）及びその附属設備とされている。

(3)　責任分担の明確化

　労働衛生関係施設等の点検・検査及び整備については衛生管理者が自ら行う必要はない。しかし，その実施状況，結果等について把握しておかなければならない。また，点検・検査の実施者と衛生管理者のかかわり方を明確にしておくとともに，衛生管理者が複数いる場合は担当するべき設備の範囲を明確にしておくことが望まれる。その際担当の範囲は職場別か，装置の種類別，工場内の地域別等により区分し，お互いにどのように分担するのかを明確に文書化しておくことが望ましい。

　衛生管理者は，労働衛生関係施設等の総合的な管理をすべきであるが，通常は技術的な点検・検査業務については，専門の保守担当者に任せている。この場合にもその結果についての評価が必要である。

　定期自主検査と次の定期自主検査との間に不具合なことが起きていないか，日常的に異常の有無を確認するのが点検であり，この点検の実施は作業主任者に義務づけられている。衛生管理者はその結果の報告を受け，状況をよく把握しておくことが必要である。

(4)　定期自主検査の手順

　定期自主検査を実施するに当たり，検討しなければならない手順の概要を示すと次のようになる。なお，当然のことであるが，検査担当者の教育訓練も忘れてはならない。

① 検査の実施計画の作成と決定
② 装置（設備）ごとの定期自主検査の手順の決定
③ 検査の実施，検査中の災害防止対策
④ 検査記録の作成

　また，検査の結果，修理等改善を必要とすることが発生した場合には，次のことを行う。

① 改善計画の立案
② 改善工事と一連の記録

2. 定期自主検査の進め方

(1) 定期自主検査基準

　検査には，誰が行っても簡単にできるものと，十分に教育訓練を受けたベテランでないとできないものとがあるが，検査担当者により，検査方法，判定等に大きな差が出ないように，検査基準を制定しておくことが必要である。対象設備機器ごとに検査項目，検査頻度，検査方法，判定基準等を明確にしておかなければならない。

(2) 点検・自主検査の頻度，実施時期

1) 点　　検

　有機則，鉛則及び特化則にみられるように，局所排気装置，プッシュプル型換気装置，全体換気装置，除じん装置，排ガス処理装置等の点検は，作業主任者の職務と規定されており，1カ月を超えない期間ごとに1回（鉛に係る装置については毎週1回以上）点検を実施すること。

　点検項目等は法令で規定された項目だけと限らず，自主的に点検項目を決め，必ず守るために社内基準にしておかなければならない。

　(5)に定期自主検査の具体例を示してあるので，点検項目を決めるうえで参考にしてほしい。

2) 自主検査の時期

　法令では，定期自主検査については，1年以内ごとに1回定期に実施することと規定されているが，何月に実施するかについては，自主的に決定して社内基準とすることが望ましい。

　対象となる設備の数が少ないときには検査は短期間に実施できるが，検査対象の設備が多い大規模な事業場の場合は，検査対象設備を各月に1設備ごと分散させて点検・検査する方法で，順次法定どおりの検査を実施するようにしなければならない。

(3) 定期自主検査のための設備等

　定期自主検査のときに，一時的なはしごや通路を設置しなくても済むよう，設備の新設時にあらかじめ取り付けるようにしておくことが望ましい。点検・検査のための設備が設けられていないものについては，適切な恒久的設備として設置することを進言することも衛生管理者として望ましい。

⑷　検査用具等の準備

定期自主検査に必要な機器及びその他の検査に使用する器具を検討し適切なものを指定しておく必要がある。また，検査に付随するものとして，防毒マスク，空気呼吸器等の呼吸用保護具も緊急時に使えるようにしておくことが必要である。

なお，検査は目視が中心であるため，見落しを防ぐ意味からも装置，設備ごとにチェックリストを用意する。

⑸　定期自主検査項目

1)　局所排気装置

装置の部分の名称	検 査 項 目
フード，ダクト，ファン ダクト及び排風機 電動機とファンを連結するベルト 吸気及び排気能力	摩耗，腐食，くぼみ，その他の損傷及びその程度 じんあいのたい積状態，ダクト接続部の緩みの有無 作動状態（たるみ，滑り，切断，部分的な摩耗，擦りきれなど） 適否
以上のほか性能を保持するために必要な事項	

2)　除じん装置，排ガス処理装置及び排液処理装置

装置の部分の名称	検 査 項 目
構造部分 除じん装置 排ガス処理装置 ろ過除じん方式の除じん装置 処理薬剤 洗浄水の噴出量 内部充填物等 処理能力	摩耗，腐食，破損の有無及びその程度 装置内のじんあいのたい積状態 ろ材の破損又はろ材取付部等の緩みの有無 適否 適否 適否 適否
以上のほか性能を保持するために必要な事項	

3)　特定化学設備又は附属設備

設備の部分の名称	検 査 項 目
設備の内部 内面及び外面 ふた板，フランジ，バルブ，コック等 安全弁，緊急しゃ断装置その他の安全装置及び自動警報装置 予備動力源 配管の溶接継手部 配管のフランジ，バルブ，コック等 配管に近接して設けられた保温のための蒸気パイプの継手部	損壊の原因となるおそれのある物の有無 著しい損傷，変形及び腐食の有無 変形，腐食，もれ等の状態 機能 機能 損傷，変形及び腐食の有無 変形，腐食，もれ等の状態 損傷，変形及び腐食の有無
その他漏えいを防止するため必要な事項	

　設備以外に労働衛生標識が汚れたり，古くなって読み取りにくくなっている状態についてもチェックするように，チェックリストに一項目追加しておくことも必要である。

3. 定期自主検査のチェックリスト項目例

(1) 局所排気装置

　① 局所排気装置のフード，ダクトについて定期的な点検をしているか。
　② ダクトや排風機の内部のたい積粉じん点検口があるか。
　③ 化学薬品を使用しているときはその薬品で腐食しない材料を選択しているか。
　④ フード近くに空気の流入を妨げる障害物はないか。
　⑤ 有害物の発散源からフード開口面までの距離が遠すぎないか。
　⑥ 窓等から流入する空気の流れなど妨害する気流はないか。
　⑦ 有害物の飛散速度が大きくてフードの外側に飛散していないか。
　⑧ 有害物の飛散方向にフードの開口面が正しく向いているか。
　⑨ ダクトに穴や，継目に隙間ができて，吸引効率が低下していないか。
　⑩ ブランチの多いダクト・システムのダンパーの調節は適切か。
　⑪ ダクト内や除じん装置内に粉じんがたい積していないか。
　⑫ ダクト，排風機が破損していないか。
　⑬ 電動機とファンを連結するベルトの緩み具合は適切か。

(2) プッシュプル型換気装置

　① 送気量と吸気量とのバランスをチェックする（気流の漏れがないかどうかをスモークテスターでチェックする）。
　② 定期的に吸気量，排気量，送風量などを測定する。
　③ その他の設備の検査は，局所排気装置の場合を準用する。

(3) 排ガス処理装置

　排気中に含まれている有害ガス，蒸気，ヒュームなどを除去するための排ガス処理装置，ガス洗浄設備，蒸気回収設備，有害成分の活性炭による吸着除害設備等は，定期的に性能の検査をする。排ガス処理装置や空気清浄機出口の汚染状況が定量的

に測定できる検査方法も決めておく必要がある。

⑷　排水，排液処理設備

　排水処理設備，排液処理設備は，定期的な検査・整備以外のときは無人運転を行っているだけに，有害な反応生成ガスが発生していたりする危険があるので十分な対策を立て，注意して行う必要がある。また，そこから公害が発生しないように十分な監視を行う必要もある。

第 3 章　一般作業環境の管理

　有害な化学物質を取り扱ったり有害な作業を行ったりしない，事務所等のいわゆる一般作業環境においても，空気の汚れ，暑さ，寒さ，音，振動あるいは照明等作業環境管理の対象としなければならない事項は多い。**表 2-9** は事務所衛生基準規則の概要である。

(1)　温熱条件（気温，湿度，気流，冷暖房）

　温熱条件とは，働く人をとりまく空気の温度，湿度，輻射熱（放射熱）及び気流等の要素が総合されたものである。

　事務所は温度が 10℃ 以下の場合は暖房しなければならない。また，空気調和設備を設けている場合は冷暖房調節範囲は 17〜28℃ と規定されており，相対湿度は 40〜70%，冷暖房からの気流は常時 0.5 m/s 以上の速さの気流に直接労働者をさらしてはならないとされている。

(2)　気積，空気汚染の管理（換気）

　事務所衛生基準規則で規定されている事務所内の 1 人当たりの気積は，机やロッカー，書棚の容積を差し引いて，10 m³ 以上とされている。ただし，部屋の中にある設備の占める容積及び床面から 4 m を超える高さにある空間を除く。これは，以下の理由による。まず，空気中の酸素濃度は 21% であるが，人間の呼気中の酸素濃度は 18% しかなく，事務室内の空気は，そこで働いている人が吐きだした呼気によって酸素濃度が低下する。また，この他に粉じん，細菌，臭気，たばこの煙などで汚染されたり，体熱放散により温度や湿度が上昇する。これらのことを考慮して，人体に悪影響を与えない程度の空気量として算出されたものである。

　事務所の環境測定の対象には，前述の室温及び外気温ならびに相対湿度のほかに，一酸化炭素，二酸化炭素の濃度及び浮遊粉じんがある。空気調和設備，機械換気設備，換気扇等機械による換気のための設備を設けている場合は，はじめて使用するとき，分解修理したとき，及び 2 カ月以内ごとに 1 回定期に点検して，その結果を記録して 3 年間保存することとされている。また，空気調和設備を設けている

場合は，冷却塔・加湿装置等について定期的に点検（1 カ月以内ごとに 1 回），清掃（1 カ月以内ごとに 1 回）を実施しなければならないこととされている。

(3)　視環境の管理（照明・採光）

視環境とは，人の視覚に関係する物理的環境のことであり，事務所，工場などの建築物の内外装，照明，採光，色彩，機器等視対象物の輝度等から総合的に構成されるもののことである。

作業場では，よく見えるということが大変重要である。努力しないと見えない状態では，視力障害を起こすばかりでなく，危険性が高く，間違いが増え，不良品が増加したり，生産性が低下する等マイナス面が大きくなるので，適正な照明条件を確保することが重要である。このため，照明設備については，6 カ月以内ごとに 1 回，定期に点検して，照度の低下を防止しなければならない。

また，視野内に過度な輝度対比や不快なグレアが生じないように必要な措置を講ずるとともに，屋内作業場については，採光，色彩環境，光源の性質等にも配慮した措置を講ずることが望ましい。

(4)　音環境（騒音）

適切な音環境とは，人に不快感を与える音を排除した環境をいう。このため，事務所については，外部からの騒音を有効に遮蔽する措置を講ずるとともに，事務所内の OA 機器等について低騒音機器の採用等により低騒音化を図る。また，事務所以外の屋内作業場についても，作業場内の騒音源となる機械設備について遮音材等で覆うこと等により騒音の抑制を図る必要がある。この場合，改善前と改善後に騒音の測定をして適切な評価を行うことが必要である。

表 2-9　事務所衛生基準規則の概要

項	目		基　　　準	備　　　考
事務室の環境管理	空気環境	気　　積	10 m³/人以上とすること	定員により計算すること
		窓その他の開口部	最大開放部分の面積を床面積の20分の1以上とすること	20分の1未満のとき換気設備を設けること
		室内空気の環境基準　一酸化炭素	50 ppm 以下とすること	検知管等により測定すること
		室内空気の環境基準　二酸化炭素	0.5% 以下　〃	〃
		温　度　10℃ 以下のとき	暖房等の措置を行うこと	
		温　度　冷房実施のとき	外気温より著しく低くしないこと	
		空気調和設備または機械換気設備　供給空気の清浄度　浮遊粉じん(約10マイクロメートル以下)	0.15 mg/m³ 以下とすること	デジタル粉じん計，ろ紙じんあい計等により測定すること
		空気調和設備または機械換気設備　供給空気の清浄度　一酸化炭素	10 ppm 以下　〃	検知管等により測定すること
		空気調和設備または機械換気設備　供給空気の清浄度　二酸化炭素	0.1% 以下　〃	〃
		空気調和設備または機械換気設備　供給空気の清浄度　ホルムアルデヒド	0.1 mg/m³ 以下　〃	2・4-ジニトロフェニルヒドラジン捕集-高速液体クロマトグラフ法，4-アミノ-3-ヒドラジノ-5-メルカプト-1・2・4-トリアゾール法により測定すること
		空気調和設備または機械換気設備　供給空気の清浄度　気　流	0.5 m/s 以下　〃	0.2 m/s 以上の測定可能な風速計により測定すること
		空気調和設備　室内空気の基準　室　温	17℃ 以上 28℃ 以下になるように努めること	0.5 度目盛の温度計により測定すること
		空気調和設備　室内空気の基準　相対湿度	40% 以上 70% 以下　〃	0.5 度目盛の乾湿球の湿度計（アウグスト乾湿計，アスマン通風乾湿計）
		測定（安衛法施行令第 21 条第 5 号の室）	室温，外気温，相対湿度，一酸化炭素，二酸化炭素について2月以内ごとに1回，定期に行うことただし，室温及び湿度については，1年間，基準を満たし，かつ，今後1年間もその状況が継続すると見込まれる場合は，春（3〜5月）又は秋（9〜11月），夏（6〜8月），冬（12〜2月）の年3回の測定とすることができること	測定結果を記録し，3年間保存すること
		ホルムアルデヒド	室の建築，大規模の修繕，大規模の模様替を行った場合は，当該室の使用を開始した日以後最初に到来する6月から9月までの期間に1回，測定すること	2・4-ジニトロフェニルヒドラジン捕集-高速液体クロマトグラフ法，4-アミノ-3-ヒドラジノ-5-メルカプト-1・2・4-トリアゾール法により測定すること
	燃焼器具	室等の換気	排気筒，換気扇，その他の換気設備を設けること	
		器具の点検	異常の有無の日常点検を行うこと	
		箇所*の空気の環境基準　一酸化炭素	50 ppm 以下とすること	検知管等により測定すること
		箇所*の空気の環境基準　二酸化炭素	0.5% 以下　〃	

*箇所とは，工場の一画やオープンスペースの一画等をさす。

項　　　目				基　　　準	備　　　考
事務室の環境管理	空気調和設備	冷却塔	水質	水道法第4条に規定する水質基準に適合させること	
			点検	使用開始時，使用を開始した後，1月以内ごとに1回，定期に行うこと	冷却水についても同様に点検を行うこと 点検の結果，必要に応じて清掃，換水を行うこと （1月を超える期間使用しない冷却塔に係る当該使用しない期間は該当しない。）
			清掃	1年以内ごとに1回，定期に行うこと	冷却水の水管についても同様に清掃を行うこと
		加湿装置	水質	水道法第4条に規定する水質基準に適合させるための措置をとること	
			点検	使用開始時，使用を開始した後，1月以内ごとに1回，定期に行うこと	点検の結果，必要に応じて清掃を行うこと （1月を超える期間使用しない加湿装置に係る当該使用しない期間は，該当しない。）
			清掃	1年以内ごとに1回，定期に行うこと	
		空気調和設備の排水受け	点検	使用開始時，使用を開始した後，1月以内ごとに1回，定期に行うこと	点検の結果，必要に応じて清掃を行うこと （1月を超える期間使用しない排水受けに係る当該使用しない期間は，該当しない。）
	機械による換気のための設備の点検			初めて使用するとき，分解して改造，修理の際及び2月以内ごとに1回定期的に行うこと	結果を記録し，3年間保存すること
	採光・照明	照度	精密な作業	300ルクス以上とすること	
			普通の作業	150ルクス以上　〃	
			粗な作業	70ルクス以上　〃	
		採光・照明の方法		①明暗の対照を少なくすること（局所照明と全般照明を併用）	局所照明に対する全般照明の比は約10分の1以上が望ましい
				②まぶしさをなくすこと	光源と眼とを結ぶ線と視線とがなす角度は30度以上が望ましい
		照明設備の点検		6月以内ごとに1回，定期に行うこと	
	騒音等の伝ぱの防止	カードせん孔機，タイプライター等の事務用機器を，5台以上集中して作業を行わせる場合		①作業室を専用室とすること	
				②専用室はしゃ音及び吸音の機能をもつ天井及び隔壁とすること	
清潔	給水	水質基準		水道法第4条に規定する水質基準に適合すること	地方公共団体等の行う検査によること
		給水せんにおける水に含まれる残留塩素	通常	遊離残留塩素の場合0.1ppm以上とすること	
				結合残留塩素の場合0.4ppm　〃	
			汚染等の場合	遊離残留塩素の場合0.2ppm　〃	
				結合残留塩素の場合1.5ppm　〃	
	排水設備			汚水の漏出防止のための補修及びそうじを行うこと	

項　　目			基　　準	備　　考
清掃等の実施	清掃等の実施	大掃除	6 月以内ごとに 1 回，定期に，統一的に行うこと	
	ねずみ，昆虫等	発生場所，生息場所，侵入経路，被害の状況の調査	6 月以内ごとに 1 回，定期に，統一的に行うこと	調査の結果に基づいて，ねずみ，昆虫等の発生を防止するため必要な措置を講じること
		殺そ剤，殺虫剤	薬事法の承認を受けた医薬品または医薬部外品を用いること	
	廃棄物		労働者は，廃棄物を一定の場所に棄てること	
潔	便所	区別	男性用と女性用に分けること	清潔に保ち，汚物を適当に処理すること
		男性用大便所	60 人以内ごとに 1 個以上とすること	
		男性用小便所	30 人以内ごとに 1 個以上とすること	
		女性用便所	20 人以内ごとに 1 個以上とすること	
		便池	汚物が土中に浸透しない構造とすること	
		手洗い設備	流出する清浄な水を十分に供給すること	
	洗面		洗面設備を設けること	
	被服汚染の作業		更衣設備を設けること	
	被服湿潤の作業		被服の乾燥設備を設けること	
休養	休憩		休憩の設備を設けるよう努めること	
	夜間の睡眠，仮眠		睡眠又は仮眠の設備を設けること	男性用，女性用に区別すること寝具等必要な用品を備え，かつ，疾病感染を予防する措置を講ずること
	50 人以上又は女性 30 人以上		が床することのできる休養室又は休養所を設けること	男性用，女性用に区別すること
	持続的立業		いすを備え付けること	
救急用具の備え付け			負傷者の手当に必要な用具，材料を備えること	備え付け場所及び使用方法を周知すること救急用具等を常時清潔に保つこと

（注）事務所則の換気設備設置届に関する規定については，平成 6 年 7 月 1 日より，本規則から労働安全衛生規則へ統合された。

第3編

作 業 管 理

本編で学ぶ主な事項：

→作業分析による作業の評価

→作業標準の評価

→労働衛生保護具の選定・使用・保守管理

第 1 章　作業分析による作業の評価

1．作業管理の目的と意義

⑴　作業管理とは

　作業者が作業中に有害な影響を受ける度合は，作業の内容や，作業のやり方によって大きく異なるものである。これらの要因を適切に管理して，職業性疾病を予防することが作業管理の目的である。

　そのために，作業そのものを分析して作業方法を労働衛生の観点から適切に管理する。また，作業環境への有害物の拡散を最小限度に抑える，あるいは完全になくしてしまうことである。これを誰がやっても同じように行えるようにするため，作業手順や方法を工夫して定めたものが作業標準である。

　なお，疲れない作業方法や快適に作業ができるようにする研究を，体系的に進める学問として人間工学がある。

⑵　作業と疲労

1）　負担の軽減

　作業の負荷が大き過ぎることによって，腰痛や頸肩腕症候群等の健康障害や疲労が引き起こされることがあるが，疲労の回復や蓄積は日常生活とも深くかかわっている。作業強度，作業密度，作業時間の長さ，一連続作業時間の長さ，作業姿勢，注意力の集中程度，判断の必要の度合，単独作業か共同作業か，休憩の取り方，休止時間の活用の仕方，休日，あるいは通勤事情，自由時間の過ごし方や睡眠の取り方など作業の負荷と回復にかかわる内容は私生活にも深く関係しており，また，その広がりは想像以上に大きいものがある。

2）　作　業　習　慣

　発散しやすい有害物が入っている容器から内容物を取り出した後に，その蓋をこまめに閉めたり，温度調節を適正にすることなどによって作業環境を良好に管理しつつ作業をする，また，作業後に疲労が回復する適切な手段をとるなどの作業習慣によって，疲労の蓄積を大幅に減少させることができるし，環境も快適に

保つことができる。

3) IT 化による健康影響

産業の近代化が進展し多くの事業場では機械化，自動化，IT 化が進み，また監視作業の増加がみられる。作業は単純化，単調化し一部の筋肉の使用に偏った仕事となっているので，他の筋肉はあまり使わないか，あるいは静的な筋収縮による拘束姿勢を保持する作業が多い。これらの作業が終わった後で適切な回復手段をとらないと，肩凝りや腰痛などの局所慢性疲労などが残る。また検査作業や情報機器作業なども眼の負担が大きいので同様な配慮が必要である。

4) 労働密度が偏り疲労が蓄積

労働密度が心身の中で部分的に偏った疲労になって 1 日では回復せず，翌日に持ち越すとそれが蓄積する。負荷と疲労の回復のバランスがとれず，睡眠障害，局所疲労の蓄積となって表れることがある。

5) 蓄積疲労の影響の顕在化

疲労が蓄積したために表れてくる影響として，作業能力の低下，集中力の低下，覚醒水準の低下，パフォーマンス全体の回復遅れ，大脳賦活作用減弱による意識レベルの低下，情報処理能力の低下等がみられることがある。

体調不良の訴え，情緒不安，不眠の訴え，情報機器作業の場合には，頸肩腕症候群（けいけんわん）の増加，眼の疲労や腰痛の増加などが表面化し，さらに欠勤率の増加となって表れる場合がある。

(3) 法規制や通達による作業管理

1) 作業管理の法規制

作業管理を法令によって規制しているものには，有機溶剤取扱業務，鉛取扱業務，四アルキル鉛取扱業務，特定化学物質取扱業務，酸素欠乏等の作業環境で行う業務，高気圧下で行う業務，潜水業務，電離放射線にばく露して障害を起こすおそれのある業務，粉じんにばく露して障害を起こすおそれのある業務がある。

2) 通達による作業管理による健康障害の防止

通達によって作業管理により健康障害を防止することとされている対象業務には，超音波溶着機取扱業務，チェーンソー取扱業務，チェーンソー以外の振動工具取扱業務，金銭登録作業，キーパンチの作業，引金付工具による作業，重量物取扱い作業，介護・看護作業等，情報機器作業などがある。

2．作業分析・評価

⑴　人間工学

1)　人間工学とは

　　人間工学は，人間と物との関係を主として取り扱い，工場やオフィスで働いている人達がその職場で快適に，安全に，そして能率よく作業するために役立つ学問で，人間の特性にあった機械や道具の設計をする総合的な学問である。

　　英語では Ergonomics，Human Factors Engineering 等と呼ばれている。

2)　労働衛生上の意義

　　人間工学の労働衛生上の意義は，従来，労働衛生管理としてまとめられてきたものであり，それは，製造又は取扱作業における作業環境と作業の方法，ならびにそれらに対する労働者のかかわりを明らかにしたうえで，適切な措置を講ずることにある。

⑵　作業分析に用いられている人間工学的要素

1)　人と物との関係

　　人が機械と対面しているときのかかわり合いの仕方として，

　　　①　人の身体に機械などが密着している場合

　　　②　人の身体から少し距離をおいて機械がある場合

がある。

　　また，情報と人との関係では，交通標識や交通信号機のように車のドライバーに何らかの情報を伝える目的があるものと，ディスプレイに表示された文字や図面による情報の伝達がある。

2)　作業手順

　　有害要因へのばく露状況を観察して，作業条件を点検・分析・検討する。この際の観察項目は，動作，作業姿勢，体位，作業手順や取り扱う物の重量，作業強度等と動作時間である。

3)　人の特性

　　人と道具及び機械との関連で形態的特性と筋力的特性を把握する。

　　　①　形態的特性：人は，形態的には3次元の形をしているから，静的な状態から動きだすと頭部，軀幹，上下肢等の各部位の動的な状態が関連し合い，関節部分の屈伸，旋回などで一段と複雑になることを考慮する。

② 筋力的特性：機械を操作する人の力は，強からず弱からず適当な力を加減することができるが，筋力発揮の条件として，それを動かす距離，その方向，位置，適正な動かす力を考える。

4) 到達距離

人と機械との間に距離があると，人は機械を操作するために手を伸ばす。人の肩峰点と物体に手が触れる場所との間の直線距離を到達距離と呼ぶ。この到達距離は，人が立っている位置と機械との距離によって異なる。また同じ位置でも身長によって到達距離が変わるし，姿勢を変えても変わる。

5) 身体計測値

人の身体の各部位の寸法は，体の大小，性別，年齢，世代等によって異なっており，これらの寸法を測ることを身体計測と呼んでいる。その項目は，長さ（身長，下肢長，頭長など），周囲（胸囲，胴囲，大腿囲など），幅（手幅，足幅，肩先幅など）である。

6) 人と機械との間の情報の流れ

① 人と機械との間の情報の流れを人間サイドに合わせ，適正にすることが大切である。この人への情報の提供は，情報の大きさ，持続時間などの条件を適正にすることが大切である。

人が受けとるのは，視覚，聴覚，触覚，嗅覚，味覚の五感を通じてであるが，機械から流れる情報は，これらの人の受容器から中枢神経系へ，そして脳内の種々の変換過程を経て，人の操作系統に命令が出されることになる。このメカニズムの理解とこれらが正常に働く環境条件を整えることが重要である。

② 情報の伝達において，作業環境が機械よりも人に大きな影響力を与える。環境が不良であると，人−機械系の円滑な関係が混乱する。物的な環境，人的な環境，社会的な環境が不良のときは，有害な状態が起こりうる。

7) 時間的要素

情報伝達のための刺激があってから，それに対する反応があるまでの時間の長さ(反応時間)が問題である。人の持つ反応時間よりも短い時間内で反応したり，処理をすることを外部から人に要求しても，人からは応答不可能となる。

このように応答できない要求が度重なると人間側の不満が爆発する。パニック状態はこの一例である。

(3)　作業条件を決める場合の基本的な条件

① 使用する材料，道具の特徴をとらえて，具体的にどのようにするかを検討する。

② 個々人の特性に合わせて機械を適合させることが大切である。また，全ての人の特性に合わせた機械はないので，欠けている部分について使う人の教育訓練を行うことも大切な要件である。

3．人間工学的な作業分析による改善実施例

(1)　作業分析のための手順

① 作業分析のために，人間工学的に調査項目を決め，人の行動の中の行為ごとにサーブリッグの記号（**表3-1**）を用いて表現して観察結果をだれが見ても分かるように記録して分析をする。

② 調査項目は，作業の種類別頻度，作業強度，作業の要求する緊張度，作業時姿勢の変化，歩行時間や休憩率などである。また，機械の稼働状況，機械の停止の原因の明確化，交通量の分析なども行う。

③ 2人以上の作業者が働いているときは，相互の動きを時間ごとに記録する。

④ サーブリッグの記号とは，人の行動の中の行為をそれぞれに記号で表したもので，この記録をもとにして作業を分析する。

⑤ 人の行動の中の行為の種類，すなわち，探す，見出す，選ぶ，摑む，運ぶ，

表3-1　サーブリッグ記号（第2類）の例

サーブリッグ分析は，作業動作の分析で作業を18の基本動作に定義し，それに基づいた作業分析を行うものである。
また，サーブリッグ記号とは例えば以下のような記号である。

動作要素	略号	記号
調べる	I	
探す	SH	
見出す	F	
選ぶ	ST	
考える	PN	
用意する	PP	

位置を正す，組み合せるなどを調査する。

(2)　機械組立工場における機能評価法の事例

① 　労働そのものが，全身肉体労働から一部の筋肉を使う作業や，視覚作業，精神負荷の高い作業に移りつつあるので，人を機能別に評価する方法の研究が並行して進められている。

② 　機能評価法を心肺機能，手指・上肢の機能等に分類し，この分類に基づいた各作業の評価方法が開発され，対策基準を設定している。

③ 　この評価法の特徴は，各作業を調査し，問題作業の要素を細分化することができる，改善のポイントを明確にできる，作業者にとって「無理がないやりやすい作業」に改善できる，そしてそれを生産技術・製造部門に提供して，工程設計上の事前検討や事後評価に役立てることができる，などである。

④ 　評価事例

・人の機能の中の運動機能を評価に使用する例では，心肺機能を分類し，温熱環境下での作業に適しているかどうかを，心肺機能に基づいて評価ができる。

・手指，上肢の運動機能を評価に使用すると，部品のはめ込みや部品の取扱作業の適性が評価される。

・腰部，脚部の運動機能を評価に使用すれば，姿勢が問題となる作業の適性について分析し，評価して改善できる。また，重量物取扱いの適性評価に使用できる。

・感覚機能を評価に使用する例では，視覚機能を分類して照度の適正さを評価できる。

・精神的なものでは，知能は，判断力，注意集中力の評価に，性格は，協調性の評価などに用いられる。

⑤ 　人と作業との調和を図るためには，作業の面から見た要求により，その機能を持つ人を就業させることなどにより明確になる。適正配置のための目安としている人の性能の評価項目には，立位体前屈，上体起こし，反復横跳び，機能年齢なども追加している。

⑶　負荷の改善の例（図3-1～図3-5参照）

1)　手動作

　　手の動作，動作時間，負荷の平均化が評価項目であり，この場合の負荷の改善ポイントは，作業対象を作業者に近づけること，作業者に適合する踏台，作業台を調節できるようにすること，そのための治工具を改善し，作業方法の改善や作業の組替えができる。

2)　保持力

　　評価項目は，工具重量，工具の操作時間であり，この場合の負荷の改善ポイントは，工具重量の軽量化，バランサー，吊り具の使用であり，工具の保持時間や持ち運ぶ移動時間の低減である。

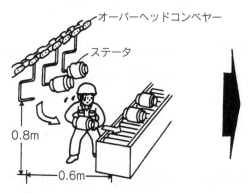
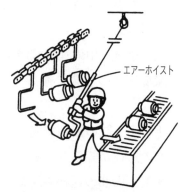

問題点：モーターの組立工場で，オーバーヘッドコンベヤーで送られてくる部品（重さ20～30 kg）を手ではずして，背後の次工程のコンベヤーに移載する作業は，上肢・腰部への負担が大きい。

改　善：エアーホイストを設置し，専用吊り具によってステータを吊り上げ，そのまま搬送コンベヤー上に移し変える作業とした。

図3-1　エアーホイストの設置による重量物取扱い方法の改善

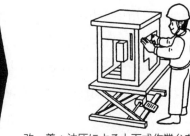

問題点：制御装置の組立は，下部の配線の組立が，しゃがみ込み及び中腰の作業となることが多く（1日約5時間），腰部，膝等にかかる負担が大きい。

改　善：油圧による上下式作業台を採用し，作業者が随時高さを調節できるようにした。

図3-2　作業台の高さ調節

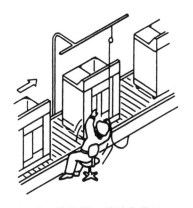 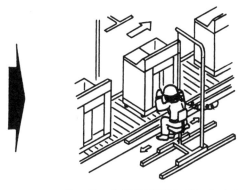

問題点：洗濯機の結線作業はコンベヤー
上（移動する）で行うので，間に合わな
い場合には，品物の流れに合わせて体を
ひねりながら作業するため，上肢・腰部
に負担がかかることが多かった。

改　善：作業者が椅子に座ったまま横
に移動する装置を開発した。
（椅子の左右の移動は，作業者が
足を動かすことで容易に動く。
移動可能距離は，左右に1.5m）

図3-3　作業姿勢の改善

問題点：粉砕機から排出される砕石（80
kg）を，一輪車で約60m離れた集積場
に投棄している。一輪車のバランスを
とり運搬することは腕・腰に負担が大
きい。

改　善：一輪車の後部，両脚に自在キャス
ターを取り付けた。

図3-4　重量物の運搬の改善

3）　手作業

　　評価項目は，押込み荷重であり，負荷の改善ポイントは，形状変更，部品個数
の低減である。手重量では，重量が評価項目であり，負荷の改善ポイントは，保
持位置を体に近づけること及び軽量化することである。

4）　作業台と姿勢

　　中腰で作業台上で作業をするような場合は，作業台高さを上下に調節できるも
のに改善する。コンベヤー上の品物に対し体をひねりながら作業をする場合は，

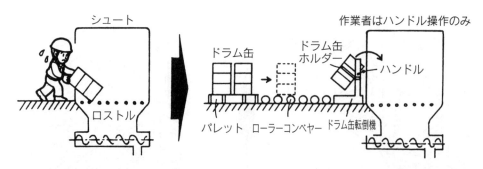

図 3-5　重量物取扱い方法の改善

流れとともに座っている場所を移動させる装置を使用する。腰痛等を起こしやすい重量物を引き出したりする作業は，自在キャスターをつけて容易に運搬できるようにする。ドラム缶から内容物をあける場合には，ドラム缶転倒機を設置，使用するなどが効果的である。

5)　良い椅子（人間工学的によく検討し研究された椅子がよい）

　　見た目に豪華なクッションのきいた椅子は一見快適なようであるが，深く沈み込むために身体を安定させようとして疲労する。良い椅子の条件は，座面の形や床から高さが適切で自由な座り方ができ，腰部の動きが自由で容易に立ったり座ったりできる，足が自由に動かせる空間がある，背もたれがあって重量が軽い，背もたれの動きが軽く腰の第2椎間板のあたりや背に触れる，背もたれは腰椎の負担をできるだけ軽くする機能が十分ある，安定していて移動が容易である，座面は中腰の状態で上下にできて，調節の途中でガタンと落ちない，などである。

6)　よい作業姿勢と効果の関連性

　　作業が楽になる（→腰痛防止などに効果がある），作業がやりやすくなる（→ストレスが軽減する→品質の向上，安全性の向上に貢献する），仕事が早くできる（→やる気を高める→生産能率の向上，生産性の向上に貢献する），安全に仕事ができる。

　　これらによって，作業の快適性の向上→安全性の向上→不安の解消→精神的安定度の向上→作業速度の向上→生産性の向上と連携されていることが分かる。

7)　フレックスタイム制度の活用

　　個人差の中で強く表れてくる自尊の欲求，自己実現の欲求を適（かな）えるために，自

分の生理的な生活リズムに適合した勤務時間を積極的に，計画的に採用すること
を目的として，フレックスタイム制度がある。この制度は，数々の利点があり，
これを採用し上手に活用して効果を上げている企業が増加している。

　フレックスタイム制度は，個人差の大きな人の生理的なリズムに合った最適な
状態で会社の仕事ができるように工夫されたシステムである。人の自由な生活時
間を主とした考え方であるので，今後ますます取り入れられていくシステムと考
えられる。

8)　作業速度の改善

　作業速度の改善のためには，作業の速さと誤り，そしてなぜ間違えるのかを検
討すること。すなわち，一般に速くやれば間違える。間違えないようにするため
には遅くやるしかない。正確に速くやり，疲れない方法はないかを検討する。

9)　適切な作業方法

　適切な作業方法の形成のためには，次の点に留意する必要がある。

① 作業姿勢は，人間工学的にみて正しいかどうかを確認する。

② 騒音，照明，空調管理を適切にし，作業空間は広く，作業環境管理を行き届
かせる。

③ 作業困難度が高いものは，作業内容の改善や簡略化の努力をすること。それ
ぞれの作業に合う改善方法を見つけ出す。

④ 作業時間管理，作業休止時間管理の徹底を図る。

⑤ 作業性や作業手順に改善意欲がわくような管理をする。

⑥ 職場内の人間関係が良好に保てるような努力をする。

などである。

(4)　衛生管理者の責務

衛生管理者の作業分析等の分野における責務は，次のようになる。

① **表3-2**，**表3-3**に示す，法令で定められている内容の作業管理を実施

② 作業実態や作業負荷の認識，把握，分析，そして作業負荷の軽減策の実行・
推進

③ 作業環境の状況確認，正しい把握，適切な評価と対策の実行

④ 組織の効果的な運用，専門職の活用

⑤ 各作業者の個人の要望の把握とそれの適切な評価，ライン管理者へのタイミ
ングのよい伝達・援助

⑥　世の中の動向が作業者の作業管理に及ぼす心理的な影響についての敏感で的確な把握とそれらへの対応

表3-2　作業管理(1)

	作業管理関係条項
労働安全衛生法	第22条，第24条，第28条の2（事業者の行うべき調査等），第57条の3（第57条第1項の政令で定める物及び通知対象物について事業者が行うべき調査等），第65条の3（作業の管理），第65条の4（作業時間の制限）
労働安全衛生規則	第3編　衛生基準 　第2章　保護具等（第593条〜第599条） 　第6章　休養（第613条〜第618条）
有機溶剤中毒予防規則	第1章　総則，第1条第1項第6号　有機溶剤業務 第4章　管理（第19条，第24条〜第27条） 第7章　保護具（第32条〜第34条） 第8章　有機溶剤の貯蔵及び空容器の処理（第35条・第36条）
鉛中毒予防規則	第4章　管理 　第2節　業務の管理 　　第39条（ホッパーの下方における作業） 　　第40条（含鉛塗料のかき落とし） 　　第41条（鉛化合物のかき出し） 　　第42条（鉛装置の内部における業務） 　第3節　貯蔵等（第43条・第44条） 　第4節　清潔の保持等（第45条〜第51条） 第7章　保護具等（第58条・第59条）
四アルキル鉛中毒予防規則	第2章　四アルキル鉛等業務に係る措置（第2条〜第21条）
特定化学物質障害予防規則	第4章　漏えいの防止 　第20条（作業規程） 　第22条（設備の改造等の作業） 　第25条（容器等） 第5章　管理 　第37条（休憩室） 第5章の2　特殊な作業等の管理 　第38条の5，6（塩素化ビフェニル等に係る措置） 　　〃　　の7（インジウム化合物等に係る措置） 　　〃　　の8（特別有機溶剤等に係る措置） 　　〃　　の10（エチレンオキシド等に係る措置） 　　〃　　の11（コバルト等に係る措置） 　　〃　　の12（コークス炉に係る措置） 　　〃　　の13（三酸化二アンチモン等に係る措置） 　　〃　　の14（燻蒸作業に係る措置） 　　〃　　の15（ニトログリコールに係る措置） 　　〃　　の16（ベンゼン等に係る措置） 　　〃　　の17（1・3-ブタジエン等に係る措置） 　　〃　　の18（硫酸ジエチル等に係る措置） 　　〃　　の19（1・3-プロパンスルトン等に係る措置） 　　〃　　の20（リフラクトリーセラミックファイバー等に係る措置） 　　〃　　の21（金属アーク溶接等作業に係る措置） 第7章　保護具（第43条〜第45条）

	作業管理関係条項
石綿障害予防規則	第2章　石綿等を取り扱う業務等に係る措置（第3条～第15条） 第4章　管理 　　第28条（休憩室） 　　第30条（清掃の実施） 　　第32条（容器等） 　　第32条の2（使用された器具等の付着物の除去） 　　第33条（喫煙等の禁止） 第7章　保護具（第44条～第46条）
酸素欠乏症等防止規則	第2章　一般的防止措置（第6条～第10条，第14条～第16条） 第3章　特殊な作業における防止措置（第18条～第25条の2）
高気圧作業安全衛生規則	第3章　業務管理 　第2節　高圧室内業務の管理（第12条の2～第26条） 　第3節　潜水業務の管理（第27条～第37条） 第5章　再圧室（第42条～第46条）
電離放射線障害防止規則	〔労働安全衛生法施行令別表第2放射線業務　第1号～第7号〕 第2章　管理区域並びに線量の限度及び測定（第3条～第9条） 第3章　外部放射線の防護（第10条～第19条） 第4章　汚染の防止（第22条～第41条の10） 第5章　緊急措置（第42条～第45条）
粉じん障害防止規則	第1章　総則　粉じん作業（第2条） 第4章　管理 　　第23条（休憩設備） 　　第24条（清掃の実施） 第6章　保護具 　　第27条（呼吸用保護具の使用）
東日本大震災により生じた放射性物質により汚染された土壌等を除染するための業務等に係る電離放射線障害防止規則	第2章　除染等業務における電離放射線障害の防止 　第1節　線量の限度及び測定（第3条～第6条） 　第2節　除染等業務の実施に関する措置（第7条～第11条） 　第3節　汚染の防止（第12条～第18条） 第3章　特定線量下業務における電離放射線障害の防止 　第1節　線量の限度及び測定（第25条の2～第25条の5） 　第2節　特定線量下業務の実施に関する措置（第25条の6・第25条の7）

表 3-3 作業管理(2)

	作業管理内容（通達）
チェーンソー取扱い業務 （平成 21.7.10 基発 0710 第 1 号）	1 事業者の措置 ① チェーンソーの選定基準 ② チェーンソーの点検・整備 ③ チェーンソー作業の作業時間の管理及び進め方 ④ チェーンソーの使用上の注意 ⑤ 作業上の注意 ⑥ 体操等の実施 ⑦ 通勤の方法 ⑧ その他 2 労働者の措置
チェーンソー以外の振動工具の取扱い業務 （平成 21.7.10 基発 0710 第 2 号）	① 振動工具の選定基準 ② 振動作業の作業時間の管理 ③ 工具の操作時の措置 ④ たがね等の選定及び管理 ⑤ 圧縮空気の空気系統に係る措置 ⑥ 点検・整備 ⑦ 作業標準の設定 ⑧ 施設の整備 ⑨ 保護具の支給及び使用 ⑩ 体操の実施
職場における腰痛予防対策 （平成 25.6.18 基発 0618 第 1 号）	① 自動化，省力化 ② 作業姿勢，動作 ③ 作業の実施体制 ④ 作業標準 ⑤ 休憩・作業量，作業の組合せ等 ⑥ 靴，服装等
騒音障害防止 （平成 4.10.1 基発第 546 号）	① 作業時間 ② 管理区分の明示 ③ 保護具
熱中症の予防 （平成 21.6.19 基発第 0619001 号） （改正：令和 3.4.20 基発 0420 第 3 号）	① 作業時間の短縮等 ② 熱への順化 ③ 水分及び塩分の摂取 ④ 服装等 ⑤ 作業中の巡視
情報機器作業 （令和 1.7.12 基発 0712 第 3 号）	① 作業時間 ② 作業姿勢 ③ 機器の調整

第2章　作業標準の評価

1. 作業標準評価の基本的ステップ

作業手順書をはじめとする作業標準の評価を行うための基本的ステップを図**3-6**で示す。ここでは作業標準という表現になっているが，これからは作業手順書の中で安全衛生が織り込まれることが重要となるので，作業手順書を中心に話を進めることにする。

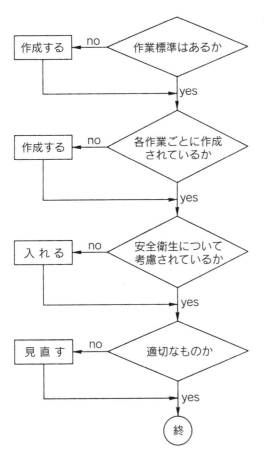

資料：「作業標準早わかり」神奈川労務安全
　　　衛生協会

図3-6　評価の基本的ステップ

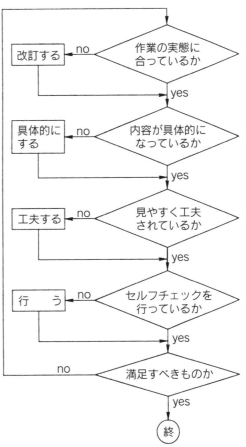

資料：「作業標準早わかり」神奈川労務安全
　　　衛生協会

図3-7　作成された作業手順書の評価のステップ

第一のポイントは，どれだけの作業について作業手順書が定められているかということである。すべての作業について，作業手順書を一度に作成することは容易ではない。したがって化学的，物理的に有害性が強い作業および作業のやり方が安全衛生に大きな影響を与える作業を優先して作業手順書を整備すべきである。

第二のポイントは，作業手順書が安全衛生について十分考慮されているかという点である。ここでいう考慮とは単に考えていればよいという意味ではなく，作業手順書が遵守することが望ましい安全作業の姿と一致するかということである。

本来，安全作業とは設備，材料，作業方法等を十分吟味した上で設定されたものでなければならない。したがって，安全衛生以外の課題を十分検討しないままに，安全衛生面からのみの立場で定めた作業を押しつけることのないよう配慮しなければならない。

第三のポイントは，作業手順書の内容が適切なものであるかという点である。内容的に正しいものであっても，それが守られるものでなければ無意味である。

それだけに作業手順書で示された作業は誰がやっても安全で，ムリ・ムダがなく，効率的な作業であるように，十分に知恵を絞ったものでなければならない。

2. 作業手順書の評価手順

作成された作業手順書を評価するための基本的ステップを図3-7に示す。

⑴ 作業の実態にあっているか

作業手順書は安全衛生面ばかりでなく，生産面，品質面等からも望ましい作業が表現されていなければならないから，そこに記載された内容は最も実態にあったものでなければならない。これをさらに追求するとよい作業手順書とは次の条件を持つものである。

① 安全に，正しく，早く，かつムリ・ムダがなく行われる内容であること。
② 表現は実際の動作に合わせて具体的であること。
③ 生産性，品質特性をも考慮し，ある程度余裕を持たせた内容であること。
④ 安全衛生関係の法律や社内の諸規程に適合していること。

⑵ 内容が具体的になっているか

上記⑴の条件を満たすためには次に示すような作業に必要な最低条件が5W1H

に組み込まれて記載されていなければならない。

① 原材料として何を使うか

② 何を使って作るか（設備，機械，治工具等）

③ どのようにして使うか（順序，条件，コツ等）

④ なぜこの方法で行うのか（原理・原則を明らかにする）

さらに異常時の処置，注意事項，禁止事項等を加える。

(3) 見やすく工夫されているか

　作業手順書で表現されている作業は読みながら行うものではなく，身につけて行うものである。したがって長い文章的表現は避け，できるだけ簡潔で見やすく工夫する必要がある。このため，絵や写真を取り入れることも必要である。特に重要なポイントは一目で理解できるようレイアウト等にも考慮する必要がある。

(4) チェックを行っているか

　作業手順書は最も望ましい作業が表現されていなければならないので，常にチェックを行い，もし不具合な点があれば修正していく必要がある。

　ただし作業の遂行は作業手順書がベースになって進められていくものであるから，不具合な点があっても個人的判断で勝手に作業方法を変更して実施してはならない。作業手順書の管理はこのような作業手順書の信頼性を失わせるような行為を常に監視していくことが重要になる。

(5) 満足すべきものか

　評価の最終段階であるが，これは単に作業手順書の内容を見るだけではなく，定められた方法で正しく作業が行われているかまで評価することが重要である。

3. 作業手順書の具体的内容に対する評価

　作業手順書は実際的な作業の内容を表すものであるから，記載事項は生産面，品質面からの要求事項が多く記載されている。したがってその評価に当たっては記載項目の中に安全衛生面の必要事項が織り込まれているかを確認することが重要である。基本的に必要な記載事項を**表3-4**に示す。

　特に衛生管理のポイントは５Ｗ１Ｈの順に従えば What に当たる原材料や物理的

表 3-4　作業手順書の基本的記載事項

項　　目		内　　容
1　作　業　名		この作業の適用範囲を示す。 ① 資格を要する危険・有害作業か，又は，一般的な作業か ② 単独作業か，共同作業か
2　作　業　条　件	① 作　業　人　員	① 単独作業か，共同作業か ② 共同作業の場合は責任者名 ③ 作業の責任の所在
	② 資　格　要　件	法定の資格が必要な場合は必要な資格名を明記する。
	③ 服　　　　装	① 安全衛生上適したものか ② 作業性の良いものか ③ この作業に適したものか
	④ 保　護　具	この作業に必要な保護具を明記する。
	⑤ 機械，工具等	この作業で使用する機械，工具等を明記する。
3　作　業　分　類		基本作業を分類する。 ① 準備的な作業 ② 本体になる作業 ③ 後始末的な作業
4　作　業　方　法		この項目が安全作業の主体をなす。 ① 作業手順（ステップ）と急所 ② 簡潔に，箇条書きに ③ 説明図等
5　図　　　　解		文章で説明しにくい箇所を図解で補足する。
6　異常時の措置		異常発生時の措置，手順を具体的に示す。
7　事故，災害例		過去に，この作業や類似作業で，事故や災害の発生例があれば，その原因等を示し参考にする。

資料：「作業標準早わかり」神奈川労務安全衛生協会

有害要因の把握と，How に当たる作業の正しい手順及びポイントを明示することである。

4. 非定常作業における作業手順書の作成と評価

　最近の安全衛生の問題は定常的な作業よりも，点検，修理，調整等のいわゆる非定常作業の中に多く含まれている場合が多い。非定常作業を作業手順書の中に組み込むことは作業の性質上困難なことが多いが，この面の問題が多いことを考え合わせて重要なものから作成していく必要がある。

　以下が作業手順書の評価ポイントであるが，特に非定常作業においてはまず作業

手順書を作成することに主眼をおかなくてはならない。非定常作業の問題が顕在化している現在，作業手順書を設定しそれに基づいた安全衛生教育が実施されない限り，この問題の解決は困難であろう。

(1)　非定常作業の人的な面の評価

① 作業指揮者を指名し，作業の指揮を行わせているか
② 必要な資格が明確になっているか
③ 作業者のレベル，必要な人員が明確になっているか
④ 作業及び安全衛生のポイントを周知させているか
⑤ 無理のない作業分担を行っているか

(2)　物的面の評価

① 作業前に有害要因をチェックしているか。有害ガス，粉じん，酸欠等の測定，換気を行っているか
② 作業中の有害ガス等の発生に対応しているか
③ 局所排気装置等の設備の異常をチェックしているか
④ 緊急時の避難路を確保しているか
⑤ 作業場の整理整頓を行っているか

(3)　管理面の評価

① 作業の実施時期を明確にしているか
② 連絡・通報の方法を定めているか
③ 作業手順は明確になっているか
④ 作業位置や作業姿勢は明確になっているか
⑤ 必要な工具や保護具が明示されているか

5.　遵守状況の評価

作業手順書は作成された内容の評価だけでは不十分である。作業手順書で定められた最も望ましい作業が周知徹底され，実施されていることの評価がより大切である。

⑴　作業手順書に基づく教育が実施されているか

　作成された作業手順書は作業が紙の上でしか表現されていない。したがって，実行に移すためにはこれを示しながら作業者に教育することが必要となる。監督者等によりこのような教育が行われているかということも評価の対象である。

⑵　作業手順書が掲示されているか

　作業手順書の内容は１回の教育だけでは身につくものではない。作業者がいつでも確認できるように見やすい場所に掲示しておくことも重要なポイントである。

⑶　正しく作業が行われているか

　安全パトロール時等の機会にチェックする項目であるが，現実には作業手順書と対比するのは困難である場合が多い。したがって，実際には監督者や作業者から直接聞くことにより，遵守状況をチェックするのが一般的である。

⑷　やりにくい作業がないか

　作業手順書どおり正確に作業を行っても，定めた内容に無理があれば不自然な作業が行われているはずである。このような作業が発見されたならば作業そのものを改善して，作業手順書を改訂しなければならない。

第3章　労働衛生保護具の選定

1. 用途別保護具の種類

　労働衛生保護具には，有害化学物質等の吸入による健康障害又は急性中毒を防止するための防じんマスク，防毒マスク，送気マスク，空気呼吸器などの呼吸用保護具，皮膚接触による経皮吸収，皮膚障害を防ぐための不浸透性の労働衛生保護衣類や保護手袋，眼障害を防ぐための保護めがね，有害光線を遮断するための遮光保護具，騒音を遮断するための聴覚保護具（防音保護具）などがある。

　また，保護具ではないが，保護クリーム（塗布剤）が経皮吸収防止と皮膚障害防止の目的で使用されることがある。

　これらの保護具の使用は，あくまでも二次的なものであると考えるべきである。すなわち，作業環境の整備改善をまず第一に行うべきであり，環境管理面からの対策を行っても，有害物の発散源に近接して行う作業や移動作業など十分なばく露の制御が困難な場合や，臨時の作業のように完全な環境改善の対策が難しい場合についてのみ保護具の使用を考えるべきである。

　保護具は，同時に就業する労働者の人数と同数以上を備え，常時有効かつ清潔に保持しておかなければならないし，呼吸用保護具，手袋等共用することによって労働者に疾病感染のおそれのあるものは，各人専用のものとしなければならない。それと同時に，保護具は常に点検と手入れを励行して十分に性能を発揮できる状態に保っておかなければならないし，平素から訓練を繰り返して正しい使用法を習熟しておくことが重要である。

　これらが確実に点検されているかを確認することも必要である。

2. 規格が制定されている保護具

　安全衛生保護具のうち厚生労働省により規格が制定されているものは，次のとおりである。

○安全保護具

① 絶縁用保護具等の規格

② 保護帽の規格

③ 墜落制止用器具の規格

○労働衛生保護具

① 防じんマスクの規格

② 防毒マスクの規格（ハロゲンガス用，有機ガス用，一酸化炭素用，アンモニ
ア用及び亜硫酸ガス用）

③ 電動ファン付き呼吸用保護具の規格

これらの保護具は規格に従って国家検定が行われている（ただし，墜落制止用器具については規格のみ）。

電動ファン付き呼吸用保護具は，特に粉じん濃度が高くなるおそれがある下記の作業で使用が義務づけられている。

① ずい道等の内部の，ずい道等の建設の作業のうち，

・動力を用いて鉱物等を掘削する場所における作業

・動力を用いて鉱物等を積み込み，又は積み卸す場所における作業

・コンクリート等を吹き付ける場所における作業

表 3-5　労働衛生保護具の日本産業規格

〈T 8113〉 溶接用かわ製保護手袋	〈T 8143〉 レーザ保護フィルタ及びレーザ保護めがね	〈T 8157〉 電動ファン付き呼吸用保護具
〈T 8114〉 防振手袋	〈T 8147〉 保護めがね	〈T 8161〉 聴覚保護具（防音保護具）
〈T 8115〉 化学防護服	〈T 8150〉 呼吸用保護具の選択，使用及び保守管理方法	〈M 7601〉 圧縮酸素形循環式呼吸器
〈T 8116〉 化学防護手袋	〈T 8151〉 防じんマスク	〈M 7611〉 一酸化炭素用自己救命器 （CO マスク）
〈T 8117〉 化学防護長靴	〈T 8152〉 防毒マスク	〈M 7651〉 閉鎖循環式酸素自己救命器
〈T 8122〉 生物学的危険物質に対する防護服	〈T 8153〉 送気マスク	〈Z 4809〉 放射性物質による汚染に対する防護服
〈T 8127〉 高視認性安全服	〈T 8154〉 有毒ガス用電動ファン付き呼吸用保護具	〈Z 4810〉 放射性汚染防護用ゴム手袋
〈T 8128〉 溶接及び関連作業用防護服	〈T 8155〉 空気呼吸器	〈Z 4811〉 放射性汚染防護用作業靴
〈T 8141〉 遮光保護具	〈T 8156〉 酸素発生形循環式呼吸器	〈　〉内は JIS 番号
〈T 8142〉 溶接用保護面		

において，粉じん則により使用が義務づけられている。

② 隔離された作業場所において行う石綿等を除去する作業において，石綿則により，電動ファン付き呼吸用保護具またはこれと同等以上の性能を有する空気呼吸器等の使用が義務づけられている。

③ インジウムは，空気中のインジウム化合物の濃度に応じて，電動ファン付き呼吸用保護具やエアラインマスク等の使用が，特化則により義務づけられている。

その他の各種労働衛生保護具については**表 3-5** のように日本産業規格（JIS 規格）が制定されているが，この規格に適合しないものも市販されている。しかし，それらは労働衛生管理面から考えて排除すべきものである。

3.　保護具の選択・使用上の留意点と保守管理等

「防じんマスクの選択，使用等について」（平成 17 年 2 月 7 日基発第 0207006 号。最終改正：令和 2 年 7 月 31 日基発 0731 第 1 号）及び「防毒マスクの選択，使用等について」（平成 17 年 2 月 7 日基発第 0207007 号。最終改正：平成 30 年 4 月 26 日基発 0426 第 5 号）が通達で示されている。

ここでは，防じんマスクと防毒マスクを例にとり，その選択，使用等における留意点を述べることにする。

⑴　防じんマスクの選択，使用等に係る留意点

防じんマスクの選択，使用等に当たっては，前記の「防じんマスクの選択，使用等について」に基づき，次に掲げる事項について特に留意する。

1)　防じんマスクの選択に当たっての留意点

① 防じんマスクは，型式検定合格標章により型式検定合格品であることを確認すること。

② 法令に定める呼吸用保護具のうち防じんマスクについては，粉じん等の種類及び作業内容に応じ，防じんマスクの規格に定める必要な性能を有するものであること。

③ 防じんマスクの性能が記載されている取扱説明書等を参考にそれぞれの作業に適した防じんマスクを選ぶこと。

④ 防じんマスクの面体は，着用者の顔面に合った形状及び寸法の接顔部を有す

るものを選択すること。また，顔面への密着性の良否を確認すること。

2) 防じんマスクの使用に当たっての留意点

① 防じんマスクは，酸素濃度18%未満の場所では使用してはならないこと。このような場所では給気式呼吸用保護具を使用すること。

② 防じんマスクを着用する前には，その都度，点検を行うこと。

③ 顔面と面体の接顔部の位置，しめひもの位置及び締め方等を適切にすること。

④ 着用後，防じんマスクの内部への空気の漏れ込みがないことをフィットチェッカー等を用いて確認すること。

⑤ タオル等を当てたり，面体の接顔部に「接顔メリヤス」等を使用したり，着用者のひげ，もみあげ，前髪等が面体の接顔部と顔面の間に入り込んだり，排気弁の作動を妨害するような状態で防じんマスクを使用することは，粉じん等が面体の接顔部から面体内へ漏れ込むおそれがあるため，行わないこと。

⑥ 防じんマスクの使用中に息苦しさを感じた場合には，ろ過材を交換すること。

3) 防じんマスクの保守管理上の留意点

① 予備の防じんマスク，ろ過材その他の部品を常時備え付け，適時交換して使用できるようにすること。

② 使用後は粉じん及び湿気の少ない場所で，面体，吸気弁，排気弁，しめひも等の破損，き裂，変形等の状況及びろ過材の固定不良，破損等の状況を点検するとともに，手入れを行うこと。

③ 破損，き裂もしくは著しい変形を生じた場合または粘着性が認められた場合等には，部品交換するか，廃棄すること。

④ 点検後，直接，日光の当たらない，湿気の少ない清潔な場所に専用の保管場所を設け，管理状況が容易に確認できるように保管すること。なお，保管に当たっては，積み重ね，折り曲げ等により面体，連結管，しめひも等について，き裂，変形等の異常を生じないようにすること。

⑤ 使用済みのろ過材及び使い捨て式防じんマスクは，付着した粉じん等が再飛散しないように容器または袋に詰めた状態で廃棄すること。

(2) 防毒マスクの選択，使用等に係る留意点

防毒マスクの選択，使用等に当たっては，前記の「防毒マスクの選択使用等につ

いて」に基づき，次に掲げる事項について特に留意する。

1)　**防毒マスクの選択に当たっての留意点**

① 防毒マスクは，型式検定合格標章により型式検定合格品であることを確認すること。

② 法令に定める呼吸用保護具のうち防毒マスクについては，有害物質等の種類及び作業内容に応じ，防毒マスクの規格に定める必要な性能を有するものであること。

③ 防毒マスクの性能が記載されている取扱説明書等を参考にそれぞれの作業に適した防毒マスクを選ぶこと。

④ 防毒マスクの面体は，着用者の顔面に合った形状及び寸法の接顔部を有するものを選択すること。また，顔面への密着性の良否を確認すること。

2)　**防毒マスクの使用に当たっての留意点**

① 防毒マスクは，酸素濃度 18% 未満の場所では使用してはならないこと。このような場所では給気式呼吸用保護具を使用すること。

② 防毒マスクを着用しての作業は，通常より呼吸器系等に負荷がかかることから，呼吸器系等に疾患がある者については，防毒マスクを着用しての作業が適当であるか否かについて，産業医等に確認すること。

③ 防毒マスクを着用する前には，その都度，点検を行うこと。

④ 防毒マスクの使用時間について，当該防毒マスクの取扱説明書等及び破過曲線図，製造者等への照会結果等に基づいて，作業場所における空気中に存在する有害物質の濃度ならびに作業場所における温度及び湿度に対して余裕のある使用限度時間をあらかじめ設定し，その設定時間を限度に防毒マスクを使用すること。

⑤ 防毒マスクの使用中に有害物質の臭気等を感知した場合は，直ちに着用状態の確認を行い，必要に応じて吸収缶を交換すること。

⑥ 一度使用した吸収缶は，破過曲線図，使用時間記録カード等により，十分な除毒能力が残存していることを確認できるものについてのみ，再使用すること。

⑦ 顔面と面体の接顔部の位置，しめひもの位置及び締め方等を適切にすること。

⑧ 着用後，防毒マスクの内部への空気の漏れ込みがないことをフィットチェッカー等を用いて確認すること。

⑨　タオル等を当てたり，面体の接顔部に「接顔メリヤス」等を使用したり，着用者のひげ，もみあげ，前髪等が面体の接顔部と顔面の間に入り込んだり，排気弁の作動を妨害するような状態で防毒マスクを使用することは，有害物質等が面体の接顔部から面体内へ漏れ込むおそれがあるため，行わないこと。

⑩　防じんマスクの使用が義務づけられている業務であって防毒マスクの使用が必要な場合には，防じん機能を有する防毒マスクを使用すること。

3)　防毒マスクの保守管理上の留意点

①　予備の防毒マスク，吸収缶その他の部品を常時備え付け，適時交換して使用できるようにすること。

②　使用後は有害物質及び湿気の少ない場所で，面体，吸気弁，排気弁，しめひも等の破損，き裂，変形等の状況及び吸収缶の固定不良，破損等の状況を点検するとともに，手入れを行うこと。

③　破損，き裂もしくは著しい変形を生じた場合または粘着性が認められた場合等には，部品交換するか，廃棄すること。

④　点検後，直接，日光の当たらない，湿気の少ない清潔な場所に専用の保管場所を設け，管理状況が容易に確認できるように保管すること。なお，保管に当たっては，積み重ね，折り曲げ等により面体，連結管，しめひも等について，き裂，変形等の異常を生じないようにすること。なお，一度使用した吸収缶を保管すると，一度吸着された有害物質が脱着すること等により，破過時間が破過曲線図によって推定した時間より著しく短くなる場合があるので注意すること。

⑤　使用済みの吸収缶の廃棄にあっては，吸収剤に吸着された有害物質が遊離し，または吸収剤が吸収缶外に飛散しないように容器または袋に詰めた状態で廃棄すること。

(3)　化学防護手袋の選択，使用等に係る留意点

1)　化学防護手袋の選択に当たっての留意点

化学防護手袋は，使用されている材料によって，防護性能，作業性，機械的強度等が異なるため，対象とする有害な化学物質を考慮して作業に適した手袋を選択する必要がある。

選択に当たっては，取扱説明書等に記載された試験化学物質に対する耐透過性クラスを参考として（日本産業規格（JIS）T　8116（化学防護手袋）では，耐透

過性を，クラス 1（平均標準破過点検出時間 10 分以上）からクラス 6（平均標準破過点検出時間 480 分以上）の 6 つのクラスに区分している。），作業で使用する化学物質の種類および当該化学物質の使用時間に応じた耐透過性を有し，作業性の良いものを選ぶこと。

　労働安全衛生関係法令において「不浸透性」とは，有害物等と直接接触することがないような性能を有することを指しており，JIS T 8116 で定義する「透過」しないことおよび「浸透」しないことのいずれの要素も含んでいる。なお，「透過」とは「材料の表面に接触した化学物質が，吸収され，内部に分子レベルで拡散を起こし，裏面から離脱する現象」を指す。

　また，事業場で使用されている化学物質が当該手袋の取扱説明書等に記載されていないものである等の場合は，手袋の製造者等に事業場で使用されている化学物質の組成，作業内容，作業時間等を伝え，適切な化学防護手袋の選択に関する助言を得て選ぶ。

2)　化学防護手袋の使用に当たっての留意点

①　化学防護手袋を着用する前には，その都度，着用者に傷，孔，き裂等の外観上の問題がないことを確認させるとともに，化学防護手袋の内側に空気を吹き込む等により，孔あきがないことを確認させる。

②　化学防護手袋は，当該化学防護手袋の取扱説明書等に掲載されている耐透過性クラス，その他の科学的根拠を参考として，作業に対して余裕のある使用可能時間をあらかじめ設定し，その設定時間を限度に化学防護手袋を使用させる。

③　化学防護手袋に付着した化学物質は透過が進行し続けるので，作業を中断しても使用可能時間は延長しないことに留意する。また，乾燥，洗浄等を行っても化学防護手袋の内部に侵入している化学物質は除去できないため，使用可能時間を超えた化学防護手袋は再使用させない。

④　強度の向上等の目的で，化学防護手袋とその他の手袋を二重装着した場合でも，化学防護手袋は使用可能時間の範囲で使用させる。

⑤　化学防護手袋を脱ぐときは，付着している化学物質が，身体に付着しないよう，できるだけ化学物質の付着面が内側になるように外し，取り扱った化学物質の安全データシート（SDS），法令等に従って適切に廃棄させること。

3)　化学防護手袋の保守管理上の留意点

　化学防護手袋は，有効なものを清潔に保持すること。また，その保守管理に当

たっては，当該手袋の取扱説明書等に従うほか，次の事項に留意する。

①　予備の化学防護手袋を常時備え付け，適時交換して使用できるようにすること。

②　化学防護手袋を保管する際は，次に留意すること。

・直射日光を避けること。

・高温多湿を避け，冷暗所に保管すること。

・オゾンを発生する機器（モーター類，殺菌灯等）の近くに保管しないこと。

第4編

健 康 管 理

本編で学ぶ主な事項：

→有害要因と健康障害

→健康危険調査，疫学的調査等

→健康診断の実施と事後措置

→メンタルヘルス対策

→疾病管理計画の作成

→健康保持増進対策

→職場における受動喫煙防止対策

→救急処置

→治療と職業生活の両立支援

第1章　有害要因と健康障害

1.　「有害要因」とは何か

　「有害要因」を包括的に定義をするとすれば，「人がその生命を維持し，社会的な活動を継続していくことを阻害する因子」ということになるであろう。このような因子にはさまざまなものがなりうるが，通常は次のように分類されている。

① 物理的要因：光，音，振動，温度，気圧，放射線等

② 化学的要因：有機溶剤，金属，粉じん(鉱物性)，薬物，農薬，アルコール，たばこ，食品添加物等

③ 生物学的要因：細菌，ウイルス，ダニ，カビ，花粉，粉じん（動物性・植物性），作業態様（作業時間，作業姿勢）等

　また，近年，健康に影響を与える因子として，心理・社会的要因（長時間労働，技術革新，単身赴任，人間関係等）に対する関心が高まってきた。

　労働衛生では，これらの諸因子の中で労働と直接関連するものが取り上げられるが，一般的にいって物理的・化学的・生物学的要因には，次に示す共通点がある。

① 作業環境中の要因を物理的，化学的，生物学的な方法で測定することができる。

② 要因とそれによって生じる健康障害との量的な関係が把握しやすい。

③ 要因とそれによって生じる健康障害との関係を動物実験によって確認することができる。

④ 工学的な方法を用いることによって，有害要因のばく露量を一定レベル以下にコントロールすることが可能である。

　一方，心理・社会的要因についてみると，その要因を客観的で再現性のある方法で把握することが難しく，動物実験もできないことが多い。また，その要因に対する反応の仕方や程度にきわめて大きな個人差があり，画一的な対策がとりにくい。

　このような事情もあって，学問的にも物理的・化学的・生物学的要因に比べ心理・社会的要因についての研究は遅れており，労働衛生の領域では，特にことわりがなければ，「有害要因」という言葉は物理的要因に該当する有害エネルギーと化学

的・生物学的要因に当たる有害物質のことを指していた。しかし，最近では，後で述べる「作業関連疾患」，「ストレス関連疾患」などの考え方が労働衛生の場でも重要視されてきており，心理・社会的要因についても長時間労働やハラスメントが有害要因とされている。

　労働の場にはどのような有害要因があり，それによってどのような健康障害が起こるか，ここでは，有害要因と健康障害との関係を理解するための基本的事項について述べる。

2.　有害要因に対する生体側の反応

(1)　ホメオスタシス

　生体は，皮膚と粘膜によって外界から隔離され，個体として独立しているが，酸素と栄養は常に外界から取り入れ，体内でできた不要な物質を外界に排泄することによってその生命を維持している開放系である。

　このような開放系では，外界の変化に対して自己の内部環境を一定に保つことが，その個体の生命を維持するための基本条件になっている。この「外界に対して自己の内部環境を一定に保とうとする」ことを「ホメオスタシス」と呼んでいる。

　ところで，人体を構成するまとまりをもった最小の機能単位は「細胞」である。細胞は分裂を繰り返すことによってその数を増やし，細胞集団を構成する。細胞集団が集団としての一定の構造と機能を持っている場合には，その細胞集団は「組織」と呼ばれる。複数の組織が集まって，組織にはないさらに高次の構造と機能を持つようになったものが「臓器」である。

　臓器のレベルになると，われわれの日常生活でもよく使われる肝臓・腎臓・心臓・脳・骨・筋肉等の言葉が出てくるが，これらの臓器がそれぞれバラバラに動くのではなく，神経系・免疫系・内分泌系等のコントロールを受けて，より高度な統合体として機能している点に生体の特殊性があるといえる。

　細胞と組織は，人工培養の技術で人工的に試験管の中で生かしておくことができる。しかし，その培養液の組成や温度が一定に保たれていないと，細胞や組織は試験管の中で生き続けることができない。人工的に培養されている細胞や組織は，外界である培養液に依存した状態で生きており，ホメオスタシス機能は弱い。生体には，中枢→臓器→組織→細胞という情報の流れに加えて，細胞→組織→臓器→中枢という反対向きの情報の流れがあり，この情報のネットワークによってホメオスタ

シスが維持されている。

　どのような種類のエネルギーあるいは物質であっても，それが生体内に取り込まれると，必ずその生体の内部環境を変える方向に作用するが，その量が一定の範囲内であれば，ホメオスタシスによって生体はその機能を維持することができる。その意味では，有害エネルギー，有害物質というのは，他の物質に比べ少量で生体のホメオスタシスを阻害するものとも考えられる。

(2)　標的臓器

　化学物質が生体内に取り込まれた結果，最も早期に表れる生体影響を「早期影響」という。この早期影響は，指標をどうとるかによって異なるが，通常は臓器レベルでの生化学的，生理学的変化が指標として用いられる。

　「標的臓器」というのは，化学物質による早期影響が最初に出現する生体内臓器のことで，「臨界臓器」とも呼ばれる。

　鉛を例にとると，最も鋭敏な早期影響の指標は，赤血球内のデルタアミノレブリン酸脱水酵素で，この酵素は血中鉛の量が10マイクログラム／100グラムを超えると活性が低下してくることが知られている。この場合は，標的臓器は赤血球である。ところが，赤血球内のデルタアミノレブリン酸脱水酵素については，その存在意義がまだ解明されていない点に問題が残されている。鉛との関係がはっきりしている早期影響の指標はデルタアミノレブリン酸である。デルタアミノレブリン酸は，骨髄で作られており，血中鉛が40〜50マイクログラム／100グラムを超えると，血中，尿中に増加する。この場合には，標的臓器は骨髄ということになる。

　標的臓器を知ることは，有害物質による労働者の健康障害を防ぐための基本事項であるともいえる。

(3)　量－影響関係

　化学物質の体内摂取量とその化学物質による生体影響の指標との関係のことで，体内摂取量の増加にともなって生体影響の指標が一定の変動を示すときに，「量－影響関係」があるという。

　前述の鉛とデルタアミノレブリン酸の場合は，鉛の体内摂取量が増加すると血中や尿中のデルタアミノレブリン酸の量も増えるので，量－影響関係が成立していることになる。さらに鉛の体内摂取量が増加してくると，病的なレベルの生体影響である貧血が出てくるが，鉛量の増加に伴ってこの貧血の程度も強くなる。したがっ

て，鉛と鉛による貧血の間にも，量－反応関係が成立している。

　特殊健康診断の方法として生物学的モニタリングが用いられるようになってきたが，モニタリングの指標とする物質を決めるには，有害化学物質とその指標との間にこの量－影響関係がどのような形で成立しているかを検討しなければならない。

　なお，「量－影響関係」とよく混同される用語に「量－反応関係」がある。量－反応関係は，化学物質の体内摂取量とその化学物質による特定の生体影響の発生率がある集団の中でどのような関係にあるかをみるための指標である。例えば，鉛作業をしている労働者の集団を対象として，鉛による貧血の認められる者の率が，鉛の体内摂取量が増加するにつれてどのように変わるかをみると，貧血の発症率は，摂取量があるレベルに達するまではゼロであり，そのレベルを超えると一定のパターンで増加することが分かる。このような場合に「量－反応関係」があるという。量－反応関係は，化学物質の毒性の程度を知る上で欠かせない情報である。

⑷　中　　　毒

　化学物質の生体影響が病的なレベルでみられることを中毒という。

　中毒は，化学物質によるばく露から生体影響の出現までの時間経過の長さによって，急性，亜急性，慢性に区分される。区分の目安は，急性は日単位，亜急性は週単位，慢性は月単位とされている。

　例えば，特別有機溶剤の1つであるクロロホルムは，中枢神経系に対する強い抑制作用をもっており，これは麻酔という急性中毒の症状として表れる。一方でクロロホルムによる慢性中毒は肝障害として表れる。このように，同一物質による中毒であっても，中毒の起こりかたによって標的臓器が異なる例は少なくない。

　一般的に，どの化学物質でも，大量ばく露では急性中毒が起こる。ばく露量が少ない場合には，体内摂取量と排泄量との差が問題で，体内摂取量の方が多いと化学物質の蓄積が起こる。蓄積量は無限に増えるわけではないが，その量が標的臓器に早期に影響が出るレベルを超えると，やがて慢性中毒が起きてくる。排泄量の方が多いときには，生体のホメオスタシスが維持され，慢性中毒は生じない。

　なお，化学物質の蓄積性の大小を示す指標としては，「生物学的半減期」が用いられている。その定義は，「体内の化学物質の量が自然状態で2分の1になるのに要する時間」である。したがって，この値が大きいほど蓄積性も大きい。

　このように，化学物質のばく露を受けても，その体内摂取量がある量以下の場合には中毒は起きない。この量にはもちろん個体差があるが，集団を対象とすれば物

質別の値を決めることができる。中毒学では，この値を「閾値（いきち）」と呼んでいる。

閾値は，作業環境管理や作業管理を行うための基準を作成するうえで極めて重要な情報である。

(5) 確率的健康影響

いままでの記述から，有害エネルギーや有害物質による健康影響は，その体内摂取量が閾値を超えたときに発現するといってもよいことが分かる。しかし，電離放射線による遺伝的障害と発がん，ならびに遺伝毒性のある化学物質による発がんについては，現在のところ閾値は存在しないとされており，これを「確率的健康影響」と呼んでいる。この場合，理論的には，有害エネルギーや有害物質の体内摂取をゼロにしない限り健康影響を防ぐことはできない。

しかし，確率的健康影響の場合でも，体内摂取量の多い群では少ない群と比べると遺伝的障害の出現率や発がん率が高いので，有害エネルギーや有害物質の体内摂取量を減らすことに実際的な意味がある。

3. 生物学的モニタリング

(1) 生物学的モニタリングの意味と目的

化学物質を取り扱う作業者の健康を守るためには，

① 化学物質の体内摂取状況

② 化学物質に対する生体反応の程度

③ 化学物質による早期の健康影響

に関する情報を継続的に収集することが有用である。

①，②についての情報を得るために，作業者の血液，尿，呼気などに含まれる，

ⓐ 化学物質そのものの量

ⓑ その化学物質が生体内で代謝されてできた代謝物の量

ⓒ 化学物質の摂取によって生じる生体の変化を示す体内物質のうち，その化学物質に特異性を持つものの量

を継続的に測定することを「生物学的モニタリング」という。

ⓐあるいはⓑからは①の情報を，そしてⓒからは②の情報を得ることができる。生物学的モニタリングを2つに分けて，①を「生物学的ばく露モニタリング」，②を「生物学的影響モニタリング」と呼ぶこともある。

　作業環境管理や作業管理が十分にできなかった時代には，作業者は比較的高濃度の有害化学物質にばく露されており，作業者には一定の頻度でその化学物質による健康障害が生じていた。そのため，いままでは，健康診断を実施することによって定期的に③の情報を集め，その結果に対応した事後措置を行うことが，健康管理活動として中心であった。

　しかし，作業環境や作業方法が改善され，作業者の有害な化学物質によるばく露の程度が低下したことにより，現在では，健康診断を実施しても，化学物質による既知の健康障害はほとんどみつからなくなった。これは，有害な化学物質を取り扱う作業者に対する健康管理が所期の目的を達成したことを示している。しかし，それと同時に，従来の考え方や方法では，現在一般化している低濃度・長期ばく露による健康影響についての情報は得られないことを示している。有害な化学物質による低濃度・長期ばく露に起因する健康障害については，いまのところほとんどデータがないので，標的臓器，量－影響関係，閾値，量－反応関係などを知ることができないからである。

　健康管理の基本は健康の保持・増進であることはいうまでもない。有害な化学物質を取り扱う作業者の健康管理も，可能な限りこの考え方で進めることが必要である。そのために最も必要とされるのは，②の「化学物質に対する生体反応の程度」を継続的に把握することであり，その裏づけとなる①の「化学物質の体内摂取状況」を知ることである。

　そうした理由で，わが国では健康診断の項目に「生物学的モニタリング」が取り入れられ，主として個人の健康管理をするための方法として位置づけられている。

(2)　生物学的モニタリングの方法

　鉛，カドミウム，水銀などの重金属は，体内摂取されても代謝されにくく，生物学的半減期も長いので，血中の金属濃度が生物学的ばく露モニタリングのよい指標となる。また，水銀や砒素は頭髪から排泄されるので，頭髪中の水銀量や砒素量を測定してもよい。

　有機溶剤の場合はこれらの重金属とは異なる。図4-1に示したように，体内に入った有機溶剤の一部はそのまま呼気中に排泄されるが，大部分は体内で代謝され，その代謝産物が尿中に排泄される。したがって，有機溶剤の生物学的ばく露モニタリングの指標としては，呼気中の有機溶剤の量と尿中の代謝物の量の両方を用いることができる。ただし，有機溶剤はその生物学的半減期が短いので，測定のた

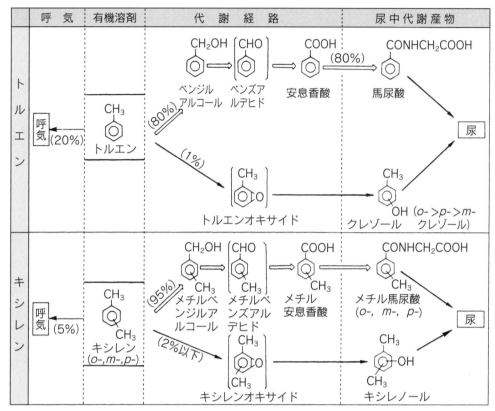

資料：緒方正名・田口豊郁，1986年

図4-1　トルエン，キシレンの代謝経路

めの呼気や尿を作業終了直後に採取しないと，その体内摂取量を正確に把握することができない。

　このように，生物学的ばく露モニタリングの指標の選定は，比較的容易であるが，生物学的影響モニタリングの指標を決めるためには，個々の有害物質が生体にどのような影響を与えているかについての詳しいデータが必要である。しかし，この領域の研究には現在のところ十分な蓄積がなく，指標としての評価が定まっているものは限られている。ここでは，鉛の例を示す。

　赤血球中にあって酸素を運ぶ役割をになっている物質がヘモグロビンである。赤血球は骨髄の中で赤芽球が成熟して血中に出てきたものであるが，赤血球中のヘモグロビンは，骨髄の赤芽球でヘムとグロビンから合成される。鉛は，このうちヘムの合成を阻害する。ヘムの合成経路を図4-2に示したが，鉛は，デルタアミノレブリン酸脱水酵素とフェロケラターゼの働きを阻害することが明らかにされている。デルタアミノレブリン酸脱水酵素の機能が障害されると，デルタアミノレブリ

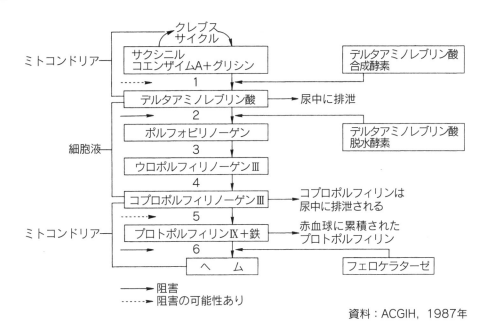

資料：ACGIH，1987年

図 4-2　ヘム合成経路と鉛による阻害

ン酸→ポルフォビリノーゲンの反応が進まなくなり，赤芽球内にデルタアミノレブリン酸が蓄積する。その蓄積量が増えてくると，デルタアミノレブリン酸は血液中に流出し，尿中にも出てくるようになる。また，フェロケラターゼの活性が低下すると，プロトポルフィリン IX→ヘムの反応が進まず，プロトポルフィリンが赤芽球内に蓄積する。赤芽球はそのまま成熟し，赤血球となって血中に出てくる。鉛の体内摂取量と，尿中のデルタアミノレブリン酸量，赤血球中のプロトポルフィリン量の間には量－影響関係が成立しているので，鉛の生物学的影響モニタリングの指標として用いることができる。

⑶　分布区分

　「分布区分」については，本編の第 3 章 1.⑹の 2)「分布区分と健康診断結果に基づき事業者が講ずべき措置」の項を参照されたい。

4．作業関連疾患

⑴　「作業関連」の意味

　ある健康障害と作業のあいだに次のような関係が認められる場合に，その健康障害と作業には関係があると考える。

① 作業が発症要因の１つになっている。

② 作業が発症や再発の誘因となっている。

③ 作業が健康障害の増悪因子となっている。

本態性高血圧症を例として考えてみよう。この病気の発症要因は，遺伝的素因，食行動（食塩，カロリーの取り過ぎ），飲酒，運動不足，ストレス等である。①については，遺伝的素因は生物学的な要因であり作業との関係はないので，他の要因が高血圧の発症にどの程度関与しているか，さらに，その要因と作業との関連の程度がどうなのかが問題となる。すでに高血圧になっている人の場合には，同じ問題を，③との関係で，高血圧のコントロールという視点から考えなければならない。

心臓の動脈に明らかな狭窄がみられる例の狭心症発作は，②に該当する。また，乱視の人が，矯正をしないまま情報機器作業に従事すると，眼精疲労が起こりやすい。これも，②に該当するが，眼鏡で乱視の矯正をすることによって解決できる。

労働衛生では，従来，健康障害と作業の因果関係が明確なもの，すなわちその関係が一義的なものを対象として対策を進めてきた。そこでは，作業側の要因の方が圧倒的に大きいこともあって，労働者のもつ個体側の要因はあまり重視されなかった。しかし，現在では，作業側の要因の内容が，仕事の質，仕事の量，職場の人間関係など心理・社会的なものに大きく変わってきた。その必然的な結果として，健康障害と作業との関係を考えるときには，作業側の要因と労働者のもつ個体側の要因の相互関係に注目することが重要となったのである。

「作業関連」という言葉は，このような背景があって使われていることを理解しておく必要がある。

⑵　作業関連疾患

「作業関連疾患」という考え方を提唱した WHO は，公衆衛生的意義をもつものの例示として，次の５疾患群を挙げている。

① 行動偏倚と心身症

② 高血圧

③ 虚血性心疾患

④ 慢性非特異性呼吸器疾患

⑤ 運動器系障害

①の行動偏倚の項目には，喫煙，過剰飲酒，過食が挙げられている。また，①の中には，心身症の他に，いわゆる不定愁訴，神経症，うつ状態などに関する記載が

あるので，ここには，メンタルヘルス不調状態がすべて含まれていると考えたほうがよい。

　④の慢性非特異性呼吸器疾患は，慢性の痰と呼吸困難を症状とする呼吸器疾患につけられた名前であり，慢性気管支炎，肺気腫，気管支喘息が含まれる。

　⑤の運動器系障害の項目に挙げられているのは，「腰痛」と「頸肩の痛み」で，いずれも症候群として取り扱われている。

5.　ストレス関連疾患

　「ストレス関連疾患」ということばが最初に使われたのは，中央労働災害防止協会に設けられた「中高年齢労働者ヘルスケア検討委員会ストレス小委員会」から1986年6月に出された「企業におけるストレス対応のための指針」である。

　この指針では，**表4-1**に示した31の健康障害が挙げられているが，おおざっぱにいえば，1〜22が心身症群，23〜28が神経症群，29〜30がうつ状態と考えてよい。これらの疾患の共通項は，発症の要因あるいは疾患の増悪因子として，種々のストレスが関与していることが多いということである。この点に着目して，これらの疾患を一群のものとして把握しようとする際の呼称が「ストレス関連疾患」なのである。したがって，「ストレス関連疾患」という特別な病気があるわけではないし，表4-1に示した健康障害の原因が，常にストレスであるということでもない。

表4-1　ストレス関連疾患

1　胃・十二指腸潰瘍	12　筋緊張性頭痛	23　心臓神経症
2　潰瘍性大腸炎	13　書痙	24　胃腸神経症
3　過敏性腸症候群	14　痙性斜頸	25　膀胱神経症
4　神経性嘔吐	15　関節リウマチ	26　神経症
5　本態性高血圧症	16　腰痛症	27　不眠症
6　（神経性）狭心症	17　頸肩腕症候群	28　自律神経失調症
7　過換気症候群	18　原発性緑内障	29　神経症的抑うつ状態
8　気管支喘息	19　メニエール症候群	30　反応性うつ病
9　甲状腺機能亢進症	20　円形脱毛症	31　その他（神経性〇〇と診断されたもの）
10　神経性食思不振症	21　インポテンツ	
11　偏頭痛	22　更年期障害	

第2章　健康危険調査及び疫学的調査等

1.　健康危険調査

　健康危険調査ということばには，あまりなじみがないと思われるが，労働衛生領域における健康危険調査とは，「作業に伴う危険因子を，原材料，作業工程，作業負荷の面から事前に評価する」ことである。

　健康危険調査の目的は，作業に起因あるいは関連して発生する可能性のある健康障害を予測し，作業環境管理，作業管理，健康管理に必要な情報を集めることである。

　したがって，この調査は，新たに製品の製造を始めるときだけでなく，原材料や工程を変更する際にも行わなければならない。

(1)　原材料の有害性調査

　原材料の有害性を評価するためには，動物実験等により得られるその化学物質の

① 急性毒性

② 皮膚腐食性／刺激性

③ 眼に対する重篤な損傷性／眼刺激性

④ 呼吸器感作性又は皮膚感作性

⑤ 生殖細胞変異原性

⑥ 発がん性

⑦ 生殖毒性

⑧ 特定標的臓器毒性（単回ばく露）

⑨ 特定標的臓器毒性（反復ばく露）

⑩ 誤えん有害性

に関するデータが必要である。

　急性毒性の指標としては，半数（50％）致死量（LD 50；均一と考えられる母集団の動物の半数を死亡させる化学物質の量）が最も有用であり，この値が小さければ小さいほどその毒性が強い。

　また，皮膚に対する腐食性・刺激性や眼に対する重篤な損傷や刺激性の評価も局所的な急性毒性のデータとして重要である。

　慢性毒性については，標的臓器，その臓器に生じる疫病レベルの生体影響と化学物質との量－反応関係，閾値を知ることが，最低限必要である。生体内での代謝経路や生物学的半減期，可能であれば，量－影響関係に関する情報があるとなおよい。

　感作性というのは，その化学物質がアレルギー反応を起こしやすいかどうかの指標のことである。呼吸器感作性があると，死に至ることがある。

　生殖細胞変異原性は，ヒトの生殖細胞の遺伝子に遺伝性の突然変異を生じさせる作用で，従来から発がん性のスクリーニング試験として行われている変異原性試験の結果もこの区分の中で評価される。

　発がん性は，「がん」を生じさせる性質をいう。

　生殖毒性には，生殖機能及び受精能力に対する悪影響に加えて，子の発生毒性と，授乳に対するまたは授乳を介した影響も含められている。

　特定標的臓器毒性は，単回あるいは反復ばく露によって，1つ又は複数の臓器（他の項目で評価されていない，肝臓，腎臓等の臓器あるいは神経系，免疫系，循環器系等）で生じる有害影響あるいは特定臓器に限定されない全身的な有害影響が対象となっており，ばく露後比較的短期間内に生じるもののみでなく遅発性の影響も含まれている。

　誤えん有害性は，化学品が口または鼻腔から直接，又は嘔吐によって間接的に，気管及び下気道へ取り込まれた後に化学肺炎や，種々の程度の肺損傷を引き起こしたり，死亡のような重篤な急性の作用を引き起こす性質である。

　こうした情報を入手するためには，ホームページ「職場のあんぜんサイト」（https : //anzeninfo. mhlw. go. jp）で提供されている「GHS 対応モデルラベル・モデル SDS 情報」等を参照する。

(2)　作業工程の有害性調査

　作業工程の有害性調査では，次の3点が問題となる。

　①　触媒や溶剤として使用される化学物質の有害性

　②　中間生成物である化学物質の有害性

　③　作業環境の有害性

　触媒や溶剤として使用される化学物質及び生産工程で生成された中間生成物の有害性については，原材料の場合と同じ方法で調査を行う。

作業環境の有害性に関する調査項目としては，作業場の温度・湿度・照度・騒音・振動などの物理的な環境，原材料・上記①，②に示す化学物質の作業場の気中濃度，作業によって生じる粉じんの種類とその気中濃度，赤外線・紫外線・電離放射線等の有害エネルギーが挙げられる。

⑶　作業負荷

作業負荷を評価する際のポイントは，次の4つである。

① 作業の質

② 作業時間

③ 作業密度（単位作業時間当たりの作業量）

④ 作業姿勢

作業の質の問題に対応するためには，機械的な動作の繰り返し作業，精密作業，監視作業，情報機器作業などそれぞれの作業に伴う特性，一連続作業時間，作業遂行に許容される時間，対人作業の内容などを把握することに加えて，その作業を進めるために必要な知識や技能のレベルを評価しておくことが大切である。

一連続作業時間をどの程度に設定するかは，作業標準を決める上で重要な問題である。疲労を含む心身の自覚症状のでかた，その消失に要する時間は，作業密度によって異なるので，事前の調査では，単に作業時間だけでなく，作業密度との関係を見ておかなければならない。

作業者が，作業遂行のためにとる姿勢を全工程で観察し，不自然な姿勢での作業の頻度や同一姿勢の保持時間の長さなどを把握しておく。

2．労働安全衛生法で定められた危険有害性調査等

労働安全衛生法第28条の2には「事業者は，厚生労働省令で定めるところにより，建設物，設備，原材料，ガス，蒸気，粉じん等による，又は作業行動その他業務に起因する危険性又は有害性等（第57条第1項の政令で定める物及び第57条の2第1項に規定する通知対象物による危険性又は有害性等を除く。）を調査し，その結果に基づいて，この法律又はこれに基づく命令の規定による措置を講ずるほか，労働者の危険又は健康障害を防止するため必要な措置を講ずるように努めなければならない」とあり，いわゆるリスクアセスメントの実施が定められている。

なお，平成26年の労働安全衛生法改正により，カッコ書きの一定の危険性又は

有害性等が確認されている化学物質については，リスクアセスメントが義務づけられた（労働安全衛生法第57条の3）。詳細は，第6編第1章の4を参照。

　さらに，同法第57条の4では，「新規化学物質」を製造または輸入しようとする事業者に対して，その化学物質の有害性の調査と厚生労働大臣への結果報告を，罰則つきで義務づけている。

　この条文では，「有害性の調査」を「新規化学物質が労働者の健康に与える影響についての調査」と定義しているが，労働安全衛生規則第34条の3で，「変異原性試験，化学物質のがん原性に関し変異原性試験と同等以上の知見を得ることができる試験又はがん原性試験のうちいずれかの試験を行うこと」と規定しているので，現在のところ，新規化学物質の「有害性の調査」の内容は，その物質に発がん性があるかどうかを確認することに限定されている。

　また，同法第57条の5では，がんその他の重度の健康障害を起こすおそれのある化学物質については，新規化学物質でなくても，事業者に対して，厚生労働大臣が「有害性の調査」とその結果報告を指示できることになっているが，現段階では，この場合の調査内容も，実験動物を用いたがん原性試験と決められている（労働安全衛生法施行令第18条の5）。

　なお，この変異原性試験とがん原性試験は，組織や施設・設備など，厚生労働省の定めた基準を満たす専門の機関で実施されたものでなければならないことになっている。さらに，同法第58条において，国は自ら有害性の調査を実施するよう努めることとされており，国からの委託により，労働者健康安全機構の日本バイオアッセイ研究センターにおいてがん原性試験を実施している。

3. 疫学的調査

　「健康危険調査」の結果が有所見となれば，対策を立てるうえで有用な情報となる。作業環境管理，作業管理を徹底すると同時に，所見を標的にした健康診断を定期的に実施することによって，作業に起因または関連して生じる可能性のある健康障害を早期に把握することに努めるのである。

　ただ，作業と健康障害とのこうした関係は，極めて特殊なものでない限り，少数例では決めることができない。そこで通常は，その作業に従事している労働者と従事していない労働者について，問題となっている健康障害の出現頻度を調査し，統計学的な方法で両者の出現頻度の違いに意味があるかどうかを検討するという作業

が行われる。

　このように，集団を対象として，健康障害の頻度と分布を観察し，その発生に関与する要因を明らかにする学問を疫学とよんでいるが，労働衛生では，労働者集団を対象として仕事を進めることが多いので，衛生管理者にとっても疫学的な考え方をマスターしておくことが必要である。

第 3 章　健康診断とその結果に基づき事業者が講ずべき措置に関する実施計画の作成

1．実施計画作成に必要な基礎知識

(1)　健康診断の種類

　現在，職場で実施されている健康診断には，次の 3 種類がある。

①　労働安全衛生法，じん肺法に基づくもの（法定健康診断）

②　厚生労働省労働基準局長通達に基づくもの（行政指導による健康診断）

③　事業場独自の決定に基づくもの

　法定健康診断は，労働安全衛生法第 66 条第 1 項に基づくものと，第 66 条第 2 項および第 3 項，じん肺法に基づくものに分けることができる。通常，前者が「一般健康診断」，後者が有害な業務に従事している労働者を対象としている「特殊健康診断」と呼ばれている。一般健康診断の種類と特殊健康診断の種類をそれぞれ**表 4-2**，**表 4-3** に示した。

　行政指導による健康診断の種類は多く，現在，**表 4-4** に示した健康診断などが実施されている。このうち，情報機器作業，振動工具を扱う業務，紫外線・赤外線にさらされる業務，騒音にさらされる業務に従事する労働者の健康診断が，その対象者も多く，主なものと考えてよい。

　また，深夜業に従事する労働者が自発的に健康診断を受診した場合には，その結果を証明する書面を事業者に提出することができる（同法第 66 条の 2）。事業者は

表 4-2　一般健康診断
①　雇入時の健康診断
②　定期健康診断
③　特定業務従事者の健康診断
④　海外派遣労働者の健康診断
⑤　給食従業員の検便

表 4-3　特殊健康診断
①　有機溶剤健康診断
②　鉛健康診断
③　四アルキル鉛健康診断
④　特定化学物質健康診断
⑤　石綿健康診断
⑥　高気圧作業健康診断
⑦　電離放射線健康診断
⑧　除染等電離放射線健康診断
⑨　じん肺健康診断（じん肺法）
⑩　歯科健康診断（労働安全衛生法第 66 条第 3 項）

この自発的な健康診断の結果が提出され，異常の所見があると診断されるときは，労働者の健康を保持するための必要な措置について，医師等の意見を聴かなければならない。

表4-4　行政指導による健康診断の対象業務例

① 紫外線・赤外線にさらされる業務
② 黄りんを取り扱う業務，又はりんの化合物のガス，蒸気もしくは粉じんを発散する場所における業務
③ 有機りん剤を取り扱う業務又は，そのガス，蒸気もしくは粉じんを発散する場所における業務
④ 亜硫酸ガスを発散する場所における業務
⑤ 二硫化炭素を取り扱う業務又は，そのガスを発散する場所における業務（有機溶剤業務に係るものを除く）
⑥ ベンゼンのニトロアミド化合物を取り扱う業務又はそれらのガス，蒸気もしくは粉じんを発散する場所における業務
⑦ 脂肪族の塩化又は臭化合物（有機溶剤として法規に規定されているものを除く）を取り扱う業務又はそれらのガス，蒸気もしくは粉じんを発散する場所における業務
⑧ 砒素又は，その化合物（アルシンまたは砒化ガリウムに限る）を取り扱う業務又はそのガス，蒸気もしくは粉じんを発散する場所における業務
⑨ フェニル水銀化合物を取り扱う業務又はそのガス，蒸気もしくは粉じんを発散する場所における業務
⑩ アルキル水銀化合物（アルキル基がメチル基またはエチル基であるものを除く）を取り扱う業務又はそのガス，蒸気もしくは粉じんを発散する場所における業務
⑪ クロルナフタリンを取り扱う業務又はそのガス，蒸気もしくは粉じんを発散する場所における業務
⑫ 沃素を取り扱う業務又はそのガス，蒸気もしくは粉じんを発散する場所における業務
⑬ 超音波溶着機を取り扱う業務
⑭ メチレンジフェニルイソシアネート（M.D.I）を取り扱う業務又はこのガス若しくは蒸気を発散する場所における業務
⑮ フェザーミル等飼肥料製造工程における業務
⑯ クロルプロマジン等フェノチアジン系薬剤を取り扱う業務
⑰ 都市ガス配管工事業務（一酸化炭素）
⑱ チェーンソー使用による身体に著しい振動を与える業務
⑲ チェーンソー以外の振動工具（さく岩機，チッピングハンマー，スインググラインダー等）の取扱い業務
⑳ 重量物取扱い作業，介護・看護作業等腰部に著しい負担のかかる作業
㉑ 情報機器作業（作業時間・内容に相当程度拘束性があると考えられるもの等）
㉒ レーザー機器を取り扱う業務又はレーザー光線にさらされるおそれのある業務
㉓ 著しい騒音を発生する屋内作業場などにおける騒音作業

⑵　一般健康診断，特殊健康診断の項目の変遷

　一般健康診断の中心となるのは定期健康診断である。周知のようにこの健康診断は，労働者全員に対して1年以内ごとに1回行わなければならないが，この目的は，労働者の全体的な健康状態を経時的に把握して，適切な事後措置を行うことにある。現時点での最重要課題は，高血圧症，耐糖能異常，脂質異常症（血中のコレステロールやトリグリセライドが持続的に増加している状態）などを早期に発見し（これらに肥満を加えた，いわゆる「死の四重奏」は脳・心臓疾患のリスクを大きく高めるとされる），適切な治療や日常生活の全般的な管理を行うことにより，虚血性心疾患（心筋梗塞，狭心症）や脳血管障害などのいわゆる生活習慣病を予防することとされている。

　なお，平成20年には健康診断項目の次のような改正が行われている（平成20年1月21日基発第0121001号参照）。

①　腹囲の検査が追加されたこと。

②　血清総コレステロールの検査に代えて，低比重リポ蛋白コレステロール（LDLコレステロール）の検査が必要とされたこと。

③　尿糖検査が省略できない必須項目とされたこと。

　また，平成22年4月1日からは，定期健康診断における胸部エックス線検査および喀痰検査の省略基準が，次のように追加改正され実施されている（平成22年1月25日基発0125第1号）。

①　胸部エックス線検査

　　40歳未満の者（20歳，25歳，30歳および35歳の者を除く。以下同じ）で，次のaまたはbのいずれにも該当しないものについては，医師が必要でないと認めるときは，省略できる。

　a　感染症の予防及び感染症の患者に対する医療に関する法律施行令第12条第1項第1号に掲げる者

　　　具体的には，学校（専修学校及び各種学校を含み，幼稚園を除く），病院，診療所，助産所，介護老人保健施設又は特定の社会福祉施設において業務に従事する者であること。

　b　じん肺法第8条第1項第1号または第3号に掲げる者

　　　具体的には，常時粉じん作業に従事する労働者で，じん肺管理区分が管理1のもの又は常時粉じん作業に従事させたことがある労働者で，現に粉じん作業以外の作業に常時従事しているもののうち，じん肺管理区分が管理2で

ある労働者であること。

② 喀痰検査

　胸部エックス線検査によって病変の発見されない者及び胸部エックス線検査によって結核発病のおそれがないと診断された者に加えて，40歳未満の者で，上記①ａ又はｂのいずれにも該当しない者であること。

　さらに，診断項目自体の変更ではないが，血中脂質検査，血糖検査，尿検査の評価方法等の取扱いが，平成30年4月より，一部変更された（平成29年8月4日基発0804第4号）。

　一方，特殊健康診断は，法令で定められた有害な業務に従事する労働者のみを対象として行われるもので，それぞれの有害業務に起因する疾病を早期に発見し，治療を含めた対策を速やかに実行することが目的とされてきた。

　しかし，わが国では，有機溶剤，鉛，特定化学物質などの法定有害物質を取り扱う作業者の業務に起因する健康障害の発生は着実に減少し，1980年代の後半には，その目的がほぼ達成された状態となった。特殊健康診断の指標を有害物による疾病のレベルに設定しても，有所見者はほとんど出現しなくなってきた。

　そこで，鉛健康診断では，作業者の体内にどの程度の鉛が取り込まれているか，その鉛によって作業者の身体がどの程度影響を受けているかを測定する検査が導入されていて，鉛による健康障害である貧血や末梢神経障害をみつけ出すための検査は，医師が必要と認めるときにのみ行う検査となっている。

　有機溶剤健康診断についても同様で特殊健康診断は，疾病の早期発見よりも，有害物による疾病が発現するほどのばく露を作業者が受けないようにすることを目的としたものに変わってきた。

　この目的を達成するための技術は，「生物学的モニタリング」と呼ばれていることはすでに述べたが，生物学的モニタリングでは，血液，尿，呼気などに含まれる有害物そのもの，あるいは有害物が体内で代謝されてできた代謝物の量や，有害物の摂取によって生じる生体の変化を示す体内物質のうち，その有害物に比較的特異なものの量を継続的に測定することになっている。

　生物学的モニタリングの結果を用いると，個々の作業者の有害物の体内取込量が増加しないように，作業環境管理と作業管理を徹底することができるので，有害物に起因する健康障害をゼロにする可能性が開けてきた。

　なお，令和2年3月には，次の内容等の，医学的知見の進歩等に伴う，特定化学物質等に係る健康診断項目の改正が行われた（令和2年厚生労働省令第20号）。

① ベンジジン等の尿路系腫瘍を発生させる特定化学物質（11物質）の健診項目について，最新の知見を踏まえて設定されたオルト-トルイジンの健診項目と整合させた。

② トリクロロエチレン等の特別有機溶剤（9物質）について，発がんリスクや物質の特性に応じた健診項目に見直された。

③ 四アルキル鉛の健診項目等を鉛の健診項目等と整合させるとともに，カドミウムについて最新の知見を踏まえた健診項目に見直した。

④ 職業ばく露による肝機能障害リスクの報告がない化学物資では，「尿中ウロビリノーゲン検査」等の肝機能検査の項目が削除された。

⑤ 全ての化学物質について，一次健康診断の項目に「作業条件の簡易な調査」，二次健康診断の項目に「作業条件の調査」が設定された。

⑶　健康診断項目の選定

労働安全衛生法第66条第1項には「事業者は，労働者に対し，厚生労働省令で定めるところにより，医師による健康診断を行わなければならない」と規定されている。

この条文が示していることは，次の3点である。

① 健康診断の実施義務は事業者にある。

② 健康診断は医師が行わなければならない。

③ 健康診断は厚生労働省令で定める方法で行わなければならない。

③の厚生労働省令とは，この場合は労働安全衛生規則のことであり，表4-2に示した5種類の健康診断とそれぞれの健康診断項目，実施方法などが定められている。

健康診断項目の選定に際しては，上記の規定に違反しないように，規則で定められた項目を完全に満たすことが必要である。医師の判断による健康診断項目の省略は，規則にその旨の規定がある場合のみ可能であり，医師の判断による省略であることを健康診断個人票に記入することとされている。ただし，妊婦に対する胸部エックス線撮影など個人の特殊事情の処理については，当然医師の判断が優先する。

規則で定められている項目に加えて，それぞれの事業場で必要とする健康診断項目についての検査を実施することは差し支えない。しかし，この場合には，追加する検査の意義やその結果の処理方法などについて，衛生委員会で十分審議し，事業者，労働者，健康管理担当者が共通の認識を持っておくことが必要である。

　ここまでの記述は，一般健康診断を例とした解説であるが，健康診断項目の選定については，特殊健康診断に関しても同様の注意が求められる。

　いずれにしても，労働安全衛生法，じん肺法に基づく健康診断では，制度上，健康診断項目の選定については医師の自由裁量には任されていない，ということをここでは強調しておきたい。

⑷　健康診断結果に基づき事業者が講ずべき措置

　労働者が職業生活の全期間をとおして健康で働くことができるようにするためには，事業者が労働者の健康状態を的確に把握し，その結果に基づき，医学的知見を踏まえて，労働者の健康管理を適切に講ずることが不可欠である。そのためには，事業者は，健康診断の結果異常の所見があると診断された労働者について，当該労働者の健康を保持するために必要な措置について聴取した医師または歯科医師（以下「医師等」という）の意見を十分勘案し，必要があると認めるときは，当該労働者の実情を考慮して，就業場所の変更，作業の転換，労働時間の短縮等の措置を講ずるほか，作業環境測定の実施，施設または設備の設置または整備その他の適切な措置（以下「就業上の措置」という）を講ずる必要がある。

　これらの事業者が講ずべき措置については，「健康診断結果に基づき事業者が講ずべき措置に関する指針」（平成8年10月1日健康診断結果措置指針公示第1号。最終改正：平成29年4月。巻末〔**資料6**〕）として公示されており，健康診断の結果に基づく就業上の措置が，適切かつ有効に実施されるため，その決定・実施の手順に従って，健康診断の実施，健康診断の結果についての医師等からの意見の聴取，就業上の措置の決定等についての留意事項が示されている。

　定期健康診断の結果をみると，平成30年には有所見率（受診した労働者のうち異常の所見のある者（有所見者）の占める割合）は55.5%（精査中）に達し，労働者の半数を超える者が有所見という状況になっている。また，脳血管疾患及び虚血性心疾患等の脳・心臓疾患による労災支給決定件数も高水準にあり，脳・心臓疾患の発生防止の徹底を図る必要がある。

　このため，厚生労働省では，「定期健康診断における有所見率の改善に向けた取組について」（平成22年3月25日基発0325第1号，巻末〔**資料16**〕）を示して，次の取組みなどを広く関係者に呼びかけている。

　①　有所見者についての医師からの意見聴取及び必要に応じての作業の転換，労働時間の短縮等の定期健康診断結果に基づく措置の実施。

②　有所見者が食生活の改善等に取り組むこと，医療機関で治療を受けることなどによる定期健康診断結果に基づく保健指導の実施。

③　栄養改善，運動等に取り組むことについての健康教育及び健康相談の適切な実施。

　厚生労働省では，有所見率の改善に向けた取組みの一環として，中央労働災害防止協会に委託して，業務の特性に応じた労働者の健康改善に関する支援を実施している。

(5)　一般健康診断と健康診断結果に基づき事業者が講ずべき措置（図4-3参照）

1)　有所見者の確定

　常時50人以上の労働者を使用している事業者は，定期健康診断と定期に行っている特定業務従事者の健康診断の結果を，定められた様式に従って，所轄の労働基準監督署長に提出しなければならない。

　この様式では，各検査項目ごとに，実施者数と有所見者数を記載することが求められているので，健康診断結果の評価に際しては，まず，検査項目別に有所見であるかどうかの判定が必要になる。

　この判定は，当然医師が行うが，あらかじめ定められている基準に基づいて実施する。ここでは，検査のプロセス，例えば，採血，検体の運搬・保存，測定，エックス線撮影や写真の現像，心電図記録が適切であるかどうか，受診者が指示事項を守っているかどうかなどをチェックすることが必要であり，このような点に問題があるときには，必ず「再検査」を実施して，所見の有無を確定する。

2)　有所見者の分類

　産業医は，この結果を受けて，有所見者を次の3つに区分する。

①　初めてその項目が有所見となった者

②　過去の健康診断でその項目が有所見であったことがあるが，少なくとも前回は有所見でなかった者

③　前回の健康診断から連続して有所見の者

3)　産業医の有所見者への対応

　前記2)における有所見者の分類①に属する場合は，その異常を出現させている病態や原因を明らかにするために必要があれば「精密検査」を勧奨する。

　このような検査は，専門スタッフと検査設備の整った医療機関で実施することが望ましいので，産業医は適切な医療機関を紹介すべきである。その際には，必

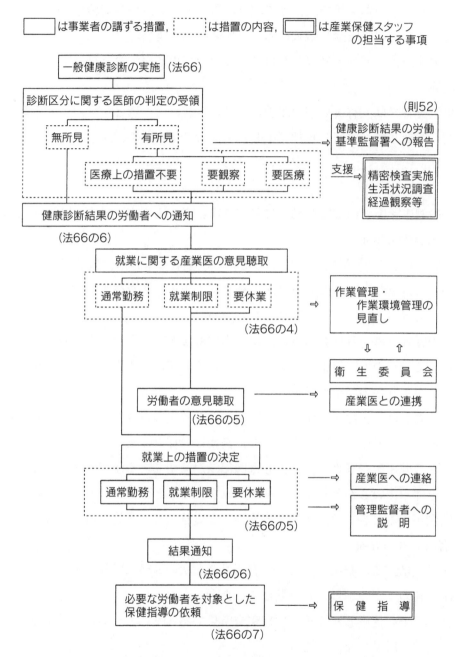

図 4-3　事業者からみた一般健康診断実施後の措置の流れ

ず「健康診断で有所見であった」旨の紹介状を書くことが大切で，精密検査の結果を提出するよう働きかけることが必要である。

　ここで重要なのは，「有所見者がどのような病気にかかっているかの診断については，制度上，産業医には期待されていない」ということである。

　また，異常の程度の軽い有所見者を医療機関に紹介しても，「異常なし」で返されることが多くて困るという意見もあるが，初めて有所見になった者にとっては，それはそれで意味のあることなので，産業医が対象者にその意味を説明すればよい。後述の5)の「有所見ではないが，検査結果に大きな変化が認められた者への対応」で述べる考え方が定着してくれば，この問題は自然に消滅する。

　有所見者の分類②の者に対しては，まず治療の状況をチェックする。過去の健康診断結果の追跡が行われていれば，これは容易にできる。追跡が十分できていない場合には，改めて面接し，追跡ができなかった原因も含めて明らかにする。

　治療が中断されている場合には，その状況に応じて，適切な医療機関へ再度紹介することが必要である。また，治療を続けているにもかかわらずその効果が上がっていない場合には，治療を受けている医療機関から情報を入手することも必要となってくるし，本人の日常生活状況（職場，家庭）をチェックしてみると，その背景要因を把握できることも多い。

　有所見者の分類③の中には，フォールス・ポジティブ（誤って有所見とすること），治療痕，有効な治療法のない疾病，治療効果の限界，などの例も含まれているので，過去の健康診断結果でこれらの事実が確認されていれば，特別な対応は不要である。しかし，数のうえからみれば，治療を受けていなかったり，治療内容が適切でなかったりする者の方が多いことを強調しておくべきであろう。

　産業医は，健康診断を行った医師による「異常なし」,「要精密検査」,「要治療」等の診断を踏まえ，労働者の作業環境，作業負荷の状況，過去の健康診断結果等の把握に加え，必要に応じて労働者との面接を行う等したうえで，必要とされる就業上の措置について事業者に意見を述べる。

　事業者は，健康診断を行った医師のデータに基づいて，労働基準監督署長への健康診断結果報告書を作成する。したがって，この時点では，有所見者の最終的な診断がついていることは必ずしも必要ではない。

4)　産業医の精密検査結果への対応

　紹介した医療機関からの精密検査結果を受けとった場合は，受診した労働者に対して検査結果を説明し，その後の措置についての話し合いをしなければならない。

　説明に際しては，検査を受けた医療機関ですでにどのような説明がなされているかを把握しておくことが大切である。

　また，産業医は，精密検査結果に基づいて,「通常勤務」,「就業制限」,「要休業」

に仕分けをする必要があり，就業上の措置についての意見を医師の立場から述べなければならないが，その判断の前提として，労働者の考えや希望を聴取しておくことも不可欠である。

　事業者には，一般健康診断の有所見者に対して，疾病の診断や治療を受けさせる法的な義務はない。しかし，産業医の勧告を受けて事業者が決定する就業区分が，健康診断結果に基づき事業者が講ずべき措置として法的に重要な意味を持っていることを考えると，有所見者であることの説明，精密検査を受けることの勧奨，精密検査の結果に基づく医学的措置に関する指導を行うことは，事業者としても無視できない大切な措置であることが理解される。

　産業医は，健康管理の専門家として，この措置の推進に参画するわけである。

　ところで，労働安全衛生法では，健康診断の実施義務者が事業者になっているので，健康診断結果については，制度上事業者がそのすべてを知ることができる。しかし，健康診断結果は最も重要な個人情報であり，プライバシー保護の立場からすると，事業者が"なま"の健康診断結果をいつでもみることができるという仕組みには異論がありうる。個人情報の取り扱いについては，「雇用管理分野における個人情報のうち健康情報を取り扱うに当たっての留意事項」（平成29年5月29日基発0529第3号，最終改正：平成31年3月29日基発0329第4号）が参考となる。

　なお，常勤の産業医がいる場合は「個人の健康診断結果や精密健康診断の結果はすべて産業医のもとで管理し，事業者や管理者への情報は，その個人との話し合いをした上で，産業医から提供する」ことが可能である。

5）　有所見ではないが，検査結果に大きな変化が認められた者への対応

　健康診断の目的は，健康障害や疾病の早期発見に加え，生活習慣病対策もあることを考えると，有所見のみを評価するだけでは不十分であることも明らかである。

　健康診断では，同一の検査を定期的に実施しているので，一人ひとりの経時的なデータをみることができる。20歳代の若年期には，血圧や血液生化学の結果などには，大きな変動がないのが普通であり，この時期の測定値は，その個人にとっての"基準値"と考えられる。

　この"個人基準値"を基準にして健康診断結果を評価すれば，「有所見ではないが，検査結果に大きな変化が認められる者」を把握することは難しくない。たとえ有所見のレベルまでの変化がなくても，"個人の基準値"からの大きな乖離には意味がある。

このような例に対しては，まず，日常生活の状況(職場，家庭)の調査を行う。大きなストレスとなる出来事，生活様式の急激な変化，人間関係や生活上の悩みなど，その背景要因が明らかになってくる場合が少なくない。

生活習慣病の発症を防ぐためには，今後この"個人の基準値"の変化を指標とした健康管理に重点を移していくことが必要になってくる。

6) 健康診断結果の職場組織としての評価

健康診断結果の評価と健康診断結果に基づき事業者が講ずべき措置は，まず個人を対象として行われなければならないが，職場における健康診断では，その結果を集団として評価することも大切である。

評価の項目としては，

① 有所見者数，有所見者率の推移

② 有所見者のうち，新たに有所見となった者，再度有所見となった者，継続して有所見となっている者の割合の推移

③ 有所見から無所見に改善した者の推移

④ 検査結果の平均値とその標準偏差の推移

⑤ 有所見ではないが，検査結果に大きな変化が認められた者の数と率の推移

などが挙げられる。

これらの項目について，全職場，職場別，職階別，年齢層別，性別などに区分してデータを整理する。

このようにして集団の評価を行うと，その職場に属している労働者の個人評価のみでは明らかにできない早期の健康の偏りをみつけ出すことができると同時に，職場構成員全体の健康レベルを継続的に把握することができる。

また，特定の職場に限定された何らかの健康レベルの低下が認められる場合には，レベル低下の要因は，その職場環境にあることが多い。

(6) 特殊健康診断と健康診断結果に基づき事業者が講ずべき措置

1) じん肺管理区分と事後措置

じん肺健康診断は，じん肺法に基づいて，じん肺法施行規則第2条で規定された粉じん作業に従事している者を対象として行われる特殊健康診断である。

じん肺健康診断の結果は，**表4-5** に示した「じん肺管理区分」によって評価される。

じん肺管理区分は，胸部のエックス線写真の像（**表4-6**）と著しい肺機能障害

表4-5　じん肺管理区分

じん肺管理区分		じん肺健康診断の結果
管理1		じん肺の所見がないと認められるもの
管理2		エックス線写真の像が第1型で，じん肺による著しい肺機能の障害がないと認められるもの
管理3	イ	エックス線写真の像が第2型で，じん肺による著しい肺機能の障害がないと認められるもの
	ロ	エックス線写真の像が第3型又は第4型（大陰影の大きさが一側の肺野の3分の1以下のものに限る）で，じん肺による著しい肺機能の障害がないと認められるもの
管理4		(1) エックス線写真の像が第4型（大陰影の大きさが一側の肺野の3分の1を超えるものに限る）と認められるもの (2) エックス線写真の像が第1型，第2型，第3型又は第4型（大陰影の大きさが一側の肺野の3分の1以下のものに限る）で，じん肺による著しい肺機能の障害があると認められるもの

表4-6　胸部エックス線写真の像

区　分	エックス線写真の像
第1型	両肺野にじん肺による粒状影又は不整形陰影が少数あり，かつ，大陰影がないと認められるもの
第2型	両肺野にじん肺による粒状影又は不整形陰影が多数あり，かつ，大陰影がないと認められるもの
第3型	両肺野にじん肺による粒状影又は不整形陰影が極めて多数あり，かつ，大陰影がないと認められるもの
第4型	大陰影があると認められるもの

の有無の組合せで，5段階に設定されている。

　このじん肺管理区分の決定は，産業医ではなく，各都道府県労働局に置かれている地方じん肺診査医の意見に基づいて都道府県労働局長が決定する。その手順は，すべてじん肺法で定められており，図4-4にその流れを示した。

　すなわち，じん肺健康診断の結果の評価は，「行政処分」として行われているのである。そのため，都道府県労働局長が決定したじん肺管理区分に不服がある場合には，厚生労働大臣に対して審査請求ができることになっている。

　じん肺健康診断結果に基づく就業上の措置は，このじん肺管理区分に従って行われるが，その主眼は，粉じん作業従事者が粉じんにばく露される程度を減らすことにある。

　じん肺法第20条の3では，じん肺管理区分が管理2または管理3イである者

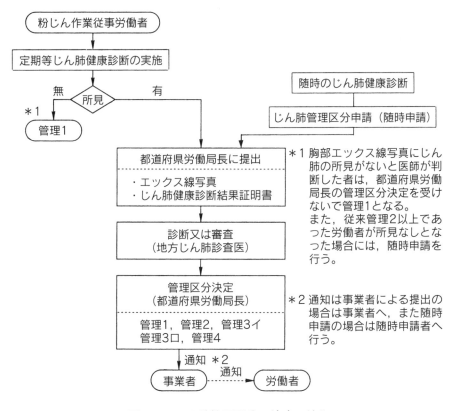

図4-4　じん肺管理区分の決定の流れ

に対し、この目的のために、就業場所の変更や作業時間の短縮を講ずる努力義務を事業者に課している。さらに、じん肺法第21条で、じん肺管理区分が管理3イの者に対しては、都道府県労働局長が作業転換の勧奨をすることができ、事業者にはその勧奨に従う努力義務を負わせている。

　なお、じん肺管理区分が管理3ロの場合は、都道府県労働局長が地方じん肺診査医の意見を聞いて当該労働者の作業転換を事業者に指示することができる。

　じん肺管理区分が管理4になると、じん肺法第23条で「療養を要する」とされる。じん肺管理区分が管理2あるいは3で、肺結核、結核性胸膜炎、続発性気管支炎、続発性気管支拡張症、続発性気胸の5つの合併症のいずれかにかかっていると認められた者も同様の扱いを受ける。

　じん肺の健康診断では、健康診断結果の評価、事後措置を法令で定めている点が、他の法定健康診断と異なっている。

2)　分布区分と健康診断結果に基づき事業者が講ずべき措置

　生物学的モニタリングについては、本編第1章「有害要因と健康障害」で詳し

く説明したが，特殊健康診断の項目としてこの生物学的モニタリングが採用され
ているのは，鉛中毒予防規則，有機溶剤中毒予防規則，特定化学物質障害予防規
則である。

　生物学的モニタリングを特殊健康診断の項目として取り込んだ目的は，疾病発
見→事後措置という健康管理の従来の流れを，ばく露の個人管理→健康の保持に
変えることであった。有害な物質を取り扱う作業者の健康を守る上で基本となる
のは，あらゆる方法を用いて，可能な限り有害物の体内摂取量を減らすことであ
り，その量は少なければ少ないほどよい。そのような意味で，生物学的モニタリ
ングの測定値には，臨床検査で用いるような基準値は設定されていない。

　もちろん，モニタリングの指標となる物質が，その物質にばく露されていない
者からも検出される場合には，非ばく露者における指標の上限値を設定しておく
ことは必要である。

　すなわち，生物学的モニタリングの結果を作業者別に評価する際のポイント
は，前回の測定値を超えているかどうか，生物学的モニタリング値が比較的多い
群，少ない群，その中間の群と区分した場合，そのどこに属しているかの2点で
ある。

　この後者について評価をする指標として行政的に示されているのが「分布区
分」であり，分布1が少ない群，分布2は中間群，分布3が多い群とされている
（**表4-7，表4-8**）。

　それぞれの事業場で生物学的モニタリングの結果に基づく措置を行うときのさ
し当たっての原則は，分布3に属する者を減らすこと，分布1，分布2に属する
者の測定値を上昇させないことである。そのためには，作業環境管理，作業管理
を常に前向きに進めていくことが要求される。

　なお，一部に，鉛や有機溶剤による既知の健康障害を指標として生物学的モニ

表4-7　鉛の分布区分

検査内容	単位	分布		
		1	2	3
血液中の鉛の量	μg/100 mL	20以下	20超40以下	40超
尿中のデルタアミノレブリン酸の量	mg/L	5以下	5超10以下	10超
赤血球プロトポルフィリンの量	μg/100 mL 赤血球	100以下	100超250以下	250超

（注）　赤血球プロトポルフィリン量を全血中プロトポルフィリン量で示すときには，分布1：40以
　　下，分布2：40超100以下，分布3：100超（μg/100 mL 全血）となる。

表4-8　有機溶剤の分布区分

有機溶剤の名称	検査内容	単位	分布		
			1	2	3
キシレン	1．尿中のメチル馬尿酸	g/L	0.5以下	0.5超1.5以下	1.5超
N・N−ジメチルホルムアミド	1．尿中のN−メチルホルムアミド	mg/L	10以下	10超 40以下	40超
1・1・1−トリクロロエタン	1．尿中のトリクロル酢酸	mg/L	3以下	3超 10以下	10超
	2．尿中の総三塩化物	mg/L	10以下	10超 40以下	40超
トルエン	1．尿中の馬尿酸	g/L	1以下	1超2.5以下	2.5超
ノルマルヘキサン	1．尿中の2,5−ヘキサンジオン	mg/L	2以下	2超 5以下	5超

タリングの測定物質の許容上限値を設定すべきだという意見があるが，分布1，2であれば，この上限を上まわることはないので，その必要はない。

3）特殊健康診断有所見者に対する措置

じん肺健康診断の有所見者に対する事後措置については，1）の「じん肺管理区分と事後措置」の項で説明したので，ここでは，じん肺を除く特殊健康診断について述べる。

特定化学物質健康診断と高気圧作業健康診断は，第1次検査と第2次検査に分かれているので，第2次検査で結果有所見とされた者が事後措置の対象となる。

特殊健康診断での有所見の有無をチェックするための項目は，それぞれの有害物によって起こる疾病の症状・症候とその疾病を見い出すのに必要な検査で構成されている。したがって，特殊健康診断の結果が有所見であることは，その作業者が，自分の使っている有害物に起因する健康障害に陥っている可能性があることを意味している。

しかし，この健康診断項目のみからでは，ほとんどの場合，有所見の背景にある病態を明らかにしたり，病因を知ることは難しい。

そのため，特殊健康診断の有所見者についても，一般健康診断の有所見者と同じように，適切な医療機関に紹介することが必要となってくる。この医療機関に期待される機能は，病態の正確な把握と労働者がばく露している有害物以外の原因で起こる疾患についての鑑別を徹底して行うことである。一般的にいって，有害物に起因する健康障害の直接的な診断が可能である例は限られているからである。

他の疾患による所見である可能性はほぼ否定された場合には，有所見者自身，

そして同じ作業をしている同僚の生物学的モニタリングの結果や作業環境測定の結果などを総合して，業務との関連を考えることになる。

　特殊健康診断の有所見者に対するこの判断は，事後措置の一環として産業医が行い，事業者に勧告すべき事項である。ただし，これは労働基準法上の「業務上の疾病」であるかどうかの判定とは異なることに注意する必要がある。「業務上の疾病」であるかどうかの判定は，労働者からの申請を受けて，所轄の労働基準監督署長が「行政処分」の形で行うこととされているからである。

　産業医としての有所見者の取扱いは，一般健康診断の有所見者の場合に準じて行えばよいが，電離放射線障害防止規則では第59条で「健康診断等に基づく措置」，鉛中毒予防規則（第57条），四アルキル鉛中毒予防規則（第26条），高気圧作業安全衛生規則（第41条）には「就業禁止」の定めがあるので，事業者への助言等によりこれらの規定に基づく措置を行わなければならない。

2. 実施計画の作成と衛生管理者の実務

① 健康管理目標の確認

　衛生委員会での審議に基づいて各事業場で定められている「衛生に係る計画」の進展状況を把握し，健康管理目標を確認する。衛生に係る計画が策定されていない事業場では，健康管理目標を新たに設定することが必要となる。

② 実施しなければならない健康診断の種類の確認

　行政指導による健康診断も含めて，実施しなければならない健康診断を確認する。また，労働安全衛生法第69条で規定されている健康教育の一環として行われる「健康測定」と「健康指導」(いわゆる THP) の実施についても考慮しなければならない。

　なお，それぞれの事業場独自で実施する健康診断項目も挙げておく。

③ 健診対象の確認

　②で挙げた健康診断別にその対象者を確認しリストを作成する。

④ 健診項目の選定

　1.の(3)「健康診断項目の選定」の項で述べた原則に従って，健診項目を決める。健診項目が決まれば，労働者ごとの健診項目リストを作成する。

⑤ 健診の実施方法の選定

　複数の健康診断を受けなければならない労働者の受診のさせ方，一度にすまし

てしまう一斉方式と実施日等を分散して行う循環棚卸方式のどちらを選ぶか，健診サービス機関を利用するかどうかを明確にし，必要経費を積算する。健康診断を内部で実施する場合には，健診に必要な機器の保有状況も併せて確認する。

⑥　場所，日時の選定

⑦　健診結果の評価方法の確認

　健診結果の評価についての基本的な考え方とその基準，再検査，精密検査の考え方とその実施方法を明らかにしておく。

⑧　健康診断結果の通知方法の確認

　受診者に対して，どのような方法で健康診断結果を知らせるかについても決めておく。

⑨　健康診断結果に基づき事業者が講ずべき措置の実施方法の確認

　事後措置の対象とする範囲，事後措置の内容の概要を示しておく。

⑩　①～⑨についての事業場内関係者との話合い

　①～⑨について，産業医，保健師，衛生管理者等と話し合い，衛生委員会に提出する実施計画の原案を作成する。必要があれば，健康保険組合の担当者とも話し合う。

⑪　衛生委員会における審議

⑫　必要経費の確定

⑬　健康診断の実施

⑭　健診結果の判定

⑮　健診結果の通知

　健康診断結果は確実に受診者に通知する。事後措置を円滑に進めるために，この結果通知は，健康診断実施後2週間以内に行われるべきである。

⑯　労働基準監督署長への結果報告書の作成

⑰　健康診断結果に基づき事業者が講ずべき措置の実施

　一般健康診断については1の(5)の「一般健康診断と健康診断結果に基づき事業者が講ずべき措置」，特殊健康診断については1の(6)の「特殊健康診断と健康診断結果に基づき事業者が講ずべき措置」の考え方に基づいて，産業医が中心となって事業者が講ずべき措置を進める。

⑱　健康診断結果の評価

　個人別の経過の把握と集団としての評価を行う。その結果を衛生に係る計画にフィードバックする。

⑲ 衛生委員会への結果報告書の作成

　健康診断の結果とその評価を衛生委員会に報告する。この報告には，個々の労働者の健康情報は含まない。健康診断実施上の問題点があれば，この中で指摘する。

⑳ 健康診断結果の記録とその保存

　健康診断結果の記録については，労働安全衛生法第66条の3で，事業者に義務づけられている。この規定を受けて，一般健康診断については，労働安全衛生規則第51条で健康診断個人票としてその様式も定められている（様式第5号）。この様式に示されている事項が満たされていれば，形式は自由であるとされている。なお，健康診断個人票は光学式読取り装置により読み取り，画像情報として光磁気ディスク等の電子媒体に保存することについては，一定の要件を満たせばコンピュータによる管理が認められている。

　この記録の保存期間は，法令上は5年である。しかし，いままでに述べてきた健康診断の考え方からすれば，個々の労働者の健康診断記録は，その労働者の採用時から退職時まで，一括して保存されるべきである。

　また，特殊健康診断については，それぞれの法令で，結果記録の様式が定められているが，その扱いは一般健康診断の場合と同様である。記録の保存期間は，石綿健康診断については40年，特定化学物質のうち特別管理物質（特定化学物質障害予防規則第38条の4）および電離放射線障害予防規則，除染電離則（東日本大震災により生じた放射性物質により汚染された土壌等を除染するための業務等に係る電離放射線障害防止規則）に基づく健康診断は30年，じん肺健康診断は7年，その他は5年とされている。

第4章　メンタルヘルス対策

1. メンタルヘルス対策をめぐる状況

　厚生労働省の平成30年労働安全衛生調査（実態調査）によると，職業生活等において強い不安，ストレス等を感じる労働者は約6割に上っており（**図4-5**），また，平成28年の調査では，メンタルヘルス不調により連続1カ月以上休業した労働者の割合は0.4%，退職した労働者の割合は0.2%であるという結果となっている。このような状況を背景に，精神障害等による労災支給決定件数は増加傾向にあり，令和元年度は過去最多の509件となっている（**図4-6**）。

　さらに，警察庁の調べによると，わが国における自殺者数は平成10年以降，連続して3万人を超える状況であったが，平成24年には15年ぶりに3万人を下回り，以降，減少傾向にあったところ，コロナ禍の令和2年は増加に転じた（**図4-7**）。

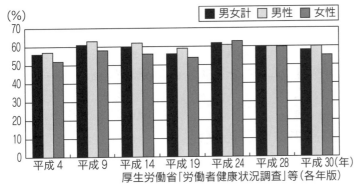

図 4-5
仕事や職業生活に関し，強い不安，悩み，ストレス等があるとする労働者の割合の推移

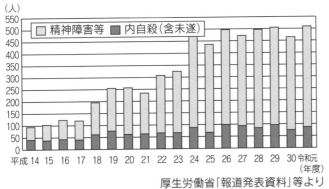

図 4-6
精神障害等による労災支給決定件数

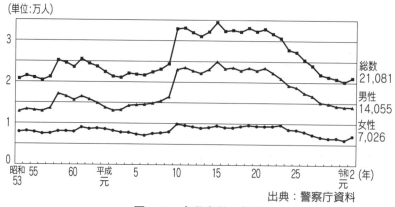

出典：警察庁資料

図4-7　自殺者数の推移

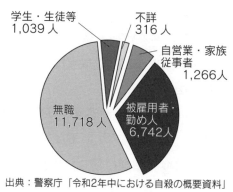

出典：警察庁「令和2年中における自殺の概要資料」

図4-8　職業別自殺者数

令和2年の自殺者数は21,081人でそのうちの32.0%が被雇用者・勤め人（会社役員等管理的職業を含む）となっている（図4-8）。

また，新型コロナウイルス感染症の流行等による厳しい経済情勢や，仕事の質・量，職場の人間関係をはじめとした職場環境等の変化，これに伴い心の健康問題を抱える労働者の増加が正規・非正規を問わず危惧されるところであり，心の健康問題の未然防止に向けた事業場の取組みを促進させる必要がある。

2. メンタルヘルス対策関連の法令等の概要

⑴　メンタルヘルス対策に関する法令等の整備状況

　職場におけるメンタルヘルス対策については，法的には，平成27年の労働安全衛生法（以下「法」という）等の改正や，「労働者の心の健康の保持増進のための指針」（平成18年3月31日健康保持増進のための指針公示第3号（ストレスチェック制度の創設に伴い，平成27年11月改正），巻末〔**資料12**〕）等により対応が求められている。事業者に対して労働者の心理的負担の程度を把握するための検査（ストレスチェック）の実施義務（労働者数50人未満の事業場については当面の間努力義務）が課せられ，検査の結果によっては医師による面接指導等適切な措置を講じなければならないものとされている。

　また法令ではないが，平成 13 年には中央労働災害防止協会より「職場における自殺の予防と対応」が，平成 16 年には厚生労働省より「心の健康問題により休業した労働者の職場復帰支援の手引き」が公表（平成 24 年改訂，　巻末〔資料 14〕）されている。自殺防止対策や職場復帰支援についてもこれらを参考に，各事業場での対応が求められている。

⑵　メンタルヘルス対策に関する行政の取組み

　厚生労働省は，平成 20 年度を初年度とする第 11 次労働災害防止計画において「メンタルヘルスについて，過重労働による健康障害防止対策を講じた上で，労働者一人ひとりの気づきを促すための教育，研修等の実施，事業場内外の相談体制の整備，職場復帰のための対策を推進すること等により，メンタルヘルスケアに取り組んでいる事業場の割合を 50% 以上とすること」を目標とし，さらに第 12 次および第 13 次の労働災害防止計画においても，行政の重点施策として推進を図ってきた。

　一方，自殺予防の推進については，自殺対策基本法（平成 18 年法律第 85 号）に基づく自殺総合対策大綱を踏まえ政府一体となって取り組んでいるところであり，具体的には職場におけるメンタルヘルス対策を通じた自殺予防の一層の推進を図っている。

　また，平成 26 年 6 月の労働安全衛生法の改正により，ストレスチェックを事業者は行わなければならないものとされ，この制度により，労働者のストレス対処の向上を促し（セルフケア），職場環境等の改善につなげ，メンタルヘルス不調の未然防止のための取組み（一次予防）が強化されることとなった。

　この施行のため，「心理的な負担の程度を把握するための検査及び面接指導の実施並びに面接指導結果に基づき事業者が講ずべき措置に関する指針」（平成 27 年 4 月 15 日心理的な負担の程度を把握するための検査等指針公示第 1 号。最終改正：平成 30 年 8 月，巻末〔資料 13〕）が公表され，事業者は，検査の結果によっては医師による面接指導を行い，必要に応じて適切な措置を講じることとされた。

　なお，平成 30 年度を初年度とする第 13 次労働災害防止計画においては，メンタルヘルス対策に取り組んでいる事業場の割合を 80% 以上にするとの目標が設定された。

3. 事業場におけるメンタルヘルス対策

(1) メンタルヘルスケアの基本的考え方

　ストレスを引き起こす要因（以下「ストレス要因」という）は，仕事，職業生活，家庭，地域等に存在している。心の健康づくりを進める上で，労働者自身が，ストレスに気づき，これに対処すること（セルフケア）の必要性を認識することが重要である。

　しかし，職場に存在するストレス要因は，労働者自身の力だけでは取り除くことができないものもあることから，事業者によるメンタルヘルスケアの積極的推進が重要である。労働者の心の健康づくりを推進していくためには，労働の場における組織的かつ計画的な対策の実施が大きな役割を果たす。

　メンタルヘルスケアの基本となる考え方は，事業者から心の健康づくりに対する意思を表明したうえで，衛生委員会等において実施事項を十分調査審議し，基本的な計画として「心の健康づくり計画」を策定し，この計画に基づいて実施することである。なお，各事業場の実態に応じて実施可能な部分から取り組むことが望まれる。

　事業場における心の健康づくりは，次の 4 つのケアで構成する。

① セルフケア

　　労働者自らが心の健康の保持増進のために行う活動

② ラインによるケア

　　管理監督者が部下である労働者の心の健康の保持増進のために行う活動

③ 事業場内産業保健スタッフ等によるケア

　　事業場内産業保健スタッフ等が労働者の心の健康の保持増進のために行う活動

④ 事業場外資源によるケア

　　事業場外のさまざまな機関が事業場に対して心の健康づくり対策を支援する活動

(2) 基本的事項

1) 「心の健康づくり計画」の策定

　　「心の健康づくり計画」には，以下に示す事項について定めるようにする。

① 事業者がメンタルヘルスケアを積極的に推進する旨の表明に関すること。

② 事業場における心の健康づくりの体制，規程・基準の整備に関すること。

③　労働者へのストレスチェックの実施，事業場における問題点の把握及びメンタルヘルスケアの実施に関すること。

④　メンタルヘルスケアを行うために必要な人材の確保及び事業場外資源の活用に関すること。

⑤　労働者の健康情報の保護に関すること。

⑥　心の健康づくり計画の実施状況の評価及び計画の見直しに関すること。

⑦　その他労働者の心の健康づくりに必要な措置に関すること。

2)　事業場内体制の整備

(ｱ)　事業場内メンタルヘルス推進担当者の選任

　　衛生管理者，衛生推進者等から事業場のメンタルヘルスケアの推進の実務を担当する「事業場内メンタルヘルス推進担当者」を選任する。

(ｲ)　専門スタッフの確保とその役割

　　事業場内産業保健スタッフ等は，セルフケア及びラインによるケアが効果的に実施されるよう，労働者及び管理監督者に対する支援を行うとともに，心の健康づくり計画に基づくストレスチェックや具体的なメンタルヘルスケアの実施に関する企画立案，メンタルヘルスに関する個人の健康情報の取扱い，事業場外資源とのネットワークの形成やその窓口となること等，心の健康づくり計画の実施に当たり，中心的な役割を果たすものである。

　　このため，事業者は，事業場の実態に即して必要な事業場内産業保健スタッフ等を確保するとともに，それぞれの役割に応じた措置を講じさせるものとする。

　　メンタルヘルスケアに関するそれぞれの事業場内産業保健スタッフ等の役割は，主として以下のとおりである。

ア）産業医等

　　産業医等は，職場環境等の改善，健康教育・健康相談その他労働者の健康の保持増進を図るための措置のうち，医学的専門知識を必要とするものを行うという面から，事業場の心の健康づくり計画の策定に助言，指導等を行い，これに基づく対策の実施状況を把握する。また，専門的な立場から，セルフケア，ラインケアを支援し，教育研修の企画及び実施，情報の収集及び提供，助言及び指導等を行う。就業上の配慮が必要な場合には，事業者に必要な意見を述べる。専門的な相談・対応が必要な事例については，事業場外資源との連絡調整に，専門的な立場からかかわる。さらに，ストレスチェックの実

施，長時間労働者等に対する面接指導等の実施やメンタルヘルスに関する個人の健康情報の保護についても中心的役割を果たす。

イ）衛生管理者等

　　衛生管理者等は，心の健康づくり計画に基づき，産業医等の助言，指導等を踏まえて，具体的な教育研修の企画及び実施，職場環境等の評価と改善，心の健康に関する相談ができる雰囲気や体制づくり，ストレスチェック制度担当者や実施事務従事者としてストレスチェックの企画・実施の事務等を行う。またセルフケア及びラインによるケアを支援し，その実施状況を把握するとともに，産業医等と連携しながら事業場外資源との連絡調整に当たることが効果的である。

ウ）保健師等

　　衛生管理者以外の保健師等は，産業医等及び衛生管理者等と協力しながら，セルフケア及びラインによるケアを支援し，教育研修の企画・実施，職場環境等の評価と改善，労働者および管理監督者からの相談対応，保健指導等に当たる。

エ）心の健康づくり専門スタッフ

　　事業場内に心の健康づくり専門スタッフ（精神科・心療内科等の医師，心理職等）がいる場合には，事業場内産業保健スタッフと協力しながら，教育研修の企画・実施，職場環境等の評価と改善，労働者及び管理監督者からの専門的な相談対応等に当たるとともに，当該スタッフの専門によっては，事業者への専門的立場からの助言等を行うことも有効である。

オ）人事労務管理スタッフ

　　人事労務管理スタッフは，管理監督者だけでは解決できない職場配置，人事異動，職場の組織等の人事労務管理が心の健康に及ぼしている具体的な影響を把握し，労働時間等の労働条件の改善及び適正配置に配慮する。

3）　衛生委員会等での調査審議

　　衛生委員会等（衛生委員会または安全衛生委員会をいう。以下同じ）への付議事項等として，労働安全衛生規則（昭和 47 年労働省令第 32 号。以下「規則」という）第 22 条では第 10 号として「労働者の精神的健康の保持増進を図るための対策の樹立に関すること」を定めている。

　　特に，「心の健康づくり計画」の策定に当たっては，衛生委員会等において十分調査審議を行うことが必要である。

加えて，労働者へのストレスチェックの実施や心の健康問題に係る事業場の現状の把握，心の健康づくり計画の実施状況の評価及び計画の見直し等について，衛生委員会等において調査審議し，審議の充実を図るようにする。

なお，常時 50 人未満の労働者を使用する事業場については，衛生委員会等の調査審議に代え，規則第 23 条の 2 に基づく関係労働者の意見を聴くための機会を利用して，メンタルヘルス対策について労働者の意見を聴取するように事業者は努める。

4)　**事業場における実態の把握**

「心の健康づくり計画」の策定やメンタルヘルス対策の実施に当たっては，あらかじめ，メンタルヘルス上の理由による休業者の有無，人数，休業日数等心の健康問題に係る事業場の現状を把握するよう努める必要がある。

(3)　具体的な実施事項

1)　**メンタルヘルスケアを推進するための教育研修・情報提供**

4 つのケアが適切に実施されるためには，各専門スタッフ職務に応じ，メンタルヘルスケアの推進に関する教育研修・情報提供を行うことが重要となる。この際には，必要に応じて事業場外資源が実施する研修等への参加についても配慮することが必要である。

なお，労働者や管理監督者に対する教育研修を円滑に実施するため，事業場内に教育研修担当者を計画的に育成することも有効である。

2)　**ストレスチェックと面接指導の実施**

事業者に義務づけられているストレスチェックの実施については，「ストレスチェック指針」で詳細が規定されており，さらに，厚生労働省より，運用に関してのマニュアル（「労働安全衛生法に基づくストレスチェック制度実施マニュアル」）も公表されている。

ストレスチェックの実施（**図 4-9** 参照）に対して衛生管理者は，事業場のメンタルヘルス推進担当者の立場，ストレスチェックを実施する管理等の実務を担当する立場（ストレスチェック制度担当者），そして実施事務従事者などのそれぞれの立場から取り組むことが考えられ，そのポイントとなる事項を以下に記載する。

(ア)　ストレスチェック実施体制の構築

改正労働安全衛生法では，ストレスチェックは医師，保健師等（実施者）が実施すると規定されており，職業性ストレス簡易調査票をモデルとしたストレスチェックの検査項目も公開され，使用が推奨されている。

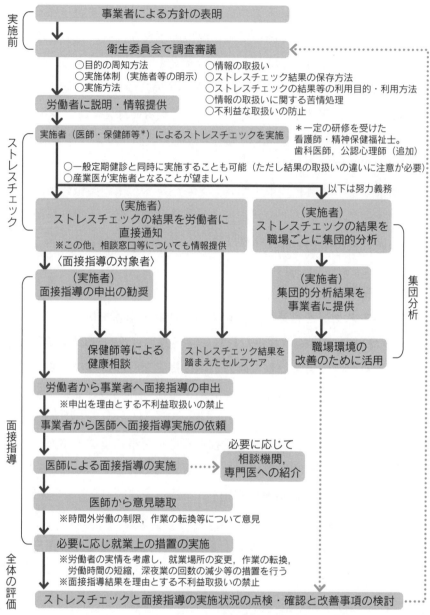

図4-9 ストレスチェックと面接指導の実施に係る流れ

　職業性ストレス簡易調査票を用いれば，ストレスチェックの実施は可能であるが，データの収集や，分析などに一定の労力がかかることが予想されるため，これに医師，保健師等が直接かかわることは現実的ではない。そこで，法定上の実施者である医師，保健師等とともに実施体制を事前に検討し，外部機関等に委託するなどの職務支障のない体制を構築する必要がある。

　一方で，ストレスチェックは当面労働者数50人以上の事業場に義務づけら

れるため，当該事業場では産業医が選任されている。そこで，ストレスチェックの実施体制を産業医と協議して進める必要がある。そのうえで，産業医が関与すべき業務と外部機関との連携方法を明確にしておく必要がある（連携方法については**図4-10**のケースを参照）。

　さらにストレスチェックを外部機関に委託する場合は，外部機関との契約や，その費用の確保も考慮しなければならない。

㈄　ストレスチェック実施にかかわる事業場内の規程（基準）の整備

　ストレスチェック実施に先立って，人事・労務部門や，労働組合等の労働者代表との調査・審議を予め行い，事業場内の規程（基準）を整備する必要がある。なお，調査・審議する場として，衛生委員会等を活用する。規程（基準）例については**表4-9**のとおりである。

㈅　事業者への説明・情報提供

　ストレスチェックの実施に先立ち，事業者は，ストレスチェック制度に関する基本方針を表明する必要がある。そのため，ストレスチェック制度の概要を含め事業者の理解を得ておく必要がある。また，結果データの取扱いを明確にしておくことも必要で，労働者個々のデータは本人の申し出がない場合は事業者に対しても開示できない（しない）こと，集団分析では10人以上を原則とし，個人が特定できない形で集団分析を実施した結果については，事業者に対して開示し職場環境等改善に積極的に活用することを明らかにしておくことが重要である。

㈆　労働者への説明・情報提供

　ストレスチェックは実施者である医師・保健師等や外部機関が主体となり推進するが，労働者への説明・情報提供については，メンタルヘルス推進担当者としてかかわる必要がある。説明・情報提供は，衛生委員会等を活用するとともに，情報提供（個人情報を除く）は，掲示板や社内の通知文，イントラネット等を利用すると効果的である。

　情報提供の内容については，ストレスチェック実施の告知や事業場で定めた規程（基準）を含める必要がある（労働者に対する不利益取扱い防止についてなど）。

㈇　ストレスチェックの実施

　実施方法については，労働者本人が記入もしくは入力したデータが，第三者の目に触れることなく実施者である医師・保健師等や外部機関に届く仕組みを

ケース①：産業医がストレスチェックの実施者となり，外部機関を使用しないケース

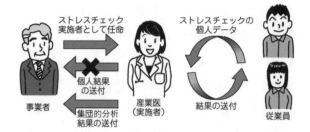

ケース②：外部機関がストレスチェックの実施者となり，産業医が関与しないケース

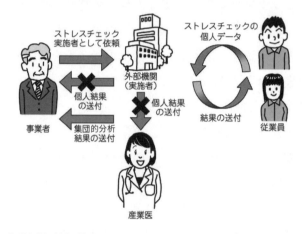

ケース③：産業医と外部機関が，ストレスチェックの共同実施者となるケース

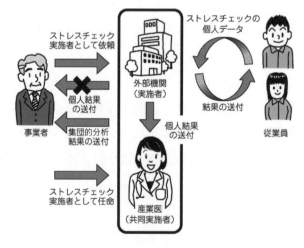

図4–10　ストレスチェックの実施体制の違いによる連携のパターン
（注：高ストレス者の対応，面接指導の実施については除く）

用意する。例えば，紙面でストレスチェックを行い，密封し実施者へ送付したり，インターネットを活用し，パスワードを付したうえで，データを入力，データ開示の権限付パスワードを実施者に配布し，実施者のみ個人情報の閲覧可能

表 4-9　ストレスチェック実施規程（基準）例

項目	内容
1．目的	ストレスチェックの結果利用について明確にしておく。
2．実施対象者の範囲	期間社員や派遣社員などを対象とする場合は予め定義する。
3．実施体制・役割分担	事業場として，どのような体制で実行するか明確にし，産業医，保健師，衛生管理者や，人事・労務部門，管理監督者の人事に関し，直接の権限を持つ監督的地位にある者の業務分担を明らかにする。
4．実施時期	特定時期の一斉実施や，定期健康診断に組み込んでの実施など，事業場ごとに決定する。
5．ストレスチェック実施の実務	調査票の配布や回収方法について明確にする（イントラネット等で実施する場合も案内から，データ入力までの手順を明らかにする）。 調査票の回答は義務化しないが，勧奨は実施することも明確にする。
6．ストレスチェック結果の通知	個人宛の結果通知が直接・確実に当該者に届く手段とする。
7．集団ごとの集計・分析結果の管理	ストレスチェックの結果を活用しての集計・分析について，結果報告の方法等を明確にする。（安全衛生委員会での審議等）
8．ストレスチェック実施後の措置 　8-1　希望者への面接指導実施 　8-2　高ストレス者への面接指導勧奨 　8-3　面接指導実施後の措置 　8-4　面接指導実施時の個人データの取扱い	労働者が医師（産業医が望ましい）との面接指導を希望する場合の手続きや，高ストレス者として選定された労働者への面接指導勧奨手続きを明確にする。 面接指導実施後に就業制限等の措置を講ずる場合の手続きについても言及する。 面接指導を実施した際の当該者の個人データ（ストレスチェックの結果，面接指導記録を含む）の取扱いについて明確にする。
9．集団ごとの集計・分析と職場環境改善の実施	管理監督者が，産業保健職と面談を希望する場合の手続きを明確にする。
10．不利益取扱いの防止	面接指導の申出，ストレスチェックの結果のみを理由として不利益取扱いを行ってはならない。 ストレスチェックへの不参加や，事業者へのストレスチェック結果の提供拒否，高ストレス者でありながら面接指導勧奨に応じない場合でも，そのことを理由に不利益な取扱いは行ってはならない。
11．記録の保管	個人情報管理の徹底と保管期限（5年）について定める。

にする等の方法をとる必要がある。

　一方で，ストレスチェックの個人結果通知についても，実施者からの直接送付や，労働者個人毎に ID とパスワードを付したインターネット上での閲覧等の仕組みを用意する。

　さらに，メンタルヘルス推進担当者として，用意した仕組みが適正に運営できているか確認も必要である。

　㈹　集団ごとの集計・分析の実施

　　　ストレスチェック結果は集団ごとの集計・分析をすることで職場環境調査として利用できる。個人データの集計・分析は実施者である医師，保健師等及び外部機関が行う。衛生管理者（メンタルヘルス推進担当者）は，実施者から提供される集団的分析結果に加え，時間外労働・深夜業等の実施状況等を踏まえ，職場環境調査を実施することになる。

　㈸　面接指導の実施と実施後の措置

　　　ストレスチェックの結果，高ストレス者に該当し，かつ，労働者の希望があれば，医師による面接指導を実施することになる。

　　　事業場として面接指導希望者を受け付ける仕組みと，ストレスチェックの結果を実施者である医師，保健師等及び外部機関から入手する仕組みを設けるとともに，医師（産業医が望ましい）への面接指導実施を依頼する。あわせて，高ストレス者と選定された労働者に対しては，実施者である医師・保健師から面接指導を受けるよう勧奨するよう依頼する。

　　　面接指導を実施した後は，就業上の必要な措置について面接指導を行った医師の意見を参考に，人事・労務部門と連携し事業者が決定しなければならない。

　㈹　全体評価

　　　ストレスチェックの実施状況について労働者の参加状況をチェックするとともに，高ストレス者の面接指導の実施状況についても確認する。また，面接指導後の措置の履行状況についても，人事・労務担当者や管理・監督者とともに確認を入れる。

　　　改善すべき事項があれば，次回のストレス調査の実施に向けて社内規程改訂などの手続きを進める。

3)　職場環境等の把握と改善

　　労働者の心の健康には，作業環境，作業方法，労働者の心身の疲労の回復を図るための施設及び設備等，職場生活で必要となる施設及び設備等，労働時間，仕事の量と質，パワーハラスメント，セクシュアルハラスメント等職場内のハラスメントを含む職場の人間関係，職場の組織及び人事労務管理体制，職場の文化や風土等の職場環境等が影響を与える。職場レイアウト，作業方法，コミュニケーション，職場組織の改善などを通じた職場環境等の改善は，労働者の心の健康の保持増進に効果的であるとされている。このため，メンタルヘルス不調の未然防

止を図る観点から職場環境等の改善に積極的に取り組むことが重要である。また，衛生委員会等における調査審議や策定した心の健康づくり計画を踏まえ，管理監督者や事業場内産業保健スタッフ等に対し，職場環境等の把握と改善の活動を行いやすい環境を整備するなどの支援を行うことも必要である。

(ア)　職場環境等の評価と問題点の把握

　　職場環境等を改善するためには，まず，職場環境等を評価し，問題点を把握することが必要である。

　　このため，管理監督者による日常の職場管理や労働者からの意見聴取の結果を通じ，また，ストレスチェックの結果を用いた集団分析を用いた職場環境等の評価結果等を活用して，職場環境等の具体的問題点を把握する。

　　なお，ストレスチェックの結果を用いる場合には，個々の労働者の結果であることが識別できないよう加工したデータを用い，集団的なデータであっても個人が識別できる場合（10人未満）には，対象職場全員の労働者の同意を得ず事業者に提供することはできないことに留意する。

　　特に，事業場内産業保健スタッフ等は中心的役割を果たすものであり，職場巡視による観察，労働者及び管理監督者からの聞き取り調査，ストレスチェックの結果を用いた集団分析による職場環境の評価等により，定期的または必要に応じて，職場内のストレス要因を把握し，評価するものとする。職場環境等を評価するに当たって，職場環境等に関するチェックリスト等を用いることによって，人間関係，職場組織等を含めた評価を行うことも望ましい。

(イ)　職場環境等の改善

　　職場環境等を評価し，問題点を把握したうえで，職場環境のみならず勤務形態や職場組織の見直し等のさまざまな観点から職場環境等の改善を行うことが重要である。具体的には，事業場内産業保健スタッフ等が，職場環境等の評価結果に基づき，管理監督者に対してその改善を助言するとともに，管理監督者と協力しながらその改善を図り，また，管理監督者は，労働者の労働の状況を日常的に把握し，個々の労働者に長時間の残業など過重な労働，疲労の蓄積，過剰な心理的負担，責任等が生じないようにする等，労働者の能力，適性及び職務内容に応じた配慮を行うことが重要である。

　　また，その改善の効果を定期的に評価し，効果が不十分な場合には取組み方法を見直す等，対策がより効果的なものになるように継続的な取組みに努めることが重要である。これらの改善を行う際には，必要に応じて，事業場外資源

の助言及び支援を求めることが望ましい。

　なお，職場環境等の改善に当たっては，労働者の意見を踏まえると，より有効である。

4）　メンタルヘルス不調への気づきと対応

　メンタルヘルスケアにおいては，ストレス要因の除去または軽減や労働者のストレス対処等の予防策が重要であるが，これらの措置を実施したにもかかわらず，万一，メンタルヘルス不調に陥る労働者が発生した場合は，その早期発見と適切な対応を図る必要がある。

　このため，個人情報の保護に十分留意しつつ，労働者，管理監督者，家族等からの相談に対して適切に対応できる体制を整備することが重要である。さらに，相談等により把握した情報を基に，労働者に対して必要な配慮を行うこと，必要に応じて産業医や事業場外の医療機関につないでいくことができるネットワークを整備することも効果的である。

(ア)　労働者による自発的な相談とセルフチェック

　労働者によるメンタルヘルス不調への気づきを促進するため，事業場の実態に応じて，その内部に相談に応ずる体制を整備する，事業場外の相談機関の活用を図る等，労働者が自ら相談を受けられるよう必要な環境整備を行うことが重要である。

　ストレスへの気づきのために，ストレスチェック制度によるストレスチェックの実施が重要であり特別の理由がない限り，すべての労働者が，これを受けることが望ましい。またストレスチェックとは別に随時，セルフチェックを行うことができる機会を提供することも効果的である。

(イ)　管理監督者，事業場内産業保健スタッフ等による相談対応等

　管理監督者は，日常的に，労働者からの自発的な相談に対応するよう努める必要がある。特に，長時間労働等により疲労の蓄積が認められる労働者，強度の心理的負荷を伴う出来事を経験した労働者，その他特に個別の配慮が必要と思われる労働者から，話を聴き，適切な情報を提供し，必要に応じ事業場内産業保健スタッフ等や事業場外資源への相談や受診を促すよう努める。

　事業場内産業保健スタッフ等は，管理監督者と協力し，労働者の気づきを促して，保健指導，健康相談等を行うとともに，相談等により把握した情報を基に，必要に応じて事業場外の医療機関への相談や受診を促すようにする。また，事業場内産業保健スタッフ等は，管理監督者に対する相談対応，メンタルヘル

スケアについても留意する必要がある。

　なお，心身両面にわたる健康保持増進対策（THP）を推進している事業場においては，心理相談担当者によるメンタルヘルスケアを通じて，心の健康に対する労働者の気づきと対処を支援することが重要である。また，運動指導，保健指導等のTHPにおけるその他の指導においても，積極的にストレスや心の健康問題を取り上げることが効果的である。

㋑　労働者個人のメンタルヘルス不調を把握する際の留意点

　事業場内産業保健スタッフ等が労働者個人のメンタルヘルス不調を把握した場合は，本人に対してその結果を提供するとともに，事業者は必要な情報の提供を受けてその状況に対応した必要な配慮を行うことも重要である。ただし，ストレスチェック等を実施し，保健指導等を行うためにその結果を事業者に通知する場合には，労働者本人の同意の上で実施しなければならない。

　これに加えて，労働者個人のメンタルヘルス不調を早期発見しようとする場合には，質問票等に加えて専門的知識を有する者による面談を実施するなど適切な評価ができる方法によること，あるいは事後措置の内容の判断には医師の指導の下，問題を抱える者に対して事業場において事後措置を適切に実施できる体制が存在していること等を前提として実施することが重要である。

　また，事業者が必要な配慮を行う際には，事業者は，ストレスチェック等により得られた情報を，労働者に対する健康確保上の配慮を行うためにのみ利用することとして，労働者に不利益を生じないように労働者の個人情報の保護について特に留意することが必要である。

　なお，改正労働安全衛生法に基づくストレスチェック制度は本来，労働者個人のメンタルヘルス不調を把握することを目的としてはいないが，高ストレス者への面接指導の結果，メンタルヘルス不調を疑われるような結果となった場合は同様の措置を講ずる必要がある。

　また，労働者のメンタルヘルス不調が認められた場合における，事業場内産業保健スタッフ等のとるべき対応について，労働安全衛生法に基づく健康診断や一定時間を超える長時間労働を行った労働者に対する医師による面接指導等，あらかじめ明確にしておくことが必要である。

㋒　労働者の家族による気づきや支援の促進

　労働者に日常的に接している家族がいる場合は，労働者がメンタルヘルス不調に陥った際に最初に気づくことが少なくない。また，治療勧奨，休業中，職

場復帰時および職場復帰後のサポートなど，メンタルヘルスケアに大きな役割を果たす。

このため，企業として，労働者の家族に対して，ストレスやメンタルヘルスケアに関する基礎知識，事業場のメンタルヘルス相談窓口等の情報を社内報や健康保険組合の広報誌等を通じて提供することが望ましい。また，事業場に対して家族から労働者に関する相談に対応するため，事業場内産業保健スタッフ等を窓口とする体制を整備し，これを労働者やその家族に周知することが望ましい。

5) 職場復帰における支援

メンタルヘルス不調により休業した労働者が円滑に職場復帰し，就業を継続できるようにするため，その労働者に対する支援として，次に掲げる事項を適切に行うことが重要である。

なお，職場復帰支援における専門的な助言や指導を必要とする場合には，それぞれの役割に応じた事業場外資源を活用することも有効である。

① 衛生委員会等において調査審議し，産業医等の助言を受けながら職場復帰支援プログラムを策定すること。職場復帰支援プログラムにおいては，休業の開始から通常業務への復帰に至るまでの一連の標準的な流れを明らかにするとともに，それに対応する職場復帰支援の手順，内容および関係者の役割等について定めること。職場復帰支援プログラムの具体的策定に当たっては，「心の健康問題により休業した労働者の職場復帰支援の手引き」の活用を図ることが望まれる。同手引きには，職場復帰支援の流れとして第1から第5ステップまで示されている（図4-11）。

② 職場復帰支援プログラムの実施に関する体制や規程の整備を行い，労働者に周知を図ること。

規程については事業場の就業規則を逸脱しない範囲で定める必要があることから，人事労務担当者と連携して整備することが重要である。

③ 職場復帰支援プログラムの実施について，組織的かつ計画的に取り組むこと。

④ 労働者の個人情報の保護に十分留意しながら，事業場内産業保健スタッフ等を中心に労働者，管理監督者がお互いに十分な理解と協力を行うとともに，労働者の主治医との連携を図りつつ取り組むこと。

〈第1ステップ〉病気休業開始及び休業中のケア
ア　病気休業開始時の労働者からの診断書（病気休業診断書）の提出
イ　管理監督者によるケア及び事業場内産業保健スタッフ等によるケア
ウ　病気休業期間中の労働者の安心感の醸成のための対応
エ　その他

〈第2ステップ〉主治医による職場復帰可能の判断
ア　労働者からの職場復帰の意思表示と職場復帰可能の判断が記された診断書の提出
イ　産業医等による精査
ウ　主治医への情報提供

〈第3ステップ〉職場復帰の可否の判断及び職場復帰支援プランの作成
ア　情報の収集と評価
　(ア)　労働者の職場復帰に対する意思の確認
　(イ)　産業医等による主治医からの意見収集
　(ウ)　労働者の状態等の評価
　(エ)　職場環境等の評価
　(オ)　その他
イ　職場復帰の可否についての判断
ウ　職場復帰支援プランの作成
　(ア)　職場復帰日
　(イ)　管理監督者による就業上の配慮
　(ウ)　人事労務管理上の対応
　(エ)　産業医等による医学的見地からみた意見
　(オ)　フォローアップ
　(カ)　その他

〈第4ステップ〉最終的な職場復帰の決定
ア　労働者の状態の最終確認
イ　就業上の配慮等に関する意見書の作成
ウ　事業者による最終的な職場復帰の決定
エ　その他

職　場　復　帰

〈第5ステップ〉職場復帰後のフォローアップ
ア　疾患の再燃・再発，新しい問題の発生等の有無の確認
イ　勤務状況及び業務遂行能力の評価
ウ　職場復帰支援プランの実施状況の確認
エ　治療状況の確認
オ　職場復帰支援プランの評価と見直し
カ　職場環境等の改善等
キ　管理監督者，同僚等への配慮等

図4-11　職場復帰支援の流れ

(4)　メンタルヘルスに関する個人情報の保護への配慮

　メンタルヘルスケアを進めるに当たっては，健康情報を含む労働者の個人情報の保護に配慮することが極めて重要である。メンタルヘルスに関する労働者の個人情報は，健康情報を含むものであり，その取得，保管，利用等において特に適切に保護しなければならないが，その一方で，メンタルヘルス不調の労働者への対応に当たっては，労働者の上司や同僚の理解と協力のため，当該情報を適切に活用することが必要となる場合もある。

　健康情報を含む労働者の個人情報の保護に関しては，「個人情報の保護に関する法律（平成15年法律第57号。最終改正：平成28年法律第51号）」，「雇用管理分野における個人情報のうち健康情報を取り扱うに当たっての留意事項（平成29年厚生労働省通達）」等が定められており，健康情報の取扱いについて事業者が留意すべき事項として，「健康情報は，労働者の健康確保に必要な範囲で利用されるべきものであり，事業者は，労働者の健康確保に必要な範囲を超えてこれらの健康情報を取り扱ってはならない。」等と定めている。

1)　個人情報等の利用に際しての労働者の同意

　メンタルヘルスケアを推進するに当たって，労働者の個人情報を主治医等の医療職や家族から取得する際には，あらかじめこれらの情報を取得する目的を労働者に明らかにして承諾を得るとともに，これらの情報は労働者本人から提出を受けることが望ましい。

　また，健康情報を含む労働者の個人情報を医療機関等の第三者へ提供する場合も，原則として本人の同意が必要である。ただし，労働者の生命や健康の保護のために緊急かつ重要であると判断される場合は，本人の同意を得ることに努めたうえで，必要な範囲で積極的に利用すべき場合もあることに留意が必要である。その際，産業医等を選任している事業場においては，その判断について相談することが適当である。

　なお，これらの個人情報の取得または提供の際には，なるべく本人を介して行うこと及び本人の同意を得るに当たっては個別に明示の同意を得ることが望ましい。

2)　事業場内産業保健スタッフによる情報の加工

　事業場内産業保健スタッフは，労働者本人や管理監督者からの相談対応の際などメンタルヘルスに関する労働者の個人情報が集まることとなるため，次に掲げるところにより，個人情報の取扱いについて特に留意する必要がある。

①　産業医等が，相談窓口や面接指導等により知り得た健康情報を含む労働者の個人情報を事業者等に提供する場合には，提供する情報の範囲と提供先を必要最小限とすること。その一方で，産業医等は，当該労働者の健康を確保するための就業上の措置を実施するために必要な情報が的確に伝達されるように，集約・整理・解釈するなど適切に加工したうえで提供すること。

②　事業者は，メンタルヘルスに関する労働者の個人情報を取り扱う際に，診断名や検査値等の生データの取扱いについては，産業医や保健師等に行わせるこ

とが望ましいこと。特に，誤解や偏見を生じるおそれのある精神障害を示す病名に関する情報は，慎重に取り扱うことが必要であること。

③　メンタルヘルスに関する労働者の情報や改正労働安全衛生法に基づくストレスチェック等から入手した情報を集団分析して得られた結果は，労働者個人の結果を把握できるものではないことから，当該集団の労働者個人の同意を取得する必要はないこと。ただし，集団分析結果を提供する範囲については，集団分析の対象となった集団の管理者等にとっては，事業場内における評価等につながり得る情報であり，無制限にこれを共有した場合，その管理者等に不利益が生ずるおそれもあることから，集団分析結果についても制限なく共有してはいけないこと。

3)　**健康情報の取扱いに関する事業場内における取決め**

健康情報の保護に関して，医師や保健師等については，法令で守秘義務が課されており，また，労働安全衛生法では，健康診断，ストレスチェック又は面接指導の実施に関する事務を取り扱う者に対する守秘義務を課している。各企業においては，衛生委員会等での審議を踏まえ，これらの個人情報を取り扱う者及びその権限，取り扱う情報の範囲，個人情報管理責任者の選任，事業場内産業保健スタッフによる生データの加工，個人情報を取り扱う者の守秘義務等について，あらかじめ事業場内の規程等により取り決めることが望ましい。

さらに，これら個人情報を取り扱うすべての者を対象に当該規程等を周知するとともに，健康情報を慎重に取り扱うことの重要性や望ましい取扱方法についての教育を実施することが望ましい。

第5章　疾病管理計画の作成

1. 疾病管理

疾病管理とは，医学的知識に基づき，個人を対象として，

①　病気の診断（原因の確定，重症度の判定，治療効果の予測，予後（患者が最終的にどのような状態になるかということ）の判断）

②　病気の治療

③　リハビリテーション

④　再発の予防

⑤　②〜④を効果的に行うための教育

を系統的に行うことである。

　したがって，健康診断の事後措置のところで述べた，精密検査の勧奨，精密検査結果に基づく医学的措置に関する指導，事業者に対する就労区分の勧告等は，広義には，疾病管理に含まれることになる。

　しかし，疾病管理の主たる担い手は，その制度上，事業場外の病院や診療所に所属する医療チームのメンバーであり，疾病管理は医師対患者という関係で進められる。産業医は，この医師－患者関係に直接関与することは原則としてできない。産業医や衛生管理者に求められることは，この一連の作業が円滑に進むようにするための，労働者に対する次のような支援である。

①　病気の診断に有用な当該労働者の健康情報の提供

②　病気の発症と業務との関連を判断するために必要な情報の提供

③　治療やリハビリテーションを進めるための良好な職場環境づくり

④　職場復帰への配慮

⑤　治療効果を維持し，再発を防止するための職場環境の整備

　このようにみてくると，疾病管理計画のポイントは，自分たちの手で直接疾病管理を行うことではなく，医療チームからの上記のような求めに対応できるような態勢づくりをすることであることが分かる。

2．疾病管理計画の作成

　厚生労働省の「定期健康診断結果調」によると，平成 30 年では，労働者の 55.5 ％が有所見者となっているが，平成 19 年の調査時に分析された持病の種類別労働者割合は**表 4-10** のとおりで，高血圧性疾患，腰痛，高脂血症（脂質異常症），胃腸病，糖尿病，の順となっている。

　また，**表 4-11** には，上位 5 疾患の年代別の比率が示してある（平成 19 年調査）。高血圧性疾患，糖尿病は加齢とともに有病者の比率が増加している。高血圧性疾患の比率は，30 歳代を基準にとると，40 歳代 5.23 倍，50 歳代 6.63 倍となっている。

　疾病管理対象者の数や疾病の種類は，事業場に所属する労働者の性や年齢構成によって異なるので，疾病管理計画を作成するためには，事業場ごとの疾病統計が継続的に整備されていることが必要であり，この疾病統計が，疾病管理の評価をするための重要な指標ともなるのである。

　疾病管理計画を作成するためには，それに加えて，それぞれの事業場で実施されている疾病管理のレベルが把握されていなければならない。疾病管理のレベルを評価する実際的な方法は，評価時点に比較的近い時期に生じた，虚血性心疾患（心筋梗塞・狭心症），脳血管障害とその後遺症，遷延化（長期化）した肝炎，更年期障害，軽症うつ病などの事例について，1.であげた①～⑤の支援がどの程度できたかをチェックすることである。

表 4-10　持病の種類別労働者割合（平成 19 年）

持病の種類	割合（%）	持病の種類	割合（%）
高 血 圧 性 疾 患	25.9	歯　　周　　病	6.6
腰　　　　　痛	24.1	肝　　臓　　病	4.8
高　脂　血　症	16.4	痛　　　　　風	4.6
胃　　腸　　病	9.0	心　　臓　　病	4.1
糖　　尿　　病	8.9	そ　　の　　他	27.3
ぜ　　ん　　息	6.6		

表 4-11　年代別の持病の種類別労働者割合（平成 19 年）

年　　齢	高血圧性疾患	腰痛	高脂血症	胃腸病	糖尿病
<30	1.7	24.1	0.1	8.8	0.3
30～39	5.6	38.0	11.4	8.0	2.2
40～49	29.3	23.4	21.3	8.5	5.9
50～59	37.1	20.0	19.8	13.4	13.8
>60	41.8	15.1	19.0	8.2	21.2

　この作業を行うと，疾病管理のレベルが把握できるだけでなく，疾病管理上の問題点も明らかになることが多いので，作成しようとしている疾病管理計画にその問題点の改善対策を組み込んでいけばよい。

　疾病管理計画を作成する際に遭遇する共通の問題としては，虚血性心疾患や脳血管障害の背景因子として重要な，高血圧，高脂血症，糖尿病のある労働者に対して，どの程度までの労働負荷を許容するかということが挙げられる。高血圧，高脂血症，糖尿病の治療効果を維持し，虚血性心疾患，脳血管障害の発症や再発を防止するためには，これは非常に重要な課題であるが，研究成果の蓄積がまだ十分ではないので，現段階では，産業医による個別の判断を参考にせざるをえない。

　なお，メンタルヘルス不調に陥った労働者の疾病管理についても同じ問題が生じるが，この場合にはさらに細かな個別の対応が必要となる。

第6章　健康保持増進対策

1．健康保持増進対策の趣旨

　近年の高年齢労働者の増加，急速な技術革新の進展等の社会経済情勢の変化，労働者の就業意識や働き方の変化，業務の質的変化等に伴い，定期健康診断の有所見率が増加傾向にあるとともに，心疾患及び脳血管疾患の誘因となるメタボリックシンドロームが強く疑われる者とその予備群は，男性の約2人に1人，女性の約5人に1人の割合に達している。また，仕事に関して強い不安やストレスを感じている労働者の割合が高い水準で推移している。

　このような労働者の心身の健康問題に対処するためには，早い段階から心身の両面について健康教育等の予防対策に取り組むことが重要であることから，事業場において，全ての労働者を対象として心身両面の総合的な健康の保持増進を図ることが必要である。なお，労働者の健康の保持増進を図ることは，労働生産性向上の観点からも重要である。

　また，事業場において健康教育等の労働者の健康の保持増進のための措置が適切かつ有効に実施されるためには，その具体的な実施方法が，事業場において確立していることが必要である。

　厚生労働省は，昭和63年9月に「事業場における労働者の健康保持増進のための指針」を策定し，健康測定に基づく，運動指導，保健指導，栄養指導，メンタルヘルスケアなどの健康保持増進措置等からなる心身の健康保持増進対策（トータル・ヘルスプロモーション・プラン：THP）が進められてきたが，厚生労働省は令和2年3月31日，同「事業場における労働者の健康保持増進のための指針」を大きく改正し，同年4月1日より適用した（令和2年健康保持増進のための指針公示第7号）。

　この改正前の指針（昭和63年同指針公示第1号。令和2年3月改正までの最終改正：平成27年同指針公示第5号）では，健康保持増進措置を主に健康測定結果を踏まえた個人への健康指導としていたが，改正指針では，一定の集団に対して活動を推進できるように，ポピュレーションアプローチの視点を強化した。また，健

康保持増進措置の内容を規定する指針から，取組み方法を規定する指針への見直しが図られた。改正前の指針では，健康保持増進措置について，①健康測定，②産業医等による指導票の作成，③個人の状況に応じた運動指導，保健指導等を各専門家により実施，という定型的な内容を示していたが，改正指針では事業場の規模や特性に応じて健康保持増進措置の内容を検討・実施できるように見直された。健康保持増進対策を推進するに当たっては，PDCAサイクルを回しながら進めるよう求め，PDCAの各段階において事業場で取り組むべき項目を明確にするなど，健康保持増進対策の進め方を示すものとなっている。

　なお，同指針は，令和3年2月に，医療保険者と連携した健康保持増進対策がより推進されることを目的とした改正が行われ，**巻末〔資料11〕**に掲載する「事業場における労働者の健康保持増進のための指針」となった。

　同指針は，労働安全衛生法第70条の2第1項の規定に基づき，同法第69条第1項の事業場において事業者が講ずるよう努めるべき労働者の健康の保持増進のための措置（健康保持増進措置）が適切かつ有効に実施されるため，当該措置の原則的な実施方法について定めたものである。事業者は，健康保持増進措置の実施に当たっては，同指針に基づき，事業場内の産業保健スタッフ等に加えて，積極的に労働衛生機関，中央労働災害防止協会，スポーツクラブ，医療保険者，地域の医師会や歯科医師会，地方公共団体又は産業保健総合支援センター等の事業場外資源を活用することで，効果的な取組を行うものとしている。また，全ての措置の実施が困難な場合には，可能なものから実施する等，各事業場の実態に即した形で取り組むことが望ましいとしている。

　健康保持増進対策の推進，健康保持増進措置の内容について，同指針および「職場における心とからだの健康づくりのための手引き」(厚生労働省。令和3年3月)に以下のように示されている。

2．健康保持増進対策の基本的考え方

　近年，生活習慣病予備群に対する効果的な介入プログラムが開発され，さらに，メタボリックシンドロームの診断基準が示され，内臓脂肪の蓄積に着目した保健指導の重要性が明らかになっている。また，健康管理やメンタルヘルスケア等心身両面にわたる健康指導技術の開発も進み，多くの労働者を対象とした健康の保持増進活動が行えるようになってきた。

　また，労働者の健康の保持増進には，労働者が自主的，自発的に取り組むことが重要であるが，労働者の働く職場には労働者自身の力だけでは取り除くことができない疾病増悪要因，ストレス要因等が存在しているため，労働者の健康を保持増進していくためには，労働者の自助努力に加えて，事業者の行う健康管理の積極的推進が必要である。その健康管理も単に健康障害を防止するという観点のみならず，労働生活の全期間を通じて継続的かつ計画的に心身両面にわたる積極的な健康保持増進を目指したものでなければならず，生活習慣病の発症や重症化の予防のために保健事業を実施している医療保険者と連携したコラボヘルスの推進も求められている。

　労働者の健康の保持増進のための具体的措置としては，運動指導，メンタルヘルスケア，栄養指導，口腔保健指導，保健指導等があり，各事業場の実態に即して措置を実施していくことが必要である。

　事業者は，健康保持増進対策（健康保持増進措置を継続的かつ計画的に講ずるための，方針の表明から計画の策定，実施，評価等の一連の取組全体）を推進するに当たって，次の事項に留意することが必要である。

① 　健康保持増進措置は，主に生活習慣上の課題を有する労働者の健康状態の改善を目指すために個々の労働者に対して実施するものと，事業場全体の健康状態の改善や健康増進に係る取組の活性化等，生活習慣上の課題の有無に関わらず労働者を集団として捉えて実施するものがある。事業者は，これらの措置を効果的に組み合わせて健康保持増進対策に取り組むことが望ましい。

② 　健康増進に関心を持たない労働者にも抵抗なく健康保持増進に取り組んでもらえるようにすることが重要である。加えて，労働者の行動が無意識のうちに変化する環境づくりやスポーツ等の楽しみながら参加できる仕組みづくり等に取り組むことも重要である。事業者は，これらを通じ，労働者が健康保持増進に取り組む文化や風土を醸成していくことが望ましい。

③ 　労働者が高年齢期を迎えても就業を継続するためには，心身両面の総合的な健康が維持されていることが必要である。加齢に伴う筋量の低下等による健康状態の悪化を防ぐためには，高齢期のみならず，若年期からの運動の習慣化等の健康保持増進が有効である。

3. 健康保持増進対策の推進に当たっての基本事項

事業者は，健康保持増進対策を中長期的視点に立って，継続的かつ計画的に行うため，以下の項目についてPDCAサイクルに沿って積極的に進めていく必要がある（図4-12参照）。

また，健康保持増進対策の推進に当たっては，事業者が労働者等の意見を聴きつつ事業場の実態に即した取組を行うため，労使，産業医，衛生管理者等で構成される衛生委員会等を活用して以下の項目に取り組むとともに，各項目の内容について関係者に周知することが必要である。

なお，衛生委員会等の設置義務のない小規模事業場においても，これらの実施に当たっては，労働者等の意見が反映されるようにすることが必要である。

加えて，健康保持増進対策の推進単位については，事業場単位だけでなく，企業単位で取り組むことも考えられる。

(1) 健康保持増進方針の表明

事業者は，健康保持増進方針を表明するものとする。健康保持増進方針は，事業場における労働者の健康の保持増進を図るための基本的な考え方を示すものであり，次の事項を含むものとする。

・事業者自らが事業場における健康保持増進を積極的に支援すること。

・労働者の健康の保持増進を図ること。

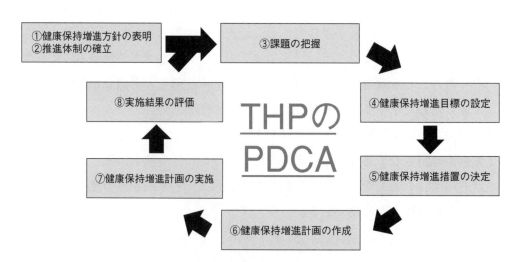

図4-12 健康保持増進対策の各項目（PDCAサイクル）
（厚生労働省「職場における心とからだの健康づくりのための手引き」（2021年3月）より）

・労働者の協力の下に，健康保持増進対策を実施すること。

・健康保持増進対策を適切に実施すること。

　健康保持増進対策を推進する上での事業者の役割は，健康保持増進の重要性を理解し，関連情報を収集し，労働者にきちんと伝え，労働者の自覚を促すことである。また，事業者のリーダーシップには，①自らが健康保持増進にコミットメントして健康行動をとること，②労働者や管理監督者の行動を，労働者などが認識できる形で支援することが求められる。こうした条件を満たすことで，職場の健康保持増進対策の成果が高まることが確認されている。

⑵　推進体制の確立

　事業者は，事業場内の健康保持増進対策を推進するため，その実施体制を確立するものとする（4⑴参照）。

⑶　課題の把握

　事業者は，事業場における労働者の健康の保持増進に関する課題等を把握し，健康保持増進措置を検討するものとする。課題の把握に当たっては，健康保持増進対策を推進するスタッフなどの専門的な知見やアンケート調査なども積極的に活用すること。また，労働者の健康状態等が把握できる客観的な数値等を活用することが望ましい。

　例えば，高年齢労働者は，自身の若い頃の体力測定の数値を知ることで体力や身体機能の低下を定量的に評価でき，その低下レベルが一目瞭然となる。また，年代別の平均データがある場合には，自身の結果と比較することで，労働者自身の気づきが深まる。加えて，事業場の健康状態や課題を把握するためには，事業場内外の複数の集団間のデータ（健診受診率・喫煙率・飲酒率など）を比較することも有効である。事業場単位で健康状態や課題の特徴を把握することで，波及効果の高い取組が考えられる。

　労働者の健康状態に加えて，労働者自身による健康保持増進への取組に影響を及ぼし得る事業・業務の特性（デスクワークが多いなど）や職場環境などに関する課題を把握することも有益である。さらに，以上のような労働者の健康保持増進に関する課題（健康上の課題）だけでなく，事業場が労働者の健康保持増進措置を実施するに当たっての課題（実施に向けた課題）を把握・整理することも，措置を円滑かつ効果的に進めるために重要である。

⑷　健康保持増進目標の設定

事業者は，健康保持増進方針に基づき，把握した課題や過去の目標の達成状況を踏まえ，健康保持増進目標として具体的な数値目標を設定する。まずは，対策への参加率，参加者の満足度，その後の健康保持増進活動への積極性などの簡単な目標から設定してみるのもよい。また，労働者の生活習慣の調査結果を評価分析して，健康保持増進対策が継続的かつ計画的に行われるようにするための，健康保持増進対策の目標には，「運動・スポーツに取り組む労働者数を増やす」などの短期での達成を目指すものばかりでなく，「労働者の生活習慣病に関連する健康診断項目の有所見率を下げる」などのように中長期的な視点で目指すべきものもある。こうした観点から，目標の設定に当たっては，短期的に達成を目指す目標と，中長期的に取り組む目標の双方を掲げることが望ましい。

⑸　健康保持増進措置の決定

事業者は，表明した健康保持増進方針，把握した課題及び設定した健康保持増進目標を踏まえ，事業場の実情も踏まえつつ，健康保持増進措置を決定する。なお，健康保持増進対策が成果を上げるためには，事業者の意識によるところが大きいといわれており，この点に留意することも重要である。

⑹　健康保持増進計画の作成

事業者は，健康保持増進目標を達成するため，健康保持増進計画を作成するものとする。健康保持増進計画は各事業場における労働安全衛生に関する計画の中に位置付けることが望ましい。

健康保持増進計画は具体的な実施事項，日程等について定めるものであり，次の事項を含むものとする。

・健康保持増進措置の内容及び実施時期に関する事項
・健康保持増進計画の期間に関する事項
・健康保持増進計画の実施状況の評価及び計画の見直しに関する事項

健康保持増進計画の実効性を担保するためには，年に一度定期的に策定するとよい。また，健康保持増進計画は，各事業場における労働安全衛生に関する計画の中に位置付けることが望ましいとされている。事業場では「事業場における労働者の健康保持増進のための指針」に基づく健康保持増進計画のほかに，労働安全衛生に関する計画，メンタルヘルスに関する計画等，さまざまな計画が策定されているが，

労働者の混乱を防ぐだけでなく，それぞれの取組みを効果的・効率的に実施するためにも，各計画の位置づけを整理することなどが必要となる。

⑺　健康保持増進計画の実施

事業者は，健康保持増進計画を適切かつ継続的に実施するものとする。また，健康保持増進計画を適切かつ継続的に実施するために必要な留意すべき事項を定めるものとする。

健康保持増進対策への参加を促進するメッセージの伝達に，ラインの管理職（直属の上司）を関与させることは効果的であり，健康保持増進対策が成果を上げるには，管理職を巻き込むことが重要である。

⑻　実施結果の評価

健康保持増進対策を，継続的かつ計画的に推進していくためには，対策の各項目についてPDCAサイクルを回すことが求められている。目標値の達成度の評価を行い，達成できなかった場合にはその原因分析と対応策を検討し，改善・見直しにつなげることが必要である。定期的な取組の評価によって，成果のある取組の重点化や深化，取組の統廃合などを行うことにより，健康保持増進対策の効率化などが図られる。

4.　健康保持増進対策の推進に当たって事業場ごとに定める事項

事業者は，各事業場の実態に即した適切な体制の確立及び実施内容について，それぞれ以下の事項より選択し，実施するものとする。

⑴　体制の確立

事業者は，次に掲げるスタッフや事業場外資源（事業場外で健康保持増進に関する支援を行う外部機関や地域資源及び専門家）等を活用し，健康保持増進対策の実施体制を整備し，確立する。

　ア　事業場内の推進スタッフ

　　　事業場における健康保持増進対策の推進に当たっては，事業場の実情に応じて，事業者が，労働衛生等の知識を有している産業医等（産業医その他労働者の健康保持増進等を行うのに必要な知識を有する医師），衛生管理者等（衛生管

理者，衛生推進者及び安全衛生推進者)，事業場内の保健師等の事業場内産業保健スタッフ（産業医等，衛生管理者等及び事業場内の保健師等）及び人事労務管理スタッフ等を活用し，各担当における役割を定めたうえで，事業場内における体制を構築する（**表4-12** 参照）。

　また，例えば労働者に対して運動プログラムを作成し，運動実践を行うに当たっての指導を行うことができる者，労働者に対してメンタルヘルスケアを行うことができる者等の専門スタッフを養成し，活用することも有効である。なお，健康保持増進措置を効果的に実施する上で，これらのスタッフは，専門分野における十分な知識・技能と労働衛生等についての知識を有していることが必要である。このため，事業者は，これらのスタッフに研修機会を与える等の能力の向上に努める。

イ　事業場外資源

　健康保持増進対策の推進体制を確立するため，事業場内のスタッフを活用することに加え，事業場が取り組む内容や求めるサービスに応じて，健康保持増

表4-12　事業場内の推進スタッフの例
（厚生労働省「職場における心とからだの健康づくりのための手引き」（2021年3月）より）

職種	解説
産業医	常時50人以上の労働者を使用する事業場で選任の義務があり，労働者の健康管理などを行うのに必要な医学的知識について，一定の要件を備えた医師。産業保健活動の中心的な役割を果たす。事業場の労働環境や健康課題についても理解が深く，取組への専門的かつ建設的な助言を得られる。
保健師・看護師	医療・保健に関する専門的な知識を持つ専門職であり，事業場の健康課題を熟知し，労働者の健康管理を支援するなど，産業保健活動を実践している。労働者が気軽に相談できる身近な専門職として，実践的な助言を得られる。
衛生管理者	常時50人以上の労働者のいる事業場で選任の義務があり，衛生に関わる技術的事項を管理している。労働者が担っていることが多く，事業場の衛生管理や健康管理の状況を理解した上で，取組推進に貢献できる。
衛生推進者・安全衛生推進者	常時10人以上50人未満の労働者のいる事業場で配置され，労働者の安全衛生などに係る業務を担当する。労働者が担っていることが多く，事業場の衛生管理や健康管理の状況を理解した上で，取組推進に貢献できる。
人事労務管理スタッフ	安全・衛生管理や労働時間管理などを担当し，事業場内での調整などを行う。産業医をはじめとした専門職や衛生管理者などとの関わりも深く，事業場の衛生管理や健康管理の状況を理解した上で，取組推進に貢献できる。
運動指導担当者，運動実践担当者，心理相談担当者，産業栄養指導担当者，産業保健指導担当者	令和元年度改正以前のTHP指針で定められた心とからだの健康づくり指導者（THP指導者。表4-13「連携可能な事業場外資源の例」において同じ。）。同指針別表に定める研修を修了した専門スタッフであり，労働者に対して，運動プログラムを作成し運動実践を行うにあたっての指導や，メンタルヘルスケアを行う。専門的な知識を活かして，取組の実践に貢献できる。

表 4-13　連携可能な事業場外資源の例
（厚生労働省「職場における心とからだの健康づくりのための手引き」（2021年3月）より）

機関名	受けられるサービス
労働衛生機関	労働安全衛生法に基づく健康診断，保健指導，産業医による職場改善指導などを受けられる。
中央労働災害防止協会	高齢者の健康確保や転倒防止などのセミナー，心理相談担当者（THP指導者）などの養成研修のほか，職場の健康管理の最新の知見や技術習得のための研修を受けられる。また，社内研修のための講師派遣も受けられる。
スポーツクラブ等	サービスとして提供している運動施設，運動プログラムなどを活用することで，労働者の運動・スポーツを通じた健康づくりに活用できる。
医療保険者	医療保険者（健康保険組合，全国健康保険協会（協会けんぽ）など）が保有する特定健診や受診状況などのデータを活用することで，効率的に労働者の健康課題を把握することができる。産業保健スタッフの派遣や健康づくりイベントの開催などを実施している場合もある。
地域の医師会，歯科医師会	地域の専門医を紹介してもらい，労働者の健康課題や健康保持増進対策について専門的な視点から助言・支援を受けられる。
地方公共団体，保健所	健康関係のセミナーや運動・スポーツを通じた住民の健康づくりなどを実施しており，これを活用できる。
産業保健総合支援センター，地域産業保健センター	専門スタッフによる産業保健に関する相談支援のほか，産業保健関係者を対象とした研修の受講や講師の派遣を受けられる。

　進に関し専門的な知識を有する各種の事業場外資源を活用する。事業場外資源を活用する場合は，健康保持増進対策に関するサービスが適切に実施できる体制や，情報管理が適切に行われる体制が整備されているか等について，事前に確認する。事業場外資源として考えられる機関等は以下のとおり（**表 4-13**参照）。

・労働衛生機関，中央労働災害防止協会，スポーツクラブ等の健康保持増進に関する支援を行う機関
・医療保険者
・地域の医師会や歯科医師会，地方公共団体等の地域資源
・産業保健総合支援センター等

(2)　健康保持増進措置の内容

　事業者は，次に掲げる健康保持増進措置の具体的項目を実施する。

ア　健康指導

(ア)　労働者の健康状態の把握

　健康指導の実施に当たっては，健康診断や必要に応じて行う健康測定等により労働者の健康状態を把握し，その結果に基づいて実施する必要がある。健康測定とは，健康指導を行うために実施される調査，測定等のことをいい，疾病の早期発見に重点をおいた健康診断を活用しつつ，追加で生活状況調査や医学的検査等を実施するものである。

　なお，健康測定は，産業医等が中心となって行い，その結果に基づき各労働者の健康状態に応じた必要な指導を決定する。それに基づき，事業場内の推進スタッフ等が労働者に対して労働者自身の健康状況について理解を促すとともに，必要な健康指導を実施することが効果的である。

　また，データヘルスやコラボヘルス等の労働者の健康保持増進対策を推進するため，労働安全衛生法に基づく定期健康診断の結果の記録等，労働者の健康状態等が把握できる客観的な数値等を医療保険者と共有することが必要であり，そのデータを医療保険者と連携して，事業場内外の複数の集団間のデータと比較し，事業場における労働者の健康状態の改善や健康保持増進に係る取組みの決定等に活用することが望ましい。

(イ)　健康指導の実施

　労働者の健康状態の把握を踏まえ実施される労働者に対する健康指導については，以下の項目を含むもの又は関係するものとする。また，事業者は，希望する労働者に対して個別に健康相談等を行うように努めることが必要である。

・労働者の生活状況，希望等が十分に考慮され，運動の種類及び内容が安全に楽しくかつ効果的に実践できるよう配慮された運動指導

・ストレスに対する気付きへの援助，リラクセーションの指導等のメンタルヘルスケア

・食習慣や食行動の改善に向けた栄養指導

・歯と口の健康づくりに向けた口腔保健指導

・勤務形態や生活習慣による健康上の問題を解決するために職場生活を通して行う，睡眠，喫煙，飲酒等に関する健康的な生活に向けた保健指導

イ　その他の健康保持増進措置

　アに掲げるもののほか，健康教育，健康相談又は，健康保持増進に関する啓発活動や環境づくり等の内容も含むものとする。なお，その他の健康保持増進

措置を実施するに当たっても労働者の健康状態を事前に把握し，取り組むことが有用である。

5.　健康保持増進対策の推進における留意事項

(1)　客観的な数値の活用

　事業場における健康保持増進の問題点についての正確な把握や達成すべき目標の明確化等が可能となることから，課題の把握や目標の設定等においては，労働者の健康状態等を客観的に把握できる数値を活用することが望ましい。数値については，例えば，定期健康診断結果や医療保険者から提供される事業場内外の複数の集団間の健康状態を比較したデータ等を活用することが考えられる。

(2)　「労働者の心の健康の保持増進のための指針」との関係

　「事業場における労働者の健康保持増進のための指針」のメンタルヘルスケアとは，積極的な健康づくりを目指す人を対象にしたものであって，その内容は，ストレスに対する気づきへの援助，リラクセーションの指導等であり，その実施に当たっては，「労働者の心の健康の保持増進のための指針」（平成18年3月31日健康保持増進のための指針公示第3号，巻末〔**資料12**〕）を踏まえて，集団や労働者の状況に応じて適切に行われる必要がある。また，健康保持増進措置として，メンタルヘルスケアとともに，運動指導，保健指導等を含めた取組を実施する必要がある。

(3)　個人情報の保護への配慮

　健康保持増進対策を進めるに当たっては，健康情報を含む労働者の個人情報の保護に配慮することが極めて重要である。

　健康情報を含む労働者の個人情報の保護に関しては，「個人情報の保護に関する法律」（平成15年法律第57号）及び「労働者の心身の状態に関する情報の適正な取扱いのために事業者が講ずべき措置に関する指針」（平成30年9月7日労働者の心身の状態に関する情報の適正な取扱い指針公示第1号）等の関連する指針等が定められており，個人情報を事業の用に供する個人情報取扱事業者に対して，個人情報の利用目的の公表や通知，目的外の取扱いの制限，安全管理措置，第三者提供の制限等を義務づけている。また，個人情報取扱事業者以外の事業者であって健康情報を取り扱う者は，健康情報が特に適正な取扱いの厳格な実施を確保すべきものであるこ

とに十分留意し，その適正な取扱いの確保に努めることとされている。事業者は，これらの法令等を遵守し，労働者の健康情報の適正な取扱いを図るものとする。

　また，健康測定等健康保持増進の取組において，その実施の事務に従事した者が，労働者から取得した健康情報を利用するに当たっては，当該労働者の健康保持増進のために必要な範囲を超えて利用してはならないことに留意すること。事業者を含む第三者が，労働者本人の同意を得て健康情報を取得した場合であっても，これと同様であること。

　なお，「高齢者の医療の確保に関する法律」（昭和57年法律第80号）第27条第2項及び第3項の規定に基づき，医療保険者から定期健康診断に関する記録の写しの提供の求めがあった場合に，事業者は当該記録の写しを医療保険者に提供しなければならないこととされていることに留意することが必要であり，当該規定に基づく提供は個人情報の保護に関する法律第23条第1項第1号に規定する「法令に基づく場合」に該当するため，第三者提供に係る本人の同意は不要である。

⑷　記録の保存

　事業者は，健康保持増進措置の実施の事務に従事した者の中から，担当者を指名し，当該担当者に健康測定の結果，運動指導の内容等健康保持増進措置に関する記録を保存させることが適切である。

第 7 章　職場における受動喫煙防止対策

1. 対策の推進

　喫煙による健康への影響に関する社会的関心が高まる中で，受動喫煙（自らの意思とは関係なく環境中のたばこの煙を吸引すること）による非喫煙者の健康への影響が報告され（**図 4-13** 参照），また，非喫煙者に対して不快感，ストレス等も与えていることが指摘されてきた。

　職場における受動喫煙防止については，労働安全衛生法（安衛法）第 68 条の 2 で，「事業者は，室内又はこれに準ずる環境における労働者の受動喫煙（健康増進法（平成 14 年法律第 103 号）第 28 条第 3 号に規定する受動喫煙〈編注：「人が他人の喫煙によりたばこから発生した煙にさらされること」〉をいう。第 71 条第 1 項において同じ。）を防止するため，当該事業者及び事業場の実情に応じ適切な措置を講ずるよう努めるものとする。」と定められ，対策が進められてきている（**図 4-14**）。

　これに関連し，平成 30 年 7 月に，健康増進法の一部を改正する法律が成立・公布された。この改正法は，国民の健康の向上を目的として，多数のものが利用する施設等の管理権原者等に，当該多数のものの望まない受動喫煙を防止するための措置義務を課すものである（職場等も，令和 2 年 4 月より，原則屋内禁煙（喫煙を認める場合は喫煙専用室の設置等が必要）となった）。一方，安衛法は，職場における労働者の安全と健康の保護を目的として，事業者に，屋内等における当該労働者の受動喫煙を防止するための措置について努力義務を課すものである。

　健康増進法の改正法の施行に伴い，改正法による改正後の健康増進法で義務づけられる事項及び安衛法第 68 条の 2 により事業者が実施すべき事項を一体的に示すことを目的として，「職場における受動喫煙防止のためのガイドライン」が令和元年 7 月に策定された（令和元年 7 月 1 日基発 0701 第 1 号，巻末〔**資料 4**〕）。なお，事業者と管理権原者が異なる場合，当該事業者は，当ガイドラインに基づく対応に当たり，健康増進法の規定が遵守されるよう，管理権原者と連携を図る必要がある。

　また，このガイドラインの策定に伴い，従来，対策の実施方法や測定方法の例を示していた「労働安全衛生法の一部を改正する法律に基づく職場の受動喫煙防止対

受動喫煙の健康への悪影響について

　受動喫煙による健康への悪影響については，流涙，鼻閉，頭痛等の諸症状や呼吸抑制，心拍増加，血管収縮等の生理学的反応等に関する知見等が得られている。また，肺がんや虚血性心疾患等の疾患の死亡率等が上昇したり，非喫煙妊婦でも低出生体重児の出産の発生率が上昇するといった研究結果が近年多く報告されている。小児では喘息，気管支炎といった呼吸器疾患等と関連があると報告されている。また，乳児では乳幼児突然死症候群と関連があると報告されている。

　なお，世界保健機関（WHO）の下で2005年（平成17年）に策定された「たばこ規制枠組条約」第8条において，「たばこの煙にさらされることが死亡，疾病及び障害を引き起こすことが科学的証拠により明白に証明されている」と記載されている。

図 4-13　受動喫煙の影響

労働安全衛生法（昭和47年法律第57号）（抄）
第7章　健康の保持増進のための措置
第68条の2　事業者は，室内又はこれに準ずる環境における労働者の受動喫煙（健康増進法（平成14年法律第103号）第28条第3号に規定する受動喫煙をいう。第71条第1項において同じ。）を防止するため，当該事業者及び事業場の実情に応じ適切な措置を講ずるよう努めるものとする。
第71条　国は，労働者の健康の保持増進に関する措置の適切かつ有効な実施を図るため，必要な資料の提供，作業環境測定及び健康診断の実施の促進，受動喫煙の防止のための設備の設置の促進，事業場における健康教育等に関する指導員の確保及び資質の向上の促進その他の必要な援助に努めるものとする。（以下略）
第7章の2　快適な職場環境の形成のための措置
第71条の2　事業者は，事業場における安全衛生の水準の向上を図るため，次の措置を継続的かつ計画的に講ずることにより，快適な職場環境を形成するように努めなければならない。（以下略）

図 4-14　労働安全衛生法令における喫煙対策

策の実施について」（平成27年5月15日基安発0515第1号）は廃止された。

2.「職場における受動喫煙防止のためのガイドライン」の概要

①　職場における受動喫煙防止対策を効果的に進めていくためには，企業において，組織的に実施することが重要であり，事業者は，衛生委員会，安全衛生委員会等の場を通じて，労働者の受動喫煙防止対策についての意識・意見を十分に把握し，事業場の実情を把握した上で，各々の事業場における適切な措置を決定すること。

②　職場における受動喫煙防止対策の実施に当たり，事業者は，事業場の実情に応じ，次のような取組を組織的に進めることが必要であること。

　　ア　推進計画の策定

　　イ　担当部署の指定

　　ウ　労働者の健康管理等

　　エ　標識の設置・維持管理

　　オ　意識の高揚及び情報の収集・提供

　　カ　労働者の募集及び求人の申込み時の受動喫煙防止対策の明示

③　事業者は，妊娠している労働者や呼吸器・循環器等に疾患を持つ労働者，がん等の疾病を治療しながら就業する労働者，化学物質に過敏な労働者など，受動喫煙による健康への影響を一層受けやすい懸念がある者に対して，これらの者への受動喫煙を防止するため，特に配慮を行うこと。

④　事業者は，喫煙可能な場所における作業に関し，20歳未満の者の立入禁止，20歳未満の者への受動喫煙防止措置，20歳以上の労働者に対する配慮（勤務シフト，勤務フロア，動線等の工夫）等の措置を講じること。

⑤　各種施設における受動喫煙防止対策

　　ア　第一種施設（多数の者が利用する施設のうち，学校，病院，児童福祉施設その他の受動喫煙により健康を損なうおそれが高い者が主として利用する施設等）にあっては，第一種施設が健康増進法により「原則敷地内禁煙」とされていることから，第一種施設内では，受動喫煙を防止するために必要な技術的基準を満たす特定屋外喫煙場所（第一種施設の屋外の場所の一部のうち，当該第一種施設の管理権原者によって区画され，受動喫煙を防止するために健康増進法施行規則で定める必要な措置がとられた場所）を除き，労働者に敷地内で喫煙させないこと。

　　イ　第二種施設（多数の者が利用する施設のうち，第一種施設及び喫煙目的施設以外の施設（一般の事務所や工場，飲食店等も含まれる。））にあっては，第二種施設が健康増進法により「原則屋内禁煙」とされていることから，第二種施設内では，たばこの煙の流出を防止するための技術的基準に適合した室を除き，労働者に施設の屋内で喫煙させないこと。

　　ウ　喫煙目的施設（多数の者が利用する施設のうち，その施設を利用する者に対して，喫煙をする場所を提供することを主たる目的とする施設。公衆喫煙所，喫煙を主たる目的とするバー，スナック，店内で喫煙可能なたばこ販売店等）については，望まない受動喫煙を防止するため，喫煙目的室を設ける施設の営業について広告又は宣伝をするときは，喫煙目的室の設置施設であ

ることを明らかにしなければならないこと等。

エ　既存特定飲食提供施設（面積等所定の要件を満たす飲食店）にあっては，事業者は，望まない受動喫煙を防止するため，既存特定飲食提供施設の飲食ができる場所を全面禁煙として喫煙専用室又は屋外喫煙所を設置する場合には，技術的基準を満たす喫煙専用室を設ける，又は，屋外喫煙所を設けることが望ましいこと。

オ　喫煙専用室（第二種施設等の屋内又は内部の場所の一部の場所であって，構造及び設備がその室外の場所（第二種施設等の屋内又は内部の場所に限る。）へのたばこの煙の流出を防止するための技術的基準に適合した室を，専ら喫煙をすることができる場所として定めたもの）にあっては，たばこの煙の流出を防止するための技術的基準を満たすものでなければならないこと。

カ　指定たばこ専用喫煙室（第二種施設等の屋内又は内部の場所の一部の場所であって，構造及び設備がその室外の場所（第二種施設等の屋内又は内部の場所に限る。）への指定たばこ（加熱式たばこをいう。）の煙の流出を防止するための技術的基準に適合した室を，指定たばこのみ喫煙をすることができる場所として定めたもの）にあっては，指定たばこの煙の流出を防止するための技術的基準を満たすものでなければならないこと。

第8章　救急処置

救急処置に関して，ここでは，救急蘇生法の概略と衛生管理者の役割等について解説する。

⑴　一次救命処置及び応急手当における衛生管理者の役割

事業場で傷病者が発生した場合には，バイスタンダー（その場に居合わせた人）が適切かつ速やかに救護（一次救命処置）を行い，産業保健スタッフや救急隊員に引き継いでいく体制が必要である。衛生管理者は，組織的な救護計画の樹立，日本赤十字社や消防機関等との協力による一次救命処置・応急手当の普及啓発，救急資材の整備等，不測の事態に対応できる積極的な組織づくりのコーディネーターとしての役割が期待される。

⑵　手当の重要性

1)　救急要請の現状

救急出動件数は高齢化の進展等に伴い急増しており，消防庁「令和2年版救急・救助の現況」によると，新型コロナウイルス感染症流行以前であるが，令和元年には救急自動車による救急出動件数は663万9,767件，搬送人員は597万8,008人と，いずれも過去最多となっている（消防防災ヘリコプターを含む）。こうした救急需要の急増によって，救急車の現場到着時間が遅れる傾向にある。救急車の現場到着までの所要時間の全国平均は約8.7分，病院収容までの所要時間の全国平均は約39.5分となっている。労働災害による救急出動件数は，5万7,308件（年間・全国）である。また，急病や一般負傷のうちの何割かは事業場で発症したものであることを考慮すれば，事業場において救命・応急手当を求められる機会はそうまれではない。

2)　救命救急の体制

非医療従事者である一般市民について，一次救命処置が認められたことを踏まえ，駅，空港，スポーツ施設，イベント会場等の公衆の集まる場所や職場，学校などへ，AED（Automated External Defibrillator：自動体外式除細動器）や，AED

搭載清涼飲料自販機などが順次設置されるなど，救命効果を向上させるための体制は改善しつつある。

3)　手当の目的

救命及び応急手当には，「救命」,「悪化防止」,「苦痛の軽減」の3つの目的がある。傷病者が発生したときは，バイスタンダーが手当を速やかに開始することによって，生命の危険を回避できる場合がある。けがや病気を治すのではなく，現在以上に悪化させないようにすることは，傷病者の治癒にもよい結果をもたらす。傷病者は心身ともにダメージを受けていることから，励ましの言葉を掛けること等で，激しい痛み等を緩和する効果もある。

4)　手当の必要性

心臓が停止し脳血流が途絶えると，15秒以内に意識が消失し，4分以上無酸素状態になり脳に障害が発生する。心筋梗塞などが原因で心室が小刻みにブルブルと震え（けいれん),全身に血液を送り出すというポンプの役割を果たせない状態（心室細動）では，そのまま放置すると死に至る。ただちにAEDを用いた除細動（電気ショック）を行えば，心臓が本来持っているリズムに回復させることもできる。

心停止状態になると，その直後から時間の経過に伴い救命の可能性は急速に低下する。そのため，心停止からAEDによる除細動実施までにかかる時間が，生死を分ける重要な因子となる。救急隊到着前に市民が除細動のための電気ショックを行った場合の1カ月後社会復帰率は，救急隊到着後に行った場合の2倍にのぼっている。救急隊が現場に到着するまでの空白時間が傷病者の生命を大きく左右するため，この間にバイスタンダーによるAEDの使用が極めて重要となる。心肺停止状態の人を救命するためには，「早い119番通報」,「早い心肺蘇生」,「早い除細動」,「二次救命処置」の4つが連続性（救命の連鎖：チェーン・オブ・サバイバル）をもって行われることが必要である。

まず，バイスタンダーが119番通報し，救急隊が到着するまでの間，除細動，心肺蘇生を行う。この後，到着した救急救命士等が，より高度な二次救命処置を継続して医療機関に搬送する。この4つの救命の連鎖のうち，いずれかの一つでも途切れてしまえば，救命効果は低下してしまう。特に，バイスタンダーは，この救命連鎖の最初の3つの鎖を担っている救命の重要なキーパーソンである。

5)　手当の効果

令和3年1月に総務省消防庁が発表した「令和2年度版消防白書」によると，急

病で心停止した傷病者への救命手当として，AED による除細動をした場合の生存率は，しない場合に比べて高く，バイスタンダーが応急手当をした場合の1カ月後生存率は，しなかった場合の約1.9倍であった。この報告から，バイスタンダーによる救命・応急手当が適切に実施された場合，より高い救命効果が期待できることが分かる。

6)　各種講習制度

　職場の同僚などが事故や災害に遭遇したとき，「助けたい」という思いはあっても，助ける術を知らなければ，いざというとき，その人を救うことはできない。救命・応急手当に関する講習会には，消防署が実施する普通救命講習等や日本赤十字社が実施する救急法講習会がある。衛生管理者及び衛生管理者を志す者は，いずれかの講習会を受講して，救命・応急手当に関する基本的な知識と技術を身につけておくべきであろう。また，事業場内のすべての従業員にも広く受講できる機会を提供するために，全社的な取組みが必要である。一部の講習会では，一定数の受講者および会場を確保できれば，事業場内で実施してもらうこともできる。受講後は，定期的な訓練を心がけるとともに（イメージトレーニングを含む），いずれの講習会も「更新講習会」が設定されているので，継続してブラッシュアップしていくことが望ましい。東京消防庁等では，事業場と連携し，実効性のある応急救護づくりを図るため，「応急手当奨励制度」を推進している。一定の要件を満たした事業場に，「救命講習受講優良証」を交付する等して，救命講習の受講を奨励している。

(3)　救命及び応急手当の手順

　救命・応急手当を行う際は，周囲の状況を観察し，安全を確保するとともに，迅速に連絡・119番通報を行う必要がある。事業場においては，緊急事態が発生した場合，事業場関係者がなすべき役割を明確にし，迅速かつ的確に救命・応急手当を実施するために，実行可能な「救命・応急手当のマニュアル」を整備しておくことが望ましい。その主な項目は次のとおりである。

- ①　連絡及び119番通報に関すること（観察及び安全確保を含む。）
- ②　傷病者の応急・救命手当に関すること
- ③　救急隊の現場誘導に関すること

　あらかじめ作成したマニュアルを関係者に周知し，その手順で訓練を行い，実行可能性を検証しておくことは有効である。また，化学物質を扱っている事業場ではSDS（安全データシート）を整備しておく。

1)　周囲の状況の観察

　傷病者を助けるだけではなく，自身を事故や感染等の二次災害の危険から守らなければならない。傷病者が倒れている場所に，落下物，通行車両，有毒ガス，酸欠，火炎，漏電等の危険因子がないか，瞬時に何が起きたのかを冷静に観察し，状況を判断したうえで迅速に行動することが必要である。併せて，傷病者の概況について，大まかな傷病の程度（重大性・緊急性）と反応の有無を把握する。

2)　安全の確保

　危険因子がある場合は，自身の安全を確保したうえで，傷病者を安全な場所に静かに移動させる。原因が明確でない場合は，不用意に傷病者に近づかない。1人では危険または無理な場合は，周囲に協力を求める。必要に応じて保護具（防毒マスク，送気マスク，保護手袋等）を使用する。化学物質による災害はSDSで対処法を確認する（応急手当に関する内容を抜粋して常備しておくことが望ましい）等して，二次災害を防止する。

3)　連絡と119番通報

　周囲に協力者がいる場合は，傷病者の反応がなければ，大声で叫んで周囲の注意を喚起し応援を呼び，心肺蘇生を開始する。協力者が来たら，119番通報やAEDを持ってくるよう，一次救命処置・応急手当の協力を求める。救急車のサイレンが聞こえたら，協力者に合図をして，救急車を誘導してもらう。周囲に協力者がいない場合は，傷病者の反応がなければ，119番通報を優先し，AED（近くにある場合）を取りに行く。その後，心肺蘇生を開始する。ただし，電話が近くになく119番通報に数分以上かかる場合は，まず心肺蘇生を2分間実施してから助けを呼びに行き，急いで戻り再び心肺蘇生を実施する（窒息・外傷・溺水・薬物（化学物質）中毒は，心肺蘇生が優先）。なお，119番通報すると，電話を通して行うべき処置の指導を受けることもできるので，落ち着いて処置する。

　また，近隣の医療機関とネットワークを構築する等して，「連絡表」を職場内の見やすい場所に掲示しておくことも有効である。

4)　手当の記録

　事業場内で救急処置等を実施した場合には，関係者に報告書を提出してもらうことが望ましい。それらをもとに，①記録日と記録者サイン，②救護者名，③傷病者名（住所），④発生日時，⑤場所及び状況，⑥症状及び手当内容（搬送先の医療機関名等）などの項目を記録する。

⑷　一次救命処置

　心肺蘇生は，傷病者が呼吸停止，心停止，もしくはこれに近い状態に陥ったとき
に，人工呼吸と胸骨圧迫で呼吸及び血液循環を補助し，救命するために行うもので
ある。AHA（American　Heart　Association：アメリカ心臓協会）が科学的な根拠
に基づき心肺蘇生法に関する指針を見直して「ガイドライン 2005」を発表した。
それに伴ってわが国においても「救急蘇生ガイドライン」が大きく改訂された（平
成 18 年 6 月）。

　AED は，心停止のときに心臓が蘇生するように電気ショックを与える機械で，
一次救命処置に組み込まれ，一般市民でも使用が可能になった。心肺蘇生の実施や
AED の取扱いにあたっては，傷病者を十分に観察し，判断し，適切な手順に従っ
て一次救命処置を行う必要がある。

　また，2016 年に日本蘇生協議会（JRC）及び日本救急医療財団により「JRC 蘇
生ガイドライン 2015」が策定され（同ガイドラインに準拠した「改訂 5 版救急蘇
生法の指針 2015（市民用）」も作成された。），救急蘇生法の手順が示されている。

　なお，2020 年 5 月に，厚生労働省から，新型コロナウイルス感染症の流行を踏
まえた同指針の追補が通知された。

　救急蘇生法の概要と一次救命処置の流れは，**図 4-15**，**図 4-16** のとおりである。

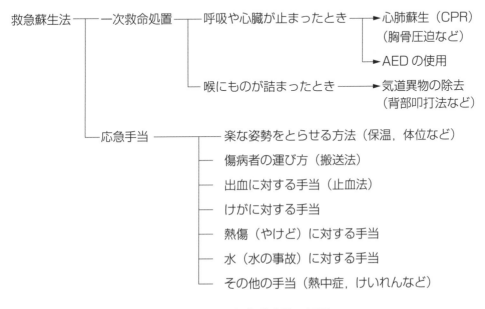

図 4-15　救急蘇生法の概要

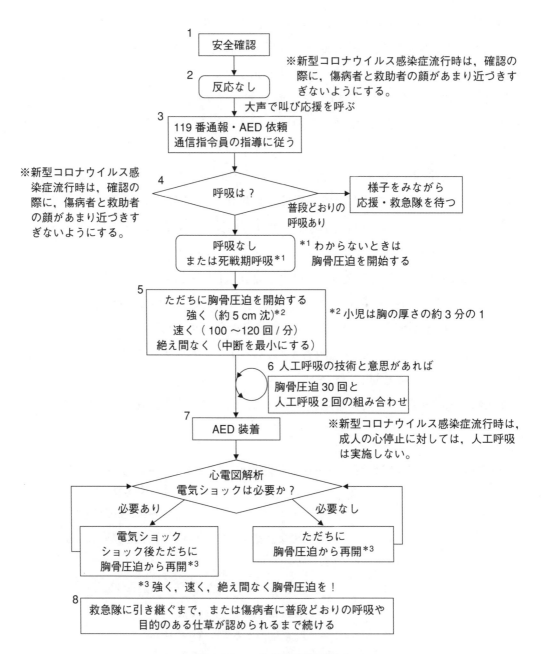

1 安全確認

2 反応なし
大声で叫び応援を呼ぶ

※新型コロナウイルス感染症流行時は，確認の際に，傷病者と救助者の顔があまり近づきすぎないようにする。

3 119番通報・AED依頼
通信指令員の指導に従う

※新型コロナウイルス感染症流行時は，確認の際に，傷病者と救助者の顔があまり近づきすぎないようにする。

4 呼吸は？
普段どおりの呼吸あり → 様子をみながら応援・救急隊を待つ

呼吸なし
または死戦期呼吸*1
*1 わからないときは胸骨圧迫を開始する

5 ただちに胸骨圧迫を開始する
強く（約5 cm沈）*2
速く（100〜120回/分）
絶え間なく（中断を最小にする）
*2 小児は胸の厚さの約3分の1

6 人工呼吸の技術と意思があれば
胸骨圧迫30回と
人工呼吸2回の組み合わせ

7 AED装着
※新型コロナウイルス感染症流行時は，成人の心停止に対しては，人工呼吸は実施しない。

心電図解析
電気ショックは必要か？

必要あり
電気ショック
ショック後ただちに
胸骨圧迫から再開*3

必要なし
ただちに
胸骨圧迫から再開*3

*3 強く，速く，絶え間なく胸骨圧迫を！

8 救急隊に引き継ぐまで，または傷病者に普段どおりの呼吸や目的のある仕草が認められるまで続ける

図4-16　一次救命処置の流れ
（「JRC蘇生ガイドライン2015」より引用）

※胸骨圧迫のみの場合を含め心肺蘇生はエアロゾル（ウイルスなどを含む微粒子が浮遊した空気）を発生させる可能性があるため，新型コロナウイルス感染症が流行している状況においては，すべての心停止傷病者に感染の疑いがあるものとして対応する。成人の心停止に対しては，人工呼吸を行わずに胸骨圧迫とAEDによる電気ショックを実施する。

第9章　治療と職業生活の両立支援

　疾病を抱える労働者の中には，仕事上の理由で適切な治療を受けることができない場合や，通院等の治療と職業生活の両立を可能にする体制が不十分なため等により，離職に至ってしまう場合もみられる。

　近年の診断技術や治療方法の進歩により，かつては「不治の病」とされていた疾病においても生存率が向上し，「長く付き合う病気」に変化しつつあり，労働者が病気になったからといって，すぐに離職しなければならないという状況が必ずしも当てはまらなくなってきている。しかしながら，疾病や障害を抱える労働者の中には，仕事上の理由で適切な治療を受けることができない場合や，疾病に対する労働者自身の不十分な理解や，職場の理解・支援体制不足により，離職に至ってしまう場合もみられる。

　労働安全衛生法では，事業者による労働者の健康確保対策に関する規定が定められており，そのための具体的な措置として，健康診断の実施結果及び医師の意見を勘案し，その必要があると認めるときは就業上の措置（就業場所の変更，作業の転換，労働時間の短縮，深夜業の回数の減少等）の実施を義務づけるとともに，日常生活面での指導，受診勧奨等を行うよう努めるものとされている。

　これは，労働者が，業務に従事することによって，疾病（負傷を含む。以下同じ。）を発症したり，疾病が増悪したりすることを防止するための措置等を事業者に求めているものである。また，同法及び労働安全衛生規則では，事業者は，「心臓，腎臓，肺等の疾病で労働のため病勢が著しく増悪するおそれのあるものにかかった者」等については，その就業を禁止しなければならないとされているが，この規定は，その労働者の疾病の種類，程度，これについての産業医等の意見を勘案してできるだけ配置転換，作業時間の短縮その他の必要な措置を講ずることによって就業の機会を失わせないようにし，やむを得ない場合に限り禁止する趣旨であり，種々の条件を十分に考慮して慎重に判断すべきものである。

　さらに，同法では，事業者は，その就業に当たって，中高年齢者等の特に配慮を必要とする者については，これらの者の心身の条件に応じて適正な配置を行うように努めなければならないこととされている。これらを踏まえれば，事業者が疾病を

抱える労働者を就労させると判断した場合は，業務により疾病が増悪しないよう，治療と職業生活の両立のために必要となる一定の就業上の措置や治療に対する配慮を行うことは，労働者の健康確保対策等として位置づけられる。

　そこで厚生労働省は，平成28年に「事業場における治療と職業生活の両立支援のためのガイドライン」を公表し，がん，脳卒中，肝疾患，難病を抱える労働者に対し，治療と職業生活が両立できるよう，業務によって疾病を増悪させること等がないよう，適切な就業上の措置や治療に対する配慮や支援等の取組みを促進することを求めている。

　ガイドラインの概要は，以下のとおりである（詳細は https：//www. mhlw. go. jp/stf/seisakunitsuite/bunya/0000115267. html）。

1. 治療と職業生活の両立支援を行うに当たっての留意事項

　① 安全と健康の確保

　　治療と職業生活の両立支援に際しては，就労によって，疾病の増悪，再発や労働災害が生じないよう，就業場所の変更，作業の転換，労働時間の短縮，深夜業の回数の減少等の適切な就業上の措置や治療に対する配慮を行うことが就業の前提となる。したがって，仕事の繁忙等を理由に必要な就業上の措置や配慮を行わないことがあってはならないこと。

　② 労働者本人による取組

　　治療と職業生活の両立に当たっては，疾病を抱える労働者本人が，主治医の指示等に基づき，治療を受けること，服薬すること，適切な生活習慣を守ること等，治療や疾病の増悪防止について適切に取り組むことが重要であること。

　③ 労働者本人の申出

　　治療と職業生活の両立支援は，私傷病である疾病に関わるものであることから，労働者本人から支援を求める申出がなされたことを端緒に取り組むことが基本となること。なお，本人からの申出が円滑に行われるよう，事業場内ルールの作成と周知，労働者や管理職等に対する研修による意識啓発，相談窓口や情報の取扱方法の明確化等，申出が行いやすい環境を整備することも重要であること。

　④ 治療と職業生活の両立支援の特徴を踏まえた対応

　　治療と職業生活の両立支援の対象者は，入院や通院，療養のための時間の確

保等が必要になるだけでなく，疾病の症状や治療の副作用，障害等によって，労働者自身の業務遂行能力が一時的に低下する場合等がある。このため，育児や介護と仕事の両立支援と異なり，時間的制約に対する配慮だけでなく，労働者本人の健康状態や業務遂行能力も踏まえた就業上の措置等が必要となること。

⑤　個別事例の特性に応じた配慮

　　症状や治療方法等は個人ごとに大きく異なるため，個人ごとに取るべき対応やその時期等は異なるものであり，個別事例の特性に応じた配慮が必要であること。

⑥　対象者，対応方法の明確化

　　事業場の状況に応じて，事業場内ルールを労使の理解を得て制定する等，治療と職業生活の両立支援の対象者，対応方法等を明確にしておくことが必要であること。

⑦　個人情報の保護

　　治療と職業生活の両立支援を行うためには，症状，治療の状況等の疾病に関する情報が必要となるが，これらの情報は機微な個人情報であることから，労働安全衛生法に基づく健康診断において把握した場合を除いては，事業者が本人の同意なく取得してはならないこと。また，健康診断または本人からの申出により事業者が把握した健康情報については，取り扱う者の範囲や第三者への漏洩の防止も含めた適切な情報管理体制の整備が必要であること。

⑧　両立支援にかかわる関係者間の連携の重要性

　　治療と職業生活の両立支援を行うに当たっては，労働者本人以外にも，以下の関係者が必要に応じて連携することで，労働者本人の症状や業務内容に応じた，より適切な両立支援の実施が可能となること。

・事業場の関係者（事業者，人事労務担当者，上司・同僚等，労働組合，産業医，保健師，看護師等の産業保健スタッフ等）

・医療機関関係者（医師（主治医），看護師，医療ソーシャルワーカー等）

・地域で事業者や労働者を支援する関係機関・関係者（産業保健総合支援センター，労災病院に併設する治療就労両立支援センター，保健所（保健師），社会保険労務士等）

・労働者と直接連絡が取れない場合は，労働者の家族等と連携して，必要な情報の収集等を行う場合があること。

・特に，治療と職業生活の両立支援のためには，医療機関との連携が重要であり，本人を通じた主治医との情報共有や，労働者の同意のもとでの産業医，保健師，看護師等の産業保健スタッフや人事労務担当者と主治医との連携が必要であること。

2．治療と職業生活の両立支援を行うための環境整備

両立支援を行うための環境整備として取り組むことが望ましい事項として，次のもの等が挙げられる。

① 衛生委員会等における調査審議を行ったうえでの，ルール作成等による治療と職業生活の両立を実現しやすい職場風土の醸成

② 労働者や管理職に対する研修等を通じた意識啓発

③ 労働者が安心して相談・申出を行えるための相談窓口等の明確化

④ 短時間の治療が定期的に繰り返される場合等に対応するための，時間単位の休暇制度，時差出勤制度等の検討・導入

⑤ 主治医等に就業状況等に関する情報を適切に提供するための様式や，主治医等から必要な就業上の措置等に関する意見を求めるための様式の整備

3．治療と職業生活の両立支援の進め方

① 労働者が事業者へ申出

・労働者から，主治医等に対して，自らの仕事に関する情報を提供

・主治医等が，症状，退院後または通院治療中の就業継続の可否，望ましい就業上の措置，配慮事項を記載した書面を作成

・労働者が，その書面を，事業者に提出

② 事業者が産業医等の意見を聴取

事業者は，労働者から提出された主治医等からの情報を，産業医等に提供し，就業上の措置，治療に対する配慮等に関する意見を聴取する。

③ 事業者が就業上の措置，治療に対する配慮等を検討・実施

事業者は，主治医，産業医等の意見を勘案し，労働者の要望も聴取し，十分な話し合い，本人の了解を得られるよう努めたうえで，就業継続の可否，就業上の措置（作業の転換等），治療に対する配慮（通院時間の確保等）の内容を検

討・実施する。その際には，必要に応じ，具体的な措置，配慮の内容やスケジュール等についてまとめた「両立支援プラン」を策定することが望ましい。

4．疾病に関する留意事項

このガイドラインでは，参考資料として，がん，脳卒中，肝疾患および難病別に，留意事項を示している。

① 　がんに関する留意事項

　抗がん剤治療は，1～2週間程度の周期で行うため，その副作用によって周期的に体調変化を認めることがある。特に倦怠感や免疫力低下が問題となるが，薬剤の種類や組み合わせごとに，いつごろどのような症状が現れやすいか推測可能であるため，労働者が主治医に対して出やすい副作用及びその内容・程度，治療スケジュールの変更の有無等を必要に応じて確認し，それらの情報を事業者に提供することが望ましいこと等。

② 　脳卒中に関する留意事項

　経過によって，痛みやしびれ等の症状（慢性疼痛等）や記憶力の低下，注意力の低下等（高次脳機能障害）が後遺症として残る可能性もあり，就業上の措置を要する場合があることに留意が必要である。職場復帰や就労継続に際し，労働者は，あらかじめ主治医に出やすい症状やその兆候，注意が必要な時期等について確認し，必要に応じてそれらの情報を事業者へ伝達することが望ましく，事業者は，労働者から体調の悪い旨の申出があった場合には柔軟に対応する等に配慮することが望ましいこと等。

③ 　肝疾患に関する留意事項

　肝疾患は，病気があまり進行しておらず，症状が出ていない段階であっても，通院による治療や経過観察が必要であり，治療を中断すると病気や症状が急激に悪化する場合もあるため，労働者から通院等への配慮の申出があれば，事業者は，海外出張や不規則な勤務を避ける等，必要な配慮を検討し，対応することが望ましいこと等。

④ 　難病に関する留意事項

　難病では，症状や障害の有無はさまざまであるが，作業環境や作業内容を変えることで就業の継続が可能であることが多い。症状や障害に応じた必要な配慮は，仕事内容や治療の状況が労働者によって異なるため，個別の確認が必要

である。労働者本人とよく話し合い，必要に応じて主治医や産業医等の意見を勘案しながら対応を検討することが望ましいこと等。

第5編

労働衛生教育

本編で学ぶ主な事項：

→労働衛生教育計画の作成

→労働衛生教育計画の進め方

1. 労働衛生教育の必要性

　労働衛生管理が適切かつ効果的に行われるためには，労働者に対する作業環境管理,作業管理及び健康管理について，正しい理解と行動への動機づけが大切である。労働衛生教育はこれらの理解と認識を深めるために不可欠なものである。しかし，職場の労働衛生管理を行う際には3管理をバラバラに行うことはなく，ライン管理者や労働者等に対する労働衛生教育は総合的に行うことが求められる。さらに，教育は常に新しい情報を加える必要があり，最近の急速な技術革新の進展，多様化する作業態様や情報化社会における複雑，多岐にわたる情報を取捨選択して取り入れる必要がある。そのためには，現場の意見を取り入れ，国の安全衛生教育実施体系との関連を常に念頭におく必要があるが，法定の教育だけでは十分でないことを認識すべきである。さらに多様な価値観をもつ労働者への対応には，高度な内容とともに高度な教育技術が要求される。

　元来,教育とは何らかの目的をもって他から働きかけ,その内容がよく理解され,それによって望ましい姿に変わり，その人のもつ能力が開発され，人としての価値を高めるための現実的な活動である。したがって，効果ある教育を実施し成功させるための最も重要な点は，明確な教育目標を立てることである。この目標が不明確では，いろいろな考えをもつ人達に対する教育の効果は期待できない。教育の効果は教える側に半分，教わる側に半分の責任が伴うものであるといわれている。このうち，特に教える側の責任は大きい。教育する者は，教えることへの情熱と教科内容の理解に加え現場の実務経験に基づいた広い知識を有することはもちろん，何よりも教科内容の背景にある考え方の基礎すなわち教育者としての哲学を有していなければならない。特に労働衛生教育は，労働者の健康の確保と増進を目的として行われるものであることを深く認識すべきである。国は労働衛生教育を労働災害防止対策の重要な施策として位置づけて重視しており，安全衛生教育の計画的かつ継続的な充実強化が望まれている。労働衛生教育では次に示す知識，能力の育成が業務の遂行に関連して重要である。

　①　危険有害要因の認識と，作業標準及びその残存リスクに対する対応
　②　災害事例やヒヤリ・ハットを自分たちの職場で活用する方法
　③　事故や緊急時の対処方法
　④　心身の健康の保持・増進

2. 教育計画作成のポイント

(1) 教育計画

　すべての活動はまず目標を立ててから，行動を起こす。目標を設定し，その目標を達成するための計画が立てられ，それを実行に移し，最後にその成果を評価し，次の行動のために計画を練り直すという PDCA サイクルは広く企業体では実施されていることである。労働衛生教育を行う場合でも例外ではない。各々のレベルに従って，教育目標を立て，目標に到達するための計画書を一般に「カリキュラム」という。したがってこのカリキュラムの内容が教育の効果を左右することとなる。労働衛生教育のカリキュラムは具体的な例題を示し，受講者の程度に応じて理解が深められるような内容が望ましい。優れたカリキュラムに則って学習し，目標に到達できれば教育の効果は十分に成功したといえる。優れたカリキュラムとは，

　　① 教育の目標を掲げ，受講者に目的意識を持たせるもの
　　② 分かりやすく納得できる学習内容が理論的に組み立てられたもの
　　③ 教える内容は，常に新しいニュース性があり，受講者に興味を抱かせるもの
　　④ 教育効果が明らかに分かるもの
　　⑤ 評価は教える側，教えられる側の双方が納得できる方法で行われるもの

　そして，教育目標に合った人が教育し，教育器材等を効果的に使用できる教育の場があること。労働衛生教育は労働者に単なる知識を与えるだけでなく，いかに自発的に目的意識をもった行動をとらせることができるかが重要である。

　教育目標を設定するに当たり注意すべき事項は，現実的で到達可能な目標を立てることである。その目標は受講者がよく理解でき，その到達の程度を良く評価できることである。

(2) 教育方法

　新型コロナウイルス感染症の流行により，教育方法については，オンライン化といった大きな変化が生じているが，教育方法には教育内容によって知識教育，技能教育及び動機づけ教育とに分けられる。一般に知識教育は，集合教育として講義，討論等によることが多いが，この際受講者にできるだけ多く発言させることが望ましい。技能教育は実習を中心に，ときには個人指導も導入される。受講者の個性に適した方法を考えて，あきないよう動機づけに注意する。動機づけ教育は討論等を中心に，特に受講者の身近なテーマによって行われることが望ましい。

1）　講　　義

　講義は，集合教育の代表的なものであり，形式として講習会，研究会等が挙げられるが，多人数を対象とした専門家による効率的な教育方法であって，これにより原理原則を確認し，知識を体系化して直接講師から伝達するので理解を深めるうえでは効果がある。しかし，受講者は受動的であるため一方的になりやすい。それを補う意味から，プレゼンテーションソフト，動画など多くの媒体を有効に活用することが望ましい。理解力の程度を知る目的で終了後講義に関するテストなどが行われるが，全員が，完全に理解することは難しい。

　講義形式を拡大したものに，講演会がある。講義以上に対象者が多いので，全員に十分理解されることは難しい。趣旨をよく理解し，しゃべり慣れた講師（演者）を選ぶことによって，受講者達の受ける感銘は普通の講義以上に大きいと思われる。講演時間は演者1人につき90分以内が原則で，質問時間を入れても2時間が限度である。演者が複数の場合でも合計3時間が限度であることに留意して講師の数を考慮すべきである。休憩時間は90分ごとに1回，5～10分以上を予定しておくとよい。受講者から講師の顔が見えるような配慮も大切で，そこから講師への親近感も生まれて，発言もしやすくなる。

　できるだけ質疑応答の時間を設けるようにする。この時の発言は司会者の人柄や司会の巧拙によることが大きいので，司会者の選定と，司会者と講師との事前の打合わせも大切なことで，特に講演会では重要な事項である。

　受講者の人数は100名位が限度であり，会場は演壇に対して幅が広すぎても奥行きが長すぎても落ち着かないので，人数に見合った会場の選定も大切である。研究会形式の場合は，前もって質問者を数人定めて進行すれば，他の質問，意見も出やすくなり理解も深められる。座談的な雰囲気で進められれば理想的である。この場合も司会者が教育目標から内容が離れないように誘導しなければならない。

　なお，受講者の理解が一層深められるように，資料の配布，プレゼンテーションソフト，動画等を使用することは，最近ではごく普通のこととなっている。いずれにせよ集合教育の場合は，講師の選定と司会者や実施企画者などとの事前の打合せ，および講演会場と用いる媒体に十分な配慮が必要である。

2）　討　　議

　討議は，一方的な講義より理解への関心が深まるが，ややもすると発言者のみの興味へ重点が偏り，全般に対する理解を欠くとともに当事者以外の者の熱意を失うおそれがある。この場合は講演のときより一層発言者と座長との意思の疎通

が大切で，同じ言葉，同じような表現でも解釈が異なることが多いので注意が必要である。

形式として，シンポジウム，パネルディスカッション，ラウンドテーブルディスカッション等が一般的な討議形式であるが，いずれにせよ発言者が内容をよく理解し，座長が発言者の発言をまとめて参加者の発言を活発にすることが必要である。

そのために座長が前もって討論の目的を全員に説明し，発言者の発表の後に要旨をまとめ，討議の間でも解説を加えることが望ましい。これによって相互の思考が深まり積極的に学習参加への意欲を増し，自分の考えをまとめて発表するための考え方や発表する力がつき，他人の意見を聞く態度が養える。

しかし，特定の意見に支配されやすい，脱線しやすく時間を費やす，発言しない者への配慮をしないなどという座長であるとうまく進まないことにもなる。この場合，討議の形態を会議形式にして少人数で討議し合う方法をとればその欠点は補われると思われる。

討議方式による教育は職場において相互啓発による知識・技能の向上，自己啓発の促進などの教育効果が期待できる。しかし，自主的に皆で話し合っているだけでは教育の効果は上がらない。効果を上げるためには職場の管理監督者の事前の十分な調査に基づく準備と，慎重な配慮による運営が必要である。管理監督者が一方的になり過ぎれば，自主的活動を促す教育にとってマイナスとなる。討議に際して必要なことは，どのような場合でも各自の発言時間を厳守させることで，簡潔に要領よく内容をまとめて発言させることである。これも座長の重要な役割の1つである。さらにテーマの選択にも慎重を期すべきで，同じテーマでも違った角度からの検討事項の選定などを考えて，それぞれの内容に合った適切なアドバイスをする助言者の選択など事前の準備，打ち合わせが必要で，特に初めての場合には導入段階で職場全員が発言できるような雰囲気をつくるような配慮も大切である。

少人数で労働衛生の問題をテーマに取り上げる場合は，参加者が労働衛生の知識を持っていることが必要で，そのためには関係者に対する知識教育が進んでいることが前提となる。この基礎的知識がない者での小集団の討議は十分な成果を期待できない。したがって，職場において小集団による労働衛生活動を推進するためには次の点に留意する必要がある。

① 日常の身近な問題を取り上げる。

例えば，取り上げるテーマとして，保護具の使用が励行されない理由，局所排気装置の位置，作業場の換気方法，騒音発生の排除対策，職場内の色彩，照明，有機溶剤の取扱い方法などが挙げられる。

② テーマの主体を予防的な対策，健康の保持・増進方策について行う。

③ 全員が常に興味や関心が持てるよう進行を工夫する。

④ 自由に意見が言えるような職場の雰囲気づくりを心掛ける。

3) 実　　　習

実習は，講義だけでは理解が不十分な場合や，より一層理解を深めさせる場合などに，実際に器材を用いて受講者自身が体験から得る方法であるから，講義を補う手段として最も優れた方法といえる。最近はテレビやインターネット，動画などを利用して視覚から理解を深める方法もあるが，実際に即した体験を通して行われる実習は，実際に身体で感じ触れるのであるから，教育目標に対する関心を深める意味から欠かせない教育方法といえる。それだけに実習を行うに当たっては，教育体制の充実を図るべきで，実習に適した熟練の人材と誰にでも利用できる十分な器材を事前に調達する必要がある。

実習は，まず手を触れる前によく説明し理解させ，その後講師自らがやってみせて，それぞれの受講者にやらせてみる。受講者の実習態度や器材の取扱いなどに不十分な点などあれば，それらについて個々の問題点を指摘し注意や指導を行い，講師，受講者双方が納得するまで手を取り繰り返し教え行わせることが望ましい。そのため，実習には十分な時間的余裕を持って計画することが大切である。

4) 自　　　習

自習は，個人のペースで確実に無理なく学習できる利点がある。講義，討論に関する参考書を読むとともに，テレビ，インターネット，動画などの視聴覚器材を利用することによって効果が上がる。深い理解と行動への動機づけにこの自習は欠かせない学習プログラムの1つであるが，受講者の熱意によるところが大きいので個人差がつきやすく集団思考の機会がないなどの欠点がある。

最近，よく用いられるeラーニング（PC等情報機器を用いた学習）も自習の一方法である。教育内容が固定化され，変更，修正に手間がかかるなど教材の選定に困難さがあるが，学習者によっては利用効果は高まる。

5) 個人指導

個人指導は，個人的習熟度の違いをなくすために行われる方法として最も効果

的である。職場で行われる On the Job Training（OJT）もこの1つである。教育する側と受ける側との信頼関係による人間的な触れ合いが大切で，単なる知識の切り売りでは効果はない。あくまで理解を深め目標到達への方法であるから，個人の理解能力を勘案しつつ教育内容の追加，変更等，臨機応変に指導ができるので，理解と実行が一層促進される利点がある。

　以上のような教育方法の他にも次のような技法がある。危険予知訓練法はその代表的な教育訓練法で事例研究法，問題解決法，役割演技法（ロールプレイング）などの教育技法を含み，労働衛生教育の OJT として欠かせない技法である。イラストや現場のスライド，動画などを見ながら職場や作業の状況の中に存在する危険要因とその要因が引き起こす災害や有害物ばく露などの危険現象を小集団で討論し合い，これらの現象を未然に防ぐ対策，手法を考え合う方法である。この方法は参加者全員に忌憚（きたん）のない発言の機会が与えられ，自由な発想と思わぬ結論が得られることがある。

⑶　教育の媒体

　近年，教育に多くの媒体が用いられている。標本，模型，ポスター，映画をはじめ，プレゼンテーションソフトなどコンピュータも用いられており，情報科学の発達とともにその応用範囲は拡大されている。

　また，最も古くから用いられ，今日なお広く行われる方法に黒板などに演者が直接講義しながら要点を書く方法がある。大勢を相手にした講義などには，理解を深め誤解をなくすために必要な方法である。

　よい教材は教育者と受講者とを結ぶ最も大切なものであり，その教材を生かすのは教育媒体である。教育媒体は，情報の伝達方法の1つであるから，その媒体の選定には十分な配慮が必要である。

1）　プレゼンテーションソフト

　プレゼンテーションソフトは，講義に必要な図表やその他の事項を箇条書きにして表示できるので便利である。しかし，あまり大きい部屋で100名を超す対象者は不向きであり，50名位の受講者なら効果が上がる。また，内容があまり細かすぎると見にくく理解を得るのに困難であるから，簡潔に内容をまとめて表示することが大切である。プレゼンテーションソフトは，受講者と向き合って操作できる上，明るい部屋で使用できるので受講者の様子がよく分かり，それに合わせて講義できる利点があり小人数の講義に適している。

2)　動画

動画は，放映設備が必要であるが，最近では多くの会場でこのような設備を備えてきている。また，プレゼンテーションソフトに動画を埋め込んで見せることもある。聴覚からの刺激も受けるので受講者に対して迫力がある。ただし，動画の作成には教材としての企画，台本，撮影，及び編集等の作業があるので，衛生管理教育に精通し教育目的を十分に理解したスタッフによって制作されなければ教育効果は薄れてしまう。市販の動画にも，この目的に沿って編集された優れた教材があるので，それを活用することも良い。

3)　印刷物

ポスター，パンフレット，テキストといろいろあるが，最も普遍的な印刷物はテキストである。講義の内容を前もって簡潔にまとめておくと，受講者の理解は深まる。多人数を相手とする場合に有効であるが，講義に際し，テキストにばかり頼り，これを読み上げるような方法をとると受講者はあきて興味を失うので，その活用には講師としての訓練が必要である。ポスター，パンフレットあるいは壁新聞なども衛生教育に欠かせない印刷物といえるが，内容は分かりやすく，特に現在の若者には漫画的手法も取り入れ，文章よりは視覚に訴えるものがよく，現代の感覚にマッチしたレイアウト，デザインに十分配慮する必要がある。

プレゼンテーションソフト資料を印刷して配布することも多い。

⑷　教育の環境

講義形式で行われる教育は落ち着いた環境の中で行われることが望ましく，照明，騒音，温湿度等の外部環境の整備が必要である。教室内に教育の場にふさわしい雰囲気をかもし出し，受講者の興味と関心を高めるために事前に教育目的と内容を知らせるとともに，外部から講師を招く場合はその氏名，略歴等も併せて知らせておくとよい。

OJTの形式をとる場合は講師の熱意や教育技術の他に受講者との信頼関係，人間関係等が教育に影響を与えることもあるので，良い教育環境を保つ上で講師の人選も大切である。

⑸　教育の実施

教育の目標が決定し，実施に移る段階で使用する教室，器材，印刷物類を最終的にチェックすることが必要である。外部講師を活用する場合，依頼する講師に日時

を前もって再確認するとともに，複数の講師を依頼する場合には事前に講師間で講義の内容等の調整を行って，内容の重複や欠落を未然に防ぐことが望ましい。

　教育は，相手が教えられた内容をよく理解し，それを実際の行動に移すことを期待するものであるから，受講者に応じた教育を実施する必要がある。教育の実施に当たって次の点に留意すべきである。

1) 受講対象者や教育内容にふさわしい方法を選ぶこと

　すでに述べたように，教育の方法には個人，集団を対象としたいくつかの方法があり，それに使用する媒体も情報科学の進歩とともに優れた性能を有するものが出回っている。そのため方法の選択は対象者を考慮して，それにふさわしいものを選ばなければならない。教育の方法は対象者の経験，知識及び地位によって異なるが，講義，討議と事例研究法と問題解決法との組合わせによる学習がよい効果を上げることが多い。したがって，初心者には講義形式によって一般的な知識を教えることが必要で，講義内容を理解しやすいように媒体などを用い，質問，自習，実習も併用したり，経験者を対象とした場合は，動機づけ教育は討議法，役割演技，事例研究，問題解決などの実務的な教育方法を組み合わせる。

2) 教え方の原則を守ること

　教育は，教える側と受ける側相互の信頼によって成り立つといえる。教える側には効果的に教えるための技術も必要である。講師は専門家であり，教育内容を十分に理解しているが受講者は未知のことが多いから，その水準を理解して教育しなければならない。また，講師の言動が受講者に多くの影響を与えることがあるから，その言動には十分配意しなければならない。教え方の原則として次のことに配慮する必要がある。

⑦　相手の立場に立って教育の準備をすること

　教育は相手が覚え，活用してくれてこそはじめてその役目を果たしたことになる。相手の経験の深さ，理解力，熟練度などに応じた教育内容を考え，相手の立場に自分の身を置いて考える準備をし，教材を整える。

⑦　やさしいことから，難しいことへ

　相手が理解し，習得できる程度に合わせて，教える内容の程度を少しずつ高めるように目標を定める。このことからも教育は計画的でなければならず，目標，内容により個人指導がよいか集団指導がよいか，研究し工夫しなければならない。

㈡　動機づけを大切にすること

　　目標や学習内容の重要性を理解させ納得させるために，企画の段階から教育目標を明らかにするとともに，相手の学習欲求を知り，目的と欲求とを結びつけ，学習しようという気にさせる。

㈢　心に残る教え方をすること

　　講師自身が教育内容を十分理解して，抽象的，観念的でなく，事実や事例によって具体的に実践的に教え，相手の学習意欲を刺激する教え方をする。

㈣　1回に1つのことを教えるように心掛ける

　　一般の人間は一度にそう多くのものを覚え身につけることはできないので，1回に1つのことを教えることを根気よく行うと容易に理解され実行されることが多い。

㈤　反復して教える

　　理解度の低い者に対しては，根気よく何回も繰り返し聞かせ，やって見せ，やらせてみて，そのつど評価していけば習得されるようになる。知識教育は幅広くいろいろな角度から教え，技能教育は基本的なやり方を繰り返し行わせ，仕事の急所を飲み込ませる。

㈥　考えさせる余裕が必要となる

　　教育を受けて，その場では理解したつもりでいても，後になると分からないことが多い場合がときどきある。それは，その場で考えてみなかったためで，そこで考えれば理解も進むし，質問もできる。

㈦　対象者の反応を見る

　　教育を実施しているときに，相手側の反応で臨機応変の措置をとらなければならない。教育は，ただ内容を伝達すればよいというものではない以上，必要によってはやり直すぐらいの気持ちでないと目的は果たせない。掲示のようなものでも，分かりやすく書き直す熱意も必要である。

㈧　五感を活用する

　　五感とは，目，耳，鼻，口，皮膚から入る感覚である。教育は一般に視覚と聴覚に頼ることが多いが，実習等によって味覚，臭覚，触覚等から体験できる教え方を工夫することも大切である。

㈨　機能的に理解させること

　　新しい設備や機械に対しては，その構造，機能，性能を詳しく教え，メカニズムをよく理解させると教育の効果は上がる。例えば操作の仕方，保守点検の

仕方などを教えるには機械を分解したり，模型を作ったり，図解したりして教えると理解度は高まる。

(サ) 視聴覚教材の活用

プレゼンテーションソフト，DVD 等の視聴覚教材などの媒体を活用することが理解を助けるために必要である。

(シ) OJT を重視すること

労働衛生の教育は，実際に即した教育を行うことが望ましいので，OJT 教育は欠かすことのできない手法といえる。OJT は次のような長所がある。

① 個人の能力に応じた指導ができる。
② 個人の仕事に応じた指導ができる。
③ 日常的に機会をとらえて指導ができる。
④ 効果を把握しやすい。
⑤ 成績の向上に直結する。

このように，OJT は講義などの集合教育とは車の両輪のような関係があるので，日頃から教える側の準備を十分に整える必要がある。

(6) 教育の評価

評価の方法には，面接による口頭試問，筆記試験などやアンケート調査，グループ討議の結果や研修日誌の内容などから評価する方法が考えられる。教育の内容によっていろいろと組み合わせて評価することも可能である。しかし，教育における成果に関する評価は，適切な判断基準が設定されていなければならないが，その基準の設定は容易ではないので，教育の評価は軽々しく行うことはできない。特に衛生教育の最終目標は教育目的に沿った実践行動の実現にあるので，その成果を安易に評価・判定することは避けるべきである。仮に受講者に十分な教育効果が上がらなかったと判断されたときは，教育方法やカリキュラムに不備がなかったかなどについてもう一度見直す必要があり，特に教育目標，教育内容とその教材及び実施の方法を受講者の程度に合わせて計画の段階から再検討することが長期的な観点から必要である。

3.　労働衛生教育の進め方

　労働衛生教育では全般的な健康に対する意識を高める必要がある。健康であることの重要性を認識し，心身の健康を大切にする気持ちがなければ，業務から生ずる健康への影響に対しても，自発的な予防的対策を講ずる態度は生じない。

　それを実行させるためには，知識だけの教育では効果が上がらない。行動を育てることが必要である。いわば「躾」的なものを日常生活の全般に対して徹底させなければならない。

　要するに職場における衛生管理を徹底するためには，日常生活をも含めた全般的な意識を向上させることであり，しかも事業場全体の集団的意識も高めることが必要である。

　明るい空気の，清潔な職場には，職業性疾病はもちろん，一般的な疾病も発生しにくい。このような雰囲気を育てることが，労働衛生教育の基本といえよう。その上に立って衛生上有害な因子の排除や，健康を守る正しい作業方法に応じた教育内容の検討が大切である。しかし，教育は何も教室内で行うことだけではない。むしろ，日常の業務を通じて行われる教育に重点をおくことも重要である。

　日常の労働衛生教育は，職場の管理監督者により作業やその他の機会にごく自然に組み込まれて実施することが原則で，その重点は作業内容に対応した内容のものでなければならない。この場合，ポスターなどの掲示や印刷物を使用したりして，メリハリをつけることが職場で行われる労働衛生教育の必須条件である。

　日常の労働衛生教育の重要指導項目に，作業標準を守らせるための教育がある。職業性疾病は慢性的な経過によって発症するものが多いので，取扱物質の有害性は承知をしていても，安全面に比べて労働衛生に関する作業標準の遵守はつい手抜きがちとなる。例えば，耳栓などの保護具の着用を怠る者，重量物取扱い作業時の行動基準を守らない者，粗雑な化学物質の取扱いなどに対する細かい教育は日常の労働衛生教育に欠かすことができない。

　さらに，日常教育に不可欠なものは，災害発生等異常時における措置と対応に関する教育である。日頃から，突然的に起きるであろう爆発や酸素欠乏状態等に対して，それらを未然に防ぐための行動や，心肺蘇生法などの緊急措置についても労働者一人ひとりに十分教育しておくことは，災害発生時の対応にきわめて有効である。

第6編

主要な労働衛生対策

本編で学ぶ主な事項：

→化学物質管理

→職業性疾病対策

→快適な職場環境の形成

→過重労働対策

→高年齢労働者への対応

第1章　化学物質管理

1．化学物質の製造等の禁止・許可・管理等の規制

　職場で幅広く取り扱われる化学物質のうち，労働者に健康障害を発生させるおそれのあるものについては，健康障害の程度に応じ労働安全衛生法により，

① 　製造，輸入，譲渡，提供，使用が禁止されているもの（ベンジジン，β-ナフチルアミン等）

② 　製造に際し，厚生労働大臣の許可を受けなければならないもの（ジクロルベンジジン，ジアニシジン等）

③ 　その他製造・取扱い上の管理が必要なもの

の3つに分けてそれぞれ規制されている。②，③の化学物質については，有機溶剤中毒予防規則，特定化学物質障害予防規則等において，それぞれの物質の有害性，取扱い状況に応じて密閉設備，局所排気装置，プッシュプル型換気装置等の設置，保護具の使用，健康診断の実施，有害性の表示等の事業者が講ずべき措置を定め，適切な管理を行うよう求めている。

　このほか，人体に対する有害性が確定していないものであっても，重度の健康障害を生ずるおそれのあるものについては，未然にこれを防止する観点からの適切な対策の実施が可能となるよう，必要に応じて法令に基づき健康障害を防止するための指針を示すこととされている。

　また，大阪の印刷会社において多数の胆管がんが発生したが，法令や上記指針の対象とされていなかった化学物質が原因ではないかと指摘された。化学物質の適正な管理を行うためには，法令で直接規制のかかっていないものであってもその取扱いについてリスクアセスメントを実施し，リスク低減措置を講じることが重要である。さらに，作業のマニュアルを作成し，保管，運搬，廃棄などについてその基準を策定するとともに，安全衛生管理体制を確立するほか，労働者に対する適切な安全衛生教育の実施が必要である。

⑴　有機溶剤の規制

　有機溶剤中毒予防規則（以下「有機則」という）においては，44種類の有機溶剤を有害性の程度等により，第1種，第2種および第3種の3つに分類し，発散源を密閉する設備または局所排気装置等の設置，作業主任者の選任，局所排気装置等の定期自主検査，作業環境測定，健康診断の実施，保護具の使用，貯蔵及び空容器の処理などについて規制している。

　なお，平成26年8月の労働安全衛生法施行令等の改正により，発がんのおそれのあるクロロホルムをはじめとする有機溶剤10物質について，発がん性に着目した規制を行うため，特定化学物質障害予防規則（以下「特化則」という）の措置対象物質となっている（平成26年11月1日施行）。

　最近の有機溶剤中毒の発生例をみると，ほとんどが通気の不十分な場所での取扱い作業で発生している。その原因としては不十分な換気，呼吸用保護具の不使用，作業主任者の未選任のほかに，作業者に対する有機溶剤中毒防止のための労働衛生教育の不足などが指摘されている。

　なお，有機溶剤中毒の大部分は，トルエン，キシレンなど第2種有機溶剤によって発生している。

⑵　特定化学物質の規制

　特定化学物質（以下「特化物」という）は労働者に職業がん，皮膚炎，神経障害などを発症させるおそれのある化学物質で，75（第1類物質：7，第2類物質：60，第3類物質：8）種類の化学物質が特化則により規制されている（令和3年4月1日現在）。

　平成26年8月の改正により，有機溶剤10物質と，化学物質による労働者の健康障害防止に係るリスク評価の結果に基づき，同じく発がんのおそれのある物質として，ジメチル-2,2-ジクロロビニルホスフェイト(DDVP)が，また，平成27年8月の改正では，ナフタレンとリフラクトリーセラミックファイバーが特化物として追加され，平成28年にはオルト-トルイジン，平成29年には三酸化二アンチモンが規制対象となった。さらに，令和3年4月には，溶接ヒュームが第二類物質に追加された。

　これらによる健康障害の予防対策については，特化則では規制対象物質を

①　製造設備の密閉化，作業規程の作成などの措置を条件とした製造の許可を必要とする「第1類物質」

② 製造もしくは取扱い設備の密閉化又は局所排気装置等の設置などの措置を必要とする「第2類物質」

③ 主として大量漏えい事故の防止措置を必要とする「第3類物質」

に分類して，健康障害の防止措置を規定している。

1) 特定化学物質の発散の防止

特化物による健康障害を防止するうえでは，労働者の特化物へのばく露を防止することがもっとも重要，かつ基本的な対策である。

特化則では特化物の種類や取り扱われる工程などに応じ，特化物の蒸気，粉じんなどが発散する場所において，発散源の密閉化，局所排気装置等の設置など発散源に対して講ずべき措置を具体的に定めている。例えば，第1類物質の容器からの出し入れや反応槽への投入を行う場合には発散源の密閉化，囲い式フードの局所排気装置またはプッシュプル型換気装置を設けることとされている。

2) 漏えいの防止

特化物による急性中毒や薬傷は毎年多数発生しており，これらの中には設備の異常や誤操作により特化物が漏えいして被災する例が多く見られる。このため特定化学設備（第3類物質または第2類物質のうちの特定のものを内部に保有する定置式の設備をいう）の材料は腐食しにくいものとし，バルブやコックの材質は耐久性のあるものとするよう規定されている。

また，特定化学設備を使用する作業では誤操作を防止するため，バルブやコックについては開閉の方向などを表示することとされ，さらに，特化物の漏えいを防止するため，操作方法や作業方法などについて作業規程を定め，これに従って作業を行うこととされている。

3) 発がん性物質等に関する特別な管理

第1類物質及び第2類物質のなかには，職業がんなど労働者に重度の健康障害を生ずるおそれがあり，その発症までに長い期間がかかるものがある。特化則ではこれらを「特別管理物質」として，次のような措置を講ずるよう規定している。

① 人体へ及ぼす作用，取扱い上の注意事項を作業場に掲示

② 作業の記録の作成及びその30年間の保存

③ 作業環境測定の結果および健康診断結果の30年間の保存

4) 労働衛生教育，衛生管理体制

特化物を取り扱う作業については，作業者が取り扱う化学物質の有害性，中毒等の予防対策等について十分に理解するよう，労働衛生教育を行うことが必要で

ある。また特化物を取り扱う作業については特定化学物質作業主任者を選任し，作業の指揮，局所排気装置等の点検，保護具の着用状況の確認など，現場において必要な労働衛生管理に当たらせることとなっている。

⑶　その他の化学物質の規制

1)　鉛，四アルキル鉛及び石綿による健康障害予防の規制

鉛，四アルキル鉛による健康障害予防対策については，それぞれ鉛中毒予防規則，四アルキル鉛中毒予防規則に基づいた対策をとることが必要である。

石綿については，現在では使用が禁止されているが，建築物の解体等の作業による石綿へのばく露防止対策を徹底する必要があり，具体的対策は石綿障害予防規則に基づき実施する。詳細は第2章の「1. 石綿（アスベスト）対策」を参照。

2)　労働者のダイオキシン類へのばく露防止の規制

廃棄物焼却施設における労働者のダイオキシン類のばく露を防止するため，労働安全衛生規則により，特別教育の実施，空気中のダイオキシン類濃度の測定，発散源の湿潤化，保護具の使用等が事業者に義務づけられている。

また，ばく露防止対策の細部については「廃棄物焼却施設内作業におけるダイオキシン類ばく露防止対策要綱」（平成13年4月25日基発第401号の2）に基づき，労働者のダイオキシン類へのばく露防止措置の徹底が図られている。

同要綱の平成26年1月の改正（平成26年1月10日基発0110第1号）で，焼却炉の解体作業に含まれる破壊の作業について「当該設備を設置場所から他の施設に運搬して行う当該設備の解体又は破壊の作業」が追加され，規制の対象となっている（同要綱の最終改正は，平成26年11月）。

3)　その他

ジクロロメタン等については，国が実施した動物実験において発がん性が認められたことから，予防的な観点から実施する必要があるばく露低減措置，労働衛生教育，労働者の把握等について定めた「労働安全衛生法第28条第3項の規定に基づき厚生労働大臣が定める化学物質による健康障害を防止するための指針」が公表されている。

また，労働現場におけるナノマテリアルに対するばく露防止対策等の実効を上げるための具体的管理方法について検討を行ってきた「ヒトに対する有害性が明らかでない化学物質に対する労働者ばく露の予防的対策に関する検討会報告書」が平成20年11月に取りまとめられ，これを踏まえ，「ナノマテリアルに対する

ばく露防止等のための予防的対応について」（平成21年3月31日基発第0331013
号）が示されている。

2．化学物質等の危険有害性表示制度

　化学物質等による労働災害には，事業者及び労働者が化学物質等の危険有害性，
適切な取扱い方法等を知らなかったことを原因とするものがみられる。

　この背景には，化学物質等の危険有害性を外見から判断することが非常に困難で
あること，化学物質等はさまざまな種類のものが各事業場で使用されていること，
事業者及び化学物質等を取り扱っている労働者に化学物質等の危険有害性等に関す
る情報が十分に周知されていないこと等がある。

　化学物質の危険有害性に関する情報提供については，国際的には，米国，EU諸

 爆発物，自己反応性化学品，有機過酸化物	 可燃性ガス，自然発火性ガス，エアゾール，引火性液体，可燃性固体，自己反応性化学品，自然発火性液体・固体，自己発熱性化学品，水反応可燃性化学品，有機過酸化物，鈍性化爆発物	 酸化性ガス，酸化性液体・固体
 急性毒性（低毒性），皮膚刺激性，眼刺激性，皮膚感作性，特定標的臓器毒性（単回ばく露），オゾン層への有害性	 急性毒性（高毒性）	 高圧ガス
 金属腐食性化学品，皮膚腐食性，眼に対する重篤な損傷性	 呼吸器感作性，生殖細胞変異原性，発がん性，生殖毒性，特定標的臓器毒性（単回ばく露），特定標的臓器毒性（反復ばく露），誤えん有害性	 水生環境有害性

（注）・菱形枠は赤色，中のシンボルは黒色が用いられる。　　　（JIS Z 7253：2019 をもとに作成）

図6-1　危険有害性を表す絵表示

国等において安全データシート（Safety Data Sheet：SDS）等の制度が定着しており，また，平成 2 年，国際労働機関（ILO）総会において化学物質等の危険有害性の周知を主な内容とする「職場における化学物質の使用の安全に関する条約（第 170 号条約）」が採択され，職場における化学物質等の危険有害性の周知の重要性が確認された。

さらに平成 15 年に化学品の分類及び表示に関する世界調和システム（The Globally Harmonized System of Classification and Labelling of Chemicals：GHS）に関する国連勧告が出され，個々の化学物質について，危険有害性の分類項目ごとに，それぞれの危険有害性の程度を区分し，その区分に応じた絵表示，注意喚起語，危険有害性情報等を提供することが必要とされた（図 6-1 参照）。

わが国においても，同様の仕組みとして，容器等への危険有害性の表示，化学物質等安全データシート（現在は安全データシート（SDS）と表記する）の交付等が義務づけられていたが，このような国際的な動向を踏まえて，労働安全衛生法の改正により，平成 18 年 12 月に，GHS 国連勧告等の内容が取り入れられた。

容器等への表示が義務づけられる物質（表示対象物）は，平成 28 年 6 月施行の労働安全衛生法施行令改正により，同別表第 9 に掲げる通知対象物（SDS 交付を要する）まで拡大され，危険性又は有害性等の調査（リスクアセスメント）が義務づけられた（本章 4）（令和 3 年 1 月 1 日現在 674 物質）。また，イットリウム等の 19 の固形物は，危険性のある物又は皮膚腐食性のおそれのあるものを除き，名称等の表示が不要とされ（粉状の物を除く），新たに表示対象物となる物の裾切り値（当該物質の含有量がその値未満の場合，表示の対象としない）が設定されなど，所要の改正があった。また，表示内容は，名称，人体に及ぼす作用ならびに安定性及び反応性，標章（絵表示）などとなっている。

表示対象物・通知対象物 674 物質以外の危険・有害とされるすべての化学物質については危険有害性情報の表示及び文書の交付が化学物質の譲渡者または提供者の努力義務となっている。SDS の記載内容は，名称，成分及びその含有量，物理的及び化学的性質，人体に及ぼす作用，貯蔵又は取扱い上の注意，流出その他の事故が発生した場合において講ずべき応急の措置，通知を行う者の氏名（法人にあってはその名称）等に加え，GHS 国連勧告等を踏まえて，危険性又は有害性の要約，安定性及び反応性，適用される法令等となっている。

表示又は文書の交付のほか事業場内における表示及び文書の活用について示した指針が厚生労働大臣告示として示されている。

3．化学物質の有害性の調査

　化学物質の有害性を的確に把握し，それに基づいて疾病の適切な予防措置をとるため，労働安全衛生法において，化学物質の有害性調査の制度が定められている。

(1)　新規化学物質の有害性の調査

　この調査の目的は，新規化学物質が職場に導入される前にその有害性を調査することにより，当該物質による労働者の健康障害を未然に防止することであり，その主な内容は以下のとおり。

①　新規化学物質を製造又は輸入しようとする事業者は，あらかじめ一定の方法による有害性の調査（変異原性試験又はがん原性試験）を行い，その結果を厚生労働大臣に届け出ること（当該新規化学物質を試験研究のため，あるいは一定量（1年間に1事業場あたり100 kg）以下で製造・輸入することについて厚生労働大臣の確認を受けた場合など特別な場合を除く）。

②　有害性の調査を実施した事業者は，その結果に基づいて自主的に労働者の健康障害を防止するために必要な措置を講じること。

③　厚生労働大臣は，有害性の調査の結果について学識経験者の意見を聴き，必要があると認めるときは，設備の密閉化や保護具の備付けなどの措置を講じることを勧告することができること。

(2)　既存化学物質の有害性の調査

1)　国による有害性の調査

　国は，化学物質の有害性の調査が円滑に行われるよう施設の整備その他の援助を行うとともに，自ら有害性の調査を実施するよう努めることとされている。このため，日本バイオアッセイ研究センターが国又は事業者からの委託を受けて，短期及び長期の吸入・経口試験ならびに変異原性試験その他の有害性試験を実施している。

　なお，ナノマテリアルの有害性を明らかにするため同研究センターにおいて実験動物を用いた長期吸入ばく露試験を行っており，「カーボンナノチューブ」について発がん性があるとして平成27年3月に国へ報告がなされている。

2)　国によるリスク評価の実施

　国は自ら労働安全衛生規則第95条の6に定める「有害物ばく露作業報告制度」

を活用して，労働者の化学物質へのばく露実態を把握し，そのばく露評価と有害性評価に基づいてリスク評価を行い，健康障害発生のリスクが高い作業等については，リスクの程度等に応じて，特別規則による規制等を行っている。

　報告の対象となる化学物質については，年間 500 kg 以上の製造・取扱いがある事業場について例外なく報告が必要となり，その報告を基に労働者の健康に及ぼすリスクを専門的に評価・検討するため，「職場における化学物質のリスク評価推進事業」が進められている。

4. 化学物質等のリスクアセスメントとその結果に基づく措置

　印刷業における胆管がん問題を含め，特化則等の特別規則で規制を受けていない化学物質等により健康障害が多発している。これらの健康障害が発生した要因として，化学物質の危険性又は有害性を把握していなかったり，化学物質の危険性又は有害性等の調査（以下「リスクアセスメント」という。）が行われておらず，結果として適切な取り扱いがなされていなかったことが挙げられる。このような健康障害を防ぐため，平成 28 年 6 月施行の労働安全衛生法改正により，一定の危険性又は有害性等が確認されている化学物質（法第 57 条第 1 項で安全データシートの交付が義務付けられている 674 物質。以下「調査対象物質」という。）については，リスクアセスメントが義務づけられた。それまでも同法第 28 条の 2 により，化学物質のリスクアセスメントは，業種を問わず事業者の努力義務とされていたが，この改正により，調査対象物質については義務化された点で，大きく異なる。

　リスクアセスメント及びリスク低減措置（以下「リスクアセスメント等」という。）の具体的な方法は「化学物質等による危険性又は有害性等の調査等に関する指針」（平成 27 年 9 月 18 日危険性又は有害性等の調査等に関する指針公示第 3 号，**巻末〔資料 9〕**）（以下「指針」という。）が公布されている。この指針は同法第 57 条の 3 第 1 項で義務化された調査対象物質を適用対象としているが，同法第 28 条の 2 第 1 項の努力義務となっている化学物質のリスクアセスメント等についても，この指針に準じて取り組むことが望ましいとされている。

　以下指針の概要について紹介する。

⑴　実施体制

　リスクアセスメント等は，総括安全衛生管理者等が統括管理し，技術的な事項については衛生管理者や安全管理者等の管理下で，適切な能力を有する化学物質管理者等により実施する。衛生委員会等で労働者の意見聴取を行ったり，必要に応じ化学物質等に係る危険性及び有害性や化学設備などの専門的知識を有する者を参画させる。なお，より詳細なリスクアセスメント手法の導入などのために，外部の専門家の活用が望ましいとされている。

⑵　実施時期

　リスクアセスメントの実施時期は，以下に掲げるときとする。
　（①～③は労働安全衛生規則第 34 条の 2 の 7 第 1 項による。④～⑥は指針に示される時期）
　①　化学物質等を原材料等として新規に採用し，又は変更するとき
　②　化学物質等を製造し，又は取り扱う業務に係る作業の方法又は手順を新規に採用し，又は変更するとき
　③　化学物質等による危険性又は有害性等について変化が生じ，又は生ずるおそれがあるとき
　④　化学物質等に係る労働災害が発生した場合であって，過去のリスクアセスメント等の内容に問題がある場合
　⑤　前回のリスクアセスメントから一定の期間が経過し，化学物質等に係る機械設備等の経年による劣化，労働者の入れ替わり等に伴う労働者の安全衛生に係る知識経験の変化，新たな安全衛生に係る知見の集積等があった場合
　⑥　既に製造し，又は取り扱っていた物質がリスクアセスメントの対象物質として新たに追加された場合など，当該化学物質等を製造し，又は取り扱う業務について過去にリスクアセスメントを実施したことがない場合

⑶　対象の選定

　事業場における化学物質等による危険性又は有害性等をリスクアセスメント等の対象とし，対象の化学物質等を製造し，又は取り扱う業務ごとに行ったり，同一場所において行われる複数の作業を 1 つの単位として実施するなど，事業場の実情に応じ適切な単位で行うことが可能とされている。
　なお，元方の労働者と関係請負人の労働者が同一の場所で作業を行う場合は，混

在作業に係る化学物質等による危険性又は有害性等もリスクアセスメント等の対象
となる。

⑷　情報の入手

リスクアセスメント等の実施に当たり，対象となる化学物質のSDS等の危険性
又は有害性に関する情報や作業を実施する状況に関する情報を収集する。

なお，元方事業者は，複数の事業者が同一の場所で作業する場合，元方事業者が
リスクアセスメント等を実施した場合等には，当該作業に係る関係請負人に対して
自ら実施したリスクアセスメント等の結果提供することとされている。

⑸　危険性又は有害性の特定

リスクアセスメント等を行う業務を洗い出した上で，国連勧告として公表された
「化学品の分類及び表示に関する世界調和システム（GHS）」等に基づき分類された
危険性又は有害性や，日本産業衛生学会の許容濃度等を用いて，危険性又は有害性
を特定する。

⑹　リスクの見積り

リスク低減措置の内容を検討するためにリスクを見積もる。リスクを見積もる方
法として，「当該化学物質等により当該労働者の健康障害を生ずるおそれの程度（発
生可能性）及び当該危険又は健康障害の程度（重篤度）を考慮する方法」，「当該業
務に従事する労働者が当該化学物質等にさらされる程度（ばく露の程度）及び当該
化学物質等の有害性の程度を考慮する方法」などがある。

具体的には，以下の方法などがある。

①　対象の業務について作業環境測定等により測定した対象の作業場所における
　気中濃度等を，当該化学物質等のばく露限界と比較する方法

②　数理モデルを用いて対象の業務に係る作業を行う労働者の周辺の化学物質等
　の気中濃度を推定し，当該化学物質のばく露限界と比較する方法

③　対象の化学物質等への労働者のばく露の程度及び当該化学物質等による有害
　性を相対的に尺度化し，それらを縦軸と横軸とし，あらかじめばく露の程度及
　び有害性の程度に応じてリスクが割り付けられた表を使用してリスクを見積も
　る方法

この中で，有害性については①の方法が望ましいとされている。気中濃度等の測

定方法には，労働者に個人サンプラー等を装着して呼吸域付近の気中濃度を測定する個人ばく露測定のほか，広く普及している作業環境測定の気中濃度と作業状況からばく露量を見積もる方法，労働者の血液，尿，呼気及び毛髪等の生体試料中の化学物質又はその代謝物の量を測定し，化学物質のばく露量を把握する生物学的モニタリング方法がある。いずれの方法も，測定値の精度やばらつき，作業時間，作業頻度，換気状況などから，日間変動や場所的または時間的変動を考慮する必要がある。

　なお，リスクアセスメントが義務化されている調査対象物の化学物質は，日本産業衛生学会の許容濃度又は米国産業衛生専門家会議（ACGIH）の許容限界値（TLV）などのばく露限界が示されており，安全データシート（SDS）にばく露限界が記載されている。また，化学物質のリスクアセスメントが努力義務となっている化学物質などばく露限界値が設定されていない化学物質は，それぞれの事業場で安全データシート（SDS）の有害性情報等を用いてばく露限界値を設定しリスクを評価するなどの対応が必要である。

⑺　リスク低減措置の検討及び実施

　法令に定められた事項がある場合にはそれを必ず実施するとともに，図6-2に掲げる優先順位でリスク低減措置の内容を検討の上，実施する。

　なお，リスク低減措置の検討に当たっては，安易に③や④の措置に頼るのではなく，①及び②の本質安全化の措置をまず検討し，③，④は，①及び②の措置を講じることが困難で，やむを得ない場合の措置とする。

　死亡，後遺障害，重篤な疾病をもたらすおそれのあるリスクに対しては，適切なリスク低減措置を講ずるまでに時間を要する場合は，暫定的な措置を直ちに講じなければならない。

　なお，リスク低減措置が努力義務となっているが，リスクアセスメントの結果なんらかのリスクがあることが判明すれば健康障害を起こすこと等が予見されたことになり，リスク低減措置を行わなければ健康障害等を回避することができないので，健康障害が発生すると安全配慮義務が尽くされなかったことになる。

⑻　リスクアセスメント結果等の労働者への周知等

　リスクアセスメントの結果は，労働者に周知することが求められている。対象の化学物質の名称，業務の内容，リスクアセスメントの結果，実施するリスク低減措

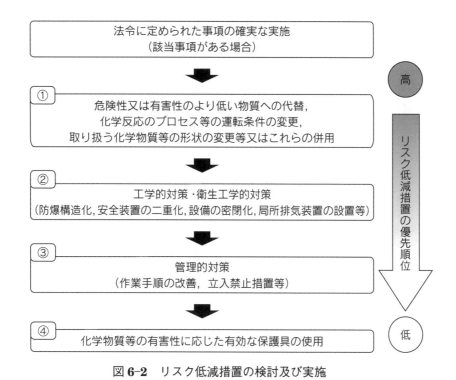

図 6-2　リスク低減措置の検討及び実施

置の内容について，作業場の見やすい場所に常時掲示するなどの方法で労働者に周知する。また，業務が継続し労働者への周知を行っている間はこれらの記録を保存しておくことが望ましいとされている。

(9)　コントロール・バンディング（化学物質リスク簡易評価法）の概要

　化学物質のリスクを簡易に評価する方法として，コントロール・バンディングがある。リスクアセスメント実施のためのツールであり，一定の項目（以下の項目）を入力すると講ずべき措置が示されるものである（**表 6-1**）。化学物質を取り扱う作業ごとに，「化学物質の有害性」,「物理的形態（揮発性/飛散性）」,「取扱量」の 3 つの要素の情報から，リスクの程度を 4 段階にランク分けし，ランクに応じた一般的な管理対策を示すほか，参考になる対策シートを入手する。

　コントロール・バンディングは，英国の「健康に有害な物質の管理（COSHH；Control of Substances Hazardous to Health）における必須事項」で具体化され，ILO（国際労働機関）は COSHH Essentials を基に手法を作成し，化学物質管理ツール（Chemical Control Toolkit）として Web に公開し国際的に利用が促進されている。厚生労働省が Web で公開（※）している厚生労働省版のコントロール・バンディングは ILO 方式を基に作成されている。

表**6-1**　「化学物質リスク簡易評価法」（コントロール・バンディング）

項目	入力項目
化学物質名	（SDS を確認して入力。簡易名でも可）
作業内容（選択式）	貯蔵及び保管，野積み，粉じん処理，充填及び輸送，移送及び輸送，充填，計量，混合，選別，塗装，洗浄及びメッキ，乾燥，成形，その他
作業者数（選択式）	10人未満，10〜49人，50〜99人，100人〜299人，300人以上
GHS 分類区分（選択式）	急性毒性（急性），急性毒性（経口），急性毒性（経皮），急性毒性（吸収：蒸気），急性毒性（吸収：粉じん，ミスト），皮膚腐食性・刺激性，眼に対する重篤な損傷性・眼刺激性，呼吸器感作性，皮膚感作性，生殖細胞変異原性，発がん性，生殖毒性，特定標的臓器毒性（単回ばく露），特定標的臓器毒性（反復ばく露），吸引性呼吸器有害性
液体又は粉体の別（選択式）	微細な軽い粉体，結晶状・顆粒状，ペレット
沸点（℃）	（SDS を確認して入力）
取扱温度（℃）	（事業場ごとに入力）
取扱量単位（選択式）	液体：キロリットル単位，リットル単位，ミリリットル単位 粉体：トン単位，キログラム単位，グラム単位

出力

講ずべき措置	○他の化学物質への代替化 ○全体換気，局所排気装置の設置等 ○呼吸用保護具の使用

※　「職場のあんぜんサイト」https://anzeninfo.mhlw.go.jp

①　コントロール・バンディングの実施

　　コントロール・バンディングは，4つのステップから構成されている（**表6-2**）。

②　コントロール・バンディングの特徴

　　コントロール・バンディングは作業環境測定やばく露測定等の実測値を用いないでリスクの評価を行うため（「物理的形態（揮発性/飛散性）」，「取扱量」から作業環境測定値等を推定している），メリットとデメリットが存在する。個人ばく露測定などの実測値を用いた評価とコントロール・バンディングなどの定性的な評価のメリットとデメリット（**表6-3**）を踏まえた上で活用するのが望ましい。

　　コントロール・バンディングには，「液体・粉体作業」用と「粉じん作業」用の2種類が示されているほか，「CREATE-SIMPLE」や「爆発・火災等のリスクアセスメントのためのスクリーニング支援ツール」「検知管を用いた化学物質のリスクアセスメントガイドブック」などの支援ツールも示されている。

表6-2　コントロール・バンディングの流れ

STEP	作業の内容	Web画面入力項目　※入力必須項目
1	リスクアセスメントを行う作業の特定	タイトル 担当者名 作業場所 作業内容（選択式）※ 作業者数（選択式）※ 液体/粉体の別（選択式）※ 化学物質数※
2	化学物質の取扱状況，条件の特定	化学物質名※ GHS分類区分（選択式）※ 沸点※ 取扱温度※ 取扱量単位（選択式）※
3	化学物質のリスクレベルの確定	Web画面にリスクが表示される
4	作業の対策シートの確認	Web画面に対策シートが表示され ダウンロードすることができる

表6-3　実測値を用いる評価と定性的な評価の比較

	メリット	デメリット
実測値を用いる評価 （例　個人ばく露測定）	・個人ばく露量等の実測値を用いることにより，作業実態に則した評価ができる ・リスクアセスメント指針においても推奨されている手法である	・サンプリングや分析等の専門知識が必要である ・サンプリングや分析等で費用がかかる ・サンプリングや分析が容易に行えない場合がある
定性的な評価 （例　コントロール・バンディング）	・化学物質の専門的知識を有する人がいなくてもリスク評価ができる ・作業環境測定やばく露測定等の実測値を用いなくてもリスク評価ができる ・ばく露測定値等が設定されていない化学物質についてリスク評価ができる 　　　　　　　　　　　など	・リスク評価結果は安全側に評価される ・高リスクレベルの評価（リスクレベル4）となった場合は，専門家に相談が必要となる ・「化学物質の有害性」「物理的形態（揮発性/飛散性）」「取扱量」からリスクを評価するため，工学的対策（局所排気装置等）の効果がリスク評価に反映されていない

第2章　職業性疾病対策

1. 石綿（アスベスト）対策

　石綿の種類は，白石綿（クリソタイル），青石綿（クロシドライト），茶石綿（アモサイト），トレモライト，アクチノライト，アンソフィライトで，これらの石綿及びその重量の0.1%を超えて含有する物が石綿障害予防規則等により規制されている。

　石綿は，その繊維を吸入すると石綿肺，肺がん，中皮腫等の重度の健康障害を誘発することが明らかになっており，石綿による肺がん及び中皮腫の労災認定件数は毎年約1,000件程度で推移している。

(1) 石綿含有製品の製造，使用等の禁止措置

　厚生労働省は，平成7年4月より青石綿（クロシドライト）および茶石綿（アモサイト）の製造，使用等を禁止し，加えて，平成16年10月より石綿を含有する建材，摩擦材，接着剤等の10製品の製造，使用等を禁止した。さらに，平成18年9月より石綿及び石綿をその重量の0.1%を超えて含有するすべての石綿含有製品（以下「石綿等」という）について，製造，使用等を禁止した（石綿分析用試料等を除く。）。一方，国民の安全の確保上，使用等がやむをえないとされた工業製品に関しては，ポジティブリストとして当面の間，その使用が認められてきたが，平成24年3月より，これらの物もその製造及び使用が禁止されている。

(2) 石綿障害予防規則

　以前の石綿に係る規制は，特定化学物質等障害予防規則で規制されていたが，石綿障害予防規則（以下「石綿則」という）が平成17年2月に公布され，その年の7月に施行された。この規則は，従来からの石綿含有製品の製造や使用以外に，今後，急増すると予測される建築物の解体等作業による石綿ばく露による健康障害を未然に防止するために制定されたものである。

　なお，石綿則は，建築物の解体等の作業の実態，科学的知見の集積状況等を踏ま

え，石綿へのばく露防止対策が充実されている。

　平成26年の改正により，吹付け石綿の除去についての措置，石綿を含む保温材や耐火被膜材などの取扱いに関する規制が強化されている。

　建築物等の解体等に係る事業者に対する規制は以下のとおり。

① 　事前調査と結果の掲示

　　あらかじめ，石綿使用の有無を調査し，その結果を記録する。また，その結果の概要について，労働者が見やすい箇所に掲示する。

② 　作業計画・届出

　　あらかじめ，①作業の方法及び順序，②石綿粉じんの発散を防止し，または抑制する方法，③労働者への石綿の粉じんのばく露を防止する方法が示された作業計画を定め，計画に基づいて作業を行う。また，建築物等の石綿の除去等の作業を行うときはあらかじめ所轄の労働基準監督署に届出る必要がある。

③ 　隔離等の措置

　　吹き付け石綿の除去・封じ込めの作業や，石綿の切断などを伴う除去・囲い込み・封じ込めの作業を行うときは，次の措置を講じる。

　　・石綿等の除去等を行う作業場所をそれ以外の作業場所から隔離すること。

　　・作業場所の排気にろ過集じん方式の集じん・排気装置を使用すること。

　　・作業開始後，集じん・排気装置の排気口からの石綿漏えいの有無を点検すること。

　　・作業場所の出入口に前室を設置すること。

　　・前室に洗身室，更衣室を併設すること。

　　・作業場所及び前室を負圧に保つこと。

　　・その日の作業を開始する前に前室が負圧に保たれているか点検すること。

　　・異常があれば作業を中止し，集じん・排気装置の補修などを行うこと。

　　・関係者以外の者の立ち入り禁止とその旨の表示

④ 　湿潤化

　　作業を行うときは，石綿等を湿潤化する。

⑤ 　特別教育

　　作業に従事する労働者に，石綿の有害性，使用状況，粉じんの発散を抑制するための措置，保護具の使用方法，その他，石綿等のばく露の防止に関する必要な事項を教育する。

⑥　作業主任者の選任

　　技能講習を修了した者のうちから石綿作業主任者を選任し，作業に従事する労働者が石綿粉じんにばく露することのないよう，作業の方法を決定し，労働者を指揮する。また，保護具の使用状況を監視すること。

⑦　保護具の使用

　　作業を行うときは，呼吸用保護具，作業衣又は保護衣を使用させる。なお，隔離した作業場所における吹付け石綿等の除去の作業にあっては，呼吸用保護具は，電動ファン付き呼吸用保護具又はこれと同等以上の性能を有する送気マスク等に限る。

⑧　発注時における措置

　　工事の発注者・注文者は，工事の請負人に対し，建築物等における石綿含有建材の使用状況等を通知する。また，発注者・注文者は，石綿等使用の有無の検査，解体方法，費用等について法令の遵守を妨げるおそれのある条件を付さないようにする。

　また，労働安全衛生法第28条第1項に基づく「建築物等の解体等の作業及び労働者が石綿等にばく露するおそれがある建築物等における業務での労働者の石綿ばく露防止に関する技術上の指針」(平成26年3月31日技術上の指針公示第21号)があり，具体的な対策が定められている。

　なお，石綿則は，平成30年4月（厚生労働省令第59号）の石綿分析用試料等を確保するための改正，令和2年7月（厚生労働省令第134号）の建築物等の解体等前に石綿の使用の有無を事前調査・分析調査する者の資格を定める等の改正，令和3年5月（厚生労働省令第96号）の石綿を含有するおそれのある製品の輸入時の措置等を定める改正がされた。

(3)　健康診断

　労働安全衛生法第66条，石綿則第40条，じん肺法第7条等において，石綿等を取り扱いまたは試験研究のため製造する業務に常時従事する者に健康診断を義務づけている。

　当該従事者に対しては，一般健康診断（雇入時健康診断，定期健康診断）のほかに石綿健康診断，じん肺健康診断を行わなければならない。一般健康診断は全労働者を対象とした健康診断だが，石綿及びじん肺健康診断は，石綿等を取り扱う従事者等を対象とした特別な健康診断であり，石綿健康診断は6月以内ごとに1回定期

に実施する。健康診断結果は，常時当該業務に従事しないこととなった日から 40 年間の記録の保存が義務づけられている。

　なお，平成 21 年 4 月 1 日より，石綿健康診断の対象業務に，石綿等を試験研究のために製造し又は取り扱う業務（直接業務）だけでなく，それらに伴い石綿等の粉じんを発散する場所における業務（周辺業務）も加わった。

⑷　健康管理手帳

　労働安全衛生法第 67 条では，がんその他の重度の健康障害を生ずるおそれのある業務に従事し，一定の要件に該当する者は，離職の際にまたは離職の後に都道府県の各労働局に申請すると，健康管理手帳の交付を受けることができる。石綿に関する交付対象者は，上述の石綿健康診断の対象業務と同様，平成 21 年 4 月 1 日より，直接業務だけでなく周辺業務にも拡大された。

　なお，健康管理手帳の交付要件は次のとおり。

①　両肺野に石綿による不整形陰影があり，または石綿による胸膜肥厚があること（直接業務及び周辺業務が対象）。

②　石綿等の製造作業，石綿等が使用されている保温材等の張付け，補修除去の作業，石綿等の吹付けの作業または石綿等が吹き付けられた建築物等の解体等の作業（吹き付けられた石綿等の除去の作業を含む）に 1 年以上従事した経験を有し，かつ，初めて石綿等の粉じんにばく露した日から 10 年以上を経過していること（直接業務のみが対象）。

③　石綿等を取り扱う作業（②の作業を除く）に 10 年以上従事した経験を有していること（直接業務のみが対象）。

④　②および③に掲げる要件に準ずる者として厚生労働大臣が定める要件（平成 19 年厚生労働省告示第 292 号）に該当すること（直接業務のみが対象）。

　健康管理手帳の交付を受けると，指定された医療機関で，6 カ月に 1 回，無料で健康診断を受けることができる。

2．粉じん対策

　じん肺は，古くから知られている代表的な職業性疾病であるにもかかわらず，じん肺及びじん肺合併症による業務上疾病者数は，減少傾向にあるものの，依然として多い状況にある。

このような粉じんによる障害を防止する対策としては,

①　粉じんの発散防止対策及び粉じんへのばく露を低減するための対策

②　粉じん作業従事労働者の離職後も含めた健康管理

が重要であり, それらの対策は, それぞれ粉じん障害防止規則 (以下「粉じん則」という) 及びじん肺法に規定されている。

なお, 粉じん則及びじん肺法施行規則の改正により, 粉じん作業の範囲が拡大して新たな対策が必要となっている作業対象があるため, 注意が必要である。主な改正の概要は**表6-4**のとおり。

表6-4　主な粉じん則等の改正の概要

改正概要	施行日
●「金属をアーク溶接する作業」を行う場合,「屋内, 坑内又はタンク, 船舶, 管, 車両等の内部に」に限定されていた「粉じん作業」が,「屋外」にまで拡大され, 呼吸用保護具の使用, 休憩設備の設置, じん肺健康診断の実施等が必要となった。 ●「手持式又は可搬式動力工具を用いて岩石又は鉱物を裁断し, 彫り, 又は仕上げする作業」を行う場合,「屋内又は坑内に」に限定されていた「粉じん作業」が,「屋外」にまで範囲が拡大され, 呼吸用保護具の使用が必要となった。	平成24年 4月1日
●「手持式又は可搬式動力工具を使用した岩石・鉱物の研磨・ばり取りする作業」を行う場合,「屋内」に限定されていた「粉じん作業」が,「屋外」にまでに範囲が拡大され, 呼吸用保護具の使用が必要となった。	平成26年 7月31日
●「砂型を用いて鋳物を製造する工程」において,「砂型を壊し, 砂落としし, 砂を再生し, 砂を混練し, 又は, 鋳ばり等を削り取る作業場所における作業」とされていた「粉じん作業」が,「砂型を造型する作業」についても範囲を拡大し, 呼吸用保護具の使用, 休憩設備の設置, じん肺健康診断の実施等が必要となった。	平成27年 10月1日
●「鉱物等 (湿潤なものを除く。) を運搬する船舶の船倉内で鉱物等 (湿潤なものを除く。) をかき落とし, 又はかき集める作業に伴い清掃を行う作業 (水洗する等粉じんの飛散しない方法によつて行うものを除く。)」が「粉じん作業」に新たに追加された。 ●上記作業のほか「屋外で手持式動力工具を用いて鉱物等を破砕し, 又は粉砕する作業」「金属その他無機物を製錬し, 又は溶融する工程において, 土石又は鉱物を開放炉に投げ入れ, 焼結し, 湯出しし, 又は鋳込みする場所における作業 (転炉から湯出しし, 又は金型に鋳込みする場所における作業を除く。) のうち, 金属その他無機物を製錬し, 又は溶融する工程において, 土石又は鉱物を開放炉に投げ入れる作業」には呼吸用保護具の使用が必要となった。	平成29年 6月1日
●粉じん作業を行う坑内作業場における空気中の粉じんの濃度の測定について, 当該坑内作業場の切羽に近接する場所で行うことを義務付けたほか, 当該空気中の粉じんの濃度の測定を行うときは, 原則として, 当該坑内作業場における粉じん中の遊離けい酸の含有率を測定することを事業者に義務付けるなど, 粉じん坑内作業場の粉じん濃度測定について改正された。 ●「ずい道等の内部の, ずい道等の建設の作業のうち, 動力を用いて鉱物等を掘削する場所における作業」「ずい道等の内部の, ずい道等の建設の作業のうち, 動力を用いて鉱物等を積み込み, 又は積み卸す場所における作業」「ずい道等の内部の, ずい道等の建設の作業のうち, コンクリート等を吹き付ける場所における作業」について, 粉じん濃度測定等の結果等に応じて電動ファン付き呼吸用保護具の使用が必要となった。	令和3年 4月1日

　なお，厚生労働省では，粉じん障害防止対策をさらに推進するため，平成 30 年 4 月から 5 カ年を計画期間とする「第 9 次粉じん障害防止総合対策」を策定した。この総合対策では，以下のような「粉じん障害を防止するため事業者が重点的に講ずべき措置」を示し，その周知徹底を図っている。

(1)　屋外における岩石・鉱物の研磨作業又はばり取り作業及び屋外における鉱物等の破砕作業に係る粉じん障害防止対策

1)　屋外における岩石・鉱物の研磨作業又はばり取り作業に係る粉じん障害防止対策

　事業者は，粉じん障害防止規則の一部を改正する省令（平成 26 年厚生労働省令第 70 号）により，屋外における岩石・鉱物の研磨作業又はばり取り作業が呼吸用保護具の使用義務の対象作業となったことから，これらの作業に労働者を従事させる場合には，呼吸用保護具の使用を徹底すること。

　また，事業者は，屋外における岩石・鉱物の研磨作業又はばり取り作業に従事する労働者は有効な呼吸用保護具を使用する必要があること等の周知徹底を図るため，その要旨を記したものを，屋外における岩石・鉱物の研磨作業又はばり取り作業を行う作業場の見やすい場所への掲示，粉じん障害防止総合対策推進強化月間及び粉じん対策の日を活用した普及啓発等を実施すること。

　なお，事項の周知徹底については衛生委員会等も活用すること。

2)　屋外における鉱物等の破砕作業に係る粉じん障害防止対策

　事業者は，粉じん障害防止規則及びじん肺法施行規則の一部を改正する省令（平成 29 年厚生労働省令第 58 号）により，屋外における鉱物等の破砕作業が呼吸用保護具の使用義務の対象作業となったこと，また，粉じん障害防止規則及び労働安全衛生規則の一部を改正する省令（令和 2 年厚生労働省令第 128 号）により，ずい道等建設工事における粉じん濃度測定結果に基づく呼吸用保護具の使用が規定されたことによる，これらの場合の呼吸用保護具の使用を徹底すること。

　また，事業者は，屋外における鉱物等の破砕作業に従事する労働者は有効な呼吸用保護具を使用する必要があること等の周知徹底を図るため，その要旨を記したものを，屋外における鉱物等の破砕作業を行う作業場の見やすい場所への掲示，粉じん障害防止総合対策推進強化月間及び粉じん対策の日を活用した普及啓発等を実施すること。

　なお，事項の周知徹底については衛生委員会等も活用すること。

⑵　ずい道等建設工事における粉じん障害防止対策

1)　ずい道等建設工事における粉じん対策に関するガイドラインに基づく対策の徹底

　　事業者は，平成12年12月26日基発第768号の2「ずい道等建設工事における粉じん対策の推進について」において示された「ずい道等建設工事における粉じん対策に関するガイドライン」（令和2年7月改正。以下「ガイドライン」という。）に基づくその措置を講じること。また，必要に応じ，建設業労働災害防止協会の「令和2年粉じん障害防止規則等改正対応版ずい道等建設工事における換気技術指針」（令和3年4月）も参照すること。

　　特に，次の作業において，労働者に使用させなければならない呼吸用保護具は電動ファン付き呼吸用保護具に限られることに留意すること。

　　また，その使用に当たっては，粉じん作業中にファンが有効に作動することが必要であるため，予備電池の用意や休憩室での充電設備の備え付け等を行うこと。

　　①　動力を用いて鉱物等を掘削する場所における作業

　　②　動力を用いて鉱物等を積み込み，または積み卸す場所における作業

　　③　コンクリート等を吹き付ける場所における作業

　　なお，事業者は，労働安全衛生法（昭和47年法律第57号）第88条に基づく「ずい道等の建設等の仕事」に係る計画の届出を厚生労働大臣または労働基準監督署長に提出する場合には，ガイドライン内記載の「粉じん対策に係る計画」を添付すること。

2)　健康管理対策の推進

　㋐　じん肺健康診断の実施の徹底

　　　事業者は，じん肺法に基づき，じん肺健康診断を実施し，毎年じん肺健康管理実施状況報告を提出すること。また，事業者は，じん肺健康診断の結果に応じて，当該事業場における労働者の実情等を勘案しつつ，粉じんばく露の低減措置又は粉じん作業以外の作業への転換措置を行うこと（**表6-5**，**図6-3**，**図6-4**参照）。

　㋑　じん肺有所見労働者に対する健康管理教育等の推進

　　　事業者は，じん肺有所見労働者のじん肺の増悪の防止を図るため，産業医等による継続的な保健指導を実施するとともに，平成9年2月3日基発第70号「「じん肺有所見者に対する健康管理教育のためのガイドライン」の周知・普及について」において示された「じん肺有所見者に対する健康管理教育のための

表 6-5　じん肺健康診断

じん肺の定期健康診断

粉じん作業従事との関連	じん肺管理区分	頻度
常時粉じん作業に従事	1	3 年以内ごとに 1 回
	2, 3	1 年以内ごとに 1 回
常時粉じん作業に従事したことがあり，現に非粉じん作業に従事	2	3 年以内ごとに 1 回
	3	1 年以内ごとに 1 回

じん肺の離職時健康診断

粉じん作業従事との関連	じん肺管理区分	直前のじん肺健康診断から離職までの期間
常時粉じん作業に従事	1	1 年 6 月以上
	2, 3	6 月以上
常時粉じん作業に従事したことがあり，現に非粉じん作業に従事	2, 3	6 月以上

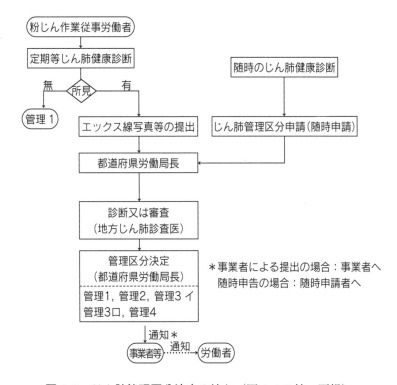

図 6-3　じん肺管理区分決定の流れ（図 4-4 の抄・再掲）

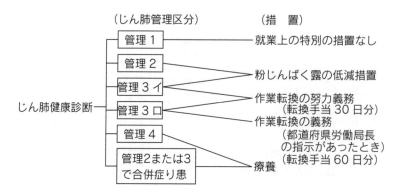

図 **6-4**　じん肺管理区分に基づく就業上の措置

ガイドライン」(以下「健康管理教育ガイドライン」という。)に基づく健康管理
教育を推進すること。

　さらに，じん肺有所見労働者は，喫煙が加わると肺がんの発生リスクがより
一層上昇すること，一方，禁煙により発生リスクの低下が期待できることから，
事業者は，じん肺有所見労働者に対する肺がんに関する検査の実施及びじん肺
有所見労働者に対する積極的な禁煙の働きかけを行うこと。

3)　**元方事業者の講ずべき措置の実施の徹底等**

　元方事業者は，ガイドラインに基づき，粉じん対策に係る計画の調整，教育に
対する指導及び援助，清掃作業日の統一，関係請負人に対する技術上の指導等を
行うこと。

⑶　**呼吸用保護具の使用の徹底及び適正な使用の推進**

　事業者は，労働者に有効な呼吸用保護具を使用させるため，次の措置を講じるこ
と。

1)　**保護具着用管理責任者の選任**

　平成 17 年 2 月 7 日基発第 0207006 号「防じんマスクの選択，使用等について」
に基づき，作業場ごとに，「保護具着用管理責任者」を，衛生管理者，安全衛生
推進者または衛生推進者等労働衛生に関する知識，経験等を有する者から選任す
ること。

2)　**呼吸用保護具の適正な選択，使用及び保守管理の推進**

　事業者は労働者に対し防じんマスクの使用の必要性について教育を行うこと。
　また，「保護具着用管理責任者」に対し，次の適正な選択，使用及び保守管理

を行わせること。

① 呼吸用保護具の適正な選択，使用，顔面への密着性の確認等に関する指導

② 呼吸用保護具の保守管理及び廃棄

③ 呼吸用保護具のフィルタの交換の基準を定め，フィルタの交換日等を記録する台帳を整備すること等フィルタの交換の管理

また，顔面とマスクの接地面に皮膚障害がある場合等は，漏れ率の測定や公益社団法人日本保安用品協会が実施する「保護具アドバイザー養成・確保等事業」にて養成された保護具アドバイザーに相談をすること等により呼吸用保護具の適正な使用を確保すること。

3)　電動ファン付き呼吸用保護具の活用について

電動ファン付き呼吸用保護具の使用は，防じんマスクを使用する場合と比べて，一般的に防護係数が高く身体負荷が軽減されるなどの観点から，より有効な健康障害防止措置であることから，じん肺法第20条の3の規定により粉じんにさらされる程度を低減させるための措置の一つとして，電動ファン付き呼吸用保護具を使用すること。

なお，電動ファン付き呼吸用保護具を使用する際には，取扱説明書に基づき動作確認等を確実に行ったうえで使用すること。

(4)　じん肺健康診断の着実な実施

1)　じん肺健康診断の実施の徹底

事業者は，じん肺法に基づき，じん肺健康診断を実施し，毎年じん肺健康管理実施状況報告を提出すること。また，労働者のじん肺健康診断に関する記録の作成に当たっては，粉じん作業職歴を可能な限り記載し，作成した記録の保存を確実に行うこと。じん肺健康診断の結果に応じて，当該事業場における労働者の実情等を勘案しつつ，粉じんばく露の低減措置又は粉じん作業以外の作業への転換措置を行うこと。

2)　じん肺有所見労働者に対する健康管理教育等の推進（(2)2)(イ)の再掲）

事業者は，じん肺有所見労働者のじん肺の増悪の防止を図るため，産業医等による継続的な保健指導を実施するとともに，「健康管理教育ガイドライン」に基づく健康管理教育を推進すること。

さらに，じん肺有所見労働者は，喫煙が加わると肺がんの発生リスクがより一層上昇すること，一方，禁煙により発生リスクの低下が期待できることから，事

業者は，じん肺有所見労働者に対する肺がんに関する検査の実施及びじん肺有所見労働者に対する積極的な禁煙の働きかけを行うこと。

(5)　離職後の健康管理の推進

　事業者は，粉じん作業に従事し，じん肺管理区分が管理2又は管理3の離職予定者に対し，「離職するじん肺有所見者のためのガイドブック」(平成29年3月策定。以下「ガイドブック」という。)を配付するとともに，ガイドブック等を活用し，離職予定者に健康管理手帳の交付申請の方法等について周知すること。その際，特に，じん肺合併症予防の観点から，積極的な禁煙の働きかけを行うこと。なお，定期的な健康管理の中で禁煙指導に役立てるため，粉じん作業に係る健康管理手帳の様式に，喫煙歴の記入欄があることに留意すること。

　また，事業者は，粉じん作業に従事させたことがある労働者が，離職により事業者の管理から離れるに当たり，雇用期間内に受けた最終のじん肺健康診断結果証明書の写し等，離職後の健康管理に必要な書類をとりまとめ，求めに応じて労働者に提供すること。

(6)　その他地域の実情に即した事項

　地域の実情をみると，引き続き，アーク溶接作業と岩石等の裁断等の作業に係る粉じん障害防止対策，金属等の研磨作業に係る粉じん障害防止対策等の推進を図る必要があることから，事業者は，必要に応じ，これらの粉じん障害防止対策等について，第8次粉じん障害防止総合対策の「粉じん障害を防止するため事業者が重点的に講ずべき措置」の以下の措置を引き続き講じること。

1)　アーク溶接作業と岩石等の裁断等作業に係る粉じん障害防止対策

(ア)　改正粉じん則及び改正じん肺法施行規則（平成24年4月1日施行）の内容に基づく措置の徹底

(イ)　局所排気装置，プッシュプル型換気装置等の普及を通じた作業環境の改善

(ウ)　呼吸用保護具の着用の徹底及び適正な着用の推進

(エ)　健康管理対策の推進

(オ)　じん肺に関する予防及び健康管理のための教育の徹底

2)　金属等の研磨作業に係る粉じん障害防止対策

(ア)　特定粉じん発生源に対する措置の徹底等

(イ)　特定粉じん発生源以外の粉じん作業に係る局所排気装置等の普及を通じた作

業環境の改善

(ウ)　局所排気装置等の適正な稼働並びに検査及び点検の実施

(エ)　作業環境測定の実施及びその結果の評価に基づく措置の徹底

(オ)　特別教育の徹底

(カ)　呼吸用保護具の着用の徹底及び適正な着用の推進

(キ)　たい積粉じん対策の推進

(ク)　健康管理対策の推進

(7)　その他の粉じん作業又は業種に係る粉じん障害防止対策

事業者は，上記の措置に加え，作業環境測定の結果，じん肺新規有所見労働者の発生数，職場巡視の結果等を踏まえ，適切な粉じん障害防止対策を進めること。

3. 電離放射線対策

電離放射線は，医療における診断・治療，工業用の非破壊検査や物の厚さ測定に利用されているほか，原子力発電の燃料等から発生するなど，さまざまな産業分野に関係している。

これらの内容を含め，放射線装置，放射性物質から発生する電離放射線の被ばくによる障害を防止するために，電離放射線障害防止規則（以下，「電離則」という。）に基づき以下のような対策を講じる必要がある。

(1)　外部被ばくの防護

X線装置，荷電粒子加速装置，放射性物質装備機器及び放射性物質の取扱い作業では，照射された放射線を体の外から受け被ばくするので，これを外部被ばくと呼ぶ。

外部被ばくの防護では，以下に示す防護対策が基本となるが，放射線管理組織を確立して，作業環境測定，放射線装置等の定期自主検査，各種記録の整備を行うことも重要である。

(ア)　放射線源の隔離

放射線装置は原則として区画された専用の場所に設置し，管理区域，立入禁止区域を設定して必要のない者の立入りを禁止する。

放射性物質の取扱いは専用の器具を用いるか，又は遠隔操作装置によって取り

扱うようにし，素手で扱うことは厳に慎まなければならない。

(イ)　遮へい

　放射性物質の取扱いに当たっては，含鉛手袋，鉛エプロン，防護めがね等の着用によって被ばく線量の低減を図る必要がある。また，放射線源と作業者の間に遮へい壁等を設けて作業位置の放射線レベルを下げる。

(ウ)　作業管理

　放射線業務では，取り扱う放射性物質や作業場所の放射線レベル等を考慮した作業方法，作業時間などに関する適正な作業計画を立てる。また，一定の放射線業務については，作業主任者を選任して作業を行う。

⑵　内部被ばくの防護

　非密封の放射性物質を取り扱う作業では，放射性物質の飛沫等が空気中に広がったり，身体，衣服，設備機器等の表面に付着したりする汚染が生じる。汚染が生じると，作業者が呼吸によって体内に放射性物質を取り込んだりするほか，皮膚に傷口があると，その傷口から放射性物質が体内に入ることがある。この場合，体内からの放射線に被ばくすることとなり，放射性物質が対外に排泄されるまで被ばくが続く。この被ばくのことを内部被ばくと呼ぶ。

　なお，体内に入った放射性物質は，その化学的性質等によって吸収や排泄の速度が異なるほか，特定の臓器に集まる性質もあり，放射性物質の種類によって，同量の摂取であっても被ばくの程度が異なる。

　内部被ばくを防止するためには，以下に示すとおり，汚染をできる限り少なくすることが基本となる。

　なお，放射線源が密封されていても，その程度は使用目的や放射線の種類によって異なるので，それぞれの線源の密封の程度を把握するとともに，漏えい検査を定期的に実施して異常の有無を確認することが必要である。

(ア)　汚染区域の隔離

　管理区域を設定するとともに，非密封の放射性物質は放射性物質取扱作業室内で取り扱う。

(イ)　汚染管理

　放射性物質のガス，蒸気又は粉じんの発散源を密封する設備又は局所排気装置を設けて，空気中の放射性物質の濃度を一定限度以下に抑え，定期的な作業環境測定によってこれを確認する。

設備機器等の表面汚染についても定期的に検査，測定して一定限度以下に抑えるとともに，放射性物質取扱作業室から外部に退出するときや，そこから物品を持ち出すときは必ず汚染の状況を検査する。

放射性廃棄物の処理，貯蔵，保管，廃棄等に当たっては，放射性物質が漏れたり飛散することのないように適切な材料及び構造の容器，設備によらなければならない。

㈦ 作業管理

外部被ばく防護の場合と同様の作業管理を行うほか，放射性物質取扱作業室には専用の作業衣を備え，また，汚染の危険度の高い作業では適切な保護衣類，手袋，履物，呼吸用保護具等を使用する。

(3) 被ばく管理

放射線業務従事者の被ばくの限度は，実効線量で5年間につき100 mSvを，かつ，1年間につき50 mSvを超えないこととされている。

放射線業務従事者及び管理区域に一時的に立ち入る者について，電子線量計，ガラスバッジ，クイクセルバッジ等によって線量を測定する。これによって線量が被ばく限度を超えないようにするとともに，さらに線量の低減化を図っていくことが大切である。

線量計の着用に当たっては，ガラスバッジ，クイクセルバッジのように一定期間の線量を測定するものと電子線量計のように毎日の読み取りが可能なものと併用することが望ましい。

なお，平成28年には，原子力緊急事態等が発生した場合には，緊急作業に係る事故の状況により，被ばく限度，250 mSvを超えない範囲で厚生労働大臣が別に定めることができるとする「特例緊急被ばく限度の設定」とそれに伴う所要の電離則の改正が，令和2年には，放射線業務従事者の眼の水晶体に受ける等価線量の限度を引き下げる改正等がなされている（電離則の最終改正：令和2年12月25日厚生労働省令第208号）。

(4) 特別な作業の管理

核燃料加工施設，原子力発電所など一定の原子力施設で核燃料物質等を取り扱う作業を行う場合は，作業の方法及び順序，放射線の監視，汚染の検査及び除去等に関する作業規程を作成し，これにより作業を行うとともに，関係労働者に周知させ

なければならない。

⑸　健康管理

　雇入れ，配置換えの際及び 6 月以内ごとに 1 回定期に健康診断を行い，その結果に基づいて適切な事後措置を行う。

　健康診断結果の記録は 30 年間保存することとなっている。

⑹　安全衛生教育

　放射線の被ばくを防止する上で，作業者自らが電離放射線の生体に与える影響，装置の構造や取扱いの方法などについて十分な知識を有することが重要なので，これらについての教育の徹底を図る必要がある。

　特に，エックス線装置又はガンマ線照射装置を用いて透過写真撮影業務を行う労働者及び一定の原子力施設で核燃料物質等を取り扱う業務を行う労働者に対しては，電離則で定められた科目の特別教育を行う必要がある。

4．酸素欠乏対策

　酸素欠乏症の発生状況を**図 6-5**（硫化水素中毒は含まれていない。）に示す。

　酸素欠乏症・硫化水素中毒（以下「酸素欠乏症等」という）は，致死率が高く非常に危険だが，作業環境測定，換気，送気マスク等の呼吸用保護具の使用などの措置を適正に実施すれば発生を防ぐことができる。酸素欠乏症等の特徴は次のとおり。

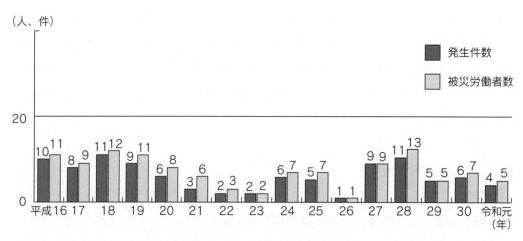

図 6-5　年別酸素欠乏症発生状況

① 酸素欠乏症

　　空気中の酸素濃度が低下することを酸素欠乏といい，酸素欠乏状態の空気を吸入することで酸素欠乏症にかかる。酸素欠乏症の初期には顔面蒼白又は紅潮，脈拍及び呼吸数の増加，発汗，よろめき，めまい並びに頭痛の兆候が見られるが，精神集中力低下，筋力低下，悪心，嘔気，さらには死に至る場合がある。

② 硫化水素中毒

　　硫化水素は自然界のさまざまな状況で発生している。汚泥等の攪拌や化学反応等によっては急激に高濃度の硫化水素ガスが空気中に発散されることもある。硫化水素ガスは嗅覚の麻痺や眼の損傷，呼吸障害，肺水腫を引き起こし，死に至る場合がある。高濃度の場合，呼吸麻痺，呼吸停止を起こし死に至る。

　酸素欠乏症等を防止するためには，酸素欠乏症等防止規則に基づき，次のような対策を講じる必要がある。

(1)　酸素欠乏危険場所の事前確認

　作業場所が酸欠危険場所であるかどうかの作業前の事前確認が最も基本となる対策である。タンク，マンホール，ピット，槽，井戸，たて坑などの内部が酸素欠乏危険場所に該当するか，作業中に酸素欠乏空気及び硫化水素の発生・漏洩・流入等のおそれはないか，酸素又は硫化水素の濃度測定等により事前に確認すること。

(2)　立入禁止の表示

　酸素欠乏危険場所に誤って立ち入ることのないように，その場所の入口などの見やすい場所に立入禁止の表示をすること。

(3)　作業主任者の選任

　酸素欠乏危険場所で作業を行う場合は，酸素欠乏危険作業主任者を選任し，作業指揮等法令で決められた次の職務を行わせること。

① 作業に従事する労働者が酸素欠乏等の空気を吸入しないように，作業の方法を決定し，労働者を指揮すること。

② その日の作業を開始する前，作業に従事するすべての労働者が作業を行う場所を離れた後再び作業を開始する前及び労働者の身体，換気装置等に異常があったときに，作業を行う場所の空気中の酸素及び硫化水素の濃度を測定すること。

③　測定器具，換気装置，空気呼吸器等その他労働者が酸素欠乏症等にかかることを防止するための器具又は設備を点検すること。

④　空気呼吸器等の使用状況を監視すること。

⑷　特別教育の実施

酸素欠乏危険場所において作業に従事する者には，酸素欠乏症，硫化水素中毒の防止に関する特別教育を実施すること。

⑸　測定の実施

その日の作業を開始する前に，酸素濃度，硫化水素濃度の測定を行うこと。また，測定者の安全を確保するための必要な措置を講じること。

⑹　換気の実施

作業場所の酸素濃度が18%以上，硫化水素濃度が10 ppm以下になるよう換気すること。

なお，換気は継続して行い，また，酸素欠乏空気，硫化水素の漏洩・流入がないようにすること。

⑺　保護具の使用

換気できないときまたは換気しても酸素濃度が18%以上，硫化水素濃度が10 ppm以下にできないときは，送気マスク等の呼吸用保護具を着用させること。

なお，保護具は同時に作業する作業者の人数と同数以上を備えておくこと。

また，墜落のおそれのある場合には墜落制止用器具を装備すること。

⑻　監視人等の配置

常時作業の状況を監視し，異常があったときに直ちに作業主任者等の関係者に通報する者を配置するなど異常を早期に把握する措置をとること。

⑼　二次災害の防止

酸素欠乏災害が発生した際，救助者には必ず空気呼吸器や送気マスクなどを使用させること。

また，救助活動はなるべく単独行動はとらないようにする。

5．腰痛対策

　腰痛の発生件数は増加傾向にあり，令和元年においても業務上疾病に占める割合が最も多く，疾病全体の 6 割以上を占めている。

　その発生業種も多岐にわたり，特に社会福祉施設，運輸交通業，小売業に多くみられ，不自然な姿勢をとったとき，瞬間的に力を入れたときに発症したものが多くみられる。また，腰痛症の発症や再発等にストレスの関わりが示唆されており，これらの対策も求められている。

　このような状況から厚生労働省では，腰痛予防のため「職場における腰痛予防対策指針」を改正し，以下のような具体的な対策を示している（平成 25 年 6 月 18 日基発 0618 第 1 号）。

⑴　一般的な腰痛予防対策

1）　作業管理

　㋐　自動化，省力化

　　　作業の全部又は一部を自動化又は省力化し，労働者の負担を軽減することが望ましいが，それが困難な場合には，適切な補助機器や道具，福祉用具等を導入すること。

　㋑　作業姿勢，動作

　　①　前屈，中腰，ひねり，後屈ねん転等の不自然な姿勢を取らないこと。

　　　　適宜，前屈や中腰姿勢は膝を着いた姿勢に置き換え，ひねりや後屈ねんてんは体ごと向きを変え，正面を向いて作業するよう心がける。また，作業時は，作業対象にできるだけ身体を近づけて作業すること。

　　②　不自然な姿勢を取らざるを得ない場合には，前屈やひねり等の程度をできるだけ小さくし，不自然な姿勢をとる頻度と時間を減らすようにすること。また，適宜，台に寄りかかり，壁に手を着き，床に膝を着く等をして身体を支えること。

　　③　作業台や椅子は適切な高さに調節すること。立位，椅座位に関わらず，作業台の高さは肘の曲げ角度がおよそ 90 度になる高さとすること。椅子座面の高さは，足裏全体が着く高さとすること。

　　④　立位，椅座位等において，同一姿勢を長時間取らないようにすること。長時間の立位作業では，足台や座面の高い椅子等を利用し，長時間の座位作業

では，適宜，立位姿勢をとるように心がける。

⑤　腰部に負担のかかる動作では，姿勢を整え，かつ，腰部の不意なひねり，急激な動作を避けること。持ち上げる，引く，押す等の動作では，膝を軽く曲げ，呼吸を整え，下腹部に力を入れながら行うこと。

⑥　転倒やすべり等の防止のために，足もとや周囲の安全を確認するとともに，不安定な姿勢や動作は取らないようにすること。また，大きな物や重い物を持っての移動距離は短くし，人力での階段昇降は避け，省力化を図ること。

㈡　組織体制

①　作業時間，作業量等の設定に際しては，作業に従事する労働者の数，作業内容，作業時間，取り扱う重量，自動化等の状況，補助機器や道具の有無等が適切に割り当てられているか検討すること。

②　無理に1人で作業するのではなく，複数人で作業できるようにすること。人員配置は，労働者の年齢，性別，体格，体力，健康状態（腰痛の有無を含む。），経験，技術等を考慮して行うこと。

③　職場では，労働者が精神的ストレスを蓄積しないよう，上司や同僚のサポートや相談窓口を作る等の組織的な対策を整えること。

㈢　作業標準

①　作業標準の策定

標準的な作業動作，作業姿勢，作業手順，作業時間等をもとに作業標準を策定すること。

②　作業標準の見直し

作業標準は定期的に確認し，また新しい機器，設備等を導入した場合にも，その都度見直すこと。

㈣　休憩，作業の組合せ，勤務形態

①　適宜，休憩時間を設け，その時間には姿勢を変えるようにすること。作業時間中にも，小休止・休息が取れるようにすること。また，横になって安静を保てるよう十分な広さを有し，適切な温度に調節できる休憩設備を設けるよう努めること。

②　不自然な姿勢を取らざるを得ない作業や反復作業等を行う場合には，他の作業と組み合わせる等により，当該作業ができるだけ連続しないようにすること。

③　夜勤，交代勤務及び不規則勤務にあっては，作業量が昼間時における同一

作業の作業量を下回るよう配慮し，適宜，休憩や仮眠が取れるようにすること。また，過労を引き起こすような長時間勤務は避けること。

㋕　靴，服装等

①　作業時の靴は，足に適合したものを使用すること。ハイヒールやサンダルを使用しないこと。

②　作業服は，重量物の取扱いや不自然な姿勢を考慮し，伸縮性，保温性，吸湿性のあるものとすること。

③　腰部保護ベルトは，個人により効果が異なるため，一律に使用させるのではなく，腰部保護ベルトの効果や限界を理解した上で使用すること。

2)　**作業環境管理**

㋐　温度

屋内作業場においての作業では，作業場内の温度を適切に保つこと。

また，低温環境下の作業では，保温のための衣服を着用や暖房設備の設置にも配慮すること。

㋑　照明

作業場所，通路，階段等で，足もとや周囲の安全が確認できるように適切な照度を保つこと。

㋒　作業床面

作業床面はできるだけ凹凸がなく，防滑性，弾力性，耐衝撃性及び耐へこみ性に優れたものが望ましい。

㋓　作業空間や設備，荷の配置等

作業そのものや動作に支障がないよう十分に広い作業空間を確保し，機器・設備，荷の配置等に人間工学的な配慮をすること。

㋔　振動

車両系建設機器の操作・運転により腰部及び全身に著しく粗大な振動，あるいは，長時間の車両運転により腰部及び全身に振動を受ける場合，振動ばく露の軽減に配慮すること。

3)　**健康管理**

㋐　健康診断

重量物取扱い作業，介護・看護作業等腰部に著しい負担のかかる作業に常時従事する労働者に対しては，当該作業に配置する際（再配置を含む）及びその後6月以内ごとに1回，定期に，医師による腰痛の健康診断を行うこと。

　　　ア）配置前の健康診断

　　　　・既往歴（腰痛に関する病歴及びその経過）及び業務歴の調査

　　　　・自覚症状（腰痛，下肢痛，下肢筋力減退，知覚障害等）の有無の検査

　　　　・脊柱の検査

　　　　・神経学的検査

　　　　・脊柱機能検査

　　　　・腰椎の X 線検査

　　イ）定期健康診断

　　　①　定期に行う健康診断の項目は，

　　　　・既往歴（腰痛に関する病歴及びその経過）及び業務歴の調査

　　　　・自覚症状（腰痛，下肢痛，下肢筋力減退，知覚障害等）の有無の検査

　　　②　①の健康診断の結果，医師が必要と認める者については，次の項目についての健康診断を追加して行うこと。

　　　　・脊柱の検査

　　　　・神経学的検査

　　　なお，配置前の健康診断と定期健康診断において，医師が必要と認める者については，画像診断と運動機能検査等を行うことが望ましい。

　　ウ）事後措置

　　　腰痛の健康診断の結果について医師から意見を聴取し，労働者の健康を保持する必要があると認めるときは，作業方法等の改善，作業時間の短縮等必要な措置を講ずること。また，日常生活における腰痛予防に効果的な内容を助言することも重要である。

　(イ)　腰痛予防体操

　　重量物取扱い作業，介護作業等腰部に著しい負担のかかる作業に常時従事する労働者に対し，適宜，腰痛予防を目的とした腰痛予防体操を行うこと。なお，腰痛予防体操は，必要なときに適宜，実施できるよう配慮すること。

　(ウ)　職場復帰支援

　　休業者等が職場に復帰する際には，産業医等の意見を十分に尊重し，就労上必要な措置を講じ，休業者等が復帰時に抱く不安を十分に解消すること。

4)　労働衛生教育等

　(ア)　労働衛生教育

　　重量物取扱い作業，介護・看護作業，車両運転作業等に従事する労働者に対

し，当該作業に配置する際及びその後必要に応じ，腰痛予防のための労働衛生教育を実施すること。

①　腰痛の発生状況及び原因

②　腰痛発生要因の特定及びリスクの見積り方法

③　腰痛発生要因の低減措置

④　腰痛予防体操

　なお，当該教育の講師としては，腰痛の予防について十分な知識と経験を有する者が適当であること。

㈠　その他

①　職場では，労働者が精神的ストレスを蓄積しないようストレス対策に関する指導を行うことが望ましい。

②　日常生活における健康保持増進が欠かせないことから，産業医等の指導の下に，労働者の体力や健康状態を把握した上で睡眠，禁煙，運動習慣，バランスのとれた食事，休日の過ごし方に関する指導を行うことが望ましい。

　なお，この労働衛生教育を効果的に推進するため，厚生労働省では，

①　作業従事者を直接管理監督する者を対象とした「腰痛予防のための労働衛生教育実施要領」

②　労働衛生教育の講師になろうとする者を対象とした「腰痛予防のための労働衛生教育指導員（インストラクター）講習実施要領」を策定している。

5)　**リスクアセスメント及び労働安全衛生マネジメントシステム**

　それぞれの作業態様や職場ごとに，腰痛の発症に関与する要因のリスクアセスメントを実施し，その結果に基づいて適切な予防対策を実施していく必要がある。予防対策は，実施可能性，優先順位，費用対効果，継続性の観点から検討が必要であり，事業場に安全衛生マネジメントシステムの考え方を導入することが重要である。

　社会福祉施設におけるリスクアセスメントを導入した腰痛予防の進め方について「社会福祉施設における　介護・看護労働者の腰痛予防の進め方～リスクアセスメントの考え方を踏まえて～」（平成 26 年 3 月「社会福祉施設における腰痛予防のためのリスクアセスメントマニュアル作成委員会」中央労働災害防止協会）が公表されており，関係施設等での活用が望まれる。

⑵　作業態様別の対策

　指針では，腰痛の発生が比較的多い次の5つの作業について，作業態様別の対策を示している。

　①　重量物取扱い作業
　②　立ち作業
　③　座り作業
　④　福祉・医療分野等における介護・看護作業
　⑤　車両運転等の作業

6. 騒音対策

　通常，職場においては，騒音を発生するもの，すなわち騒音の発生源は数多く存在している。

　騒音は，人に不快感を与えるほか，会話や連絡合図などを妨害し，安全作業の妨げになることも多く，生理機能にも影響し，騒音性難聴の原因となる。

　騒音性難聴は，騒音の音圧レベルが高いほど，ばく露時間が長いほど，周波数が高いほど起こりやすいので，できるだけ

　①　騒音レベルを低くすること
　②　騒音ばく露時間を短くすること
　③　周波数を低くすること
が大切である。

　このため，厚生労働省では「騒音障害防止のためのガイドライン」(平成4年10月1日基発第546号，巻末〔**資料2**〕)を示している。このガイドラインは，労働安全衛生規則第588条に定める8屋内作業場（騒音の測定が義務づけられている作業場）及び騒音レベルが高いとされる52作業場を対象に，作業環境管理，作業管理，健康管理及び労働衛生教育等の騒音障害防止のための次のような具体的な対策を示している。

⑴　作業環境管理及び作業管理

1)　屋内作業場

　㋐　作業環境測定

　　上記の作業場について，次の騒音の測定を6月以内ごとに1回，定期に行う

こと。

　ただし，施設，設備，作業工程または作業方法を変更した場合は，その都度，測定すること。

①　作業環境測定基準（昭和 51 年労働省告示第 46 号）第 4 条第 1 号及び第 2 号に定める方法による等価騒音レベルの測定（以下「A 測定」という）

②　音源に近接する場所において作業が行われる単位作業場にあっては，作業環境測定基準第 4 条第 3 号に定める方法による等価騒音レベルの測定（以下「B 測定」という）

(イ)　作業環境測定結果の評価

　事業者は，単位作業場所ごとに，**表 6-6** により，作業環境測定結果の評価を行うこと。

(ウ)　管理区分ごとの対策

　事業者は，作業環境測定結果の評価結果に基づき，管理区分ごとに，それぞれ次の措置を講ずること。

ア）第 I 管理区分の場合

　第 I 管理区分に区分された場所については，当該場所における作業環境の継続的維持に努めること。

イ）第 II 管理区分の場合

①　第 II 管理区分に区分された場所については，当該場所を標識によって明示する等の措置を講ずること。

表 6-6　測定結果の評価

		B 測定		
		85 dB(A)未満	85 dB(A)以上 90 dB(A)未満	90 dB(A)以上
A 測定平均値	85 dB(A)未満	第 I 管理区分	第 II 管理区分	第 III 管理区分
	85 dB(A)以上 90 dB(A)未満	第 II 管理区分	第 II 管理区分	第 III 管理区分
	90 dB(A)以上	第 III 管理区分	第 III 管理区分	第 III 管理区分

備考 1　「A 測定平均値」は，測定値を算術平均して求めること。
　　 2　「A 測定平均値」の算定には，80 dB(A)未満の測定値は含めないこと。
　　 3　A 測定のみを実施した場合は，B 測定の欄は 85 dB(A)未満の欄を用いて評価を行うこと。

② 施設，設備，作業工程又は作業方法の点検を行い，その結果に基づき，施設または設備の設置又は整備，作業工程又は作業方法の改善その他作業環境を改善するため必要な措置を講じ，当該場所の管理区分が第Ⅰ管理区分となるよう努めること。

③ 騒音作業に従事する労働者に対し，必要に応じ，聴覚保護具（防音保護具）を使用させること。

ウ）第Ⅲ管理区分の場合

① 第Ⅲ管理区分に区分された場所については，当該場所を標識によって明示する等の措置を講ずること。

② 施設，設備，作業工程又は作業方法の点検を行い，その結果に基づき，施設又は設備の設置又は整備，作業工程又は作業方法の改善その他作業環境を改善するため必要な措置を講じ，当該場所の管理区分が第Ⅰ管理区分又は第Ⅱ管理区分となるようにすること。

なお，作業環境を改善するための措置を講じたときは，その結果を確認するため，当該場所について作業環境測定を行い，その結果の評価を行うこと。

③ 騒音作業に従事する労働者に聴覚保護具を使用させるとともに，聴覚保護具の使用について，作業中の労働者の見やすい場所に掲示すること。

㊁ 測定結果等の記録

事業者は，作業環境測定を実施し，測定結果の評価を行ったときは，その都度，測定結果等を記録して，これを3年間保存すること。

2) **屋内作業場以外の作業場**

㋐ 測定

ア）前記の作業場のうち屋内作業場以外の作業場については，音源に近接する場所において作業が行われている時間のうち，騒音レベルが最も大きくなると思われる時間に，当該作業が行われる位置において等価騒音レベルの測定を行うこと。

イ）測定は，施設，設備，作業工程又は作業方法を変更した場合に，その都度行うこと。

㋑ 測定結果に基づく措置

測定結果に基づき，次の措置を講ずること。

ア）85 dB(A)以上 90 dB(A)未満の場合

　　騒音作業に従事する労働者に対し，必要に応じ，聴覚保護具を使用させること。

イ）90 dB(A)以上の場合

　　騒音作業に従事する労働者に聴覚保護具を使用させるとともに，聴覚保護具の使用について，作業中の労働者の見やすい場所に掲示すること。

(2)　健康管理

1)　健康診断の実施

表 6-7 の健康診断を実施する。

2)　健康診断結果に基づく事後措置

健康診断の結果に応じて，次に掲げる措置を講ずること。

(ア)　前駆期の症状が認められる者及び軽度の聴力低下が認められる者に対しては，屋内作業場にあっては第Ⅱ管理区分に区分された場所，屋内作業場以外の作業場にあっては等価騒音レベルで 85 dB(A)以上 90 dB(A)未満の作業場においても聴覚保護具の使用を励行させるほか，必要な措置を講ずること。

(イ)　中等度以上の聴力低下が認められ，聴力低下が進行するおそれがある者に対しては，聴覚保護具使用の励行のほか，騒音作業に従事する時間の短縮等必要な措置を講ずること。

表 6-7　健康診断

雇入時等健康診断	定期健康診断
事業者は，騒音作業に常時従事する労働者に対し，その雇入れの際または当該業務への配置替えの際に，次の項目について，医師による健康診断を行うこと。 　① 　既往歴の調査 　② 　業務歴の調査 　③ 　自覚症状及び他覚症状の有無の検査 　④ 　オージオメータによる250，500，1,000，2,000，4,000，8,000 ヘルツにおける聴力の検査 　⑤ 　その他医師が必要と認める検査	事業者は，騒音作業に常時従事する労働者に対し，6 月以内ごとに 1 回，定期に，次の項目について，医師による健康診断を行うこと。 　① 　既往歴の調査 　② 　業務歴の調査 　③ 　自覚症状及び他覚症状の有無の検査 　④ 　オージオメータによる 1,000 ヘルツ及び4,000 ヘルツにおける選別聴力検査 　事業者は，上記の健康診断の結果，医師が必要と認める者については，次の項目について，医師による健康診断を行うこと。 　① 　オージオメータによる250，500，1,000，2,000，4,000，8,000 ヘルツにおける聴力の検査 　② 　その他医師が必要と認める検査

3)　健康診断結果の記録と報告

事業者は,雇入時等又は定期の健康診断を実施したときは,その結果を記録し,5年間保存すること。

また，定期健康診断については，実施後遅滞なく，その結果を所轄労働基準監督署長に報告すること。

⑶　労働衛生教育

事業者は，常時騒音作業に労働者を従事させようとするときは，当該労働者に対し，次の科目について労働衛生教育を行うこと。

① 騒音の人体に及ぼす影響
② 適正な作業環境の確保と維持管理
③ 聴覚保護具の使用の方法
④ 改善事例及び関係法令

7. 振動対策

振動障害は，林業のチェーンソー取扱作業者や鉱業のさく岩機取扱作業者，建設業，製造業等の振動工具の取扱作業者に発生している。

振動工具の中には，さく岩機のように振動を利用することによってその機能を発揮するものと，チェーンソーのように作業や運転に伴って振動が発生するものがある。このような振動工具を取り扱う業務については，次のような振動障害の防止対策を講じる必要がある。

⑴　振動工具の種類

振動工具には，チェーンソー以外に**表6-8**に掲げるものがある。

⑵　振動障害の防止対策

振動障害は，振動工具の使用に伴って発生する振動が人体に伝ぱすることによって多様な症状を呈する症候群である。振動障害防止のためには，手腕への影響を振動の周波数，振動の強さ及び振動ばく露時間により評価し，対策を講ずることが有効とされている。

このため，厚生労働省では，国際標準化機構（ISO）等が取り入れている「周波

表 6-8　チェーンソー以外の振動工具

㈠	ピストンによる打撃機構を有する工具	①さく岩機 ②チッピングハンマー ③リベッティングハンマー ④コーキングハンマー ⑤ハンドハンマー ⑥ベビーハンマー ⑦コンクリートブレーカー	⑧スケーリングハンマー ⑨サンドランマー ⑩ピックハンマー ⑪多針タガネ ⑫オートケレン ⑬電動ハンマー
㈡	内燃機関を内蔵する工具（可搬式のもの）	①エンジンカッター	②ブッシュクリーナー
㈢	携帯用皮はぎ機等の回転工具（㈤を除く）	①携帯用皮はぎ機 ②サンダー	③バイブレーションドリル
㈣	携帯用タイタンパー等の振動体内蔵工具	①携帯用タイタンパー	②コンクリートバイブレーター
㈤	携帯用研削盤，スイング研削盤その他手で保持し，又は支えて操作する形式の研削盤（使用する研削といしの直径が 150 mm を超えるものに限る）		
㈥	卓上用研削盤又は床上用研削盤（使用するといしの直径が 150 mm を超えるものに限る）		
㈦	締付工具	①インパクトレンチ	
㈧	往復動工具	①バイブレーションシャー	②ジグソー

数補正振動加速度実効値の 3 軸合成値」と「振動ばく露時間」で規定される 1 日 8 時間の等価振動加速度実効値（日振動ばく露量 A（8））の考え方などをもとに，新たな振動障害の予防対策として平成 21 年 7 月 10 日付けで，

① チェーンソー取扱い作業指針について（基発 0710 第 1 号）

② チェーンソー以外の振動工具の取扱い業務に係る振動障害予防対策指針について（基発 0710 第 2 号）（表 6-8 参照）

③ 振動工具の「周波数補正振動加速度実効値の 3 軸合成値」の測定，表示等について（基発 0710 第 3 号）

④ 振動障害総合対策の推進について（基発 0710 第 5 号）

⑤ 振動工具取扱い作業者等に対する安全衛生教育の推進について（事務連絡）

を公表した（安全衛生情報センター https://www.jaish.gr.jp に掲載）。その予防対策の概要は，以下のとおり。

1）　振動工具を使用する事業者が講ずべき措置

㈠　振動工具の選定基準と点検整備

使用する工具は振動ができる限り少ないものを選び，工具のメーカー等が取

扱説明書等で示した時期及び方法により定期的に点検整備し，常に最良の状態に保つようにする。また，「振動工具管理責任者」を選任し，点検・整備状況を定期的に確認し，その状況を記録する。

(イ)　作業時間の管理

①　振動業務とそれ以外の業務を組み合わせて，振動業務に従事しない日を設けるよう努める。

②　使用する工具の「周波数補正振動加速度実効値の3軸合成値」を表示，取扱説明書等により把握し，当該値と1日当たりの「振動ばく露時間」から，上記通達に示す方法により1日8時間の等価振動加速度実効値（日振動ばく露量 A(8)）を求め，同通達に定める振動ばく露時間の抑制等の措置を講ずる。

③　使用する工具及び業務に応じて，一連続の振動ばく露時間の制限又は一連続作業後の休止時間を設ける。

(ウ)　工具の操作方法及び作業方法

工具の操作方法については，ハンドル等以外の部分は持たない，また，ハンドル等は軽く握り，かつ，強く押さえないなど余分な振動のばく露を避ける。

作業方法については，工具をスプリングバランサー等により支持するなど，工具を支える力を極力少なくし，筋の緊張を持続させることのない方法を工夫する。

(エ)　健康診断の実施及びその結果に基づく措置

振動業務に従事する労働者に対する健康診断の実施など適切な健康管理については，「振動工具（チェンソー等を除く。）の取扱い等の業務に係る特殊健康診断について」(昭和49年1月28日基発第45号)，「振動工具の取扱い業務に係る特殊健康診断の実施手技について」(昭和50年10月20日基発第609号) 及び「チェンソー取扱い業務に係る健康管理の推進について」(昭和50年10月20日基発第610号。改正：平成21年7月10日基発0710第1号) に基づき実施する。

(オ)　安全衛生教育の実施

労働者を新たに振動業務に就かせ，又は労働者の取り扱う振動工具の種類を変更したときは，当該労働者に対し，振動が人体に与える影響，日振動ばく露量 A(8)に基づくばく露許容時間等の工具の適正な取扱い及び管理方法についての教育を行う。

2)　振動工具を製造又は輸入する事業者等が講ずべき措置

(ア)　主に労働者が取り扱う振動工具について，「周波数補正振動加速度実効値の3軸合成値」を測定・算出する。

(イ)　測定・算出した3軸合成値を振動工具に表示する。

(ウ)　取扱説明書，カタログ，ホームページ等において次の措置を講じる。

①　3軸合成値，振動測定の準拠規格，振動工具の重量等を明記する。

②　振動工具の使用者が適切に日振動ばく露量A(8)に基づく対策を講ずることができるよう，1日当たりの振動ばく露限界時間の算出方法等の説明を記載し，又は記載したパンフレットを添付する。

③　振動工具の製造時の振動加速度レベルを劣化させないための点検・整備について，その具体的な時期，その対象となる工具の状態，その方法等を示す。

8.　熱中症対策

　夏季においては，建設業などの屋外作業を中心に熱中症が発生しやすくなる。熱中症とは，高温多湿な環境下において，体内の水分及び塩分のバランスが崩れたり，体内の調整機能が破綻するなどして，発症する障害を総称していう。

　熱中症の発生事例をみると，高温環境下での作業の危険性について認識のないまま作業が行われていることにその根本的な原因があり，具体的には適切な休憩時間がとられていない，水分・塩分等の補給が適時行われていない，作業者の健康状態が把握されていないことなどによるものが多くみられる。

　熱中症の予防対策については，「職場における熱中症予防基本対策要綱の策定について」(令和3年4月20日基発0420第3号，巻末〔資料5〕)が厚生労働省から公表されている（JIS Z 8504：2021（熱環境の人間工学－WBGT（湿球黒球温度）指数を用いた熱ストレス評価）参照）。

　その概要は次のとおりである。

(1)　WBGT値（暑さ指数）の活用

　WBGT（Wet-Bulb Globe Temperature：湿球黒球温度（単位：℃））の値（暑さ指数）を式①又は②により算出し，衣類の組合せにより，当該WBGT値に着衣補正値を加えること。

　その値が，WBGT基準値を超え，又は超えるおそれがある場合には，冷房等に

より当該作業場所の WBGT の低減を図ること，作業を身体作業強度の低い作業に変更すること，WBGT 基準値より低い WBGT 値である作業場所での作業に変更すること等を実施すること。

それでもなお，WBGT 基準値を超え，又は超えるおそれがある場合には，「(2)熱中症予防対策」の徹底を図り，熱中症の発生リスクの低減を図ること。

式①　日射がない場合

WBGT 値＝0.7×自然湿球温度＋0.3×黒球温度

式②　日射がある場合

WBGT 値＝0.7×自然湿球温度＋0.2×黒球温度＋0.1×気温（乾球温度）

(2)　熱中症予防対策

1)　作業環境管理

①　WBGT 基準値を超え，又は超えるおそれのある作業場所（以下単に「高温多湿作業場所」という）においては，発熱体と労働者の間に熱を遮ることのできる遮へい物等を設けること。

②　屋外の高温多湿作業場所においては，直射日光ならびに周囲の壁面及び地面からの照り返しを遮ることができる簡易な屋根等を設けること。

③　高温多湿作業場所に適度な通風や冷房を行うための設備を設けること。当該設備には，除湿機能があることが望ましいこと。

④　高温多湿作業場所の近隣に冷房を備えた休憩場所又は日陰などの涼しい休憩場所を設けること。また，休憩場所は，足を伸ばして横になれる広さを確保すること。

⑤　高温多湿作業場所又はその近隣に氷，冷たいおしぼり，水風呂，シャワー等の身体を適度に冷やすことのできる物品及び設備を設けること。

⑥　水分及び塩分の補給を定期的かつ容易に行えるよう，高温多湿作業場所に飲料水の備付け等を行うこと。

2)　作業管理

①　作業の休止時間及び休憩時間を確保し，高温多湿作業場所の作業を連続して行う時間を短縮すること，身体作業強度が高い作業を避けること，作業場所を変更すること等の熱中症予防対策を，作業の状況等に応じて実施するよう努めること。

②　計画的に，暑熱順化期間を設けることが望ましいこと。

③　自覚症状以上に脱水状態が進行していることがあること等に留意のうえ，自覚症状の有無にかかわらず，水分及び塩分の作業前後の摂取及び作業中の定期的な摂取を指導するとともに，労働者の水分及び塩分の摂取を確認するための表の作成，作業中の巡視における確認等により，定期的な水分及び塩分の摂取の徹底を図ること。

④　熱を吸収し，又は保熱しやすい服装は避け，透湿性及び通気性の良い服装を着用させること。なお，直射日光下では通気性の良い帽子等を着用させること。

⑤　作業の種類，作業負荷，気象条件等に応じた感染症拡大防止のための飛沫飛散防止器具の選択を行うとともに，その着用の有無の条件を明確にし，関係者に周知しておくことが望ましいこと。

⑥　定期的な水分及び塩分の摂取に係る確認，労働者の健康状態を確認し，熱中症を疑わせる兆候が表れた場合において速やかな作業の中断等必要な措置を講ずること等を目的に，高温多湿作業場所の作業中は巡視を頻繁に行うこと。

3)　**健康管理**

①　健康診断の項目には，糖尿病，高血圧症，心疾患，腎不全等の熱中症の発症に影響を与えるおそれのある疾患と密接に関係した血糖検査，尿検査，血圧の測定，既往歴の調査等が含まれていること，及び異常所見があると診断された場合には医師等の意見を聴き，当該意見を勘案して，必要があると認めるときは，事業者は，就業場所の変更，作業の転換等の適切な措置を講ずることが義務づけられていることに留意のうえ，これらの徹底を図ること。

②　高温多湿作業場所で作業を行う労働者については，睡眠不足，体調不良，前日等の飲酒，朝食の未摂取等が熱中症の発症に影響を与えるおそれがあることに留意のうえ，日常の健康管理について指導を行うとともに，必要に応じ健康相談を行うこと。

③　作業開始前に労働者の健康状態を確認すること。作業中は巡視を頻繁に行い，声をかける等して労働者の健康状態を確認すること。また，複数の労働者による作業においては，労働者がお互いの健康状態について留意させること。

4)　**労働衛生教育**

高温多湿作業場所において作業に従事させる場合には，作業を管理する者及び労働者に対し，あらかじめ次の事項について労働衛生教育を行うこと。

①　熱中症の症状

②　熱中症の予防方法

③　緊急時の救急処置

④　熱中症の事例

5)　救急処置

①　あらかじめ，病院，診療所等の所在地及び連絡先を把握するとともに，緊急連絡網を作成し，関係者に周知すること。

②　熱中症を疑わせる症状が表れた場合は，救急処置として涼しい場所で身体を冷し，水分及び塩分の摂取等を行うこと。また，必要に応じ，救急隊を要請し，又は医師の診察を受けさせること。

第3章　快適な職場環境の形成

1．快適職場指針に基づく職場づくり

⑴　快適職場づくりの背景

　労働者は生活時間の多くを職場で過ごしている。職場は労働者の生活の場ともいえる。その職場が浮遊粉じんで汚れていたり，臭気があったり，暑すぎたり，寒すぎたり，暗かったり，騒音でうるさかったり，不自然な姿勢での作業や大きな筋力を必要とする作業であったり，人間関係が良くない場合には，その労働者にとって不幸であるだけでなく，生産性の面からも能率の低下をきたすことになる。

　近年のわが国における産業構造の変化や企業活動の急速な国際化，情報化の進展等に伴う労働環境，作業態様の変化等の中で，職場では，疲労やストレスを感じている労働者の割合が高くなっている。また，工場等においては，重筋作業，暑熱作業等の労働負荷の大きな作業がなお多く存在している。一方，わが国は，経済的豊かさを実現したが，国民の意識においては，心の豊かさを重視する人の割合が物の豊かさを重視する人の割合を大きく上回るようになってきている。同様に，労働者の意識においても，働きやすい職場環境への取組みに対する希望が増えてきている。さらに，労働力人口の高齢化の進展，女性の職場進出が進んでいる状況の下で，高齢者や女性にも作業がしやすいように作業環境，作業方法等が改善されるとともに，休憩設備等が整備された職場の形成が求められている。

　このような状況の下で，全ての労働者が，疲労やストレスを感じることの少ない，快適な職場環境を形成していくことが重要となってきた。そこで，平成4年5月に労働安全衛生法が改正され，事業者は快適な職場環境を形成するように努めなければならないとされた（表6-9）。そして同法の規定により「事業者が講ずべき快適な職場環境の形成のための措置に関する指針」（平成4年7月1日労働省告示第59号，以下「快適職場指針」という。）が公表された。

⑵　快適職場づくりの考え方

　労働安全衛生関係法令等においては，事業場における作業環境，作業方法，休憩

表6-9　快適な職場環境の形成に係る労働安全衛生法の規定（抄）

（事業者の講ずる措置）
第71条の2　事業者は，事業場における安全衛生の水準の向上を図るため，次の措置を継続的かつ計画的に講ずることにより，快適な職場環境を形成するように努めなければならない。
　　1　作業環境を快適な状態に維持管理するための措置
　　2　労働者の従事する作業について，その方法を改善するための措置
　　3　作業に従事することによる労働者の疲労を回復するための施設又は設備の設置又は整備
　　4　前三号に掲げるもののほか，快適な職場環境を形成するため必要な措置
（快適な職場環境の形成のための指針の公表等）
第71条の3　厚生労働大臣は，前条の事業者が講ずべき快適な職場環境の形成のための措置に関して，その適切かつ有効な実施を図るため必要な指針を公表するものとする。
② （略）

室，食堂等についての安全衛生に関する基準を定めているが，これらの規定は，労働者の危険又は健康障害を防止するため事業者が最低限講ずべき措置を定めたものである。一方，快適な職場環境の形成への取組みは，事業者の自主的な努力により，進めていくべきものである。その際，事業者は労働安全衛生法令等に定める措置を講じたうえで，快適職場指針に定めるところにより，労働者が疲労やストレスを感じることの少ない，快適な職場環境を形成していくことが重要である（図6-6）。

図6-6　法定の安全衛生水準と職場の快適化との関係

(3)　快適職場指針に基づく快適職場づくり

　快適職場指針は，事業者が快適な職場環境の形成を進めるに際して，その取組みの適切かつ有効な実施を図ることができるよう，快適な職場環境の形成についての目標に関する事項，快適な職場環境の形成の適切かつ有効な実施を図るために事業者が講ずべき措置の内容に関する事項，及び当該措置の実施に関し考慮すべき事項を定めている。

　快適職場指針の目指すものは，「仕事による疲労やストレスを感じることの少ない，働きやすい職場づくり」である。快適職場づくりを事業場の自主的な安全衛生管理活動の一環として位置づけ，快適な職場環境の形成についての目標を安全衛生委員会等で十分に検討して具体化し，その目標の設定，実行，評価，改善のサイクルを回して，職場の快適さの阻害要因を取り除くとともに，労働者の生活の場としての潤いを配慮して，快適な職場環境の形成を図る必要がある。快適職場づくりに当たっては，推進体制の整備，安全衛生委員会の活動等による労働者の意見の反映，

より快適な職場づくりのための職場環境の見直し等を継続的，計画的に取り組むことが重要であるとしている。

(4)　快適職場指針の概要

　快適職場指針では，事業者が快適な職場環境の形成を行うに当たって，その目標とする事項，講ずべき措置の内容に関する事項及び考慮すべき事項として以下のとおり示している。

1)　快適な職場環境の形成についての目標に関する事項

(ア)　作業環境の管理

　空気環境，温熱条件等の作業環境が労働者に適した状態に維持管理されるようにすること。

(イ)　作業方法の改善

　不自然な姿勢での作業や大きな筋力を必要とする作業等は，負担が軽減されるよう作業方法を改善すること。

(ウ)　疲労の回復を図るための施設・設備の設置・整備

　休憩室等の心身の疲労の回復を図るための施設の設置・整備を図ること。

(エ)　その他の施設・設備の維持管理

　洗面所，トイレ等の施設・設備は，清潔で使いやすい状態に維持管理されていること。

2)　快適な職場環境の形成を図るために事業者が講ずべき措置の内容に関する事項

(ア)　作業環境を快適な状態に維持管理するための措置

ア）空気環境

　屋内作業場は，浮遊粉じんや臭気等について，不快と感ずることのないよう維持管理すること。浮遊粉じんや臭気等が発生する屋外作業場は，これらの発散を抑制すること。

イ）温熱条件

　屋内作業場においては，温度，湿度等の温熱条件を適切な状態に保つこと。屋外作業場については，外気温等の影響を緩和するための措置を講ずることが望ましい。

ウ）視環境

　作業に適した照度を確保し，過度な輝度対比や不快なグレアが生じないよ

うにすること。屋内作業については，採光，色彩環境，光源の性質などにも配慮することが望ましい。

エ）音環境

事務所は外部からの騒音を有効に遮へいし，OA機器は低騒音化を図ること。事務所以外の屋内作業場は，騒音源となる機械設備の騒音の抑制を図ること。

オ）作業空間等

作業空間や通路等を確保すること。

(イ)　作業方法を改善するための措置

①　身体に大きな負担のかかる不自然な姿勢での作業は，機械設備の改善等により作業方法の改善を図ること。

②　荷物の持ち運び作業や相当の筋力を要する作業は，助力装置の導入等により負担の軽減を図ること。

③　高温，多湿や騒音等の場所における作業は，防熱や遮音壁の設置，操作の遠隔化等により負担の軽減を図ること。

④　緊張の持続が必要な作業や一定の姿勢が持続する作業等は，緊張を緩和する機器の導入等により負担の軽減を図ること。

⑤　機械設備，事務機器等は，識別しやすい文字により表示を行い，作業をしやすい配慮がなされていること。

(ウ)　疲労の回復を図るための施設・設備の設置・整備

①　臥床できる休憩室等を確保すること。

②　多量の発汗や身体の汚れを伴う作業は，シャワー室等の洗身施設を整備し，これを清潔に使いやすくしておくこと。

③　疲労やストレス等に関する相談室等を確保すること。

④　運動施設や緑地を設ける等の環境整備を行うことが望ましい。

(エ)　その他の快適な職場環境を形成するため必要な措置

①　洗面所，更衣室等を常時清潔で使いやすく管理しておくこと。

②　食堂等のスペースを確保し，清潔に管理しておくこと。

③　給湯設備や談話室等を確保することが望ましい。

3)　**快適な職場環境の形成のための措置に関し考慮すべき事項**

①　継続的かつ計画的な取組みの推進体制の整備を図ること。職場環境を常時見直し，これに応じて必要な措置を講ずること。

②　安全衛生委員会を活用する等，労働者の意見を反映すること。

③　職場の環境条件や作業から受ける心身の負担についての感じ方について，個人差を考慮して必要な措置を講ずること。

④　職場は潤いを持たせ，緊張をほぐすよう配慮すること。

(5)　特定の業種における快適職場づくり

快適職場指針はすべての業種を対象に，事業者が講ずべき快適な職場環境の形成のための措置を示したものである。しかし，建設業，林業，陸上貨物運送事業，鉱業・採石業等の業種においては，製造業やサービス業等の事業とは作業条件や作業態様が異なる面がある。

建設工事現場は，そのほとんどが数次の請負関係により構成されており，単品受注生産のため作業の態様が一定でなく，屋外での作業が主である。林業においては，作業現場において重筋作業，不自然な姿勢での作業等の労働負荷の大きな作業がなお多く存在しており，作業者の高齢化が急速に進んでいる。さらに，作業現場が屋外であり，急峻な地形での作業も少なくないなど，他の業種にはみられない特質がある。陸上貨物運送事業においても，作業現場において重筋作業，不自然な姿勢での作業等の労働負荷の大きな作業がなお多く存在しており，作業者の高齢化が進展している。また，作業の大半が車の運転であったり，道路事情や荷主の都合による影響が大きい等の特質がある。

これらの業種については，快適職場の形成がより強く求められている。また，このような特質を踏まえた上で円滑な推進を図る必要がある。そこで，これらの業種について，厚生労働省から，それぞれの業種に応じた快適職場形成のための対策の方向及び改善事例が示されている*。これらの業種においては，快適職場づくりのため，個々の事業場ごとに実態を把握し，快適職場づくりの必要な対象作業，対象事項等の具体的対策を決定するに当たっては，この事例を参考にするとよい。

2.　職場の人間関係等のソフト面の快適職場づくり

～働きやすい職場づくりのための快適職場調査（ソフト面）の活用～

職場が快適であるためには，作業環境や作業方法等のハード面の快適化が欠かせ

＊これらの事例は，中央労働災害防止協会のホームページ（https://www.jisha.or.jp），安全衛生情報センターのホームページ（https://www.jaish.gr.jp）等で検索することができる。

ない。しかし，近年，職場をめぐる環境の変化の中で，職場の人間関係，処遇や労働負荷などのソフト面（心理的・制度的側面）に関するさまざまな問題が生じている。職場環境のハード面がいかに快適な職場であっても，職場環境のソフト面がそこで働く労働者にとって不適切かつ不快であれば快適な職場とはいえない。快適な職場環境の形成のためには，ハード面の快適化とともにソフト面の快適化も求められる。ソフト面の課題を早期に発見し対応することによって，職場で働く人々はより快適に働くことができる。

　この要求に応えるものとして，職場環境のソフト面の現状を的確に把握し，その上で問題点を発見し，具体的な職場全体の取組みに役立てるための調査票「快適職場調査（ソフト面）」が，厚生労働省の快適職場形成促進事業の調査研究において開発され公表されている。快適職場調査（ソフト面）を活用してソフト面の快適職場づくりに取り組むことができる。

(1)　快適職場調査（ソフト面）を活用した快適職場づくり

　ソフト面の快適職場づくりは，快適職場調査（ソフト面）を活用し，職場の課題を明確にし，改善に取り組むことによりレベルアップを図り，快適職場をめざすものである（図6-7）。

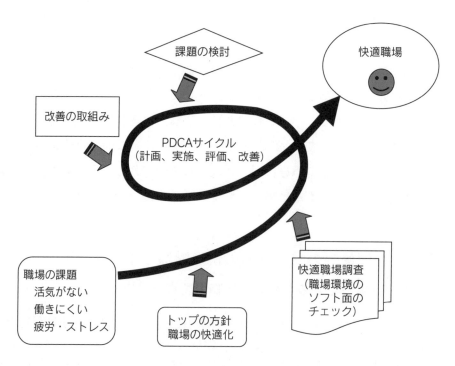

図6-7　ソフト面の快適職場づくりの流れ

⑵　快適職場調査（ソフト面）の概要

1)　快適職場調査（ソフト面）の領域

　　快適職場調査（ソフト面）はソフト面における職場の現状を的確に把握して問題点を発見し，具体的な職場全体の取組みに役立てるものであり，職場の心理的，組織的，社会的な人間の側面に関する7領域から成っている（図6-8）。

2)　快適職場調査（ソフト面）のしくみ

　　快適職場調査（ソフト面）は，職場のソフト面を，事業所側（人事・労務担当者，ライン管理者など）と従業員側の両方の側面からチェックするようになっている（図6-9）。管理者用のチェックシートⅠ（事業所用），チェックシートⅡ（従業員用）の2つのチェックシートを比較し，管理者と従業員の意識及びその違いを比較・検討することにより，働きやすい職場づくりに向けたソフト面の課題を

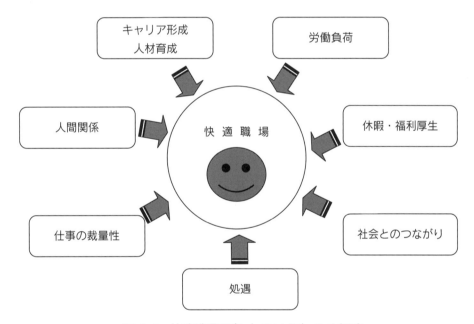

図6-8　快適職場調査（ソフト面）の7領域

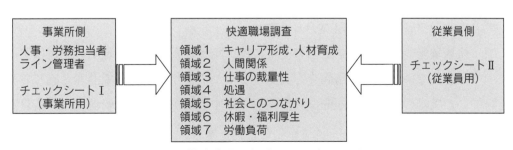

図6-9　快適職場調査（ソフト面）のしくみ

把握し，職場の改善ができる。①キャリア形成・人材育成，②人間関係，③仕事の裁量性，④処遇，⑤社会とのつながり，⑥休暇・福利厚生，⑦労働負荷の7つの領域と総合評価によって，職場のソフト面をチェックするものである。

　　チェックシートⅠ（事業所用）とチェックシートⅡ（従業員用）の質問項目は同一で，35問から成っている（図6-10）。チェックシートⅠ（事業所用）として使用する場合は，人事・労務担当者や管理者が，「自分の部下が職場や仕事についてどのように感じていると思っているか」を5段階で該当すると思うところにありのままに○をつける。チェックシートⅡ（従業員用）として使用する場合は，従業員が，5段階で該当すると思うところにありのままに○をつける。無記名で記入し，結果の分析・検討に資するため，フェースシート（略）には職場，職種，性別，年齢などの属性を記入する。

3)　集計結果の見方と分かること

　　調査結果の評価・解釈は，各領域の平均値及び総合計の平均値を求め，求めた平均値と標準値及び標準範囲との比較や，管理者側と従業員側の意識差の大きさ，各領域のバランスなどを検討する。

　　快適職場調査（ソフト面）は回答結果の標準値及び標準範囲が決まっている。事業所側及び従業員側の平均値が標準値より高い値を示した場合は，職場の快適感が高く，低い場合には快適感が低いことを示す。

　　また，事業所側と従業員側の平均値の差，すなわち意識差が，通常，どのくらいなのかという標準値も決まっており，各領域ごとに事業所側と従業員側の意識差が標準値を超えているかどうかで評価を行う。各領域ともに，事業所側と従業員側の平均値の差が小さいほど，担当者・管理者と従業員で職場に対する感じ方にそれほど開きがないということであり，問題が少ない職場であるといえる（図6-11参照）。

4)　快適職場調査（ソフト面）の特徴

　　快適職場調査（ソフト面）は以下のチェックができる。

㋐　人事労務管理上の問題のチェック

　　快適職場づくりのソフト面の充実には，職場の人事労務管理上の問題は避けては通れない。快適職場調査を実施することにより，それまで漠然と感じられていた職場の問題を客観的な数値の形で示すことができる。管理者と従業員がそれぞれ職場の各領域についてどのように感じているのかを調べてみることで，より良い人事労務管理の仕組みづくりのヒントが得られる。

働きやすい職場づくりのための **快適職場調査（ソフト面）**	全くあてはまる	どちらかといえばあてはまる	どちらともいえない	どちらかといえばあてはまらない	全くあてはまらない
下記の設問について、該当すると思う個所に○を付けてください。					
領域1					
1　意欲を引き出したり、キャリア形成に役立つ教育が行われている。	5	4	3	2	1
2　若いうちから将来の進路を考えて人事管理が行われている。	5	4	3	2	1
3　グループや個人ごとに、教育・訓練の目標が明確にされている。	5	4	3	2	1
4　この職場では、誰でも必要なときに必要な教育・訓練がうけられる。	5	4	3	2	1
5　この職場では、従業員を育てることが大切だと考えられている。	5	4	3	2	1
○を付けた点数を合計し、合計点を5で割り小数点第1位まで記入してください。 領域1　合計　　　　点÷5＝　　　点					
領域2					
6　上司は、仕事に困ったときに頼りになる。	5	4	3	2	1
7　上司は、部下の状況に理解を示してくれる。	5	4	3	2	1
8　上司や同僚と気軽に話ができる。	5	4	3	2	1
9　この職場では、上司と部下が気兼ねのない関係にある。	5	4	3	2	1
10　上司は、仕事がうまく行くように配慮や手助けをしてくれる。	5	4	3	2	1
○を付けた点数を合計し、合計点を5で割り小数点第1位まで記入してください。 領域2　合計　　　　点÷5＝　　　点					
領域3					
11　自分の新しいアイデアで仕事を進めることができる。	5	4	3	2	1
12　仕事の目標を自分で立て、自由裁量で進めることができる。	5	4	3	2	1
13　自分のやり方と責任で仕事ができる。	5	4	3	2	1
14　仕事の計画、決定、進め方を自分で決めることができる。	5	4	3	2	1
15　自分の好きなペースで仕事ができる。	5	4	3	2	1
○を付けた点数を合計し、合計点を5で割り小数点第1位まで記入してください。 領域3　合計　　　　点÷5＝　　　点					
領域4					
16　世間的に見劣りしない給料がもらえる。	5	4	3	2	1
17　働きに見合った給料がもらえる。	5	4	3	2	1
18　地位に合った報酬を得ている。	5	4	3	2	1
19　給料の決め方は、公平である。	5	4	3	2	1
20　この会社の経営は、うまくいっている。	5	4	3	2	1
○を付けた点数を合計し、合計点を5で割り小数点第1位まで記入してください。 領域4　合計　　　　点÷5＝　　　点					
領域5					
21　自分の仕事は、よりよい社会を築くのに役立っている。	5	4	3	2	1
22　自分の仕事が、社会と繋がっていることを実感できる。	5	4	3	2	1
23　自分の仕事は、世間から高い評価を得ている。	5	4	3	2	1
24　自分の仕事に関連することが、新聞やテレビによくでる。	5	4	3	2	1
25　今の職場やこの仕事にかかわる一員であることに、誇りに思っている。	5	4	3	2	1
○を付けた点数を合計し、合計点を5で割り小数点第1位まで記入してください。 領域5　合計　　　　点÷5＝　　　点					
領域6					
26　この職場には、世間よりも長い夏期休暇や年次休暇がある。	5	4	3	2	1
27　この職場では、産休、育児休暇、介護休暇がとりやすい。	5	4	3	2	1
28　この職場では、年次有給休暇を取りやすい制度や雰囲気がある。	5	4	3	2	1
29　この職場には、心や身体の健康相談にのってくれる専門スタッフがいる。	5	4	3	2	1
30　心や身体の健康相談のために、社外の医療機関などを気軽に利用できる。	5	4	3	2	1
○を付けた点数を合計し、合計点を5で割り小数点第1位まで記入してください。 領域6　合計　　　　点÷5＝　　　点					
領域7					
31　仕事はいつも時間内に処理できる。	5	4	3	2	1
32　全体として仕事の量と質は、適当だと思う。	5	4	3	2	1
33　残業、休日、休暇を含めていまの労働は適当だと思う。	5	4	3	2	1
34　翌日までに仕事の疲れを残すことはない。	5	4	3	2	1
35　家に仕事を持ち帰ったことはめったにない。	5	4	3	2	1
○を付けた点数を合計し、合計点を5で割り小数点第1位まで記入してください。 領域7　合計　　　　点÷5＝　　　点					
領域1〜領域7の合計点を合計した数を35で割り小数点第1位まで記入してください。 総合計　　　　点÷35＝　　　点					

図6-10　快適職場調査（ソフト面）チェックシート

例1　事業所側と従業員側の意識差に着目

事業所側の平均値と従業員側の平均値の差が「0.5」点以上開いた場合には，職場で何らかの対策を立てる必要があると判断ができる。右の例では，「キャリア形成・人材育成」で大きな点差が見られ，これは，事業所側が考えているほどには，従業員側は「キャリア形成・人材育成」面の対応が十分ではないと考えていることを示している。

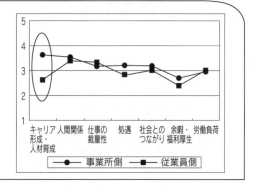

図6-11　評価・解釈の例

(イ)　キャリア形成・キャリア開発上の問題のチェック

　　職場の管理者にとって従業員の人材育成は重要な問題である。従業員にとっても職場でどのような能力を身につけられるのか，どのように成長していけるのかは重要な関心事である。快適職場調査の結果を有効に活用し，従業員のキャリア形成を積極的にサポートする仕組みづくりを，職場ぐるみで考えることにより，管理者にとっても従業員にとっても，これまで以上に充実した働き方ができる職場づくりができる。

(ウ)　メンタルヘルス上の問題のチェック

　　快適職場づくりに向けたソフト面の取組みは，心の問題を解決する意味でも重要である。快適職場調査を用いて，従業員が職場で何に困っているのか，どんなことに手助けを求めているのかを知ることで，職場の全員が気持ちよく安心して働ける職場づくりに向けて大きな一歩を踏み出せる。

※　快適職場調査（ソフト面）は国の委託調査研究により開発されたものであり，中央労働災害防止協会のホームページの以下のアドレスで紹介されている。

　　　　https://www.jisha.or.jp/health/kaiteki/soft/index.html

第 4 章　過重労働対策

1.　過重労働対策をめぐる行政の動き

　長時間にわたる過重な労働は，疲労の蓄積をもたらす最も重要な要因と考えられ，脳・心臓疾患の発症との関連性が強いという医学的知見も得られている。働くことにより労働者が健康を損なうようなことはあってはならない。この医学的知見を踏まえ，労働者が疲労を回復することができないような長時間にわたる過重労働をなくしていくとともに，労働者に疲労の蓄積を生じさせないようにするため，労働者の健康管理に係る措置を適切に実施することが重要である。

　これに関して，厚生労働省は「過重労働による健康障害防止のための総合対策について」(平成 14 年 2 月 12 日基発第 0212001 号。以下「旧総合対策」という) に基づき所要の対策を推進してきた。平成 17 年 11 月には，長時間労働に伴う健康障害の増加などの問題に的確に対処するため，必要な施策を整備充実する労働安全衛生法等の改正が行われた。

　平成 18 年には，旧総合対策は廃止され，労働安全衛生法等の改正の趣旨を踏まえ，新たに「過重労働による健康障害防止のための総合対策」(平成 18 年 3 月 17 日基発第 0317008 号。以下「総合対策」という) が策定され，その後一部改正された (最終改正：令和 2 年 4 月 1 日基発 0401 第 4 号)。

　また，平成 26 年には，過労死のない社会を実現するという目的のもと，「過労死等防止対策推進法」が成立した (平成 26 年 6 月 27 日法律第 100 号)。この法律は，近年，わが国において過労死等が多発し大きな社会問題となっていること，過労死等が，本人はもとより，その遺族又は家族のみならず社会にとっても大きな損失であることから，過労死等に関する調査研究等について定めることにより，過労死等の防止のための対策を推進し，過労死等がなく，仕事と生活を調和させ，健康で充実して働き続けることのできる社会の実現に寄与することを目的としている。平成 27 年 7 月には過労死等の防止のための対策等を取りまとめた「過労死等の防止のための対策に関する大綱」が閣議決定され，平成 30 年 7 月には勤務間インターバル制度の周知や導入に関する数値目標が設定された。

さらに，「働き方改革を推進するための関係法律の整備に関する法律」が，平成30年7月6日，法律第71号として公布され，労働基準法，労働安全衛生法等が改正された。これにより，長時間労働の是正のための労働時間に関する制度の見直し，産業医等の機能の強化等が図られた。

2.　過重労働による健康障害を防止するための具体的措置

(1)　時間外・休日労働時間の削減

1)　「36 協定」と「限度基準」

　時間外労働は本来臨時的な場合に行われるものであり，また，時間外・休日労働時間（休憩時間を除き1週間当たり40時間を超えて労働させた場合におけるその超えた時間をいう。以下同じ）が月45時間を超えて長くなるほど，業務と脳・心臓疾患の発症との関連性が強まるとの医学的知見が得られている。このようなことを踏まえ，労働基準法第36条に基づく協定（以下「36 協定」という）の締結に当たっては，「労働基準法第36条第1項の協定で定める労働時間の延長の限度等に関する基準」（平成10年労働省告示第154号。最終改正：平成21年厚生労働省告示第316号。以下「限度基準」という）に適合したものとなるようにする必要がある。

　また，限度基準第3条ただし書に定める「特別の事情」（限度時間を超える一定の時間まで労働時間を延長することができる事情）を定める場合には，この「特別の事情」が臨時的なものに限るとされていることに留意する必要がある。さらに，月45時間を超えて時間外労働を行わせることが可能である場合であっても，実際の時間外労働を月45時間以下とするよう努める必要がある。

　さらに，休日労働についても削減に努める必要がある。

2)　労働時間の適正な把握

　「労働時間の適正な把握のために使用者が講ずべき措置に関するガイドライン」（厚生労働省。平成29年1月20日策定）に，労働時間の適正な把握のために使用者が講ずべき措置が示されている。その概要は以下のとおり（詳細は，https://www.mhlw.go.jp/stf/seisakunitsuite/bunya/koyou_roudou/roudoukijun/roudouzikan/070614-2.html）。

㋐　始業・終業時刻の確認及び記録

　使用者は，労働時間を適正に把握するため，原則として次のいずれかの方法

により，労働者の労働日ごとの始業・終業時刻を確認し，これを記録すること。

① 　使用者が，自ら現認することにより確認し，適正に記録すること。

② 　タイムカード，ICカード，パソコンの使用時間の記録等の客観的な記録を基礎として確認し，適正に記録すること。

(イ)　自己申告制により始業・終業時刻の確認及び記録を行う場合の措置

　　上記(ア)の方法によることなく，自己申告制によりこれを行わざるを得ない場合，使用者は次の措置を講ずること。

① 　自己申告制の対象となる労働者に，ガイドラインを踏まえ，労働時間の実態を正しく記録し，適正に自己申告を行うことなどについて十分な説明を行うこと。

② 　実際に労働時間を管理する者に対して，自己申告制の適正な運用を含め，ガイドラインに従い講ずべき措置について十分な説明を行うこと。

③ 　自己申告により把握した労働時間が実際の労働時間と合致しているか否かについて，必要に応じて実態調査を実施し，所要の労働時間の補正をすること。

④ 　自己申告した労働時間を超えて事業場内にいる時間について，その理由等を労働者に報告させる場合には，報告が適正に行われているか確認すること。

⑤ 　使用者は，労働時間の適正な申告を阻害する措置を講じてはならないこと。

(ウ)　賃金台帳の適正な調製

(エ)　労働時間の記録に関する書類の保存

　　使用者は，労働者名簿，賃金台帳のみならず，タイムカード等の労働時間の記録に関する書類について，労働基準法第109条に基づき，3年間保存すること。

(オ)　労働時間を管理する者の職務

　　労務管理を行う部署の責任者は，管理上の問題点の把握，解消を図ること。

(カ)　労働時間等設定改善委員会等の活用

　　使用者は，必要に応じ労働時間等設定改善委員会等の労使協議組織を活用し，労働時間管理の現状を把握の上，労働時間管理上の問題点及びその解消策等の検討を行うこと。

3)　**裁量労働制対象労働者等への対応**

　　また，裁量労働制対象労働者及び管理監督者についても，企業として健康確保

のための責務があることに留意し，当該労働者に対し，過重労働とならないよう十分な注意喚起を行うなどの必要がある。

⑵　年次有給休暇の取得促進

労働時間短縮のためには，年次有給休暇を取得しやすい職場環境づくり，計画的付与制度の活用等により年次有給休暇の取得促進を図ることが効果的である。

⑶　労働時間等の設定の改善

労働者が健康で充実した生活を送るための基盤の１つとして，生活時間の十分な確保が重要であり，事業主が労働時間等の設定の改善を図るに当たっては，労働時間の短縮が欠かせない。このため，過重労働による健康障害を防止する観点から，労働時間等の設定の改善に関する特別措置法第4条第1項に基づき，労働時間等の設定の改善に適切に対処するために必要な事項について定める労働時間等設定改善指針や「当面の労働時間対策の具体的推進について」（平成31年基発0401第25号）にも留意して，必要な措置を講じる必要がある。

事業主は，今後とも，週40時間労働制の導入，年次有給休暇の取得促進及び所定外労働の削減に努めることが重要である。

また，事業主が労働時間等の設定の改善を図るに当たっては，個々の労使の話合いが十分に行われる体制の整備が重要である。そして，労働者の健康と生活に係る多様な事情を踏まえつつ，個々の労使による自主的な取組みを進めていく。

⑷　長時間にわたる時間外・休日労働を行った労働者に対する面接指導

安衛法第66条の8は，事業者の義務として長時間労働者等に対する医師による面接指導（以下「面接指導」という。）を行わなければならないと規定している。また，労災認定された自殺事案をみると長時間労働であった者が多いことから，面接指導の実施の際には，うつ病等のストレスが関係する精神疾患等の発症を予防するためにメンタルヘルス面にも配慮することとされている。

なお，安衛法に定められている面接指導は，長時間労働やストレスを背景とする労働者の脳・心臓疾患やメンタルヘルス不調を未然に防止することを目的としており，医師が面接指導において対象労働者に指導を行うだけではなく，事業者が就業上の措置を適切に講じることができるよう，事業者に対して医学的な見地から意見を述べることが想定されている。

　「働き方改革を推進するための関係法律の整備に関する法律」により改正された安衛法では，長時間労働やメンタルヘルス不調などにより，健康リスクが高い状況にある労働者を見逃さないため，医師による面接指導が確実に実施されるようにし，労働者の健康管理が強化された。

　その面接指導が確実に実施されるためには，労働者の労働時間の状況の把握が大切であり，その方法として，タイムカードによる記録，パソコン等の情報機器の使用時間（ログインからログアウトまでの時間）の記録等の客観的な方法により行わなければならないこととなった。

　また，産業医を選任した事業場は，その事業場における産業医の業務の具体的な内容，産業医に対する健康相談の申出の方法及び産業医による労働者の心身の状態に関する情報の取扱いの方法を，労働者に周知しなければならないこととされた。

　その方法として，次のものが挙げられている。

① 　常時各作業場の見やすい場所に掲示し，又は備え付けること。

② 　書面を労働者に交付すること。

③ 　磁気テープ，磁気ディスクその他これらに準ずる物に記録し，かつ，各作業場に労働者が当該記録の内容を常時確認できる機器を設置すること。

1）　対象者の選定等

　事業場では，労働者ごとに労働時間を正しく把握する必要があるとともに，時間外・休日労働時間（休憩時間を除き 1 週間当たり 40 時間を超えて労働させた場合におけるその超えた分の時間をいう。以下同じ。）が 1 月当たり 80 時間を超えた労働者に対し，速やかに超えた時間に関する情報を通知しなければならない。また，疲労の蓄積があるかどうかは，客観的な判定方法が確立しておらず，労働者本人の自覚に依存する。したがって，対象者を選定する基準は，事実上，労働者が面接指導の受診を申し出ることといえる。そこで，事業場においては，自己申告しやすい環境をつくることが求められる。さらに，労働者の申告に頼るのではなく，職場上司による観察や，産業医による申出の勧奨によって面接指導の対象者を適切に把握することが重要である。

㋐ 　時間外・休日労働時間が 1 月当たり 80 時間を超え，かつ，疲労の蓄積が認められる労働者であって，申出を行ったものについては，医師による面接指導を確実に実施しなければならないこと。

㋑ 　時間外・休日労働時間が 1 月当たり 80 時間を超え，疲労の蓄積が認められ，又は健康上の不安を有している労働者であって，申出を行ったもの（㋐に該当

する労働者を除く。)については，医師による面接指導及び面接指導に準じる措置（以下「面接指導等」という。)を実施するよう努めなければならないこと。

(ウ)　時間外・休日労働時間が 1 月当たり 100 時間を超える労働者（(ア)に該当する労働者を除く。）又は時間外・休日労働時間が 2 ないし 6 月の平均で 1 月当たり 80 時間を超える労働者については，医師による面接指導を実施するよう努めなければならないこと。

(エ)　時間外・休日労働時間が 1 月当たり 45 時間を超える労働者で，健康への配慮が必要と認めた者については，面接指導等の措置を講ずることが望ましいこと。

(オ)　高度プロフェッショナル制度の該当者については，対象労働者が事業場内にいた時間と事業場の外において仕事した時間の合計の時間を「健康管理時間」といい，その健康管理時間が 1 週間当たり 40 時間を超えた場合における，その超えた時間が 1 月当たり 100 時間を超えた対象労働者については，本人の申し出の有無にかかわらず医師による面接指導を実施しなければならない。

(カ)　高度プロフェッショナル制度の該当者で(オ)以外の者から医師による面接指導の申し出があった場合には，その実施に努めなければならない。

面接指導等の実施後は次の措置等を講じることとされている。

(ア)　上記(ア)の医師による面接指導を実施した場合は，その結果に基づき，労働者の健康を保持するために必要な措置について，遅滞なく医師から意見聴取する。また，その意見を勘案し，必要があると認めるときは，労働時間の短縮，深夜業の回数の減少など適切な事後措置を講ずる。

(イ)　上記(イ)から(エ)までの面接指導等を実施した場合は，(ア)に準じた措置を講ずるよう努める。

(ウ)　面接指導等により労働者のメンタルヘルス不調が把握された場合は，面接指導を行った医師，産業医等の助言を得ながら必要に応じ精神科医等と連携を図りつつ対応する。

2)　**過重労働者からの申出の勧奨**

産業医は，前記 1)の労働者に対して申出を勧奨することができることとされている。事業者は，産業医が勧奨できるよう，産業医から求めがあれば，当該労働者に関する作業環境，労働時間，深夜業の回数及び時間数等の情報を提供しなければならない。勧奨の方法として，産業医が，健康診断の結果等から脳・心臓疾患の発症リスクが長時間労働により高まると判断される労働者に対して，安衛

則第52条の2の面接指導の対象となる要件に該当した場合に申出を行うことをあらかじめ勧奨しておくことや，家族や周囲の者からの相談・情報をもとに産業医が当該労働者に対して申出の勧奨を行うことも考えられる。

3)　面接指導の内容

面接指導を担当する医師は，労働者の業務内容，労働時間，疲労の状況を確認した上で，前回までの面接指導や健康診断の記録を調査し，必要に応じて，疲労やメンタルヘルスについての調査，診察，臨床検査を追加して，脳・心臓疾患や精神疾患のリスクを正確に評価することが求められる。

(5)　過重労働の原因の調査と対策

過重労働の予防のためには，過重労働によって健康に障害を受けた労働者に対する適切な措置を充実させるだけでなく，その労働者がなぜ過重な労働をするようになったのかについての原因を調査することが重要である。過重労働の原因には，作業内容,作業方法，作業量，職場の人間関係などの職場要因と，生活習慣，基礎疾患，家族環境などの個人要因があげられる。そこで，それらの原因を調査して過重労働の原因のうち職場要因を抽出し，その要因に対する有効な対策を検討する。有効な対策としては，業務の負担を軽減し，疲労回復のための十分な睡眠時間及び休息時間の確保をすることである。事業場においては，まず，業務の見直しや効率化により，長時間にわたる労働や過重感のある業務による負担を軽減することが求められる。次に，年次有給休暇の計画的な取得の促進，良質な睡眠を取るための工夫に関する助言，通勤時間の短縮などを考慮する。

さらに，長時間労働により健康影響が増すような有害環境を改善する対策，過重労働者の健康障害を治療する対策，労働以外の有害要因を改善する対策などが考えられる。

(6)　衛生委員会での報告

衛生委員会では，面接指導の受診状況について概要を報告し，面接指導が徹底されるよう対応を調査審議する。具体的には，面接指導等の実施方法及び実施体制の評価，労働者の申出が適切に行われるための環境整備，面接指導等の申出を行ったことで不利益な取扱いが行われることのないようにするための対策，面接指導に準ずる措置を実施する対象者の基準の策定，これらの対策の労働者への周知などについて調査審議することが望ましい。

⑺　その他

　労働者への疲労への気づきを促すため，厚生労働省や中央労働災害防止協会安全衛生情報センターのホームページ（https://www.jaish.gr.jp/td_chk/tdchk_e_index.html）で公開されている「労働者の疲労蓄積度自己診断チェックリスト」などを活用し，労働者自身の積極的な健康管理を進めていくことも重要である。

第 5 章　高年齢労働者への対応

1．高年齢労働社会と安全衛生対策

　日本は，少子・高齢化が急速に進んでおり，生産年齢人口に占める高年齢労働者の割合が増大している。高年齢者の労働がなければ，社会・経済活動が維持することができない時代となっている。

　厚生労働省は，高年齢者等の雇用の安定等に関する法律により，1971（昭和 46）年に 45 歳以上を「中高年齢労働者」,55 歳以上を「高年齢労働者」と定めた。2 年後の 1973（昭和 48）年に定年退職者年齢の目標を 60 歳とし，2013（平成 25）年 4 月からは 65 歳まで雇用を確保する措置が事業者に義務づけられ，また，高年齢者雇用安定法により，2021（令和 3）年 4 月から，70 歳までの就業機会の確保のための措置が事業主の努力義務とされ，健康で元気に働ける高年齢労働者の活躍が求められている。

　こうした状況において，高年齢労働者の適性を把握し，高年齢者が安全で健康に働き続けられる職場づくりを行う必要があり，以下，衛生管理の視点を中心に，職場における高年齢労働者への対応を考えていく。

2．加齢に伴う心身の変化

　高年齢労働者は長年の職務により培われ優れた技能を持ち，業務全体を把握した上での判断力と統率力を備えているなどの特徴があるが，一方，加齢に伴い心身の機能は低下していく。高年齢労働者の心身機能の低下の特徴を理解して，対応に役立てることが必要である。加齢に伴い低下する機能，その機能低下に伴う安全衛生・健康上の問題として以下のものが挙げられる。

　なお，こうした加齢に伴う変化は，個々人の生活習慣や遺伝的要素などにより個人差が大きく，また，加齢による影響の少ない高年齢者もいることを理解しておく必要がある。

① 加齢に伴い低下する機能

・感覚機能（視力，聴力，皮膚感覚，目の薄明順応），平衡機能

・疾病への抵抗力と回復力，夜勤後の体重減少からの回復の速さ

・下肢筋力や柔軟性（脊柱の前屈や側屈に比べて肩関節が顕著）

・速度に関する運動機能（書字速度や動作調整能）

・精神機能（記憶力や学習能力）

② 加齢による影響から生じる可能性のある安全衛生・健康管理上の問題

・心身の機能低下による労働災害リスクの増加，作業効率や生産性の低下

・脳血管疾患（脳卒中）や虚血性心疾患（狭心症，心筋梗塞），がん，腰痛症のような筋骨格系疾患等による就労不能（休業，休職）

・うつ病や躁うつ病を含む気分障害等は，加齢と単純に相関するとは限らないが，60歳代でも多く見られる。関連して自殺者は60歳代は40歳代，50歳代と同じく高い構成比となっている。

3. 高年齢労働者の災害発生状況

　労働災害による休業4日以上の死傷者数のうち，60歳以上の労働者の占める割合が増加傾向にあり，千人率（労働者1,000人当たりの労働災害件数）をみると，30～39歳と比べ，60歳以上では，2.2倍（令和元年）と高くなっており，高年齢労働者の労働災害の防止に向けての取組みが大きな課題となっている。なお，「労働災害原因要素の分析」（厚生労働省）によると，事故の型別で，50歳以上の労働者の占める割合が，「転倒」で68%，「墜落・転落」で53%となっている（平成28年，製造業，休業4日以上）。これらは，年齢を重ねるにつれ，バランス能力，歩行能力が低下していくことが要因として考えられる。

　さらに，高年齢労働者は，若年労働者に比べ回復に時間を要し，被災した場合に休業日数が長くなるなどその程度が重くなるという傾向があり，こうした側面からも安全衛生対策の重要性が確認できる。

4. 高年齢労働者の安全衛生管理

　高年齢労働者が働きやすい職場は，女性や若年者も含めて全ての労働者にとって働きやすく安全・健康・快適な職場となるとの認識のもと対策を行う。

(1)　作業管理

(ア)　作業姿勢

体の柔軟性が低下するため，背伸び，屈曲，ひねりなどの無理な動作や不良姿勢は負担となる。作業姿勢の改善や高さ調整可能な作業台・椅子の採用，作業方法・手順の見直し等を行う。

(イ)　作業時間・内容等

自主的にペース配分できるようにし，連続作業時間を制限する。

強い筋力や長時間筋力を要する作業を減らす。

重量物取扱い作業では，荷物が重すぎると，バランスを崩したり荷を落下させる危険がある。高年齢労働者が扱いやすい重量や大きさ，荷姿にしたり，機械化も検討する。

また，素早い判断や行動を要する作業は避ける。

(ウ)　休憩・休日の取得

疲労が生じやすく，体力の回復も遅れがちになることから，休憩時間の確保や交替勤務時の休日の取得について，柔軟な体制をとる。

(エ)　技能・知識を活かす作業への配置

職務変換時には，これまでの知識・経験を活かすように配慮する。新しい業務に就く場合，スキルの習得に時間を要することもあり，教育・訓練期間もゆとりを持つようにする。

(2)　作業環境管理

(ア)　視聴覚機能の低下への対策

視覚機能への対策については，見誤り等が生じないように表示や掲示の文字を大きくしたり，見やすい書体，色使いを工夫する。適切な照度の確保に心がけ，疲労・災害防止のために職場照明の明暗の大きな差も改善する。

聴音機能への対策については，作業中の意思疎通や警告音，緊急時の警報など，作業場所により，聞き取りにくい箇所はないか音量を点検する。警告音を発するときは回転灯を併用し，視覚にも訴える。

(イ)　暑熱・寒冷対策

暑熱ストレスに対しては，体温調整機能の低下があるため，年齢，健康状態，暑熱環境下の作業に対する慣れを考慮し，作業時間，作業強度を定め，作業休止時間・休憩時間を確保し，適宜水分と塩分を補給する。

　　寒冷ストレスに対しては，若年・中年労働者に比べ，生理的負担が大きいため，保温性の高い防寒服を着用し，休憩時間に暖をとる。

（ウ）　転倒防止対策

　　つまずきの原因となりうる物の撤去，通路上の段差の除去やスロープへの改修，滑りにくい床材の採用，滑りにくい靴の着用，床面の油・水の飛散防止や拭き取り，手すり設置，等の対策を行う。

（エ）　墜落・転落防止対策

　　高所作業では，平衡機能が低下してバランスがうまくとれず，墜落・転落する危険性が高い。作業床や安全柵の設置に加え，高所作業台の活用，地上作業への変更を検討する。はしごは，階段等への切り替えを検討する。

(3)　健康管理

（ア）　加齢と疾病

　　加齢とともに疾病の罹患は増え，健康診断でも有所見者が増加する傾向にある。そのため，健診結果に基づく事後措置や保健指導が重要となってくる。

　　また，慢性疾患の治療を行いながら就業する場合や，治療休業後に職場復帰する場合には，身体の状況に応じて就業を行えるよう配慮し，体制を整えて対応する。職業がん以外のがんの罹患，慢性腎臓病，睡眠時無呼吸症候群といった疾病に対しても，予防対策にいかに取り組むか，事業者の考え方，産業保健スタッフ，労働者の意見を踏まえて整理しておく必要がある。

（イ）　過重労働による健康障害防止

　　時間外・休日労働が増えるほど，過重労働による健康障害の危険性が高くなる。高年齢労働者においては，脳・心臓疾患に罹患する人が増えることもあり，疲労の回復のための睡眠時間，休息時間が確保できるよう，いっそうの対策推進が求められる。

（ウ）　健康の保持増進

　　下肢の筋力維持，平衡性・敏捷性の改善により，労働適応能力を高め，不慮のけがを予防することができる。身体機能の低下を防ぐため，日ごろから運動やストレッチングを行うよう心掛ける。

　　長く，健康で働き続けるには，若年の世代から食事，運動，睡眠に配慮し健康的な生活習慣を持つことが大切である。労働者が自ら健康管理や健康増進に取り組むことができるよう，健康に関するアドバイスが受けられる環境を整

え，必要な情報を提供する。

⑷　その他

　㋐　作業手順等

　　　高年齢労働者への対応として，その身体機能の特徴をとらえた作業手順等の見直しや整備を図る。

　㋑　労働衛生教育等への配慮

　　　加齢による心身の機能低下が作業に及ぼす影響，個人差に関する労働衛生教育を行う。健康の保持増進に関わる生活習慣，運動習慣についての知識と実践の機会を提供する。

　　　また，高年齢労働者は，理解や納得に時間がかかる場合もあり，作業に新しい知識や方法等を取り入れるときは，過去の作業との関連性を示し，十分に時間をかけて行う。

　㋒　安全衛生委員会等，諸活動

　　　高年齢労働者に関わる安全課題を安全衛生委員会等で取り上げて検討し，日ごろの安全衛生活動等で対応進める。

5.　高年齢労働者の働きやすい職場への改善

　下記の点をポイントに職場巡視を行い，高年齢労働者の加齢による変化に対応した作業環境，作業方法等の改善を進め，高年齢労働者が生き生きと安全・健康・快適に働くことのできる職場づくりを行う。職場改善のチェックリストとして，『高年齢労働者に配慮した職場改善マニュアル』(厚生労働省) が役立つ。

　　・加齢に伴う心身の機能の変化を理解し，それに配慮した職場環境の改善を行う

　　・高年齢労働者の心身の特性を理解し，リスク要因を意識して，改善策を考えながら職場を観察する

　　・衛生委員会等で，巡視結果，改善箇所の報告を行い，事業場全体の職場改善につなげること

　なお，高年齢労働者が安心して安全に働ける職場環境づくりや労働災害の予防的観点からの高年齢労働者の健康づくりを推進し，高年齢労働者の労働災害を防止することを目的として，令和2年3月に，厚生労働省より，「高年齢労働者の安全と健康確保のためのガイドライン（エイジフレンドリーガイドライン）」(**巻末〔資料**

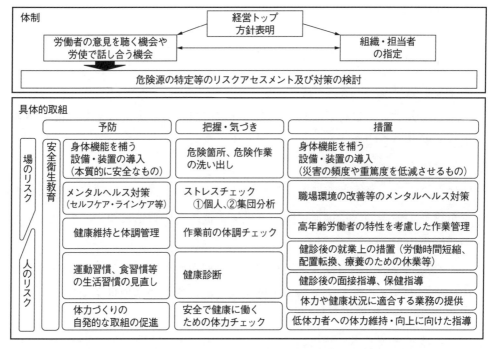

体制

	経営トップ 方針表明	
労働者の意見を聴く機会や 労使で話し合う機会		組織・担当者 の指定

危険源の特定等のリスクアセスメント及び対策の検討

具体的取組

		予防	把握・気づき	措置
場のリスク	安全衛生教育	身体機能を補う 設備・装置の導入 (本質的に安全なもの)	危険箇所、危険作業 の洗い出し	身体機能を補う 設備・装置の導入 (災害の頻度や重篤度を低減させるもの)
		メンタルヘルス対策 (セルフケア・ラインケア等)	ストレスチェック ①個人、②集団分析	職場環境の改善等のメンタルヘルス対策
		健康維持と体調管理	作業前の体調チェック	高年齢労働者の特性を考慮した作業管理
人のリスク		運動習慣、食習慣等 の生活習慣の見直し	健康診断	健診後の就業上の措置 (労働時間短縮、 配置転換、療養のための休業等)
				健診後の面接指導、保健指導
		体力づくりの 自発的な取組の促進	安全で健康に働く ための体力チェック	体力や健康状況に適合する業務の提供
				低体力者への体力維持・向上に向けた指導

図6-12　事業場における安全衛生管理の基本的体制及び具体的取組

17])）が策定された。

　同ガイドラインは，別紙として，事業場における安全衛生管理の基本的体制及び具体的取組の体系について図解している（**図6-12**）。

　また，同ガイドライン中，「高年齢労働者の安全と健康の確保のための職場改善ツールである「エイジアクション100」のチェックリストを活用することも有効であること」と示されている。「エイジアクション100」は，平成30年に中央労働災害防止協会が開発した，100の取組みを盛り込んだチェックリストを活用して職場の課題を洗い出し，改善に向けての取組みを進めるための職場改善ツールであり，中央労働災害防止協会ホームページ（https://www.jisha.or.jp/）で公表している（令和3年3月改定）。

本章の参考文献

・「高年齢労働者のための職場づくり」神代雅晴　編著，中災防発行
・「高年齢労働者に配慮した職場改善マニュアル」厚生労働省
・「高年齢労働者のための職場づくり」亀田高志，p.48, 4.加齢現象とエイジマネジメント

第 7 編

実 務 研 究

本編で学ぶ主な事項：

→衛生管理上の課題解決のためのグループ討議
　による実務研究

グループ討議による課題解決

1．グループ討議の狙い

　労働衛生教育は衛生管理者の職務のうちでも重要なものである。労働衛生教育の一般的な方法は講義形式が多いが，ここで述べるグループ討議方式は受講者が積極的に参加できること，課題解決に導くという達成感が高められること，思考力，発表力を身につけられること等の優れた点が多い。ただし上手に運営されない場合には 1 名の意見に左右されたり，一部のメンバーが討議から外れてしまう場合もあるので運営には十分配慮が必要となる。

　今回のプログラムにグループ討議を組み込んだ理由はこのような長所を生かすと同時に，衛生管理者が自社の安全衛生教育においてこの方法を活用するための基本知識を修得していただくためである。

2．タイムスケジュール（計 2 時間）

①	進め方の説明・課題の提示	20 分
②	グループ討議	60 分
③	討議結果の発表	30 分
④	ま　と　め	10 分

3．グループ討議の基本的ステップ

1）　あらかじめグループ編成を決めておく

　　1 グループの編成は 6〜8 名程度とし，あらかじめ決定しておく。グループ編成に当たっては労働衛生に関する経験の違いや同じ職場であったり，年齢が近いなどメンバー構成に偏りがないよう，十分配慮すること。

2）　必要な備品を準備する

　　メモ用紙，模造紙又はパソコン，指し棒等を準備する。パソコンを利用した方

が資料作成時間が短くて済む。

3) **目的，進め方を説明する**

講師よりグループ討議の目的，進め方，設定時間等を説明する。

特に他のメンバーの発言を批判せず，全員の意見をまとめることに努めるよう注意を促す。

4) **会場を設定する**

グループごとに別室が準備できれば最も望ましいが，これが困難な場合には机を移動させて討議しやすい場所づくりをする。

5) **課題を提示する**

全員に対して課題を提示し，説明をする。特に討議結果の発表までの設定時間，発表内容（原因だけか，対策も含むのか等）については必ず明示する。

課題に対する質問もこの時間に受けるようにする。

6) **移動，討議開始**

グループ編成を発表し，席に移動し，討議を開始する。

7) **グループ討議**

基本的には討議の進行はグループの自主性に任せる。講師は会場を巡回して進行状態をチェックする。極端に不活発だったり，討議内容が主題を外れたときには講師がアドバイスして修正する。グループ数が多い時は講師の補助者を置いて講師1人当たり2～3グループ程度を担当させるとよい。

4. グループ討議の進め方

以下はグループ内での討議の進め方である。

1) **役割分担を決める**

リーダー，書記，発表者等を話し合いにより決定する。

2) **課題，討議結果の発表時間の確認を行う**

リーダーはもう一度課題を確認し，討議結果の発表までのタイムスケジュール，役割分担の再確認を行う。討議時間は60分程度が望ましい。

3) **討議**

リーダーはタイムスケジュールをもとに討議を進め，書記は記録をとる。

リーダーはできるだけ全員が発言するように配慮し，各メンバーの意見のポイントをつかみ，できるだけ簡潔にまとめることを心掛け，スムーズな進行を図る。

4)　**発表資料の作成**

　模造紙，またはパソコンで発表内容をまとめる。色や線の太さを変え，重要事項にアクセントをつけると分かりやすい。

5)　**討議結果の発表**

　発表時間はグループ数にもよるが，1 グループ 3～10 分とする。

　発表に対する質問時間はそのつど若干の時間をとることを原則とする。

6)　**まとめ**

　最後に講師が講評を加え，用意した模範解答例を示し説明する。

5. グループ討議におけるリーダーの心構え

①　他人の発言を妨害したり，批判をしないこと。

②　できるだけ全員の意見が偏らずに発言が出るようにすること。

③　結論はリーダーが出さず，メンバーの総意としてまとめること。

④　討議中の言い争いなどのトラブルはメンバー全員で解決すること。

⑤　頭から否定せず，個人の意見を認めながら修正すること。

　（Yes, But の原則）

⑥　自分の先入観念で良し悪しを判断しないこと。

⑦　発言の要旨をまとめ，討議結果の結論を明示すること。

◎演習問題

演習課題 1

各 種 規 程 の 作 成

⑴ テ ー マ 「安全衛生委員会規程の作成」

⑵ 内 容 事業場の安全衛生委員会が十分に機能するための規程を作成する。条文は不要だが，必要項目と主な内容を整理して明示する。

例 第1条（委員会の目的）労働災害の防止，快適職場の達成

演習課題 2

作 業 手 順 書 の 作 成

⑴ テ ー マ 「自宅の風呂場（高さ3m，面積約30m²）の壁及び天井にペンキ（有機溶剤含有）を塗る」

⑵ 作業内容 塗料と溶剤（シンナー）を1:2の割合で調合した後，刷毛で壁と天井を塗る。

⑶ 形 式 作業手順書の形式は自由とする。

演習課題 3

労 働 衛 生 計 画 等 の 作 成

⑴ テ ー マ 「職場のメンタルヘルス対策について，ストレスチェックの実施と，管理職・従業員向け教育の実施について，起案から実行までプロセスをシミュレーションする」

⑵ 設 定 従業員300名の製造工場，産業医及び衛生管理者がいる。また，産業看護職が常勤でいる。

⑶ 形 式 特に定めない。ストレスチェックの運用を含んだ1年間の教育計画書を作成する。

（解答例は p.518 を参照）

第8編

災害事例及び関係法令

本編で学ぶ主な事項：

→健康障害発生事例・防止対策

→労働衛生関係法令

第1章　健康障害発生事例及びその防止対策

---

1. 木材加工工場の生産ラインの点検整備中にホルムアルデヒド中毒

業　種	木材加工業	被　害	休業1名

〔発生状況〕

　この災害は，木材加工工場において発生したホルムアルデヒドによる中毒である。

　被災者の所属する会社は，主に木造住宅用部材の乾燥材，集成材の生産及び加工を行っていて，被災者は集成材の製造等の作業，フォークリフトの運転等に従事している。

　災害発生当日の朝，被災者は，木材加工用機械作業主任者より集成棟1階の柏木製のフィンガージョイントライン（柏の木の端部を手の指状にカットし，そこに接着剤を塗布して木を縦に接着するライン）の使用開始前点検を行うよう指示された。被災者がこのラインの接着剤吹付け装置の機能を点検したところ，接着主剤は出ていたものの，硬化剤は配管詰まり等のためかノズルから噴射されていなかったので，作業主任者に無線で連絡したところ，接着剤吹付け装置を修理するよう指示された。被災者はすぐに修理に取りかかり，装置に取り付けてある円筒型のタンクから主剤約23 kg，硬化剤約27 kgを抜き取り，ブラシ等を使用して配管などに付着している接着剤の除去を行った。

　昼の休憩後に主剤，硬化剤をタンクに充填し，ノズルを取り付けてテストしたが噴射しなかったので，被災者は，ノズルを取り外してブラシを用いて詰まりを除去し，再度組み立てて作動させたところ，ノズルから接着剤が正常に噴射した。しかし，この頃から被災者は両足に力が入らなくなり，身体がだるくなってきたので椅子に掛けながら作業を行っていた。

　午後の休憩のときに，身体の具合が悪いことを作業主任者に申し出たところ，軽度の作業であるフィンガージョイントラインの監視を行うよう指示され，終業時刻までその業務を行った。終業後，自家用車で病院に立ち寄り，風邪の診断を受け解熱剤をもらって帰宅したが，もらった薬を飲んでも熱が下がらず，膝から下の両下肢が痺れて立てなくなったので，妻の車で別の病院に行き診察を受けたところ，ホルムアルデヒドによる中毒と診断され，そのまま入院した。

〔原　因〕

　この災害の原因としては，次のようなことが考えられる。

①　硬化剤にホルムアルデヒドが含まれていたこと。被災者がフィンガージョイントラインの故障修理のため取り扱っていたノズル等に付着していた接着剤の成分中のホルムアルデヒドは，主剤には1%未満であったが，硬化剤には11%超が含まれていたため，

円筒タンクからの溶液の抜取り，再充填あるいはノズルの掃除等の際に，その蒸気を吸入したことが第1の原因と考えられる。

②　防毒マスクを着用しなかったこと。被災者は，修理作業中，風邪で咳が出ていて苦しかったので，会社で用意していた防毒マスクを着用していなかった。なお，被災者が作業を行っていた場所は，建物の1階で長さ81 m，幅48 m，高さ7.6 mの空間を有していたが，全体換気装置等は設置されていなかった。

③　安全衛生管理を実施していなかったこと。この会社には，特定化学物質作業主任者の資格を有する者はいたが，被災者が実施していた作業には関与せずに別の作業に従事していた。また，作業開始前に，被災者の健康状態等の確認を行っておらず，作業の指揮を行っていた木材加工用機械作業主任者に被災者が身体の異常を訴えたときにも，その原因を確認することはなかった。さらに，労働者に対する安全衛生教育も実施していなかった。

〔再発防止対策〕

同種災害の防止のためには，次のような対策の徹底が必要である。

①　有害なガス・蒸気にばく露されるおそれのあるときには十分な換気等を行うこと。

　　ホルムアルデヒド（ホルマリン）は，7.0〜73%の爆発範囲を有する危険物であるとともに，特定化学物質障害予防規則に定める第2類物質に分類されるもので，人体に対する影響としては，皮膚を刺激し，硬化，ひび割れ，潰瘍を生ずる，吸入すると粘膜が刺激されて咳が出る。慢性症状として肝臓，腎臓の障害や発がん性などの有害性を有している。そのため，そのガス，蒸気を吸入するおそれのある作業を行う場合には，局所排気装置の設置，それが困難な場合にはガス，蒸気の性状に対応した防毒マスクの使用等を徹底する。（特化則第22条関連）

②　ホルムアルデヒドを取り扱う作業については，特定化学物質作業主任者を選任し，次の職務を確実に行わせること。（特化則第27，28条関連）

　　・労働者がホルムアルデヒドにより汚染され，またはこれらを吸入しないように，作業の方法を決定し，労働者を指揮すること

・所要の性能を有する局所排気装置を設置し，1カ月を超えない期間ごとに点検すること
・保護具を着用させ，その使用状況を監視すること

③　日常的に安全衛生管理を行うこと。

　　身体に有害な物質等を取り扱う作業については，特定化学物質作業主任者を中心として，作業開始前に作業方法・手順，ばく露されないための措置等について十分な打合せを行わせるとともに，関係作業者に対してはあらかじめ危険有害性についての安全衛生教育を実施する。また，その日の作業開始前に，労働者の健康状態を確認し，保護具の着用が困難な者等の就業は禁止する。なお，人体に有害な物質を取り扱う労働者に対して定期に健康診断を実施する。（特化則第39条関連）

ホルムアルデヒド　**HCHO**		
CAS No. 50-00-0 該当法規：安衛法（表示物質）（危険物：引火性）（通知対象物），特化則（第2類物質）		
主な性状	無色液体（水溶液），強い刺激臭 水に易溶，エタノール，エーテルに可溶 **分子量**　30.0 **融点**　−92℃（ガス） **沸点**　98℃（37％水溶液） **引火点**　85℃（37％水溶液） **発火点**　424℃（ガス） **蒸気密度**　1.04 **比重** 1.081-1.085（25℃/25℃）（水溶液） 注）工業用ホルマリンは，ホルムアルデヒド37％にメタノール9～13％を重合禁止剤として含む水溶液として市販。	**保管・管理**：通風・換気のよいところに，密栓して保管する。火気厳禁 **簡易検知**：ホルムアルデヒド用検知管 **ばく露限界** 　日本産業衛生学会　許容濃度　0.1 ppm 　ACGIH TLVs-Ceiling　0.3 ppm **管理濃度**：0.1 ppm **保護具**：有機ガス用防毒マスクまたは送気マスク，保護めがね，不浸透性保護前掛，化学防護手袋，保護服などを使用する。 **廃棄上の注意**： ①　多量の水を加えて希薄な水溶液とした後，次亜塩素酸塩水溶液を加え分解させ廃棄する。 ②　水酸化ナトリウム水溶液等でアルカリ性とし，過酸化水素水を加えて分解させ多量の水で希釈して処理する。
災害予防の急所		
危険・有害性	**引火性・爆発性**：爆発範囲7.0～73％（ガス）。15％のメタノールを含む工業用ホルマリンの引火点は54.5℃だが，引火点以上になると爆発する危険性がある。 **人体への影響**：皮膚を刺激し，硬化させ，ひび割れ，潰瘍を生ずる。蒸気は目を刺激し，涙が出る。吸入すると粘膜が刺激されてせきが出る。慢性症状として肝臓・腎臓の障害が起こる。 **感作性**：日本産業衛生学会では気道感作性第2群（人間に対しておそらく感作性があると考えられる物質）及び皮膚感作性第1群（人間に対して明らかに感作性があると考えられる物質）として分類している。 **発がん性**：日本産業衛生学会では第2群Aとし，ACGIHではA2に分類している。	**消火方法**：水噴霧，泡・炭酸ガス・粉末消火器 **目に入った場合**：直ちに多量の流水で15分間以上洗い流し，速やかに医師の診察を受ける。 **皮膚に付いた場合**：直ちに汚染された衣服や靴を脱がせ，付着又は接触部を石けん水で洗浄し，多量の水を用いて洗い流し，速やかに医師の診察を受ける。 **吸入した場合**：直ちに被災者を毛布等にくるんで安静にさせ，新鮮な空気の場所に移し，速やかに医師の診察を受ける。呼吸困難または呼吸が停止しているときは直ちに人工呼吸を行う。 **飲み込んだ場合**：速やかに医師の診察を受ける。
緊急時の措置		

2. グラビアコーターの受皿に接着剤をひしゃくで補給作業中にトルエン中毒

業　種	無機・有機化学工業製品製造業	被　害	休業1名

〔発生状況〕

　この災害は，ビニールシートの表面に接着剤を塗布するグラビアコーターに接着剤を補給する作業中に急性トルエン中毒にかかったものである。

　この工場には，ビニールシートと布を貼り合わせたテーブルクロスなどのプラスチック製品を製造する設備として，布や紙にビニールシートを貼り合わせ，型押しするなどのラミネートエンボス機，グラビアコーターなどの機械装置が設置されていた。

　災害が発生した日，班長と作業者との2名により，ビニールシートと布を貼り合わせたテーブルクロスを製造する作業を始めた。まず，ビニールシートにコーティングする有機溶剤を含有する接着剤をグラビアコーターの接着剤の受皿に補給することとした。そのため，被災者である作業者が，有機溶剤貯蔵庫に入り，トルエンを約60％含有する接着剤が5kg入っていたふたを切り取った一斗缶に，酢酸エチル約3kg，トルエン約3kg，硬化剤を入れ，グラビアコーターの前に運び，一斗缶内をひしゃくでかき混ぜ，グラビアコーターの接着剤受皿に接着剤を補給しているとき，気分が悪くなり，病院へ搬送し診察を受けたところ，急性トルエン中毒と診断された。

〔原　因〕

　この災害の原因としては，次のようなことが考えられる。

① 取り扱っていた接着剤には，第2種有機溶剤である酢酸エチルが約3kg，トルエン約6kgが含まれていたこと。

② 床に置いた一斗缶の中をひしゃくでかき混ぜていたため，一斗缶内から相当量の有機溶剤の蒸気が発生していたこと。

③ 排気能力が不十分であったため一斗缶内で発生した有機溶剤の蒸気が作業環境気中に拡散し，呼吸域の位置に高濃度の有機溶剤の蒸気が拡散していたこと。

④ 換気不十分な場所で，保護具を着用しないで，酢酸エチル及びトルエンを含有する接着剤を取り扱う作業を行っていたこと。

⑤ 作業の手順を示すマニュアルが整備されていなかったため，有機溶剤を含有する原材料を取り扱う作業方法について作業者の判断に委ねられていたこと。

⑥ 有機溶剤作業主任者として工場長が選任されていたが，実務的にその職務を十分に果たせる立場になかったこと。

⑦ 有機溶剤の有害性及びその取扱方法などについての教育が行われていなかったこと。

〔再発防止対策〕

　同種災害の防止のためには，次のような対策の徹底が必要である。

① 　酢酸エチル及びトルエンは，有機溶剤中毒予防規則に定める第2種有機溶剤に該当することから，有機溶剤の蒸気の拡散を防止するための発散源を密閉する設備，局所排気装置またはプッシュプル型換気装置を設けること。

② 　接着剤を小分けする作業,接着剤を混合する作業は,局所排気装置を備えたチャンバー内で行えるように設備の改善が必要であること。

　　また，接着剤の受皿に接着剤を補給する作業は，作業者が有機溶剤蒸気にばく露されないような補給装置が必要であること。

③ 　有機溶剤など有害物を含有する原材料を取り扱う作業は，ドラム缶などから小分けする作業，混合する作業などについて，作業場所の特定，作業方法，局所排気装置の稼働，局所排気装置などの設備の点検要領などについてマニュアルを作成し周知徹底すること。

④ 　取り扱う有機溶剤の有害性及びその防止対策などについての労働衛生教育を実施すること。

⑤ 　有機溶剤作業主任者は，その職務を実務的に行える者のうちから資格者を育成，選任すること。

トルエン　$C_6H_5CH_3$

CAS No. 108-88-3
該当法規：安衛法（表示物質）（危険物：引火性）（通知対象物），有機則（第 2 種有機溶剤等）

主な性状	無色液体（水溶液），芳香 水に不溶 エタノール，エーテルと自由に混和する **分子量**　92.14 **融点**　−95℃ **沸点**　111℃ **引火点**　4℃（密閉式） **発火点**　480℃ **蒸気密度**　3.18 **比重**　0.866（20℃／4℃）	災害予防の急所	**保管・管理**：容器は密栓し，冷所に保管する。漏洩の有無を点検する。火気厳禁。 　トルエンは静電気が起きやすいので，移液などの際にはパイプ，ホース，容器などをアースしておく（ホースは電導性ホースを用いるのがよい）。 **ばく露限界**： 　日本産業衛生学会 許容濃度　50 ppm 　ACGIH TLV-TWA　　　　　　20 ppm **管理濃度**：20 ppm **保護具**：有機ガス用防毒マスク，保護めがね，化学防護手袋，保護服，保護クリームなどを使用する。 **廃棄上の注意**：燃焼炉の火室へ噴霧し，焼却する。
危険・有害性	**引火性・爆発性**： 　極めて引火しやすい。爆発範囲 1.1～7.1％ 　空気との混合ガスは，引火・爆発する。蒸気は空気より重く，低所に滞留しやすい。 **人体への影響**：液体，又は蒸気は皮膚・目及びのどを刺激する。皮膚に触れると脱脂作用がある。 　吸入により頭痛，めまい，疲労，平衡障害などを起こす。高濃度では麻酔性がある。	緊急時の措置	**消火方法**：注水不可，泡・炭酸ガス・粉末消火器 **目に入った場合**：直ちに多量の流水で 15 分間以上洗い流し，速やかに医師の診察を受ける。 **皮膚に付いた場合**：直ちに汚染された衣服や靴を脱がせ，付着又は接触部を石けん水で洗浄し，多量の水を用いて洗い流し，速やかに医師の診察を受ける。 **吸入した場合**：直ちに被災者を毛布等にくるんで安静にさせ，新鮮な空気の場所に移し，速やかに医師の診察を受ける。呼吸困難又は呼吸が停止しているときは直ちに人工呼吸を行う。 **飲み込んだ場合**：速やかに医師の診察を受ける。

3. 廃バッテリーから回収した鉛を精製する工程において慢性鉛中毒

業　種	非鉄金属精錬・圧延業	被　害	休業1名，不休1名

〔発生状況〕

　この災害は，自動車用バッテリー廃品の電極板から鉛を精製する工場において発生した鉛中毒である。

　この事業場には，鉛精錬部門(キューポラを用いて電極板から粗鉛を分離する精錬工程，溶解炉にて粗鉛を製品鉛（1tインゴット）にする精製工程，1tインゴットから50kgインゴットを生産する再溶解工程)，樹脂部門(プラスチックケースを解体し，粉砕する工程)及び廃液処理部門（希硫酸の入ったバッテリー廃液を中和し，工場外に排出する工程）がある。

　作業者Aは，入社後約8年にわたって，鉛インゴット（1tまたは50kg）を鋳造するための溶解炉及び再溶解炉の炉前で溶解鉛を型に流し込む作業に従事していた。

　作業者Bも入社後約5年間，主としてプラスチックケース解体作業に従事しながら，インゴットの再溶解工程の仕事が多忙なときには作業者Aの応援に行っていた。

　会社が行った鉛健康診断の結果，両名とも鉛中毒と診断され，Aは休業し，Bは就労しながら療養するに至った。

〔原　因〕

　この災害の原因としては，次のようなことが考えられる。

① 　長期間にわたって鉛粉じんを多量に吸入していたこと。

　　鉛健康診断では，被災者2名とも血液中の鉛の量が労災認定基準値とされている60μg/100mlを大幅に超えることが多かった。

② 　鉛粉じんを吸入する環境であったこと。

　　溶解鉛を流し込むインゴットケースごとに局所排気装置が設けられていなかった。

　　鉛精錬・精製工程個所のほか，工場入口，バッテリー解体作業場，更衣室，風呂場など広範囲の場所に鉛粉じんが堆積していた。

　　使用していた防じんマスクのフィルター交換が不適切であったため，その性能が確保されていなかった。

　・粉じんが付着した作業着と通勤着を同一のロッカーに保管していた。

　・鉛精製工程の作業場付近で，作業中に喫煙したり，ジュースを飲んでいた。

③ 　鉛作業主任者を選任していたが，その職務を果たしていなかったこと。

〔再発防止対策〕

　同種災害の防止のためには，次のような対策の徹底が必要である。

①　溶解炉前の鉛を型に流し込む作業箇所に局所排気装置を設置すること。

②　鉛粉じんの拡散防止措置を講ずること。

　・鉛精錬・精製工程を壁等により隔離する。

　・鉛で汚染された堆積粉じんを除去する。

③　清潔の保持等に必要な措置を講ずること。

　・鉛精錬・精製工程の作業箇所及び休憩室等を清掃する。

　・作業着，防じんマスク等の専用保管設備を設置する。

　・手洗いの励行，作業着の汚染を除去するとともに，鉛業務を行う作業場所での喫煙，飲食を禁止する。

④　次の労働衛生教育を徹底すること。

　・鉛作業主任者に対して再教育を実施し，局所排気装置・除じん装置の点検，防じんマスクの着用・フィルター取換え指導その他清潔保持に関する職務を励行させる。

　・全従業員及び下請け作業員に対して，鉛の有害性と鉛中毒予防に関する教育を実施する。

鉛及びその化合物

CAS No. 7439-92-1
該当法規：安衛法（表示物質）（通知対象物），鉛則

危険・有害性	**引火性・爆発性**： 　化合物自体は火災・爆発の危険性はないが，火災時に分解して酸素を放出する。 **人体への影響**： 　鉛の摂取量が増すと，骨組織に沈着し，さらに血液中に遊離して毒性をあらわす。 　急性中毒の症状は，四肢の麻痺，疝痛が特徴で，顔面蒼白，嘔吐・下痢・血便・頻脈・腎障害を起こし，1〜2日で死亡する。慢性症状としては，疲労，頭痛，四肢の感覚障害，けいれん，排尿障害などを起こす。 **発がん性**： 　日本産業衛生学会では，第2群B（人間に対しおそらく発がん性があると考えられている物質で，証拠が比較的十分ではない物質）として分類している。 　ACGIHでは，A3（実験動物に対して発がん性のある物質）として分類している。
災害予防の急所	**保管・管理**：粉じんの吸入及び経皮吸収に特に注意する。 **ばく露限界**：　日本産業衛生学会　許容濃度（アルキル化合物除く）（Pbとして）　0.1 mg/m³ 　　　　　　　　　ACGIH TLV-TWA（単体，無機化合物（Pb）として）　0.05 mg/m³ **管理濃度**：鉛及び化合物（Pbとして）0.05 mg/m³ **保護具**：防じんマスクを使用する。 **廃棄上の注意**： ①　水に不溶性のものはセメントを用いて固化し，溶出試験を行って埋立処分をする。 ②　水溶性のものは水に溶かし消石灰，ソーダ灰等の水溶液を加えて沈殿させ，さらにセメント固化を行い，溶出試験を行って埋立処分する ③　還元焙焼法により金属鉛として回収する。
緊急時の措置	**目に入った場合**： 　直ちに多量の流水で15分間以上洗い流し，速やかに医師の診察を受ける。 **皮膚に付いた場合**： 　直ちに汚染された衣服や靴を脱がせ，付着または接触部を石けん水で洗浄し，多量の水を用いて洗い流し，速やかに医師の診察を受ける。 **吸入した場合**： 　直ちに被災者を毛布等にくるんで安静にさせ，新鮮な空気の場所に移し，速やかに医師の診察を受ける。呼吸困難又は呼吸が停止しているときは直ちに人工呼吸を行う。 **飲み込んだ場合**：速やかに医師の診察を受ける。

4.　ホテル内で清掃作業中，混合した洗剤により塩素ガス中毒

業　種	ビルメンテナンス業	被　害	死亡1名，不休1名

〔発生状況〕

　この災害は，ホテル内において清掃作業中，洗剤を混合する際に塩素ガス中毒にかかったものである。

　被災者が所属する会社は，ホテルから清掃作業を請け負い，このホテルにチーフ以下13名の清掃員を常駐させていた。

　災害が発生した日，被災者らは午前9時にホテルに出勤し，午前中に1階を，午後に2階を清掃する予定で清掃作業を開始した。

　被災者Aは，午前中に1階の清掃作業を行い，午後には2階の清掃作業を他の清掃員とともに行っていた。午後の清掃作業に入ってから被災者Aは，洗剤を補給するためトイレ内で，廊下に置かれていたタイルワックスをポリバケツに注ぎ入れたが量が少なかったので，タイルワックスの近くに置かれていた次亜塩素酸ソーダを追加したところ，ポリバケツから白煙が発生し，その白煙を吸入してしまい，気分が悪くなったので従業員用の控室で横になっていた。

　その様子を見たチーフは，事情を聞き，本社へ災害発生の報告を行った。その後，チーフは，災害が発生したトイレに赴き，白煙の発生したポリバケツに水を入れてトイレ内に数回に渡って流していたところ，気分が悪くなり被災者Aと共に病院に搬送された。いずれも塩素ガス中毒と診断され，Aは死亡した。

〔原　因〕

　この災害の原因としては，次のようなことが考えられる。

① 洗剤として補給しようとしたタイルワックスは硫酸を10%含有しており，これに次亜塩素酸ソーダを加えたため，化学反応を起こし，塩素ガスが発生したものであること。

② タイルワックス及び次亜塩素酸ソーダの容器に，含有成分，取扱上の注意事項が適切に表示されていなかったため，通常の清掃作業には使用しないタイルワックスや次亜塩素酸ソーダを通常使用する洗剤と思い込んで使用したこと。

③ 清掃に使用する洗剤類の保管場所が定められていなかったため，タイルワックス及び次亜塩素酸ソーダが，通常の洗剤と紛らわしい状態で廊下に置かれていたこと。

④ 安全衛生管理体制が整備されていなかったため，清掃員に対する雇入れ時などにおける安全衛生教育が実施されていなかったこと。

⑤ 清掃員が，有害物を含有するタイルワックスなど洗剤の有害性に関する知識を有していなかったこと。

〔再発防止対策〕

　同種災害の防止のためには，次のような対策の徹底が必要である。

① 　タイルワックス，次亜塩素酸ソーダなど有害性のある洗剤などは，保管場所を定めて保管し，その容器には成分及び取扱いに関する注意事項を表示すること。

② 　清掃に使用する洗剤の有害性に関する知識経験を有する者の中から洗剤を管理する者を選任し，その者に，洗剤の適正な使用，取扱方法などについて必要な指導を行わせるとともに，洗剤の適正な保守管理を行わせること。

③ 　清掃作業について洗剤の適正な選択，その取扱いなどについての作業手順を作成し，清掃員に対して周知徹底すること。

④ 　混合洗剤により有害なガスが発生するおそれがある場合には，作業場所の換気方法及び作業方法の事前検討，作業者に保護具を着用させるなど適切な管理を行うこと。

⑤ 　清掃作業員に対して，洗剤の有害性，人体への健康影響，及びその防止対策などについて労働衛生教育を実施すること。

塩　素　Cl₂

CAS No. 7782-50-5
該当法規：安衛法（通知対象物），特化則（特定第2類物質）

| 主な性状 | 黄緑色気体（液化ガス）（液体は琥珀色），強い刺激臭
水に難溶（20℃で0.59 g/100 g），5気圧下で液化する。
強力な酸化剤であるが，湿気がなければ安定。
分子量　70.9
融点　－101℃
沸点　－34℃
蒸気密度　2.5
比重　1.56（－35℃） | 災害予防の急所 | **保管・管理**：特に漏れないように配慮する必要がある。
アンモニア，アセチレン，LPガス（プロパンガス），水素，カーバイト，ベンゼン，微粉砕した金属と一緒に置かない。
ばく露限界：
日本産業衛生学会 許容濃度　0.5 ppm
ACGIH TLV-TWA　　　　　　0.5 ppm
　　　　　TLV-STEL　　　　　1 ppm
管理濃度：0.5 ppm
保護具：ハロゲンガス用防毒マスク又は送気マスク，化学防護手袋，保護服などを使用する。
廃棄上の注意：多量のアルカリ水溶液（石灰乳又は水酸化ナトリウム水溶液等）中に吹き込んだ後，多量の水で希釈して処理する。 |
| 危険・有害性 | **引火性・爆発性**：塩素は燃えないが，塩素と水素の混合ガスは，加熱または紫外線により爆発することがある（塩素中における水素の爆発範囲6~88%）。
腐食性：腐食性が極めて強い。
人体への影響：皮膚接触により炎症を起こす。吸入するとせきが出て灼熱感があり，呼吸困難となり肺水腫を起こし，死亡することがある。
慢性症状として気管支炎，鼻粘膜の炎症を起こす。
発がん性：ACGIHでは，A4（ヒト発がん性因子として分類できない）に分類している。 | 緊急時の措置 | **漏えいした場合**：遠方から大量注水。元栓を確実に締める。消石灰またはか性ソーダを大量にかけ吸収中和させる。
目に入った場合：直ちに多量の流水で15分間以上洗い流し，速やかに医師の診察を受ける。
皮膚に付いた場合：直ちに汚染された衣服や靴を脱がせ，付着または接触部を石けん水で洗浄し，多量の水を用いて洗い流し，速やかに医師の診察を受ける。
吸入した場合：直ちに被災者を毛布等にくるんで安静にさせ，新鮮な空気の場所に移し，速やかに医師の診察を受ける。呼吸困難または呼吸が停止しているときは直ちに人工呼吸を行う。
肺水腫を起こすおそれのあるときは，経過観察を要する。 |

---

5. 冷蔵室の冷却コイルの霜除去中にアンモニア中毒

業　　種	倉庫業		被　　害	休業1名

〔発生状況〕

　この災害は，冷蔵室の冷却コイルに付着した霜の除去作業中に発生したものである。

　この会社は，わかめ，ひじき等の食料品の受託冷蔵と製氷を行っているところで，業務は取締役専務（被災者）とその妻及び作業者の3名で実施している。

　災害発生当日，朝8時15分頃には3名が出勤し，被災者は機械室で各冷蔵室（全部で10室）の温度調整を行った後，6，7号室の荷物の搬出入作業を行い，労働者は氷の配達に出かけた。

　被災者は午後も他の冷蔵室の荷物の搬出入作業を行っていたが，午後2時頃に労働者が帰ってきたので，荷物の搬出入作業は作業者に任せた。被災者は「午後3時30分から氷の製造を始めるからそれまでの1時間位冷蔵室に入って掃除をしてくる」と妻に言って，7号室の方へ移動していった。

　この掃除は，冷蔵室上部にある冷却用コイルに付着した霜をハンマーとドライバーで除去する作業で，作業は7号室で行われていた。

　午後3時15分頃，事務所にいた被災者の妻が，「バカン」という大きな破裂音が聞こえたので，音のした6号室の方へ行こうとしたが，アンモニアガスが充満していて前に進めなかったので，直ぐに消防署に連絡した。

　その後，消防職員が駆けつけてきて中に入ったところ，被災者が6号室の中2階でうつ伏せに倒れていたので救出し病院に移送したが，アンモニア中毒で1月の休業となった。

　なお，アンモニアガスは放水によって希釈されたが，会社の周辺300mの範囲に拡散したことから，付近住民に窓を閉めるよう広報された。

〔原　因〕

　この災害の原因としては，次のようなことが考えられる。

①　冷却コイルが天井から脱落したこと。被災者は，当初7号室で作業を行っていて，そこの作業が終了して6号室へ移動した。6号室内は木造で，冷却コイルは3カ所で固定されていた。設置されていた冷却コイルの重量は約1tで，付着した霜の重量も約0.5tと想定されることから，天井及びその梁が水分の吸収で腐食していた状況下でハンマーによる衝撃が加わって冷却コイルが脱落し，そのときに破断したコイル（配管）の中のアンモニアガスが噴出したものである。

②　冷蔵室内の点検を行っていなかったこと。①に記述したように冷却コイルが固定されていた天井及びそれが取りつけられていた梁は木材で構成されていて，水分の吸収等により一部が黒ずんでいたにもかかわらず，コイルの取付け部分，室内全体についての点

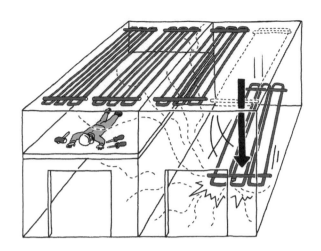

検がまったく行われていなかった。なお，機械室（制御室）については，外部の検査業者によって3年ごとに点検されていた。

③　アンモニアの有害性を十分に認識していなかったこと。アンモニアは爆発範囲が15.5〜27％であるほか，高濃度のガスを吸入すると肺水腫を起こし，呼吸が停止するほどの有害な物質（特定化学物質第3類）であるが，被災者はその有害性について十分な認識がなかった。

〔再発防止対策〕

同種災害の防止のためには，次のような対策の徹底が必要である。

①　冷蔵室内の定期点検を実施すること。冷蔵倉庫等については，高圧ガス部分及びそのコントロール機能だけではなく，冷却コイル及びその取付け部分についても定期に点検し，補修等を行うことが重要である。また，冷却コイルの取付け部分は，コイルの重量のほか付着する霜の重量が加算されるので，それらの重量に耐えられるか否かの観点で点検することが必要である。

②　霜の除去作業の手順を定めること。霜が冷却コイルに付着するのは常態的なことで，冷却効率アップのため霜の除去作業は避けられない。その除去作業については過度の振動を与えない方法，工具の使用等について検討するとともに，万一冷却コイルの脱落，コイルの破損が生じた場合は内部のガスが噴出しないようガスの停止等についても検討することが必要である。

③　保護具を使用すること。霜の除去作業中にアンモニアの噴出が予測される場合には，アンモニア用の防毒マスク（濃度が3％以上の場合には送気マスク）をあらかじめ用意しておき着用させる（安衛則第593条関係）。また，関係作業者に対しては，作業手順，保護具の着用等についてあらかじめ教育を実施する（安衛則第35条関係）。

アンモニア　NH₃

CAS No. 7664-41-7
該当法規：安衛法（危険物：可燃性）（通知対象物），特化則（第3類物質）

主な性状	無色気体（液化ガス），息づまる刺激臭 水に可溶 **分子量**　17.0 **融点**　−77.7℃ **沸点**　−33.35℃ **引火点**　132℃ **発火点**　651℃ **蒸気密度**　0.5967 **比重**　0.676 注）ボンベの充塡圧力は，20℃で0.86 MPa，55℃では約2.2 MPaに上昇する。	災害予防の急所	**保管・管理**：ボンベは直射日光を避け，通風のよい，衝撃などを受けるおそれのない安全なところに保管する。火気厳禁。酸素ボンベなどと一緒に置かない。充塡容器は常に35℃以下に保つ。 **ばく露限界**： 日本産業衛生学会　許容濃度　25 ppm ACGIH TLV-TWA　25 ppm 　　TLV-STEL　35 ppm **保護具**：アンモニア濃度3%以下の場合は，アンモニア用防毒マスクを使用する。高濃度の場合は，送気マスクを使用する。また，水溶液を取り扱う場合は，保護めがね，化学防護手袋などを使用する。 **廃棄上の注意**：水で希薄な水溶液とし，酸で中和させた後，多量の水で希釈して処理する。
危険・有害性	**引火性・爆発性**：爆発範囲15.5〜27%空気と爆発性混合ガスをつくる。ハロゲン，強酸と接触すると激しく反応し，爆発，飛散することがある。また，シアン化水銀，次亜塩素酸カルシウムと接触し，爆発性物質を生じることがある。 **人体への影響**：高濃度のガスを吸入すると肺水腫を起こし，呼吸が停止する。皮膚，粘膜に対する刺激および腐食性が強く，その作用は組織の深部に達しやすい。高濃度のアンモニアが目に入ると，視力障害を残すことがある。	緊急時の措置	**ボンベから漏えいした場合**：注意深く増締めを行う。増締めが不可能な場合は，製造業者（または販売業者）に連絡する。業者が来るまで漏えい部をぼろ布などで覆い注水を行う。 **目に入った場合**：直ちに多量の流水で15分間以上洗い流し，速やかに医師の診察を受ける。 **皮膚に付いた場合**：直ちに汚染された衣服や靴を脱がせ，付着または接触部を石けん水で洗浄し，多量の水を用いて洗い流し，速やかに医師の診察を受ける。 **吸入した場合**：直ちに被災者を毛布等にくるんで安静にさせ，新鮮な空気の場所に移し，速やかに医師の診察を受ける。呼吸困難又は呼吸が停止しているときは直ちに人工呼吸を行う。肺水腫のおそれがあるときは，経過観察が必要である。 **飲み込んだ場合**：速やかに医師の診察を受ける。

6.　銅めっき槽の入替え工事でシアン化合物により皮膚障害

業　種	機械器具設置工事業	被　害	休業2名

〔発生状況〕

　この災害は，銅めっきを行っている工場の銅めっき槽の入替え工事において，槽内に付着したシアン化合物等の除去作業中に発生したものである。

　工場の夏休み中に上下に構成されているめっき槽3組の入替え工事を行った。新しいめっき槽を製作した会社が元方事業者となって，被災者らが所属する一次下請事業場及び二次下請事業場が共同で作業を行った。災害発生当日，午前8時から約20分間，発注者である工場の設備管理担当者，元方事業者から工場長と機械組立工，一次下請から代表者と取締役及び機械設置工2名（Aほか），二次下請から機械設置工2名（B，C）が集合して朝礼が行われ，発注者及び元方事業者から工事の内容を説明し，シアン化合物を使用しているため，皮膚がピリピリしたら洗うこと，全身がかゆくなったなら風呂を用意しているので洗うこと等の指示があった。

　朝礼後，各作業者は，発注者が用意した長袖，長ズボン，化学防護服，ゴム手袋，保護めがね，防じんマスク，保護クリーム及び各自が持参した長靴を着用して午前8時30分頃から作業を開始した。作業は，めっき槽（3組）及び6槽のロール等に付着しているシアン化合物（シアンを含有した炭酸ソーダ）の木製へらによる除去と槽の底に溜まっている廃液の洗い流しで，被災者4名は3つ目の槽で作業を行っていた。午前10時の休憩のときに，取締役及び作業者A，B，Cの4人が腕，大腿部にかゆみ，痛みを感じたので水道水で洗い，保護クリームを塗って30分ほど休憩して作業を再開した。その後，昼の休憩，午後の休憩を取って午後5時に作業を終了した。

　作業の終了後，2次下請の社長から被災者Bに電話があり，被災者Bが状況を話したところ，「作業を終了して，すぐ戻ってくるように」と指示があったので，翌日に会社に戻り，そのまま病院で診察を受けたところシアン化合物による皮膚障害と診断された。

〔原　因〕

　この災害の原因としては，次のようなことが考えられる。

① 防護服が破れる等によりシアン化合物の粉が身体に付着したこと。後日，被災者の防護服等を調査したところ，防護服が破れていたものがあった。午前の休憩時に腕，大腿部にかゆみ，痛みを感じたため防護服を脱いだときに，作業服にシアン化合物の粉じんが付着し，さらに，それが身体に付着したものと推定される。

② 作業者がシアン化合物の有害性を知らなかったこと。この作業に従事した一次及び二次下請の取締役，作業者は，同種作業に従事するのは初めてであり，作業開始前に施設の管理者側からシアン化合物の取扱い，身体にピリピリ等の異常を感じたときの処置に

ついて説明を受けたときにもその有害性を十分に認識することができなかった。

③　作業指揮等の安全衛生管理を実施していなかったこと。シアン化合物の除去作業の直接指揮は元方事業者に所属する機械組立工が行ったが，同人も同種作業は初めてであり，特定化学物質の有害性についての知識は全くなく，また，元方事業者，一次及び二次事業者とも作業現場における安全衛生管理を実施していなかった。

〔再発防止対策〕

同種災害の防止のためには，次のような対策の徹底が必要である。

①　取扱い物質の有害性を周知徹底すること。めっきに使用するシアン化カリウム，シアン化ナトリウムまたはこれらを含有するものは，特定化学物質第2類に属する有害物でシアン化水素と同様に猛毒のものであり，粉じんを吸入し，又は皮膚粘膜に附着すると中毒または死亡に至る有害なものである。したがって，これらに接触するおそれのある作業に従事する者に対しては，あらかじめその危険有害性について周知徹底することが必要である。

②　作業責任者を選任し作業を直接指揮させること。特定化学物質を製造し，取扱い，もしくは貯蔵する設備または特定化学物質を発生させるものを入れたタンク等で特定化学物質が滞留するおそれのあるものの改造，修理，清掃等で，これらの設備を分解する作業または設備の内部に立ち入る作業を行う場合は一定の知識を有する者を作業指揮者として指名するとともに，次の事項を実施する。（特化則第22条関連）

・作業の方法を決定し，労働者に徹底すること

・換気装置により内部を十分に換気すること

・非常の場合に直ちに退避させる設備を備えること

・労働者に不浸透性の保護衣，保護手袋，保護長靴，呼吸用保護具等必要な保護具を使用させること

③　安全衛生管理を実施すること。数次の下請を使用した重層構造で作業を行う場合，それぞれの事業者は労働者の安全と健康を確保する責務はそれぞれの事業者にあることを認識し，安全衛生担当者の選任と職務の明確化，必要な安全衛生教育の実施等を行うほか，受注した仕事の危険有害性に関する情報の収集，その対策の検討，作業手順の決定と周知徹底，必要な保護具の準備と着用等を確実に実施する。また，危険有害な仕事を

発注する者は，その情報を受注者に的確に伝達するとともに，受注者が策定した作業計画について必要な指導，援助を行う。

シアン化カリウム　**KCN**			
CAS No. 151-50-8 該当法規：安衛法（表示物質）(通知対象物)，特化則（管理第 2 類物質）(排液処理)			
主な性状	無色結晶，アーモンド様臭 潮解性あり，水に易溶，エタノールに難溶，酸により分解しシアン化水素を生じる **分子量**　65.1 **融点**　634℃ **沸点**　1,625℃ **蒸気密度**　2.24（計算値） **比重**　1.52 g/cm³（20℃）	災害予防の急所	**保管・管理**：容器は密栓し湿気の少ないところに保管する。酸類及び強い酸化剤と一緒に置かない。取扱場所にシャワー洗眼器を設ける。 **ばく露限界**： 　日本産業衛生学会　許容濃度（CN として） 　　　　　　　　　　　　　　　　　　5 mg/m³ 　ACGIH TWA-STEL（Ceiling）(CNとして) 　　　　　　　　　　　　　　　　　　5 mg/m³ **管理濃度**：（CN として）3 mg/m³ **保護具**：防じんマスク，化学防護手袋，保護服などを，青酸ガスが発生している場合は，青酸ガス用防毒マスク又は送気マスクを使用する。 **廃棄上の注意**：水酸化ナトリウム水溶液を加えて，アルカリ性（pH 11 以上）とし，酸化剤（次亜塩素酸ナトリウム，さらし粉等）の水溶液を加えて CN 成分を分解した後，硫酸を加えて中和し，多量の水で希釈して廃棄する。
危険・有害性	**引火性・爆発性**：不燃性。硝酸塩・塩化物等強い酸化剤と接触すると爆発する。 **人体への影響**：シアン化水素と同様に猛毒で，粉じんを吸入し，または皮膚・粘膜につくと，中毒または死亡する（飲み下した場合の致死量は150〜200 mg）。酸，アルカリ性炭酸塩又は炭酸ガスと接触して発生する青酸ガスを吸入すると，脳中枢の麻痺により呼吸停止，けいれんを伴い直ちに死亡する。内呼吸が早く，皮膚吸収の場合は汗で吸収が早まり，傷口があればその危険はさらに増す。低濃度の場合は頭痛，呼吸困難，意識喪失が徐々に起きる。	緊急時の措置	**消火方法**：水の噴霧，炭酸ガス消火器は使用してはならない。 **目に入った場合**：直ちに多量の流水で15分間以上洗い流し，速やかに医師の診察を受ける。 **皮膚に付いた場合**：直ちに汚染された衣服や靴を脱がせ，付着又は接触部を石けん水で洗浄し，多量の水を用いて洗い流し，速やかに医師の診察を受ける。 **吸入した場合**：直ちに被災者を毛布等にくるんで安静にさせ，新鮮な空気の場所に移し，速やかに医師の診察を受ける。呼吸困難または呼吸が停止しているときは直ちに人工呼吸を行う。 **飲み込んだ場合**：速やかに医師の診察を受ける。

シアン化ナトリウム　**NaCN**			
CAS No. 143-33-9 該当法規：安衛法（表示物質）(通知対象物)，特化則（管理第 2 類物質）(排液処理)			
主な性状	白色固体，無臭（湿った場合は，わずかに青酸またはアンモニア臭）。潮解性あり，水に易溶（15℃で 34 g/100 g），エタノールに微溶 **分子量**　49.0　**融点**　563.7℃ **沸点**　1,496℃ **蒸気密度**　1.69（計算値） **比重**　1.595 g/cm³（20℃） 水溶液は，強アルカリ性でわずかに加水分解し青酸ガスを発生する。水溶液に酸類を加えると，青酸ガスを発生する。空気中に放置すると，気中の炭酸ガスと反応し，炭酸ソーダとなり，青酸ガスを発生する。	災害予防の急所	**保管・管理**：容器は密栓し湿気の少ないところに保管する。保管場所には必ず施錠する（盗難防止）。酸類及び強い酸化剤と一緒に置かない。廃液・排水などは必ず除害処理をして放出する。 **ばく露限界**： 　日本産業衛生学会　許容濃度（CN として） 　　　　　　　　　　　　　　　　　　5 mg/m³ 　ACGIH TLV-STEL（Ceiling）(CNとして) 　　　　　　　　　　　　　　　　　　5 mg/m³ **管理濃度**：（CN として）3 mg/m³ **保護具**：シアン化カリウムと同。 **廃棄上の注意**：同上。
危険・有害性	**引火性・爆発性**：シアン化カリウムと同。 **人体への影響**：シアン化水素と同様に猛毒で，粉じんを吸入し，皮膚・粘膜につくと，中毒または死亡する。酸又は炭酸ガスと接触して発生する青酸ガスを吸入した場合については，上表（シアン化カリウム）を参照。	緊急時の措置	**消火方法**：シアン化カリウムと同。 **目に入った場合**：同上。 **皮膚に付いた場合**：同上。 **吸入した場合**：同上。 **飲み込んだ場合**：同上。

7. ボックスカルバート内でのカルバート固定作業中に一酸化炭素中毒

業　　種	その他の土木工事業	被　　害	休業4名

〔発生状況〕

　この災害は，ボックスカルバート内でカルバート（暗きょ）の固定作業中に発生したものである。

　カルバート（1個の長さが2m，高さが2.1m，幅が2.1mのボックス型）は65mの距離に開削された場所に33個据え付けられ，始点は据付時に塞がれており，カルバート内への出入りは片側から行っていた。

　災害が発生した日，元請の現場責任者ほか2名，一次下請の作業者1名，二次下請の作業者5名がカルバートを固定する作業に従事していた。

　カルバートを固定する作業は，カルバート内に入り，カルバート同士を固定するための緊張を行った後，カルバート間の隙間にセメントミルクをグラウトするものであった。

　この作業を行うに際して，カルバート内の照明のために投光器2台を設置し，電源としてガソリンエンジン発電機をカルバート南側出入り口から18mほどカルバート内に入った位置に据え付けて使用していた。

　午後2時頃までにカルバートの緊張作業を終え，休憩を挟んでグラウト作業を開始してから1時間ほど経過したとき，作業者からめまいがする旨の訴えがあったので全員カルバートの外へ退避し，病院に行き診察を受けたところ一酸化炭素中毒と診断された。

〔原　因〕

　この災害の原因としては，次のようなことが考えられる。

① 自然換気が不十分なカルバート内で使用していたガソリンエンジン発電機のエンジンから排出された排気ガスに含まれている一酸化炭素がカルバート内に滞留していたこと。

② 排気ガスを外部に排出するための換気設備が設けられていなかったこと。

③ ガソリンエンジン発電機について，エンジンから排出される一酸化炭素の有害性を確認し，その設置場所などについての事前の検討が不十分であったこと。

④ 排気ガスに含まれる一酸化炭素の有害性に関する認識が欠如していたこと。

⑤ 元請による下請業者に対する，作業方法及び手順の的確性などについての確認が不十分であったこと。

⑥ 元請の下請に対する安全衛生に関する指導援助体制が整備されていなかったこと。

〔再発防止対策〕

同種災害の防止のためには，次のような対策の徹底が必要である。

① 　カルバート内の照明用の電源は，引き込み線を敷設して商用電力を利用することが望ましいこと。

② 　自然換気が不十分なところにおいては，ガソリンエンジン発電機など内燃機関を有する機械を極力，使用しないこと。なお，自然換気が不十分なところにおいてガソリンエンジン発電機など内燃機関を有する機械を止むを得ず使用するときは，一酸化炭素が100 ppm（1気圧，25℃）以上の濃度に蓄積するおそれのないように換気する設備を設けるとともに，一酸化炭素のガス検知警報装置を設置すること。

③ 　一酸化炭素を排出する内燃機関を使用する作業を行うときは，一酸化炭素中毒予防に関する知識を有する者の中から作業責任者を選任し，その者に，作業方法の決定，作業手順書の作成など一酸化炭素中毒防止のための措置を行わせること。

④ 　元請は，関係請負人が作成した作業手順書を提出させるとともに，作業の方法等が不適切であると判断した場合には，これを改善するように指導すること。

一酸化炭素　CO

CAS No. 630-08-0
該当法規：安衛法（危険物：可燃性ガス）（通知対象物），特化則（第3類物質）

| 主な性状 | 無色気体, 無臭, 水に難溶, アルカリ水溶液, エタノールに可溶
分子量　28.0
融点　−205.0℃
沸点　−191.5℃
発火点　605℃
蒸気密度　0.97
比重　0.814 (liq. −195℃／4℃) | 災害予防の急所 | **保管・管理**：充填ボンベは, 直射日光を避け, 通風のよい安全な場所に置く。漏洩の有無を確実に点検。火気厳禁。
注）石油・ガスストーブ, 練炭火鉢, ガソリンエンジンなどの燃焼排気ガス中には, 一酸化炭素が含まれているので, 排気, 換気に留意する。屋内, 船倉, タンク内, ずい道内など換気の悪い場所では, ガソリンエンジンを使用しないこと。
ばく露限界：
日本産業衛生学会 許容濃度　50 ppm
ACGIH TLV-TWA　　　　25 ppm
保護具：一酸化炭素用防毒マスク, 送気マスク, 空気呼吸器, 酸素呼吸器などを使用する。
廃棄上の注意：青白い炎を上げて燃える。火炎にさらすと引火危険性がある。 |
| 危険・有害性 | **引火性・爆発性**：爆発範囲 12.5～74.2% 空気との混合ガスは, 火源があれば引火・爆発する。
人体への影響：血液中のヘモグロビンと結合し, 体内の酸素供給能力を妨げる結果, 中毒症状が表れる。頭痛, 頭重, 吐き気, めまい, まぶしい感じ, 耳鳴り, 発汗, 四肢痛, 全身倦怠, もの忘れなどの自覚症状がある。

作用の例
<table><tr><td>中毒指数
(ppm×hr)</td><td>作　用</td></tr><tr><td>300 以下</td><td>作用は認められない</td></tr><tr><td>600 以下</td><td>多少の作用が表れる（異常感）</td></tr><tr><td>900 以下</td><td>頭痛, 吐き気が起こる</td></tr><tr><td>1,200 以下</td><td>生命危険となる</td></tr></table> | 緊急時の措置 | **消火方法**：炭酸ガス・粉末消火器, ボンベなどから漏れて着火したときは, 炎の根もとに粉末消火剤を噴射する。
吸入した場合：直ちに被災者を毛布等にくるんで安静にさせ, 新鮮な空気の場所に移し, 速やかに医師の診察を受ける。呼吸困難または呼吸が停止しているときは直ちに人工呼吸を行う。 |

8. 試掘井戸の噴出試験作業中，排気口から硫化水素ガスが噴出し中毒

業　種	その他の土木工事業	被　害	休業7名

〔発生状況〕

　この災害は，試掘井戸の噴出試験を行う作業中，井戸の排出口から噴出した硫化水素ガスを吸入して中毒にかかったものである。

　試掘井戸を地下約2,000メートルまで掘削し，井戸坑口に口元弁を取り付け，配管を接続して井戸から排出される蒸気及び熱水を処理するための噴出試験設備を据え付けた。

　災害が発生した日，試掘井戸の噴出試験に関係する8社の作業者，合計25名により，試掘井戸の噴出試験を行う作業を始めた。午前10時に，元請の社員からの噴出試験開始の指示を受けた下請けの作業責任者は，配下の作業者4名に対して試掘井戸の口元弁を開くように指示した。指示を受けた作業者は，口元弁の開閉用ハンドルを操作して口元弁を開く操作を始めた。

　口元弁が開き始めたとき，「ゴー」という音とともに排気口から霧状のガスが噴出し，井戸坑口付近で異臭が感じられたので，近くにいた元請の社員の「全員退避」の呼びかけにより，坑口付近にいた作業者全員が退避した。しかし，退避の途中で，7名の作業者が噴出したガスに含まれた硫化水素ガスを吸入して中毒にかかった。

〔原　因〕

　この災害の原因としては，次のようなことが考えられる。

① 試掘井戸の掘削作業中に噴出していた硫化水素ガスが，掘削終了後，口元弁を取り付けたことにより井戸内の上部に滞留していたこと。

② 硫化水素ガスは熱水や蒸気とともに噴出すると想定していたにもかかわらず，噴出する硫化水素ガス対策を事前に講じていなかったこと。そのため，口元弁を開いた際，井戸内の上部に滞留していた硫化水素ガスが一気に排気口から噴出して，作業場所に拡散した。

③ 排気口の高さが低かったため大気より比重の大きい硫化水素ガスが大気へ放出される際に，作業場所付近に滞留しやすい状態にあったこと。

④ 退避する際に，微風に乗って硫化水素ガスが拡散する方向にほとんどの作業者が退避していたこと。

⑤ 作業者の硫化水素ガスによる有害性に対する認識が欠如しており，資源調査を行うに際して，保護具の使用，退避経路の設定などの事前の検討が不十分であったこと。

〔**再発防止対策**〕

　同種災害の防止のためには，次のような対策の徹底が必要である。

①　排気口は，作業場内に排気ガスが拡散しないように十分な高さに設置すること。

②　試掘井戸にはガス抜き専用の配管を設け，噴出試験を開始する前に，井戸の上部に滞留したガスを排出すること。

③　硫化水素ガスが噴出することを想定し，硫化水素中毒を防止するため，保護具の使用，風向きを考慮した安全に退避することのできる経路の設定などを含めた作業方法及び手順をあらかじめ作成すること。

④　噴出する硫化水素ガスは，吸収液によってガス又は蒸気を吸収処理する方式，酸化剤または還元剤を用いて反応分離する方式などの処理を行ってから大気に放出すること。

⑤　作業者に対して，硫化水素ガスが人体に及ぼす影響とその防止対策について労働衛生教育を実施すること。

⑥　硫化水素ガスの有害性及びその対策について十分な知識，経験のある者を作業指揮者に指名し，直接作業を指揮させ，作業状況，保護具の使用状況などについて監視させること。

硫化水素　H_2S

CAS No. 7783-06-4
該当法規：安衛法（危険物：可燃性ガス）（通知対象物），特化則（特定第 2 類物質），酸欠則

| 主な性状 | 無色気体（液化ガス），腐卵臭
水に易溶（186 ml/100 ml 40℃）
メタノール，二硫化炭素に可溶
分子量　34.1
融点　−85℃
沸点　−60℃
発火点　260℃
蒸気密度　1.19
比重　0.79（水＝1　液化状態） | 災害予防の急所 | **保管・管理**：ボンベは通風のよい屋外に，直射日光を避けて置く。火気厳禁。酸素ボンベと一緒に置かない。
簡易検知：硫化水素用検知管，検知警報器
ばく露限界：
　日本産業衛生学会　許容濃度　　　5 ppm
　ACGIH TLV-TWA　　　　　　　　1 ppm
　　　　　　TLV-STEL　　　　　　5 ppm
管理濃度：1 ppm
保護具：硫化水素用防毒マスク又は送気マスク，保護めがねなどを使用する。
廃棄上の注意：アフターバーナー及びスクラバー（アルカリ洗浄液）等の排気設備を備えた燃焼炉の火室へ噴霧し，焼却する。 |
| 危険・有害性 | **引火性・爆発性**：空気と広範囲で爆発性混合ガスをつくり爆発しやすい。爆発範囲 4.3〜46%
人体への影響：目・鼻及びのどの粘膜を刺激する。高濃度では甘い臭いに近くなり，次いで嗅覚が麻痺し，警告性がなくなるので注意を要する。
　高濃度のガスを吸入すると，頭痛，めまい，歩行の乱れ，呼吸障害を起こし，肺水腫となることもある。ひどい場合は，意識不明，けいれん，呼吸麻痺を起こし，死亡する。 | 緊急時の措置 | **消火方法**：泡・炭酸ガス・粉末消火器
目に入った場合：直ちに多量の流水で 15 分間以上洗い流し，速やかに医師の診察を受ける。
皮膚に付いた場合：直ちに汚染された衣服や靴を脱がせ，付着又は接触部を石けん水で洗浄し，多量の水を用いて洗い流し，速やかに医師の診察を受ける。
吸入した場合：直ちに被災者を毛布等にくるんで安静にさせ，新鮮な空気の場所に移し，速やかに医師の診察を受ける。呼吸困難または呼吸が停止しているときは直ちに人工呼吸を行う。肺水腫のおそれがあり，経過観察が必要である。 |

---

9. 化学工場の定期補修工事に使用する足場の組立て作業中に熱中症

業　種	機械器具設置工事業	被　害	死亡1名

〔発生状況〕

　この災害は,化学工場の定期補修工事に使用する足場の組立て作業中に,熱中症にかかったものである。

　災害が発生した日,朝礼が終わった後,被災者ら3名の作業者は,前日に組み立てた足場の手直しを行い,午前10時に休憩をとった。休憩後,足場材を,積載型トラッククレーンを用いて,200mほど離れた足場を組み立てる場所まで運搬し,昼食をとった。

　昼の休憩後,足場の組立て作業を開始した。被災者は地上から足場材を組立て中の足場上にいる2名の作業者に手渡し,手渡された作業者らが共同で足場材を固定して足場を組み上げていった。

　午後3時に休憩をとり,作業者らは適宜水分を補給していた。

　足場の組立て作業を再開し,1時間ほど経過した頃,足場固定用クランプが不足してきたので,被災者は作業場所から100mほど離れた場所にクランプを取りに行った。その後,10分ほど経過した頃,構内道路を,ふらふら蛇行しながら歩き,構内道路上にかがみこんだ被災者を工場の従業員に目撃され,直ちに救急車で病院に搬送したが,7時間後に熱中症による多臓器不全で死亡した。

〔原　因〕

　この災害の原因としては,次のようなことが考えられる。

① 災害が発生した日以前も,35℃を超える猛暑日が続き,災害発生当日も最高気温37℃,災害発生時の午後4時頃においても気温が34.9℃,湿度が70%というかなり高温多湿の気象状況であったこと。

② 作業場所が,日陰のない直射日光の強い場所であったこと。

③ 保護帽のみの着用で,直射日光を遮るような対策が十分に講じられていなかったこと。

④ 炎天下において,筋力を必要とする重量10kgから20kgの部材の運搬などの作業を連続して行っていたこと。

⑤ 作業中に発汗が激しく水分及び塩分の補給が必要であったが,作業場所近くに飲料水及び塩分を補給する設備が設けられていなかったこと。

⑥ 事業者はもとより作業者全員が熱中症の危険や予防に関する知識が不足していたこと。

⑦ 災害が発生した日の前は,連日連夜,35℃を超える猛暑日と25℃を超える熱帯夜が続き,被災者は睡眠不足と疲労の蓄積など身体的な不調があったものと考えられること。

〔再発防止対策〕

同種災害の防止のためには，次のような対策の徹底が必要である。

① 屋外作業においては，可能な限り直射日光を遮ることのできる措置を講じること。

② 作業場所には，作業中に容易に水分及び塩分を補給することのできる物品を備え付けること。

③ 作業場所に近接する場所に，冷房室や日陰などの涼しい休憩場所を設けること。

④ 作業場所に環境温度を評価する指標（WBGT）を把握するための環境温度計を設置し，作業中の温湿度の変化に対応した管理を行うこと。

⑤ 気温条件，作業内容等を考慮して，休止時間や休憩時間の確保に努めること。

⑥ 熱を吸収，保熱しやすい服装は避け，綿など吸湿性，通気性のよい生地で，明るい色調の服装にすること。

⑦ 高温環境下における作業に従事する者に対し，熱中症に関する労働衛生教育を行うこと。また，熱中症にかかりやすい要因としての，二日酔い，睡眠不足，疲労の蓄積の防止など夏バテしない体力づくりに関する健康教育を実施すること。

⑧ 作業中に，身体の異常を自覚し，または他の作業者の異常を目撃したときは，すぐに職長へ通報するように全作業者に周知すること。

熱中症の症状

● めまい・失神
「立ちくらみ」の状態で，脳への血流が瞬間的に不十分になったことを示し，「熱失神」と呼ぶこともある。
● 筋肉痛・筋肉の硬直
筋肉の「こむら返り」のことで，その部分の痛みを伴う。発汗に伴う塩分（ナトリウム等）の欠乏により生じる。これを「熱けいれん」と呼ぶこともある。
● 大量の発汗
● 頭痛・気分の不快・吐き気・嘔吐・倦怠感・虚脱感
体がぐったりする，力が入らないなどがあり，従来から「熱疲労」といわれていた状態である。
● 集中力や判断力の低下
● 意識障害・けいれん・手足の運動障害
呼びかけや刺激への反応がおかしい，体がガクガクと引きつけがある，真っ直ぐに走れない・歩けないなど。
● 高体温
身体に触ると熱いという感触がある。従来「熱射病」，「重度の日射病」といわれていたものがこれに相当する。

10.　プロパンガス集中供給設備の配管を掘削した坑内で手直し作業中，噴出したガスにより酸素欠乏症

業　種	燃料小売業	被　害	死亡1名

〔発生状況〕

　この災害は，住宅の敷地内を掘削して行うプロパンガス集中供給設備のガス配管接続作業で発生したものである。

　この作業は，住宅地のプロパンガス集中供給設備の地中配管が老朽化したため，主管と引込管の取替え工事を行ったところ，埋め戻し後に一戸だけガスが出ないことが分かったため，引込管と家庭内配管の接続場所を掘削し繋ぎ換えを行ったものである。

　被災者はプロパンガスの販売を行う事業場の販売主任であり，ガス配管工事の資格である「液化石油ガス整備士」と「簡易ガス事業調査員」の資格を有しているが，通常は工事の監督と検査の立ち会いを行っている。

　災害発生当日，被災者は災害発生場所で掘削作業者2名に掘削場所の指示を与え，現場を離れた。掘削作業者は，家の中のコンクリートを剥がし，スコップで地面を約1m掘削しガス管の接続部を露出させた。昼前に，被災者から掘削作業者に携帯電話で食事に行って午後1時に戻るように指示があったので，現場を離れ，食事をし，午後1時に現場に戻ったところ，切断された引込管からガスが噴出しており，被災者が穴の中で意識を失っているのが発見された。

〔原　因〕

　この災害の原因としては，次のようなことが考えられる。

① 　ガスの供給を止めないで，ガス配管接続換え作業を実施したこと。

　　ガス供給設備は，災害発生場所から約60m離れたガスボンベ収納庫から内径30mmの主管を経て内径25mmの引込管が災害発生現場まで配管されている。ここで家庭内配管に接続されるものであるが，災害発生時引込管までガスが供給されていた。

　　ガス配管接続換え作業は，通常，元栓を止めてガスの供給を停止した状態で行うが，被災者はガス工事の知識があり，手際よくやればほとんどガス漏れなしで作業できると判断した。ガスの元栓を止めればすべての住宅への供給が止まり，また，引込管でガスを止めれば3戸のガスが止まるため，顧客の利便性を優先させてしまった。

② 　接続用継ぎ手を誤って繋ぎ，引込管の先端の蓋を切り落としたため，プロパンガスが噴出し，掘削孔内に酸素欠乏空気が充満したこと。

　　ガスを止めることなく，配管の接続替えを行えば，手際よく行ってもプロパンガスは短時間噴出するが，作業を誤ったため，プロパンガスが大量に噴出し，深さ1mの掘削孔内が酸素欠乏状態となって，脱出することができなかった。

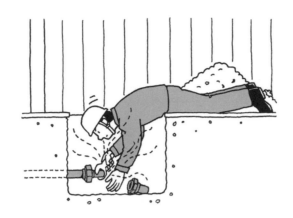

〔再発防止対策〕

同種災害の防止のためには，次のような対策の徹底が必要である。

① 短時間の作業であってもガス管の繋ぎ換え作業を行うときは，確実にガスの供給を止めて行うこと。

　地面下のガス管の繋ぎ換え作業は，掘削孔は深さ約1mほどであっても，人一人がやっとしゃがめる程度で狭く，しかもガスの配管が孔底に近いと，ガスが流出したとき孔内に滞留しやすく，作業姿勢によってはガスを直接吸いやすいので，換気したとしても危険性が高い。少量であってもガスの漏出を前提とした作業方法は実施しないようにすることを徹底しなくてはならない。

② 安全作業手順を作成し，関係者に周知するとともに，現場の安全管理を徹底すること。

　掘削孔などの通風が不十分な箇所において，ガス管の取付け，取外しなどの作業を行う場合には，ガスの遮断，換気，空気呼吸器等の使用などの措置を講じる必要がある。酸素欠乏危険のおそれのある作業であることを認識し，監視人を配置し，1人作業は禁止することが大切である。

③ 関係作業者の安全衛生教育を実施すること。

　酸素欠乏の発生の原因，酸素欠乏症の症状，空気呼吸器等の使用の方法，事故の場合の退避及び救急蘇生の方法その他酸素欠乏症の防止に関し必要な事項について教育する必要がある。

酸素濃度と症状

酸素濃度（％）	症　　状
18	安全下限界だが，作業環境内の連続換気，酸素濃度測定，墜落制止用器具等，呼吸用保護具の用意が必要。
16～12	脈拍，呼吸数の増加。精神集中に努力がいる。細かい筋作業がうまくいかない。頭痛，吐き気。耳鳴り。
14～9	判断力がにぶる。発揚状態。不安定な精神状態。刺傷などを感じない。酩酊状態。当時の記憶なし。体温上昇。全身脱力。チアノーゼ。
10～6	意識不明。中枢神経障害。けいれん。不規則な呼吸。チアノーゼ。
10～6の持続またはそれ以下	昏睡→呼吸緩徐，呼吸停止。数分後心臓停止。

---

11. 冷凍鯖の脱パン機が故障して発生した騒音により騒音性難聴

業　種	水産食料品製造業	被　害	休業 10 名

〔発生状況〕

　この災害は，水産食品製造工場において，冷凍鯖を脱パン機でパン（ステンレス製の皿）から抜き取る作業中に，脱パン機から発した強烈な騒音により，急性の騒音性難聴になったものである。

　冷凍工場において，冷凍鯖をパンから抜き取る作業を，脱パン機を用いて被災者 10 人で行った。

　作業は午前 9 時から脱パンテーブル，パンを振動させる作業を中心に，パンをコンベヤに載せる，パンから冷凍鯖を取り出す，空パンを積む等の作業に分かれて行われた。

　作業開始から約 1 時間経過した午前 10 時頃，脱パン機の脱パンテーブル支持脚部が破損して強烈な騒音を発したが，特に，被害者等は異常と考えていなかった。

　午前 11 時頃になって予定量の冷凍鯖を抜き取る作業を終了したが，そのとき脱パンテーブルの近くにいた被災者 A，B，C，D，E の 5 名が耳の異常を訴えたので，工場所在地の耳鼻咽喉科の医院で受診し，他の 5 名も後日，受診し急性の騒音性難聴と診断され休業した。

　被災者等はこの作業において耳栓，イヤーマフ等の保護具は使用していなかった。

〔原　因〕

　この災害の原因としては，次のことが考えられる。

① 　脱パン機が故障して強烈な騒音を発したにもかかわらず作業を 1 時間も続けたこと。

② 　脱パン機の一部が破損したため脱パンテーブルと振動モーター取付アングルが接触と打撃を繰り返し強烈な騒音を発したこと。

③ 　脱パン機の防振，防音の対策が不十分であったこと。

④ 　脱パン機，コンベヤー等の機械設備の定期点検体制が確立されておらず，また，始業時の点検も適切にされていなかったため，機械の損傷の前兆を発見できなかったこと。

⑤ 　パンの積み重ね作業で騒音があったこと。

⑥ 　管理体制が不備で異常の際の措置が不適切であったこと。

⑦ 　作業環境測定を実施していなかったこと。

⑧ 　騒音作業であるにもかかわらず聴覚保護具（防音保護具）を着用していなかったこと。

⑨ 　騒音防止対策や機械故障等異常時の措置等について教育がなされていなかったこと。

〔再発防止対策〕

　同種災害を防止するためには，次のような対策の徹底が必要である。

① 　脱パン機の騒音が低減するように構造を改善するなど騒音低減対策を講じること。

② 脱パン機は防音囲いを設ける等作業者に騒音の影響が少なくなる対策を講じること。

③ 騒音の作業環境測定を実施すること。

④ 作業場所を騒音職場に指定し騒音職場と表示し，作業者には耳栓等聴覚保護具を着用させること。

⑤ 点検制度を確立し，機械設備の定期点検，始業点検を実施すること。

⑥ 定期健康診断において，1,000 Hz，4,000 Hz における選別聴力検査等を実施すること。

⑦ 作業基準を整備し，周知を図ること。

⑧ 騒音障害防止の労働衛生教育を実施すること。

⑨ 安全衛生管理体制を整備すること。

騒音性難聴

　騒音とは望ましくない不快な音のことで，騒音による障害には急性のものと慢性のものがある。急性の障害は，強烈な音にばく露されたために起こるもので，「災害性難聴」とも呼ばれる。慢性の障害は，一定レベル以上の騒音に長期間さらされた場合に起こる。これは，内耳にあり，音を神経に伝達する有毛細胞の変性と脱落によるもので，「騒音性難聴」と呼ばれる。

　騒音性難聴には，①4,000 Hz の音の聴力の低下から始まる，②初期には気が付かないことが多い（騒音性難聴は，通常の会話音より高い音から始まるため），③治りが悪く，静かな職場にかわっても回復しない，という特徴がある。なお，高周波音（高い音）の方が低周波音（低い音）より騒音性難聴になりやすい。

12. インターロックを無効にして照射中のエックス線透過試験装置内に手を入れて被ばく

業　種	電子・通信機器用部品製造業	被　害	休業 3 名

〔発生状況〕

　この災害は，エックス線透過試験装置を使用して IC チップを検査する作業中に発生したものである。

　エックス線透過試験装置は，最大管電圧が 100 kV，最大管電流が 5 mA であり，キャスター付きで移動することができるものである。

　装置の前面には，上部右側にコントロールユニット，上部左側に CRT モニターユニット，下部には両開きの扉が取り付けられている。装置の内部には，上方にエックス線発生装置があり，下部に被検査物をセットするワークテーブルがある。前扉には，扉が開いている間はエックス線発生装置が作動できないようにインターロックスイッチ（ノーマルオープン型（a 接点タイプ）スイッチ）が取り付けられている。また，装置内の被試験物を載せたワークテーブルを操作するリモコンスイッチが接続されている。IC チップは，シールに固定され，オープンリールに巻き取られている。

　被災者らは，この装置により IC チップを検査する作業をしていたが，前扉を開けたまま，左手でインターロックスイッチを押さえ，ワークテーブル上を右手で IC チップが巻かれているオープンリールを移動させていたため，右手にエックス線を被ばくしたものである。

〔原　因〕

　この災害の原因としては，次のようなことが考えられる。

① エックス線透過試験装置の扉を開けて，インターロックスイッチを押さえ，エックス線が照射中のワークテーブル上に手を入れて作業を行っていたこと。

　なお，被災者らが受けた被ばく線量は，50 Sv〜100 Sv であったと推定されている。

② IC チップが巻き取られたオープンリールを載せたワークテーブルの移動に微妙な操作を必要としたため，作業能率が上がらなかったこと。

③ エックス線透過試験装置の扉に設けられたインターロック機構が容易に無効にすることができる構造であったこと。

④ 被災者らは，エックス線障害に関する知識が十分でなかったこと。

⑤ エックス線透過試験装置の使用が初めてであったことから，装置の操作に熟知していなかったこと。

⑥ インターロック機構を無効にして作業を行う不安全行動が見過ごされていたこと。

〔再発防止対策〕

　同種災害の防止のためには，次のような対策の徹底が必要である。

① 　エックス線透過試験装置の扉のインターロック機構は，ノーマルクローズ型（b接点タイプ）のスイッチを用いるなど扉を開けた状態で装置を人為的に作動させることができないようなフェールセーフ化を図る必要があること。

② 　インターロックを無効にすること，防護壁に加工を加えることなどの不安全行動は，エックス線による被ばくなど重大な事故が発生することを装置の見やすい位置に表示すること。

③ 　いかなる場合であっても，扉を開けた状態で装置を作動させないなど作業手順を定めた装置の操作マニュアルを作成すること。

④ 　装置の構造及び取扱いの方法，エックス線の生体に与える影響，及びその防止対策などについて教育を実施すること。

⑤ 　職制に応じた安全衛生管理の責任と権限を明確にし，安全装置を無効にするなどの作業員の不安全行動が見過ごされないような体制を構築すること。

電離放射線障害

　電離放射線による健康影響には身体的影響と遺伝的影響がある（下図）。
身体的影響には，被ばく線量が一定の閾値以上で発現する脱毛や白内障などの「確定的影響」（組織反応）と，閾値がなく被ばく線量が多くなるほど発生率が高まる白血病などの「確率的影響」がある。30日以内に起こるものを急性障害と呼び，それ以降，数十年にわたる潜伏期間を経て発生する健康障害を晩発障害と呼ぶ。
　また，遺伝的影響は，遺伝子突然変異などによる健康影響で，「確率的影響」である。

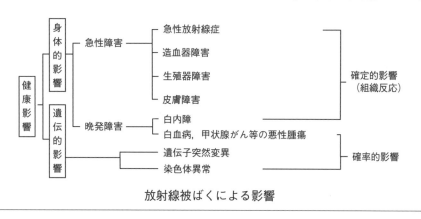

放射線被ばくによる影響

13. ニューマチックケーソン内で掘削作業中，減圧症に

業　種	橋梁建設工事業	被　害	休業1名

〔発生状況〕

　この災害は，ニューマチックケーソン内における掘削作業で発生したものである。

　被災者は，橋脚建設工事の二次下請の作業者として，0.25 MPa に加圧されたニューマチックケーソン内でケーソンショベルを操作して掘削の作業に従事していた。

　被災者は，高圧室内作業に係る特別教育を受け，健康診断を受け異常は認められなかった。その翌日から3日間，被災者は，作業時間240分，減圧時間120分の函内作業に従事した。3日目の作業が終了し，宿舎に戻ったところ，身体に違和感を覚え，痛みを感じたので職長に申し出たところ，産業医の指示により，現場内に設置された再圧室に入り再圧を行うこととなった。その結果，自覚症状が消え，近隣の病院で就労可能であるとの診断を得たので，その翌日に，作業時間210分，減圧時間150分の函内作業に従事したが特に体調の異常は認められなかった。さらに，その翌日も同様の函内作業に従事したが，函外に出て1時間経過した頃に体に痛みを感じた。すぐに産業医の指示により再圧をして自覚症状が消えたので再圧を終了し，専門医に診察を受けるべく病院に入院し治療を受けた。

〔原　因〕

　この災害の原因としては，次のようなことが考えられる。

①　被災者は高気圧室内作業に今回初めて従事したため，高気圧下の環境に慣れていなかったこと。

　　最初の入函時から0.25 MPa とかなりの高気圧下の作業をいきなり行うこととなったことに加えて，連日，就労時間が深夜に及んだための睡眠不足と疲労の蓄積により，減圧症が発症しやすい状態であった。

②　高気圧室内作業の適性について十分に検討していないまま作業を行わせたこと。

　　なお，被災者が従事していた高圧室内作業の管理については，高圧室内作業主任者の直接指揮の下に作業が行われ，加圧時間，減圧時間などが業務日誌に記録されており，設備的な欠陥も認められなかった。

③　最初の減圧症状が発生した際に，再圧室により症状が治った後，専門医による診断を受けることなく，再度，高気圧室内作業に就労させたため，減圧症が再発してしまったこと。

〔再発防止対策〕

　同種災害の防止のためには，次のような対策の徹底が必要である。

①　高気圧室内での作業は，有資格の高圧室内作業主任者の直接指揮の下に，加圧時間，減圧時間の適正な管理，設備の点検・整備の実施，作業室内の酸素濃度及び有害ガス濃

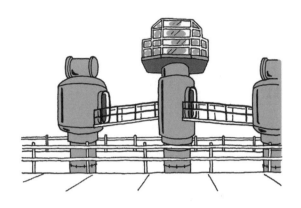

　度の測定及び測定結果に基づく適切な対応などが必要であること。

② 　高圧室内作業に初めて従事させるときは，再圧室または気こう室を利用するなど高気
　圧下で支障がないかを確認し，未経験者に対しては高気圧下の環境に慣れさせた後就労
　させること。

③ 　減圧症状が発生したときは，再圧治療を行うとともに，速やかに専門医師による直接
　の診察を受けることが必要であること。また，再度就労させる場合には，専門医師によ
　る高圧室内作業の就労の可否の診断を経てから作業に従事させること。

④ 　高圧室内作業に従事させる作業者の就労状況，当日の健康状態をチェックし，健康状
　態に応じた減圧スケジュールの延長等についても検討すること。

減圧による障害

　潜函作業，潜水士などにみられる。減圧障害は，高圧の環境下で，血液や組織
中に溶解した窒素ガスが，減圧時に気泡化し，血液循環を障害したり，組織を圧
迫したりして生じる。皮膚のかゆみ，関節痛（ベンズ)，呼吸困難，運動麻痺，知
覚障害など多様である。また，潜水作業で急速に浮上した場合や，十分に息をは
かないで浮上した場合,肺が過膨張となり,行き場を失った空気が肺胞を傷つけ,
肺の間質気腫を起こす。さらに肺の毛細血管に空気が侵入し，気泡状となって動
脈を経由し，脳動脈などを閉塞し，意識傷害や脳梗塞を引き起こす。これを動脈
ガス塞栓症という。減圧による障害を予防するために，減圧はゆっくり行う。被
災した場合には再圧室で再加圧（ふかし）を行い，徐々に圧を下げて治療する。
肥満症の者は，高圧下の作業には適さない。

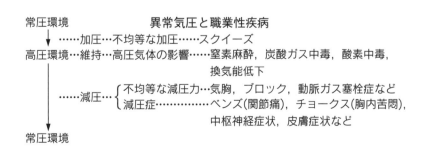

14. 屋外プラントの床を溶断作業中，近くにいた作業者が金属ヒュームを吸って中毒

業　種	その他の建築工事業	被　害	休業1名

〔発生状況〕

　この災害は，ガラス工場の屋外プラントの床補修工事において発生したものである。

　災害発生当日，作業者A〜Cの3人は，ガラス工場の屋外プラントの床をアセチレンガスで溶断し，撤去する作業を行っていた。

　作業は，まずBとCが鉄製の床を撤去しやすい大きさにアセチレン溶断し，それをAが撤去・はつり作業を行うというもので，朝から作業を開始し，午後も作業を継続した。

　午後の作業を開始して間もなく，Aは体調不良を覚えたため，工場内の診療所に行ったところヒューム熱と診断され治療を受けたが，回復しなかったので，近くの病院に搬送され，さらに治療を受けた。

　災害が発生した場所は壁のない屋外プラントであったが，アセチレン溶断を行っていたB及びCは呼吸用保護具としてエアラインマスクを使用していたのに対し，Aは防毒マスクを使用し，しかも暑いため作業中に何度か着脱を行っていた。

　工場では，屋外プラントの床補修工事を行うに当たり，アセチレン溶断で発生する有害ガスや金属ヒュームへの対策を含めた作業計画書を作成していなかった。また，関係作業者に対し，安全衛生教育を実施していなかったため，アセチレン溶断作業の危険有害性についての作業者の認識が乏しかった。

〔原　因〕

　この災害の原因としては，次のようなことが考えられる。

① 有害ガスや金属ヒュームが発生する近くで適切な保護具を使用しないで作業していたこと。

　　アセチレン溶断は，有害ガス，金属ヒューム等が発生する有害な作業であるにもかかわらず，近くいたAはエアラインマスクを使用しないで，防毒マスクを使用して作業を行っていた。さらに，保護具の着用方法，効果に関しての教育・訓練が行われていなかったため，Aはときどき防毒マスクを外して作業を行っていた。

② 作業計画書を作成していなかったこと。

　　作業における安全衛生対策等を含めた作業計画書を作成していなかった。

③ 安全衛生教育を実施していなかったこと。

　　作業者に対し安全衛生教育を実施していないため，作業者がアセチレン溶断作業の危険有害性に関する十分な認識がなかった。

〔再発防止対策〕

　同種災害の防止のためには，次のような対策の徹底が必要である。

① 適切な保護具を使用させること

　アセチレン溶断作業を行わせる場合には，有害ガス，金属ヒューム等の発生による健康障害を防止するため，作業者にエアラインマスクを使用させる。また，呼吸用保護具については，正しい装着方法とともに，作業中に外さないこと，外す場合には作業場所の風上等の安全な場所で外すこと等について作業者に教育，訓練を行い徹底する。

② 作業計画書を作成すること

　有害ガス，金属ヒューム等が発生するアセチレン溶断作業を行う際は，安全な作業を行うための作業計画書を作成し，その内容を関係作業者に徹底する。

③ 安全衛生教育を実施すること

　関係作業者に対し，アセチレン溶断作業の危険有害性と保護具の使用等，その対策について十分な安全衛生教育を行う。

労働衛生保護具の日本産業規格（表3-5の再掲）

〈T 8113〉 溶接用かわ製保護手袋	〈T 8143〉 レーザ保護フィルタ及びレーザ保護めがね	〈T 8157〉 電動ファン付き呼吸用保護具
〈T 8114〉 防振手袋	〈T 8147〉 保護めがね	〈T 8161〉 聴覚保護具（防音保護具）
〈T 8115〉 化学防護服	〈T 8150〉 呼吸用保護具の選択，使用及び保守管理方法	〈M 7601〉 圧縮酸素形循環式呼吸器
〈T 8116〉 化学防護手袋		〈M 7611〉 一酸化炭素用自己救命器（COマスク）
〈T 8117〉 化学防護長靴	〈T 8151〉 防じんマスク	〈M 7651〉 閉鎖循環式酸素自己救命器
〈T 8122〉 生物学的危険物質に対する防護服	〈T 8152〉 防毒マスク	〈Z 4809〉 放射性物質による汚染に対する防護服
〈T 8127〉 高視認性安全服	〈T 8153〉 送気マスク	
〈T 8128〉 溶接及び関連作業用防護服	〈T 8154〉 有毒ガス用電動ファン付き呼吸用保護具	〈Z 4810〉 放射性汚染防護用ゴム手袋
〈T 8141〉 遮光保護具	〈T 8155〉 空気呼吸器	〈Z 4811〉 放射性汚染防護用作業靴
〈T 8142〉 溶接用保護面	〈T 8156〉 酸素発生形循環式呼吸器	〈　〉内はJIS番号

15. 高齢者通所介護施設におけるトイレ介助の際，腰痛を発症

業　種	社会福祉施設	被　害	休業1名

〔発生状況〕

被災者は，日頃より通所介護事業所（デイサービスセンター）にて，利用者の求めに応じ，トイレ誘導およびトイレ介助を行っていた。災害が発生した日も，車いすを使用している利用者のトイレ介助のため，車いすから利用者を抱きかかえ，トイレ便座への移動を介助しているとき，腰部に強い痛みが走った。

〔原　因〕

この災害の原因としては，次のようなことが考えられる。

①　トイレ誘導は，腰部に著しく負担がかかる介助であるにもかかわらず，スタンディングマシーン等，腰部にかかる負担を軽減するための機器を活用しなかったこと。

②　介護作業において，前屈み，中腰，腰を捻る（反らす）動作といった不自然な姿勢が繰り返されていたこと。

③　作業標準の整備，教育の実施等が十分に行われていなかったこと。

〔再発防止対策〕

同種災害の防止のためには，次のような対策の徹底が必要である（第6編第2章5，巻末〔資料3〕参照）。

①　ベッドの高さ調節，位置や向きの変更，作業空間の確保，スライディングシート等の使用等により，前屈やひねり等の姿勢を取らせないようにすること。不自然な姿勢を取らざるを得ない場合は，前屈やひねりの程度を小さくし，壁に手をつく，床やベッドの上に膝を着く等により身体を支えることで腰部にかかる負担を分散させ，また不自然な姿勢をとる頻度及び時間も減らすこと。

②　特に，移乗介助，入浴介助，排泄介助等における利用者の抱上げは，労働者の腰部に著しく負担がかかることから，腰部負担の低減のため，スタンディングマシーン，スライディングボード，スライディングシート，リフト等福祉用具を使用すること。

③　福祉用具の使用が困難で，対象者を人力で抱え上げざるを得ない場合は，対象者の状態，体重等を考慮し，できるだけ適切な姿勢にて2名以上の作業等とすること。

④　腰痛の発生要因を排除または低減できるよう，作業標準を策定すること。作業標準は，対象者の状態，職場で活用できる福祉用具の状況，作業人数，作業時間，作業環境等を考慮して，利用者ごとに，かつ，移乗，入浴，排泄，食事，移動等の介助の種類ごとに策定すること。

⑤　適宜，休憩時間を設け，その時間にはストレッチングや安楽な姿勢が取れるようにすること。また，作業時間中にも，小休止・休息が取れるようにすること。さらに，同一

　姿勢が連続しないよう，できるだけ他の作業と組み合わせること。

⑥　負荷軽減のため，温湿度，照明，機器や設備の配置等の作業環境を整えること。

⑦　労働者には，腰痛の発生に関与する要因とその回避・低減措置について適切な情報を提供し，十分な教育・訓練を行うこと。

（「職場のあんぜんサイト」（厚生労働省）より引用し一部改変）

腰痛の発生要因

　腰痛の発生要因は，次のイ〜ニのように分類され，動作要因，環境要因，個人的要因のほか，心理・社会的要因も注目されている。職場で労働者が実際に腰痛を発生させたり，その症状を悪化させたりする場面において，単独の要因だけが関与することはまれで，いくつかの要因が複合的に関与している。

イ　動作要因
　㋑　重量物の取扱い　　㋺　人力による人の抱上げ作業
　㊁　長時間の静的作業姿勢（拘束姿勢）　　㊁　不自然な姿勢
　㋭　急激又は不用意な動作
ロ　環境要因
　㋑　振動　　㋺　温度等　　㊁　床面の状態　　㊁　照明
　㋭　作業空間・設備の配置　　㋬　勤務条件等
ハ　個人的要因
　㋑　年齢及び性　　㋺　体格　　㊁　筋力等　　㊁　既往症および基礎疾患
ニ　心理・社会的要因

（「職場における腰痛予防対策指針の解説」（厚生労働省）より）

─── 【参考判例】精神障害発症例 ───

1　過重な業務による精神障害発症に関する最高裁判例

〔状　況〕

①　新規に立ち上げられた製品プロジェクトの一工程のリーダーとなった社員が，さまざまな工程でのトラブルによる遅れの発生，メンバーの減員もあり，休日出勤，午後11時を過ぎる帰宅も多く，平均月70時間の時間外労働が続く中，さらに，同プロジェクト業務に加え，異種製品の開発業務・技術上の支障対策業務を担当せよという指示も受けた。

②　同社員は，以前の健康診断，工場の診療所で不眠症と診断され，神経科医院も受診していた。プロジェクト期間内の時間外超過者健康診断受診時にも，頭痛，めまい，不眠等があることを回答しているが，産業医は，特段の就労制限を要しないと判断している。

③　同社員は，同僚の技術担当者から見ても，体調が悪い様子で，仕事を円滑に行えるようには見えなくなっていき，激しい頭痛にも見舞われ，不眠，疲労感等の症状も重くなり，欠勤することがしだいに増え，診断書の提出，定期的な上司との面談を続けながら，月単位の欠勤を重ねた。会社は，休職期間の満了を理由とする解雇予告通知をしたうえ，解雇の意思表示をした。

④　同社員は，解雇の無効と，過重な業務によって発症し増悪したうつ病につき安全配慮義務違反等を理由とする損害賠償を求めて訴えた。

〔判決の内容〕

①　東京高裁では，解雇無効，損害賠償責任を認めたが，賠償額の2割を減額とする判決を下した。減額の理由は，本人の持つぜい弱性，一部通院・診断内容の会社への未申告であった。

②　この判決への上告を受け，最高裁は，同社員は，入社以来長年にわたり特段の支障なく勤務を継続していたし，不申告についても，「使用者は，必ずしも労働者からの申告がなくても，その健康に関わる労働環境等に十分な注意を払うべき安全配慮義務を負っているところ，上記のように労働者にとって過重な業務が続く中で，その体調の悪化が看取される場合には，上記のような情報については労働者本人からの積極的な申告が期待し難いことを前提とした上で，必要に応じてその業務を軽減するなど労働者の心身の健康への配慮に努める必要があるものというべきである。」と退け，「上告人敗訴部分（編注：賠償額の2割減額）を破棄し，同部分につき，本件を東京高等裁判所に差し戻す。」と判示した。健康に関わる安全配慮義務違反を全面的に認め，損害賠償額の相殺・減額を認めない主旨のケースとなった（最高裁平成26年3月24日判決）。

2　パワーハラスメントによる精神障害発症に関する地裁判例

〔状　況〕

①　総務部において就労し，上司課長から，「仕事が遅い。能力が劣っている。夜中まで，朝まで掛かってもやれ。」，「小学生でも分かるだろ。」，「言い訳はするな。」といった内容の，大声での感情的な叱責を他の社員の面前等で継続的に受けてい

た社員（原告）が，適応障害に罹患しており休養・治療を要するという診断書を提出した。

② 会社は，休職命令を発し，休職期間の満了をもって退職となる旨を原告に通知した。

③ これに対して，原告は，退職扱いは違法であるとして雇用契約上の地位確認と損害賠償を求めた。

〔判決の内容〕

大阪地裁は，このケースにつき，次の主旨の判決を下した（大阪地裁平成26年4月11日判決）。

① 上司の高圧的な強い口調の感情的な叱責には，その態様，内容，状況，注意の必要性等に照らし，業務上の指導の範囲を著しく逸脱し，原告の人格権を侵害するものがあった。このパワハラ行為と精神障害発症との間に因果関係が認められる。したがって，業務外の傷病に該当するとはいえないので休職命令は有効ではない。

② 課長の上司の取締役は，事業の執行についてされた課長の原告に対する指導の態様が不相当であることを認識していたにもかかわらず，課長に対する適切な注意・指導を行わず，パワハラ行為の発生を防げなかった。これは，安全配慮義務の一内容に含まれる，労働者が就労するのに適した職場環境を保つよう配慮する義務を果たさなかったものである。被告会社は損害賠償責任を負う。

③ さらに，その後，繰り返し退職願を提出するよう求めたことは，原告の身体の安全・健康に対する配慮を欠き，精神障害を増悪・遷延化させるおそれがあり，このような行為も安全配慮義務に違反する。

なお，本参考判例に関連して，精神障害の労災認定要件について次に掲げる（厚生労働省「精神障害の労災認定」（平成23年12月）（パンフレット）より）。

精神障害の労災認定要件

① 認定基準の対象となる精神障害を発病していること

② 認定基準の対象となる精神障害の発病前おおむね6か月の間に，業務による強い心理的負荷が認められること

③ 業務以外の心理的負荷や個体側要因により発病したとは認められないこと

注1：「業務による強い心理的負荷が認められる」とは，業務による具体的な出来事があり，その出来事とその後の状況が，労働者に強い心理的負荷を与えたことをいう。

注2：「心理的負荷」の強度は，精神障害を発病した労働者がその出来事とその後の状況を主観的にどう受け止めたかではなく，同種の労働者（職種，職場における立場や職責，年齢，経験などが類似する人）が一般的にどう受け止めるかという観点から評価する。

注3：詳細は，厚生労働省「精神障害の労災認定」（令和2年9月）（パンフレット）（https://www.mhlw.go.jp/bunya/roudoukijun/rousaihoken04/dl/120427.pdf）参照。

第2章　労働衛生関係法令

1. 法令の基礎知識

(1) 法律，政令および省令

　国民を代表する立法機関である国会が制定する「法律」と，法律の委任を受けて内閣が制定する「政令」および専門の行政機関が制定する「省令」等の「命令」をあわせて一般に「法令」と呼ぶ。

　例えば，ある事業場で労働者に有害な化学物質を製造し，または取り扱う作業を行わせようとする場合に，もし，作業に使う設備に欠陥があったり，労働者に正しい作業方法を守らせる指導や監督を怠ったり，それらの化学物質の有害性や健康障害を防ぐ方法を教育しなかったりすると，それらの化学物質による中毒や，物質によっては，がん等の重篤な障害が発生する危険がある。そこで，このような危険を取り除いて，労働者に安全で健康的な作業を行わせるために，事業者（労働安全衛生法上の事業者は法人企業であれば事業場そのもの）には，法令に定められたいろいろな対策を講じて労働災害を防止する義務を負わせる必要がある。

　立法機関である国会が制定する「法律」により事業者に義務を負わせることになるが，労働安全衛生に関する法律としては「労働安全衛生法」等がある。

　では，法律により国民に義務を課す大枠は決められたとして，義務の課せられる対象の範囲等，さらに細部にわたる事項や技術的なこと等についてはどうか。それらについても法律に定めることが理想的であろうが，日々変化する社会情勢，進歩する技術に関する事項を逐一国会の両院の議決を必要とする法律で定めていたのでは，社会情勢の変化に迅速に対応することは難しい。むしろそうした専門的，技術的な事項については，それぞれ専門の行政機関に任せることが適当であろう。

　そこで，法律を実施するための規定や，法律を補充したり，法律の規定を具体化したり，より詳細に解釈する権限が行政機関に与えられている。これを「法律」による「命令」への「委任」といい，内閣の定める命令を「政令」，行政機関の長である大臣が定める命令を「省令」（厚生労働大臣が定める命令は「厚生労働省令」）という。

(2) 労働安全衛生法と政令および省令

　労働安全衛生法についていえば，政令としては，「労働安全衛生法施行令」があり，労働安全衛生法の各条に定められた規定の適用範囲，用語の定義等を定めている。

　また，省令としては，すべての事業場に適用される事項の詳細等を定める「労働安全衛

生規則」と，特定の設備や，特定の業務等を行う事業場だけに適用される「特別規則」が
ある。

　労働衛生関係の「特別規則」としては，「有機溶剤中毒予防規則」「鉛中毒予防規則」「四
アルキル鉛中毒予防規則」「特定化学物質障害予防規則」「高気圧作業安全衛生規則」「電
離放射線障害予防規則」「酸素欠乏症等防止規則」「事務所衛生基準規則」「粉じん障害防
止規則」「石綿障害予防規則」「機械等検定規則」等がある。

⑶　告示，公示および通達

　法律，政令，省令について，さらに詳細な事項について具体的に定めて国民に知らせる
場合，「告示」あるいは「公示」により公表される（労働安全衛生法関係の場合は「厚生
労働省告示」等）。告示，公示は厳密には法令とは異なるが法令の一部を構成するものと
いえる。

　また，法令，告示等に関して，上級の行政機関が下級の機関に対して（例えば厚生労働
省労働基準局長が都道府県労働局長に対し），法令等の内容を解説するとか，指示を与える
ために発する通知を「通達」という。法令，告示等の内容を解説する通達である「解釈例
規」は公表されている。通達は法令ではないが，法令を正しく理解するためには「通達」
の内容も知る必要がある。

2．労働安全衛生法令の変遷

　労働安全衛生法は，職場における労働者の安全と健康を確保し，快適な作業環境の形成
を促進することを目的として，昭和47年に制定された。

　その後，すでに40年以上を経過しているが，その間，数次の改正が行われている。昭
和63年には中小企業等における安全衛生管理体制の充実，労働者の健康の保持増進措置
の充実等を内容とする改正，また，衛生管理者制度について，第一種衛生管理者免許と第
二種衛生管理者免許に区分する労働安全衛生規則等の改正，平成4年には，快適な職場環
境の形成のための措置等を内容とする改正が行われた。さらに平成8年には，労働者の健
康確保のための労働衛生管理体制の充実，職場における労働者の健康管理の充実を図るこ
とを内容とする改正，また，平成18年には，リスクアセスメントの実施を努力義務とす
る等の改正も行われた。平成26年には，化学物質のリスクアセスメントの実施と，スト
レスチェックの実施が義務化される等の改正が行われている。

3. 労働安全衛生法（抄）

制定　昭和 47 年 6 月 8 日法律第 57 号

最終改正　令和元年 6 月14日法律第 37 号

目次

第 1 章　総　則

（目的）

第 1 条　この法律は，労働基準法（昭和 22 年法律第 49 号）と相まつて，労働災害の防止のための危害防止基準の確立，責任体制の明確化及び自主的活動の促進の措置を講ずる等その防止に関する総合的計画的な対策を推進することにより職場における労働者の安全と健康を確保するとともに，快適な職場環境の形成を促進することを目的とする。

（定義）

第 2 条　この法律において，次の各号に掲げる用語の意義は，それぞれ当該各号に定めるところによる。

　1　労働災害　労働者の就業に係る建設物，設備，原材料，ガス，蒸気，粉じん等により，又は作業行動その他業務に起因して，労働者が負傷し，疾病にかかり，又は死亡することをいう。

　2　労働者　労働基準法第 9 条に規定する労働者（同居の親族のみを使用する事業又は

事務所に使用される者及び家事使用人を除く。)をいう。

3　事業者　事業を行う者で，労働者を使用するものをいう。

3の2　化学物質　元素及び化合物をいう。

4　作業環境測定　作業環境の実態をは握するため空気環境その他の作業環境について行うデザイン，サンプリング及び分析（解析を含む。)をいう。

（事業者等の責務）

第3条　事業者は，単にこの法律で定める労働災害の防止のための最低基準を守るだけでなく，快適な職場環境の実現と労働条件の改善を通じて職場における労働者の安全と健康を確保するようにしなければならない。また，事業者は，国が実施する労働災害の防止に関する施策に協力するようにしなければならない。

②　機械，器具その他の設備を設計し，製造し，若しくは輸入する者，原材料を製造し，若しくは輸入する者又は建設物を建設し，若しくは設計する者は，これらの物の設計，製造，輸入又は建設に際して，これらの物が使用されることによる労働災害の発生の防止に資するように努めなければならない。

③　建設工事の注文者等仕事を他人に請け負わせる者は，施工方法，工期等について，安全で衛生的な作業の遂行をそこなうおそれのある条件を附さないように配慮しなければならない。

第4条　労働者は，労働災害を防止するため必要な事項を守るほか，事業者その他の関係者が実施する労働災害の防止に関する措置に協力するように努めなければならない。

第2章　労働災害防止計画

（労働災害防止計画の策定）

第6条　厚生労働大臣は，労働政策審議会の意見をきいて，労働災害の防止のための主要な対策に関する事項その他労働災害の防止に関し重要な事項を定めた計画（以下「労働災害防止計画」という。)を策定しなければならない。

第3章　安全衛生管理体制

（総括安全衛生管理者）

第10条　事業者は，政令で定める規模の事業場ごとに，厚生労働省令で定めるところにより，総括安全衛生管理者を選任し，その者に安全管理者，衛生管理者又は第25条の2第2項の規定により技術的事項を管理する者の指揮をさせるとともに，次の業務を統括管理させなければならない。

1　労働者の危険又は健康障害を防止するための措置に関すること。

2　労働者の安全又は衛生のための教育の実施に関すること。

3　健康診断の実施その他健康の保持増進のための措置に関すること。

4　労働災害の原因の調査及び再発防止対策に関すること。

5　前各号に掲げるもののほか，労働災害を防止するため必要な業務で，厚生労働省令で定めるもの

② 総括安全衛生管理者は，当該事業場においてその事業の実施を統括管理する者をもつて充てなければならない。

③ 都道府県労働局長は，労働災害を防止するため必要があると認めるときは，総括安全衛生管理者の業務の執行について事業者に勧告することができる。

総括安全衛生管理者を選任すべき事業場等

業　種	規　模	選任・報告等
林業，鉱業，建設業，運送業及び清掃業	100人以上	選任事由発生後14日以内に選任すること。所轄労働基準監督署長へ選任報告をする。
製造業（物の加工業を含む。），電気業，ガス業，熱供給業，水道業，通信業，各種商品卸売業，家具・建具・じゆう器等卸売業，各種商品小売業，家具・建具・じゆう器小売業，燃料小売業，旅館業，ゴルフ場業，自動車整備業及び機械修理業	300人以上	
その他の業種	1,000人以上	

（安全管理者）

第11条　（第1項　略）

② 労働基準監督署長は，労働災害を防止するため必要があると認めるときは，事業者に対し，安全管理者の増員又は解任を命ずることができる。

（衛生管理者）

第12条　事業者は，政令で定める規模の事業場ごとに，都道府県労働局長の免許を受けた者その他厚生労働省令で定める資格を有する者のうちから，厚生労働省令で定めるところにより，当該事業場の業務の区分に応じて，衛生管理者を選任し，その者に第10条第1項各号の業務（第25条の2第2項の規定により技術的事項を管理する者を選任した場合においては，同条第1項各号の措置に該当するものを除く。）のうち衛生に係る技術的事項を管理させなければならない。

② 前条第2項の規定は，衛生管理者について準用する。

（安全衛生推進者等）

第12条の2　事業者は，第11条第1項の事業場及び前条第1項の事業場以外の事業場で，厚生労働省令で定める規模のものごとに，厚生労働省令で定めるところにより，安全衛生推進者（第11条第1項の政令で定める業種以外の業種の事業場にあつては，衛生推進者）を選任し，その者に第10条第1項各号の業務（第25条の2第2項の規定により技術的事項を管理する者を選任した場合においては，同条第1項各号の措置に該当するものを除くものとし，第11条第1項の政令で定める業種以外の業種の事業場にあつては，衛生に係る業務に限る。）を担当させなければならない。

（産業医等）

第13条　事業者は，政令で定める規模の事業場ごとに，厚生労働省令で定めるところにより，医師のうちから産業医を選任し，その者に労働者の健康管理その他の厚生労働省

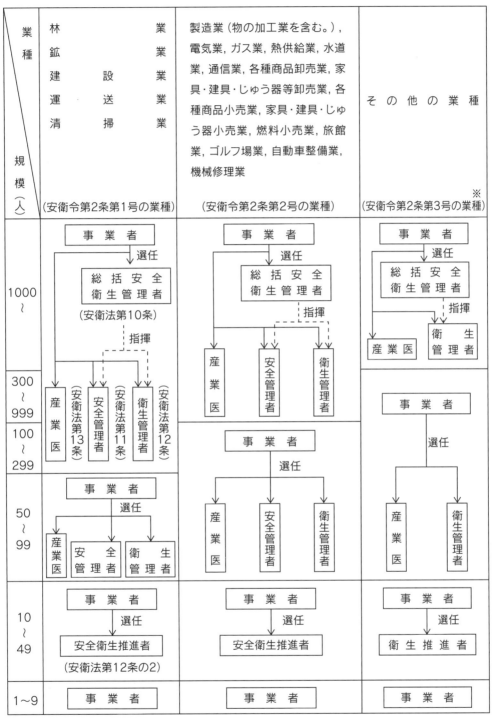

(注) 安衛則第7条第3号により，農林畜水産業，鉱業，建設業，製造業（物の加工業を含む。），
電気業，ガス業，水道業，熱供給業，運送業，自動車整備業，機械修理業，医療業及び清掃業に
ついては，第二種衛生管理者免許を有する者を衛生管理者として選任することはできない。
※規模10人以上の事業場は，通達（平成26年3月28日基発0328第6号）により，安全推進
者の配置が求められている。

安全衛生管理組織の概要

令で定める事項（以下「労働者の健康管理等」という。）を行わせなければならない。

② 　産業医は，労働者の健康管理等を行うのに必要な医学に関する知識について厚生労働省令で定める要件を備えた者でなければならない。

③ 　産業医は，労働者の健康管理等を行うのに必要な医学に関する知識に基づいて，誠実にその職務を行わなければならない。

④ 　産業医を選任した事業者は，産業医に対し，厚生労働省令で定めるところにより，労働者の労働時間に関する情報その他の産業医が労働者の健康管理等を適切に行うために必要な情報として厚生労働省令で定めるものを提供しなければならない。

⑤ 　産業医は，労働者の健康を確保するため必要があると認めるときは，事業者に対し，労働者の健康管理等について必要な勧告をすることができる。この場合において，事業者は，当該勧告を尊重しなければならない。

⑥ 　事業者は，前項の勧告を受けたときは，厚生労働省令で定めるところにより，当該勧告の内容その他の厚生労働省令で定める事項を衛生委員会又は安全衛生委員会に報告しなければならない。

第13条の2 　事業者は，前条第1項の事業場以外の事業場については，労働者の健康管理等を行うのに必要な医学に関する知識を有する医師その他厚生労働省令で定める者に労働者の健康管理等の全部又は一部を行わせるように努めなければならない。

第13条の3 　事業者は，産業医又は前条第1項に規定する者による労働者の健康管理等の適切な実施を図るため，産業医又は同項に規定する者が労働者からの健康相談に応じ，適切に対応するために必要な体制の整備その他の必要な措置を講ずるように努めなければならない。

（作業主任者）

第14条 　事業者は，高圧室内作業その他の労働災害を防止するための管理を必要とする作業で，政令で定めるものについては，都道府県労働局長の免許を受けた者又は都道府県労働局長の登録を受けた者が行う技能講習を修了した者のうちから，厚生労働省令で定めるところにより，当該作業の区分に応じて，作業主任者を選任し，その者に当該作業に従事する労働者の指揮その他の厚生労働省令で定める事項を行わせなければならない。

（安全委員会）

第17条 　（第1項　略）

② 　安全委員会の委員は，次の者をもつて構成する。ただし，第1号の者である委員（以下「第1号の委員」という。）は，1人とする。

　1 　総括安全衛生管理者又は総括安全衛生管理者以外の者で当該事業場においてその事業の実施を統括管理するもの若しくはこれに準ずる者のうちから事業者が指名した者

　第2号，第3号　略

③ 　安全委員会の議長は，第1号の委員がなるものとする。

④ 　事業者は，第1号の委員以外の委員の半数については，当該事業場に労働者の過半数

で組織する労働組合があるときにおいてはその労働組合，労働者の過半数で組織する労働組合がないときにおいては労働者の過半数を代表する者の推薦に基づき指名しなければならない。

⑤　前二項の規定は，当該事業場の労働者の過半数で組織する労働組合との間における労働協約に別段の定めがあるときは，その限度において適用しない。

（衛生委員会）

第 18 条　事業者は，政令で定める規模の事業場ごとに，次の事項を調査審議させ，事業者に対し意見を述べさせるため，衛生委員会を設けなければならない。

　1　労働者の健康障害を防止するための基本となるべき対策に関すること。

　2　労働者の健康の保持増進を図るための基本となるべき対策に関すること。

　3　労働災害の原因及び再発防止対策で，衛生に係るものに関すること。

　4　前三号に掲げるもののほか，労働者の健康障害の防止及び健康の保持増進に関する重要事項

②　衛生委員会の委員は，次の者をもつて構成する。ただし，第 1 号の者である委員は，1 人とする。

　1　総括安全衛生管理者又は総括安全衛生管理者以外の者で当該事業場においてその事業の実施を統括管理するもの若しくはこれに準ずる者のうちから事業者が指名した者

　2　衛生管理者のうちから事業者が指名した者

　3　産業医のうちから事業者が指名した者

　4　当該事業場の労働者で，衛生に関し経験を有するもののうちから事業者が指名した者

③　事業者は，当該事業場の労働者で，作業環境測定を実施している作業環境測定士であるものを衛生委員会の委員として指名することができる。

④　前条第 3 項から第 5 項までの規定は，衛生委員会について準用する。この場合において，同条第 3 項及び第 4 項中「第 1 号の委員」とあるのは，「第 18 条第 2 項第 1 号の者である委員」と読み替えるものとする。

（安全衛生委員会）

第 19 条　事業者は，第 17 条及び前条の規定により安全委員会及び衛生委員会を設けなければならないときは，それぞれの委員会の設置に代えて，安全衛生委員会を設置することができる。

②　安全衛生委員会の委員は，次の者をもつて構成する。ただし，第 1 号の者である委員は，1 人とする。

　1　総括安全衛生管理者又は総括安全衛生管理者以外の者で当該事業場においてその事業の実施を統括管理するもの若しくはこれに準ずる者のうちから事業者が指名した者

　2　安全管理者及び衛生管理者のうちから事業者が指名した者

　3　産業医のうちから事業者が指名した者

　　4　当該事業場の労働者で，安全に関し経験を有するもののうちから事業者が指名した者

　　5　当該事業場の労働者で，衛生に関し経験を有するもののうちから事業者が指名した者

③　事業者は，当該事業場の労働者で，作業環境測定を実施している作業環境測定士であるものを安全衛生委員会の委員として指名することができる。

④　第17条第3項から第5項までの規定は，安全衛生委員会について準用する。この場合において，同条第3項及び第4項中「第1号の委員」とあるのは，「第19条第2項第1号の者である委員」と読み替えるものとする。

（安全管理者等に対する教育等）

第19条の2　事業者は，事業場における安全衛生の水準の向上を図るため，安全管理者，衛生管理者，安全衛生推進者，衛生推進者その他労働災害の防止のための業務に従事する者に対し，これらの者が従事する業務に関する能力の向上を図るための教育，講習等を行い，又はこれらを受ける機会を与えるように努めなければならない。

②　厚生労働大臣は，前項の教育，講習等の適切かつ有効な実施を図るため必要な指針を公表するものとする。

③　厚生労働大臣は，前項の指針に従い，事業者又はその団体に対し，必要な指導等を行うことができる。

── 安 衛 則 ──

第24条　法第19条の2第2項の規定による指針の公表は，当該指針の名称及び趣旨を官報に掲載するとともに，当該指針を厚生労働省労働基準局及び都道府県労働局において閲覧に供することにより行うものとする。

　○労働安全衛生法第19条の2第2項に基づく能力向上教育に関する指針
　「労働災害の防止のための業務に従事する者に対する能力向上教育に関する指針」
　平成元年5月22日能力向上教育指針公示第1号
　最終改正　平成18年3月31日能力向上教育指針公示第5号

（国の援助）

第19条の3　国は，第13条の2の事業場の労働者の健康の確保に資するため，労働者の健康管理等に関する相談，情報の提供その他の必要な援助を行うように努めるものとする。

第4章　労働者の危険又は健康障害を防止するための措置

第22条　事業者は，次の健康障害を防止するため必要な措置を講じなければならない。

　　1　原材料，ガス，蒸気，粉じん，酸素欠乏空気，病原体等による健康障害

　　2　放射線，高温，低温，超音波，騒音，振動，異常気圧等による健康障害

　　3　計器監視，精密工作等の作業による健康障害

　　4　排気，排液又は残さい物による健康障害

第23条　事業者は，労働者を就業させる建設物その他の作業場について，通路，床面，階段等の保全並びに換気，採光，照明，保温，防湿，休養，避難及び清潔に必要な措置その他労働者の健康，風紀及び生命の保持のため必要な措置を講じなければならない。

第 24 条　事業者は，労働者の作業行動から生ずる労働災害を防止するため必要な措置を講じなければならない。

第 25 条　事業者は，労働災害発生の急迫した危険があるときは，直ちに作業を中止し，労働者を作業場から退避させる等必要な措置を講じなければならない。

第 25 条の 2　建設業その他政令で定める業種に属する事業の仕事で，政令で定めるものを行う事業者は，爆発，火災等が生じたことに伴い労働者の救護に関する措置がとられる場合における労働災害の発生を防止するため，次の措置を講じなければならない。

1　労働者の救護に関し必要な機械等の備付け及び管理を行うこと。

2　労働者の救護に関し必要な事項についての訓練を行うこと。

3　前二号に掲げるもののほか，爆発，火災等に備えて，労働者の救護に関し必要な事項を行うこと。

②　前項に規定する事業者は，厚生労働省令で定める資格を有する者のうちから，厚生労働省令で定めるところにより，同項各号の措置のうち技術的事項を管理する者を選任し，その者に当該技術的事項を管理させなければならない。

第 26 条　労働者は，事業者が第 20 条から第 25 条まで及び前条第 1 項の規定に基づき講ずる措置に応じて，必要な事項を守らなければならない。

第 27 条　第 20 条から第 25 条まで及び第 25 条の 2 第 1 項の規定により事業者が講ずべき措置及び前条の規定により労働者が守らなければならない事項は，厚生労働省令で定める。

②　前項の厚生労働省令を定めるに当たつては，公害（環境基本法（平成 5 年法律第 91 号）第 2 条第 3 項に規定する公害をいう。)その他一般公衆の災害で，労働災害と密接に関連するものの防止に関する法令の趣旨に反しないように配慮しなければならない。

　　○第 27 条第 1 項の厚生労働省令としては，下記のもの等がある。
　　　労働安全衛生規則（以下「安衛則」という）
　　　有機溶剤中毒予防規則（以下「有機則」という）
　　　鉛中毒予防規則（以下「鉛則」という）
　　　四アルキル鉛中毒予防規則（以下「四アルキル則」という）
　　　特定化学物質障害予防規則（以下「特化則」という）
　　　高気圧作業安全衛生規則（以下「高圧則」という）
　　　電離放射線障害防止規則（以下「電離則」という）
　　　酸素欠乏症等防止規則（以下「酸欠則」という）
　　　事務所衛生基準規則（以下「事務所則」という）
　　　粉じん障害防止規則（以下「粉じん則」という）
　　　石綿障害予防規則（以下「石綿則」という）
　　　東日本大震災により生じた放射性物質により汚染された土壌等を除染するための業務等に係る電離放射線障害防止規則（以下「除染電離則」という）

（技術上の指針等の公表等）

第 28 条　厚生労働大臣は，第 20 条から第 25 条まで及び第 25 条の 2 第 1 項の規定により事業者が講ずべき措置の適切かつ有効な実施を図るため必要な業種又は作業ごとの技

術上の指針を公表するものとする。

②　厚生労働大臣は，前項の技術上の指針を定めるに当たつては，中高年齢者に関して，特に配慮するものとする。

③　厚生労働大臣は，次の化学物質で厚生労働大臣が定めるものを製造し，又は取り扱う事業者が当該化学物質による労働者の健康障害を防止するための指針を公表するものとする。

　1　第57条の4第4項の規定による勧告又は第57条の5第1項の規定による指示に係る化学物質

　2　前号に掲げる化学物質以外の化学物質で，がんその他の重度の健康障害を労働者に生ずるおそれのあるもの

④　厚生労働大臣は，第1項又は前項の規定により，技術上の指針又は労働者の健康障害を防止するための指針を公表した場合において必要があると認めるときは，事業者又はその団体に対し，当該技術上の指針又は労働者の健康障害を防止するための指針に関し必要な指導等を行うことができる。

（事業者の行うべき調査等）

第28条の2　事業者は，厚生労働省令で定めるところにより，建設物，設備，原材料，ガス，蒸気，粉じん等による，又は作業行動その他業務に起因する危険性又は有害性等（第57条第1項の政令で定める物及び第57条の2第1項に規定する通知対象物による危険性又は有害性等を除く。）を調査し，その結果に基づいて，この法律又はこれに基づく命令の規定による措置を講ずるほか，労働者の危険又は健康障害を防止するため必要な措置を講ずるように努めなければならない。ただし，当該調査のうち，化学物質，化学物質を含有する製剤その他の物で労働者の危険又は健康障害を生ずるおそれのあるものに係るもの以外のものについては，製造業その他厚生労働省令で定める業種に属する事業者に限る。

②　厚生労働大臣は，前条第1項及び第3項に定めるもののほか，前項の措置に関して，その適切かつ有効な実施を図るため必要な指針を公表するものとする。

③　厚生労働大臣は，前項の指針に従い，事業者又はその団体に対し，必要な指導，援助等を行うことができる。

──**安 衛 則**────────────────────────────

（危険性又は有害性等の調査）

第24条の11　法第28条の2第1項の危険性又は有害性等の調査は，次に掲げる時期に行うものとする。

　1　建設物を設置し，移転し，変更し，又は解体するとき。

　2　設備，原材料等を新規に採用し，又は変更するとき。

　3　作業方法又は作業手順を新規に採用し，又は変更するとき。

　4　前三号に掲げるもののほか，建設物，設備，原材料，ガス，蒸気，粉じん等による，又は作業行動その他業務に起因する危険性又は有害性等について変化が生じ，又は生ずるおそれがあるとき。

②　法第28条の2第1項ただし書の厚生労働省令で定める業種は，令第2条第1号に掲げる業種及び同条第2号に掲げる業種（製造業を除く。）とする。

第5章　機械等並びに危険物及び有害物に関する規制
第1節　機械等に関する規制

（譲渡等の制限等）

第42条　特定機械等以外の機械等で，別表第2に掲げるものその他危険若しくは有害な作業を必要とするもの，危険な場所において使用するもの又は危険若しくは健康障害を防止するため使用するもののうち，政令で定めるものは，厚生労働大臣が定める規格又は安全装置を具備しなければ，譲渡し，貸与し，又は設置してはならない。

別表第2（第42条関係）

（第1号～第7号　略）

　8　防じんマスク

　9　防毒マスク

（第10号～第15号　略）

　16　電動ファン付き呼吸用保護具

　　　○政令としては，労働安全衛生法施行令（以下「施行令」という）第13条
　　　○労働安全衛生法の規定に基づく厚生労働大臣が定める規格関係

（定期自主検査）

第45条　事業者は，ボイラーその他の機械等で，政令で定めるものについて，厚生労働省令で定めるところにより，定期に自主検査を行ない，及びその結果を記録しておかなければならない。

②　事業者は，前項の機械等で政令で定めるものについて同項の規定による自主検査のうち厚生労働省令で定める自主検査（以下「特定自主検査」という。）を行うときは，その使用する労働者で厚生労働省令で定める資格を有するもの又は第54条の3第1項に規定する登録を受け，他人の求めに応じて当該機械等について特定自主検査を行う者（以下「検査業者」という。）に実施させなければならない。

③　厚生労働大臣は，第1項の規定による自主検査の適切かつ有効な実施を図るため必要な自主検査指針を公表するものとする。

④　厚生労働大臣は，前項の自主検査指針を公表した場合において必要があると認めるときは，事業者若しくは検査業者又はこれらの団体に対し，当該自主検査指針に関し必要な指導等を行うことができる。

　　　○政令としては，施行令第15条
　　　○労働安全衛生法第45条第3項の規定に基づく自主検査指針に関する公示

第2節　危険物及び有害物に関する規制

（製造等の禁止）

第55条　黄りんマッチ，ベンジジン，ベンジジンを含有する製剤その他の労働者に重度の健康障害を生ずる物で，政令で定めるものは，製造し，輸入し，譲渡し，提供し，又は使用してはならない。ただし，試験研究のため製造し，輸入し，又は使用する場合で，政令で定める要件に該当するときは，この限りでない。

安　衛　令

（製造等が禁止される有害物等）

第16条　法第55条の政令で定める物は，次のとおりとする。

1　黄りんマッチ

2　ベンジジン及びその塩

3　4−アミノジフエニル及びその塩

4　石綿（次に掲げる物で厚生労働省令で定めるものを除く。）

　イ　石綿の分析のための試料の用に供される石綿

　ロ　石綿の使用状況の調査に関する知識又は技能の習得のための教育の用に供される石綿

　ハ　イ又はロに掲げる物の原料又は材料として使用される石綿

5　4−ニトロジフエニル及びその塩

6　ビス（クロロメチル）エーテル

7　ベーターナフチルアミン及びその塩

8　ベンゼンを含有するゴムのりで，その含有するベンゼンの容量が当該ゴムのりの溶剤（希釈剤を含む。）の5パーセントを超えるもの

9　第2号，第3号若しくは第5号から第7号までに掲げる物をその重量の1パーセントを超えて含有し，又は第4号に掲げる物をその重量の0.1パーセントを超えて含有する製剤その他の物

②　法第55条ただし書の政令で定める要件は，次のとおりとする。

1　製造，輸入又は使用について，厚生労働省令で定めるところにより，あらかじめ，都道府県労働局長の許可を受けること。この場合において，輸入貿易管理令（昭和24年政令第414号）第9条第1項の規定による輸入割当てを受けるべき物の輸入については，同項の輸入割当てを受けたことを証する書面を提出しなければならない。

2　厚生労働大臣が定める基準に従つて製造し，又は使用すること。

（製造の許可）

第56条　ジクロルベンジジン，ジクロルベンジジンを含有する製剤その他の労働者に重度の健康障害を生ずるおそれのある物で，政令で定めるものを製造しようとする者は，厚生労働省令で定めるところにより，あらかじめ，厚生労働大臣の許可を受けなければならない。

②　厚生労働大臣は，前項の許可の申請があつた場合には，その申請を審査し，製造設備，作業方法等が厚生労働大臣の定める基準に適合していると認めるときでなければ，同項

の許可をしてはならない。

③　第1項の許可を受けた者（以下「製造者」という。)は，その製造設備を，前項の基準に適合するように維持しなければならない。

④　製造者は，第2項の基準に適合する作業方法に従つて第1項の物を製造しなければならない。

⑤　厚生労働大臣は，製造者の製造設備又は作業方法が第2項の基準に適合していないと認めるときは，当該基準に適合するように製造設備を修理し，改造し，若しくは移転し，又は当該基準に適合する作業方法に従つて第1項の物を製造すべきことを命ずることができる。

⑥　厚生労働大臣は，製造者がこの法律若しくはこれに基づく命令の規定又はこれらの規定に基づく処分に違反したときは，第1項の許可を取り消すことができる。

　　　○政令としては，施行令第17条
　　　○関係規則としては，特化則等

（表示等）

第57条　爆発性の物，発火性の物，引火性の物その他の労働者に危険を生ずるおそれのある物若しくはベンゼン，ベンゼンを含有する製剤その他の労働者に健康障害を生ずるおそれのある物で政令で定めるもの又は前条第1項の物を容器に入れ，又は包装して，譲渡し，又は提供する者は，厚生労働省令で定めるところにより，その容器又は包装（容器に入れ，かつ，包装して，譲渡し，又は提供するときにあつては，その容器）に次に掲げるものを表示しなければならない。ただし，その容器又は包装のうち，主として一般消費者の生活の用に供するためのものについては，この限りでない。

　1　次に掲げる事項
　　イ　名称
　　ロ　人体に及ぼす作用
　　ハ　貯蔵又は取扱い上の注意
　　ニ　イからハまでに掲げるもののほか，厚生労働省令で定める事項
　2　当該物を取り扱う労働者に注意を喚起するための標章で厚生労働大臣が定めるもの

②　前項の政令で定める物又は前条第1項の物を前項に規定する方法以外の方法により譲渡し，又は提供する者は，厚生労働省令で定めるところにより，同項各号の事項を記載した文書を，譲渡し，又は提供する相手方に交付しなければならない。

　　　○政令としては，施行令第18条
　　　○厚生労働省令としては，安衛則第30条から第34条

（文書の交付等）

第57条の2　労働者に危険若しくは健康障害を生ずるおそれのある物で政令で定めるもの又は第56条第1項の物（以下この条及び次条第1項において「通知対象物」という。）を譲渡し，又は提供する者は，文書の交付その他厚生労働省令で定める方法により通知

対象物に関する次の事項（前条第2項に規定する者にあつては，同項に規定する事項を除く。）を，譲渡し，又は提供する相手方に通知しなければならない。ただし，主として一般消費者の生活の用に供される製品として通知対象物を譲渡し，又は提供する場合については，この限りでない。

1　名称

2　成分及びその含有量

3　物理的及び化学的性質

4　人体に及ぼす作用

5　貯蔵又は取扱い上の注意

6　流出その他の事故が発生した場合において講ずべき応急の措置

7　前各号に掲げるもののほか，厚生労働省令で定める事項

②　通知対象物を譲渡し，又は提供する者は，前項の規定により通知した事項に変更を行う必要が生じたときは，文書の交付その他厚生労働省令で定める方法により，変更後の同項各号の事項を，速やかに，譲渡し，又は提供した相手方に通知するよう努めなければならない。

③　前二項に定めるもののほか，前二項の通知に関し必要な事項は，厚生労働省令で定める。

　　　○政令としては，施行令第18条の2
　　　○厚生労働省令としては，安衛則第34条の2から第34条の2の6

（第57条第1項の政令で定める物及び通知対象物について事業者が行うべき調査等）

第57条の3　事業者は，厚生労働省令で定めるところにより，第57条第1項の政令で定める物及び通知対象物による危険性又は有害性等を調査しなければならない。

②　事業者は，前項の調査の結果に基づいて，この法律又はこれに基づく命令の規定による措置を講ずるほか，労働者の危険又は健康障害を防止するため必要な措置を講ずるように努めなければならない。

③　厚生労働大臣は，第28条第1項及び第3項に定めるもののほか，前二項の措置に関して，その適切かつ有効な実施を図るため必要な指針を公表するものとする。

④　厚生労働大臣は，前項の指針に従い，事業者又はその団体に対し，必要な指導，援助等を行うことができる。

（化学物質の有害性の調査）

第57条の4　化学物質による労働者の健康障害を防止するため，既存の化学物質として政令で定める化学物質（第3項の規定によりその名称が公表された化学物質を含む。）以外の化学物質（以下この条において「新規化学物質」という。）を製造し，又は輸入しようとする事業者は，あらかじめ，厚生労働省令で定めるところにより，厚生労働大臣の定める基準に従つて有害性の調査（当該新規化学物質が労働者の健康に与える影響についての調査をいう。以下この条において同じ。）を行い，当該新規化学物質の名称，有害性の調査の結果その他の事項を厚生労働大臣に届け出なければならない。ただし，次の

各号のいずれかに該当するときその他政令で定める場合は，この限りでない。

1　当該新規化学物質に関し，厚生労働省令で定めるところにより，当該新規化学物質について予定されている製造又は取扱いの方法等からみて労働者が当該新規化学物質にさらされるおそれがない旨の厚生労働大臣の確認を受けたとき。

2　当該新規化学物質に関し，厚生労働省令で定めるところにより，既に得られている知見等に基づき厚生労働省令で定める有害性がない旨の厚生労働大臣の確認を受けたとき。

3　当該新規化学物質を試験研究のため製造し，又は輸入しようとするとき。

4　当該新規化学物質が主として一般消費者の生活の用に供される製品（当該新規化学物質を含有する製品を含む。）として輸入される場合で，厚生労働省令で定めるとき。

② 有害性の調査を行つた事業者は，その結果に基づいて，当該新規化学物質による労働者の健康障害を防止するため必要な措置を速やかに講じなければならない。

③ 厚生労働大臣は，第1項の規定による届出があつた場合（同項第2号の規定による確認をした場合を含む。）には，厚生労働省令で定めるところにより，当該新規化学物質の名称を公表するものとする。

④ 厚生労働大臣は，第1項の規定による届出があつた場合には，厚生労働省令で定めるところにより，有害性の調査の結果について学識経験者の意見を聴き，当該届出に係る化学物質による労働者の健康障害を防止するため必要があると認めるときは，届出をした事業者に対し，施設又は設備の設置又は整備，保護具の備付けその他の措置を講ずべきことを勧告することができる。

⑤ 前項の規定により有害性の調査の結果について意見を求められた学識経験者は，当該有害性の調査の結果に関して知り得た秘密を漏らしてはならない。ただし，労働者の健康障害を防止するためやむを得ないときは，この限りでない。

第57条の5　厚生労働大臣は，化学物質で，がんその他の重度の健康障害を労働者に生ずるおそれのあるものについて，当該化学物質による労働者の健康障害を防止するため必要があると認めるときは，厚生労働省令で定めるところにより，当該化学物質を製造し，輸入し，又は使用している事業者その他厚生労働省令で定める事業者に対し，政令で定める有害性の調査（当該化学物質が労働者の健康障害に及ぼす影響についての調査をいう。）を行い，その結果を報告すべきことを指示することができる。

② 前項の規定による指示は，化学物質についての有害性の調査に関する技術水準，調査を実施する機関の整備状況，当該事業者の調査の能力等を総合的に考慮し，厚生労働大臣の定める基準に従つて行うものとする。

③ 厚生労働大臣は，第1項の規定による指示を行おうとするときは，あらかじめ，厚生労働省令で定めるところにより，学識経験者の意見を聴かなければならない。

④ 第1項の規定による有害性の調査を行つた事業者は，その結果に基づいて，当該化学物質による労働者の健康障害を防止するため必要な措置を速やかに講じなければならな

い。

⑤　第3項の規定により第1項の規定による指示について意見を求められた学識経験者は，当該指示に関して知り得た秘密を漏らしてはならない。ただし，労働者の健康障害を防止するためやむを得ないときは，この限りでない。

第6章　労働者の就業に当たつての措置

（安全衛生教育）

第59条　事業者は，労働者を雇い入れたときは，当該労働者に対し，厚生労働省令で定めるところにより，その従事する業務に関する安全又は衛生のための教育を行なわなければならない。

②　前項の規定は，労働者の作業内容を変更したときについて準用する。

③　事業者は，危険又は有害な業務で，厚生労働省令で定めるものに労働者をつかせるときは，厚生労働省令で定めるところにより，当該業務に関する安全又は衛生のための特別の教育を行なわなければならない。

> ○厚生労働省令としては，安衛則第35条から第39条
> ○特別教育規程関係

第60条　事業者は，その事業場の業種が政令で定めるものに該当するときは，新たに職務につくこととなつた職長その他の作業中の労働者を直接指導又は監督する者（作業主任者を除く。）に対し，次の事項について，厚生労働省令で定めるところにより，安全又は衛生のための教育を行なわなければならない。

1　作業方法の決定及び労働者の配置に関すること。

2　労働者に対する指導又は監督の方法に関すること。

3　前二号に掲げるもののほか，労働災害を防止するため必要な事項で，厚生労働省令で定めるもの

> ○政令としては，施行令第19条
> ○厚生労働省令としては，安衛則第40条

（就業制限）

第61条　事業者は，クレーンの運転その他の業務で，政令で定めるものについては，都道府県労働局長の当該業務に係る免許を受けた者又は都道府県労働局長の登録を受けた者が行う当該業務に係る技能講習を修了した者その他厚生労働省令で定める資格を有する者でなければ，当該業務に就かせてはならない。

②　前項の規定により当該業務につくことができる者以外の者は，当該業務を行なつてはならない。

③　第1項の規定により当該業務につくことができる者は，当該業務に従事するときは，これに係る免許証その他その資格を証する書面を携帯していなければならない。

④　職業能力開発促進法（昭和44年法律第64号）第24条第1項（同法第27条の2第2項において準用する場合を含む。）の認定に係る職業訓練を受ける労働者について必要が

ある場合においては，その必要の限度で，前三項の規定について，厚生労働省令で別段の定めをすることができる。

　　　○政令としては，施行令第 20 条
　　　○厚生労働省令としては，安衛則第 41 条

第7章　健康の保持増進のための措置

（作業環境測定）

第 65 条　事業者は，有害な業務を行う屋内作業場その他の作業場で，政令で定めるものについて，厚生労働省令で定めるところにより，必要な作業環境測定を行い，及びその結果を記録しておかなければならない。

②　前項の規定による作業環境測定は，厚生労働大臣の定める作業環境測定基準に従つて行わなければならない。

③　厚生労働大臣は，第 1 項の規定による作業環境測定の適切かつ有効な実施を図るため必要な作業環境測定指針を公表するものとする。

④　厚生労働大臣は，前項の作業環境測定指針を公表した場合において必要があると認めるときは，事業者若しくは作業環境測定機関又はこれらの団体に対し，当該作業環境測定指針に関し必要な指導等を行うことができる。

⑤　都道府県労働局長は，作業環境の改善により労働者の健康を保持する必要があると認めるときは，労働衛生指導医の意見に基づき，厚生労働省令で定めるところにより，事業者に対し，作業環境測定の実施その他必要な事項を指示することができる。

　　　○政令としては，施行令第 21 条
　　　○厚生労働省令としては，安衛則第 42 条の 2 および第 42 条の 3

（作業環境測定の結果の評価等）

第 65 条の 2　事業者は，前条第 1 項又は第 5 項の規定による作業環境測定の結果の評価に基づいて，労働者の健康を保持するため必要があると認められるときは，厚生労働省令で定めるところにより，施設又は設備の設置又は整備，健康診断の実施その他の適切な措置を講じなければならない。

②　事業者は，前項の評価を行うに当たつては，厚生労働省令で定めるところにより，厚生労働大臣の定める作業環境評価基準に従つて行わなければならない。

③　事業者は，前項の規定による作業環境測定の結果の評価を行つたときは，厚生労働省令で定めるところにより，その結果を記録しておかなければならない。

　　　○有機則第 28 条の 2 から第 28 条の 4
　　　○鉛則第 52 条の 2 から第 52 条の 4
　　　○特化則第 36 条の 2 から第 36 条の 4
　　　○粉じん則第 26 条の 2 から第 26 条の 4
　　　○石綿則第 37 条から第 39 条
　　　○昭和 63 年労働省告示「作業環境評価基準」（最終改正：令和 2 年 4 月 22 日）

（作業の管理）

第65条の3　事業者は，労働者の健康に配慮して，労働者の従事する作業を適切に管理するように努めなければならない。

（作業時間の制限）

第65条の4　事業者は，潜水業務その他の健康障害を生ずるおそれのある業務で，厚生労働省令で定めるものに従事させる労働者については，厚生労働省令で定める作業時間についての基準に違反して，当該業務に従事させてはならない。

　　○厚生労働省令としては，高圧則

（健康診断）

第66条　事業者は，労働者に対し，厚生労働省令で定めるところにより，医師による健康診断（第66条の10第1項に規定する検査を除く。以下この条及び次条において同じ。）を行わなければならない。

②　事業者は，有害な業務で，政令で定めるものに従事する労働者に対し，厚生労働省令で定めるところにより，医師による特別の項目についての健康診断を行なわなければならない。有害な業務で，政令で定めるものに従事させたことのある労働者で，現に使用しているものについても，同様とする。

③　事業者は，有害な業務で，政令で定めるものに従事する労働者に対し，厚生労働省令で定めるところにより，歯科医師による健康診断を行なわなければならない。

④　都道府県労働局長は，労働者の健康を保持するため必要があると認めるときは，労働衛生指導医の意見に基づき，厚生労働省令で定めるところにより，事業者に対し，臨時の健康診断の実施その他必要な事項を指示することができる。

⑤　労働者は，前各項の規定により事業者が行なう健康診断を受けなければならない。ただし，事業者の指定した医師又は歯科医師が行なう健康診断を受けることを希望しない場合において，他の医師又は歯科医師の行なうこれらの規定による健康診断に相当する健康診断を受け，その結果を証明する書面を事業者に提出したときは，この限りでない。

（自発的健康診断の結果の提出）

第66条の2　午後10時から午前5時まで（厚生労働大臣が必要であると認める場合においては，その定める地域又は期間については午後11時から午前6時まで）の間における業務（以下「深夜業」という。）に従事する労働者であつて，その深夜業の回数その他の事項が深夜業に従事する労働者の健康の保持を考慮して厚生労働省令で定める要件に該当するものは，厚生労働省令で定めるところにより，自ら受けた健康診断（前条第5項ただし書の規定による健康診断を除く。）の結果を証明する書面を事業者に提出することができる。

（健康診断の結果の記録）

第66条の3　事業者は，厚生労働省令で定めるところにより，第66条第1項から第4項まで及び第5項ただし書並びに前条の規定による健康診断の結果を記録しておかなけれ

ばならない。

（健康診断の結果についての医師等からの意見聴取）

第66条の4　事業者は，第66条第1項から第4項まで若しくは第5項ただし書又は第66条の2の規定による健康診断の結果（当該健康診断の項目に異常の所見があると診断された労働者に係るものに限る。）に基づき，当該労働者の健康を保持するために必要な措置について，厚生労働省令で定めるところにより，医師又は歯科医師の意見を聴かなければならない。

（健康診断実施後の措置）

第66条の5　事業者は，前条の規定による医師又は歯科医師の意見を勘案し，その必要があると認めるときは，当該労働者の実情を考慮して，就業場所の変更，作業の転換，労働時間の短縮，深夜業の回数の減少等の措置を講ずるほか，作業環境測定の実施，施設又は設備の設置又は整備，当該医師又は歯科医師の意見の衛生委員会若しくは安全衛生委員会又は労働時間等設定改善委員会（労働時間等の設定の改善に関する特別措置法（平成4年法律第90号）第7条に規定する労働時間等設定改善委員会をいう。以下同じ。）への報告その他の適切な措置を講じなければならない。

②　厚生労働大臣は，前項の規定により事業者が講ずべき措置の適切かつ有効な実施を図るため必要な指針を公表するものとする。

③　厚生労働大臣は，前項の指針を公表した場合において必要があると認めるときは，事業者又はその団体に対し，当該指針に関し必要な指導等を行うことができる。

（健康診断の結果の通知）

第66条の6　事業者は，第66条第1項から第4項までの規定により行う健康診断を受けた労働者に対し，厚生労働省令で定めるところにより，当該健康診断の結果を通知しなければならない。

（保健指導等）

第66条の7　事業者は，第66条第1項の規定による健康診断若しくは当該健康診断に係る同条第5項ただし書の規定による健康診断又は第66条の2の規定による健康診断の結果，特に健康の保持に努める必要があると認める労働者に対し，医師又は保健師による保健指導を行うように努めなければならない。

②　労働者は，前条の規定により通知された健康診断の結果及び前項の規定による保健指導を利用して，その健康の保持に努めるものとする。

（面接指導等）

第66条の8　事業者は，その労働時間の状況その他の事項が労働者の健康の保持を考慮して厚生労働省令で定める要件に該当する労働者（次条第1項に規定する者及び第66条の8の4第1項に規定する者を除く。以下この条において同じ。）に対し，厚生労働省令で定めるところにより，医師による面接指導（問診その他の方法により心身の状況を把握し，これに応じて面接により必要な指導を行うことをいう。以下同じ。）を行わ

なければならない。

② 労働者は，前項の規定により事業者が行う面接指導を受けなければならない。ただし，事業者の指定した医師が行う面接指導を受けることを希望しない場合において，他の医師の行う同項の規定による面接指導に相当する面接指導を受け，その結果を証明する書面を事業者に提出したときは，この限りでない。

③ 事業者は，厚生労働省令で定めるところにより，第 1 項及び前項ただし書の規定による面接指導の結果を記録しておかなければならない。

④ 事業者は，第 1 項又は第 2 項ただし書の規定による面接指導の結果に基づき，当該労働者の健康を保持するために必要な措置について，厚生労働省令で定めるところにより，医師の意見を聴かなければならない。

⑤ 事業者は，前項の規定による医師の意見を勘案し，その必要があると認めるときは，当該労働者の実情を考慮して，就業場所の変更，作業の転換，労働時間の短縮，深夜業の回数の減少等の措置を講ずるほか，当該医師の意見の衛生委員会若しくは安全衛生委員会又は労働時間等設定改善委員会への報告その他の適切な措置を講じなければならない。

第 66 条の 8 の 2 事業者は，その労働時間が労働者の健康の保持を考慮して厚生労働省令で定める時間を超える労働者（労働基準法第 36 条第 11 項に規定する業務に従事する者（同法第 41 条各号に掲げる者及び第 66 条の 8 の 4 第 1 項に規定する者を除く。）に限る。）に対し，厚生労働省令で定めるところにより，医師による面接指導を行わなければならない。

② 前条第 2 項から第 5 項までの規定は，前項の事業者及び労働者について準用する。この場合において，同条第 5 項中「作業の転換」とあるのは，「職務内容の変更，有給休暇（労働基準法第 39 条の規定による有給休暇を除く。）の付与」と読み替えるものとする。

第 66 条の 8 の 3 事業者は，第 66 条の 8 第 1 項又は前条第 1 項の規定による面接指導を実施するため，厚生労働省令で定める方法により，労働者（次条第 1 項に規定する者を除く。）の労働時間の状況を把握しなければならない。

第 66 条の 8 の 4 事業者は，労働基準法第 41 条の 2 第 1 項の規定により労働する労働者であつて，その健康管理時間（同項第 3 号に規定する健康管理時間をいう。）が当該労働者の健康の保持を考慮して厚生労働省令で定める時間を超えるものに対し，厚生労働省令で定めるところにより，医師による面接指導を行わなければならない。

② 第 66 条の 8 第 2 項から第 5 項までの規定は，前項の事業者及び労働者について準用する。この場合において，同条第 5 項中「就業場所の変更，作業の転換，労働時間の短縮，深夜業の回数の減少等」とあるのは，「職務内容の変更，有給休暇（労働基準法第 39 条の規定による有給休暇を除く。）の付与，健康管理時間（第 66 条の 8 の 4 第 1 項に規定する健康管理時間をいう。）が短縮されるための配慮等」と読み替えるものとする。

第 66 条の 9 事業者は，第 66 条の 8 第 1 項，第 66 条の 8 の 2 第 1 項又は前条第 1 項の

規定により面接指導を行う労働者以外の労働者であつて健康への配慮が必要なものについては，厚生労働省令で定めるところにより，必要な措置を講ずるように努めなければならない。

（心理的な負担の程度を把握するための検査等）

第66条の10　事業者は，労働者に対し，厚生労働省令で定めるところにより，医師，保健師その他の厚生労働省令で定める者（以下この条において「医師等」という。）による心理的な負担の程度を把握するための検査を行わなければならない。

②　事業者は，前項の規定により行う検査を受けた労働者に対し，厚生労働省令で定めるところにより，当該検査を行つた医師等から当該検査の結果が通知されるようにしなければならない。この場合において，当該医師等は，あらかじめ当該検査を受けた労働者の同意を得ないで，当該労働者の検査の結果を事業者に提供してはならない。

③　事業者は，前項の規定による通知を受けた労働者であつて，心理的な負担の程度が労働者の健康の保持を考慮して厚生労働省令で定める要件に該当するものが医師による面接指導を受けることを希望する旨を申し出たときは，当該申出をした労働者に対し，厚生労働省令で定めるところにより，医師による面接指導を行わなければならない。この場合において，事業者は，労働者が当該申出をしたことを理由として，当該労働者に対し，不利益な取扱いをしてはならない。

④　事業者は，厚生労働省令で定めるところにより，前項の規定による面接指導の結果を記録しておかなければならない。

⑤　事業者は，第3項の規定による面接指導の結果に基づき，当該労働者の健康を保持するために必要な措置について，厚生労働省令で定めるところにより，医師の意見を聴かなければならない。

⑥　事業者は，前項の規定による医師の意見を勘案し，その必要があると認めるときは，当該労働者の実情を考慮して，就業場所の変更，作業の転換，労働時間の短縮，深夜業の回数の減少等の措置を講ずるほか，当該医師の意見の衛生委員会若しくは安全衛生委員会又は労働時間等設定改善委員会への報告その他の適切な措置を講じなければならない。

⑦　厚生労働大臣は，前項の規定により事業者が講ずべき措置の適切かつ有効な実施を図るため必要な指針を公表するものとする。

⑧　厚生労働大臣は，前項の指針を公表した場合において必要があると認めるときは，事業者又はその団体に対し，当該指針に関し必要な指導等を行うことができる。

⑨　国は，心理的な負担の程度が労働者の健康の保持に及ぼす影響に関する医師等に対する研修を実施するよう努めるとともに，第2項の規定により通知された検査の結果を利用する労働者に対する健康相談の実施その他の当該労働者の健康の保持増進を図ることを促進するための措置を講ずるよう努めるものとする。

（健康管理手帳）

第67条　都道府県労働局長は，がんその他の重度の健康障害を生ずるおそれのある業務で，政令で定めるものに従事していた者のうち，厚生労働省令で定める要件に該当する者に対し，離職の際に又は離職の後に，当該業務に係る健康管理手帳を交付するものとする。ただし，現に当該業務に係る健康管理手帳を所持している者については，この限りでない。

②　政府は，健康管理手帳を所持している者に対する健康診断に関し，厚生労働省令で定めるところにより，必要な措置を行なう。

③　健康管理手帳の交付を受けた者は，当該健康管理手帳を他人に譲渡し，又は貸与してはならない。

④　健康管理手帳の様式その他健康管理手帳について必要な事項は，厚生労働省令で定める。

> ○第1項の政令としては，施行令第23条
> ○第1項の厚生労働省令としては，安衛則第53条
> ○第2項の厚生労働省令としては，安衛則第55条から第57条
> ○第4項の厚生労働省令としては，安衛則第54条および第58条から第60条

（受動喫煙の防止）

第68条の2　事業者は，室内又はこれに準ずる環境における労働者の受動喫煙（健康増進法（平成14年法律第103号）第28条第3号に規定する受動喫煙をいう。第71条第1項において同じ。）を防止するため，当該事業者及び事業場の実情に応じ適切な措置を講ずるよう努めるものとする。

（健康教育等）

第69条　事業者は，労働者に対する健康教育及び健康相談その他労働者の健康の保持増進を図るため必要な措置を継続的かつ計画的に講ずるように努めなければならない。

②　労働者は，前項の事業者が講ずる措置を利用して，その健康の保持増進に努めるものとする。

（体育活動等についての便宜供与等）

第70条　事業者は，前条第1項に定めるもののほか，労働者の健康の保持増進を図るため，体育活動，レクリエーションその他の活動についての便宜を供与する等必要な措置を講ずるように努めなければならない。

（健康の保持増進のための指針の公表等）

第70条の2　厚生労働大臣は，第69条第1項の事業者が講ずべき健康の保持増進のための措置に関して，その適切かつ有効な実施を図るため必要な指針を公表するものとする。

②　厚生労働大臣は，前項の指針に従い，事業者又はその団体に対し，必要な指導等を行うことができる。

> ○労働安全衛生法第70条の2第1項の規定に基づく健康保持増進のための指針に関する公示
> 「事業場における労働者の健康保持増進のための指針」（巻末〔資料11〕参照）
> 昭和63年9月1日健康保持増進のための指針公示第1号

最終改正　令和 3 年 2 月 8 日健康保持増進のための指針公示第 8 号
「労働者の心の健康の保持増進のための指針」（巻末〔資料 12〕参照）
平成 18 年 3 月 31 日健康保持増進のための指針公示第 3 号
最終改正　平成 27 年 11 月 30 日健康保持増進のための指針公示第 6 号

（健康診査等指針との調和）

第 70 条の 3　第 66 条第 1 項の厚生労働省令，第 66 条の 5 第 2 項の指針，第 66 条の 6 の厚生労働省令及び前条第 1 項の指針は，健康増進法第 9 条第 1 項に規定する健康診査等指針と調和が保たれたものでなければならない。

（国の援助）

第 71 条　国は，労働者の健康の保持増進に関する措置の適切かつ有効な実施を図るため，必要な資料の提供，作業環境測定及び健康診断の実施の促進，受動喫煙の防止のための設備の設置の促進，事業場における健康教育等に関する指導員の確保及び資質の向上の促進その他の必要な援助に努めるものとする。

②　国は，前項の援助を行うに当たつては，中小企業者に対し，特別の配慮をするものとする。

第 7 章の 2　快適な職場環境の形成のための措置

（事業者の講ずる措置）

第 71 条の 2　事業者は，事業場における安全衛生の水準の向上を図るため，次の措置を継続的かつ計画的に講ずることにより，快適な職場環境を形成するように努めなければならない。

1　作業環境を快適な状態に維持管理するための措置

2　労働者の従事する作業について，その方法を改善するための措置

3　作業に従事することによる労働者の疲労を回復するための施設又は設備の設置又は整備

4　前三号に掲げるもののほか，快適な職場環境を形成するため必要な措置

（快適な職場環境の形成のための指針の公表等）

第 71 条の 3　厚生労働大臣は，前条の事業者が講ずべき快適な職場環境の形成のための措置に関して，その適切かつ有効な実施を図るため必要な指針を公表するものとする。

②　厚生労働大臣は，前項の指針に従い，事業者又はその団体に対し，必要な指導等を行うことができる。

　　○平成 4 年 7 月 1 日労働省告示第 59 号「事業者が講ずべき快適な職場環境の形成のための措置に関する指針」
　　最終改正：平成 9 年 9 月 25 日労働省告示第 104 号

（国の援助）

第 71 条の 4　国は，事業者が講ずる快適な職場環境を形成するための措置の適切かつ有効な実施に資するため，金融上の措置，技術上の助言，資料の提供その他の必要な援助に努めるものとする。

第8章　免許等

（免許）

第72条　第12条第1項，第14条又は第61条第1項の免許（以下「免許」という。）は，第75条第1項の免許試験に合格した者その他厚生労働省令で定める資格を有する者に対し，免許証を交付して行う。

② 　次の各号のいずれかに該当する者には，免許を与えない。

　　1 　第74条第2項（第3号を除く。）の規定により免許を取り消され，その取消しの日から起算して1年を経過しない者

　　2 　前号に掲げる者のほか，免許の種類に応じて，厚生労働省令で定める者

③ 　第61条第1項の免許については，心身の障害により当該免許に係る業務を適正に行うことができない者として厚生労働省令で定めるものには，同項の免許を与えないことがある。

④ 　都道府県労働局長は，前項の規定により第61条第1項の免許を与えないこととするときは，あらかじめ，当該免許を申請した者にその旨を通知し，その求めがあつたときは，都道府県労働局長の指定する職員にその意見を聴取させなければならない。

（免許試験）

第75条　免許試験は，厚生労働省令で定める区分ごとに，都道府県労働局長が行う。

② 　前項の免許試験（以下「免許試験」という。）は，学科試験及び実技試験又はこれらのいずれかによつて行う。

③ 　都道府県労働局長は，厚生労働省令で定めるところにより，都道府県労働局長の登録を受けた者が行う教習を修了した者でその修了した日から起算して1年を経過しないものその他厚生労働省令で定める資格を有する者に対し，前項の学科試験又は実技試験の全部又は一部を免除することができる。

④ 　前項の教習（以下「教習」という。）は，別表第17に掲げる区分ごとに行う。

⑤ 　免許試験の受験資格，試験科目及び受験手続並びに教習の受講手続その他免許試験の実施について必要な事項は，厚生労働省令で定める。

（技能講習）

第76条　第14条又は第61条第1項の技能講習（以下「技能講習」という。）は，別表第18に掲げる区分ごとに，学科講習又は実技講習によつて行う。

② 　技能講習を行なつた者は，当該技能講習を修了した者に対し，厚生労働省令で定めるところにより，技能講習修了証を交付しなければならない。

③ 　技能講習の受講資格及び受講手続その他技能講習の実施について必要な事項は，厚生労働省令で定める。

第9章　事業場の安全又は衛生に関する改善措置等

第1節　特別安全衛生改善計画及び安全衛生改善計画

（特別安全衛生改善計画）

第78条　厚生労働大臣は，重大な労働災害として厚生労働省令で定めるもの（以下この条において「重大な労働災害」という。）が発生した場合において，重大な労働災害の再発を防止するため必要がある場合として厚生労働省令で定める場合に該当すると認めるときは，厚生労働省令で定めるところにより，事業者に対し，その事業場の安全又は衛生に関する改善計画（以下「特別安全衛生改善計画」という。）を作成し，これを厚生労働大臣に提出すべきことを指示することができる。

②　事業者は，特別安全衛生改善計画を作成しようとする場合には，当該事業場に労働者の過半数で組織する労働組合があるときにおいてはその労働組合，労働者の過半数で組織する労働組合がないときにおいては労働者の過半数を代表する者の意見を聴かなければならない。

③　第1項の事業者及びその労働者は，特別安全衛生改善計画を守らなければならない。

④　厚生労働大臣は，特別安全衛生改善計画が重大な労働災害の再発の防止を図る上で適切でないと認めるときは，厚生労働省令で定めるところにより，事業者に対し，当該特別安全衛生改善計画を変更すべきことを指示することができる。

⑤　厚生労働大臣は，第1項若しくは前項の規定による指示を受けた事業者がその指示に従わなかつた場合又は特別安全衛生改善計画を作成した事業者が当該特別安全衛生改善計画を守つていないと認める場合において，重大な労働災害が再発するおそれがあると認めるときは，当該事業者に対し，重大な労働災害の再発の防止に関し必要な措置をとるべきことを勧告することができる。

⑥　厚生労働大臣は，前項の規定による勧告を受けた事業者がこれに従わなかつたときは，その旨を公表することができる。

　　　○第1項の厚生労働省令としては，安衛則第84条
　　　○第4項の厚生労働省令としては，安衛則第84条の2

（安全衛生改善計画）

第79条　都道府県労働局長は，事業場の施設その他の事項について，労働災害の防止を図るため総合的な改善措置を講ずる必要があると認めるとき（前条第1項の規定により厚生労働大臣が同項の厚生労働省令で定める場合に該当すると認めるときを除く。）は，厚生労働省令で定めるところにより，事業者に対し，当該事業場の安全又は衛生に関する改善計画（以下「安全衛生改善計画」という。）を作成すべきことを指示することができる。

②　前条第2項及び第3項の規定は，安全衛生改善計画について準用する。この場合において，同項中「第1項」とあるのは，「次条第1項」と読み替えるものとする。

　　　○第1項の厚生労働省令としては，安衛則第84条の3

第10章　監督等

（計画の届出等）

第88条　事業者は，機械等で，危険若しくは有害な作業を必要とするもの，危険な場所において使用するもの又は危険若しくは健康障害を防止するため使用するもののうち，厚生労働省令で定めるものを設置し，若しくは移転し，又はこれらの主要構造部分を変更しようとするときは，その計画を当該工事の開始の日の30日前までに，厚生労働省令で定めるところにより，労働基準監督署長に届け出なければならない。ただし，第28条の2第1項に規定する措置その他の厚生労働省令で定める措置を講じているものとして，厚生労働省令で定めるところにより労働基準監督署長が認定した事業者については，この限りでない。

② 　事業者は，建設業に属する事業の仕事のうち重大な労働災害を生ずるおそれがある特に大規模な仕事で，厚生労働省令で定めるものを開始しようとするときは，その計画を当該仕事の開始の日の30日前までに，厚生労働省令で定めるところにより，厚生労働大臣に届け出なければならない。

③ 　事業者は，建設業その他政令で定める業種に属する事業の仕事（建設業に属する事業にあつては，前項の厚生労働省令で定める仕事を除く。）で，厚生労働省令で定めるものを開始しようとするときは，その計画を当該仕事の開始の日の14日前までに，厚生労働省令で定めるところにより，労働基準監督署長に届け出なければならない。

④ 　事業者は，第1項の規定による届出に係る工事のうち厚生労働省令で定める工事の計画，第2項の厚生労働省令で定める仕事の計画又は前項の規定による届出に係る仕事のうち厚生労働省令で定める仕事の計画を作成するときは，当該工事に係る建設物若しくは機械等又は当該仕事から生ずる労働災害の防止を図るため，厚生労働省令で定める資格を有する者を参画させなければならない。

⑤ 　前三項の規定（前項の規定のうち，第1項の規定による届出に係る部分を除く。）は，当該仕事が数次の請負契約によつて行われる場合において，当該仕事を自ら行う発注者がいるときは当該発注者以外の事業者，当該仕事を自ら行う発注者がいないときは元請負人以外の事業者については，適用しない。

⑥ 　労働基準監督署長は第1項又は第3項の規定による届出があつた場合において，厚生労働大臣は第2項の規定による届出があつた場合において，それぞれ当該届出に係る事項がこの法律又はこれに基づく命令の規定に違反すると認めるときは，当該届出をした事業者に対し，その届出に係る工事若しくは仕事の開始を差し止め，又は当該計画を変更すべきことを命ずることができる。

⑦ 　厚生労働大臣又は労働基準監督署長は，前項の規定による命令（第2項又は第3項の規定による届出をした事業者に対するものに限る。）をした場合において，必要があると認めるときは，当該命令に係る仕事の発注者（当該仕事を自ら行う者を除く。）に対し，労働災害の防止に関する事項について必要な勧告又は要請を行うことができる。

　　○第 1 項（第 2 項も同様）の厚生労働省令としては，安衛則第 85 条，電離則第 61 条
　　○第 2 項の厚生労働省令としては，安衛則第 89 条，第 91 条
　　○第 3 項の厚生労働省令としては，安衛則第 90 号
　　○第 4 項の厚生労働省令としては，安衛則第 92 条の 2 から第 92 条の 3

（都道府県労働局長の審査等）

第 89 条の 2　都道府県労働局長は，第 88 条第 1 項又は第 3 項の規定による届出があつた計画のうち，前条第 1 項の高度の技術的検討を要するものに準ずるものとして当該計画に係る建設物若しくは機械等又は仕事の規模その他の事項を勘案して厚生労働省令で定めるものについて審査をすることができる。ただし，当該計画のうち，当該審査と同等の技術的検討を行つたと認められるものとして厚生労働省令で定めるものについては，当該審査を行わないものとする。

②　前条第 2 項から第 5 項までの規定は，前項の審査について準用する。

（講習の指示）

第 99 条の 2　都道府県労働局長は，労働災害が発生した場合において，その再発を防止するため必要があると認めるときは，当該労働災害に係る事業者に対し，期間を定めて，当該労働災害が発生した事業場の総括安全衛生管理者，安全管理者，衛生管理者，統括安全衛生責任者その他労働災害の防止のための業務に従事する者（次項において「労働災害防止業務従事者」という。)に都道府県労働局長の指定する者が行う講習を受けさせるよう指示することができる。

②　前項の規定による指示を受けた事業者は，労働災害防止業務従事者に同項の講習を受けさせなければならない。

③　前二項に定めるもののほか，講習の科目その他第 1 項の講習について必要な事項は，厚生労働省令で定める。

第 99 条の 3　都道府県労働局長は，第 61 条第 1 項の規定により同項に規定する業務に就くことができる者が，当該業務について，この法律又はこれに基づく命令の規定に違反して労働災害を発生させた場合において，その再発を防止するため必要があると認めるときは，その者に対し，期間を定めて，都道府県労働局長の指定する者が行う講習を受けるよう指示することができる。

②　前条第 3 項の規定は，前項の講習について準用する。

第 11 章　雑則

（法令等の周知）

第 101 条　事業者は，この法律及びこれに基づく命令の要旨を常時各作業場の見やすい場所に掲示し，又は備え付けることその他の厚生労働省令で定める方法により，労働者に周知させなければならない。

②　産業医を選任した事業者は，その事業場における産業医の業務の内容その他の産業医の業務に関する事項で厚生労働省令で定めるものを，常時各作業場の見やすい場所に掲

示し，又は備え付けることその他の厚生労働省令で定める方法により，労働者に周知さ
せなければならない。

③　前項の規定は，第13条の2第1項に規定する者に労働者の健康管理等の全部又は一
部を行わせる事業者について準用する。この場合において，前項中「周知させなければ」
とあるのは，「周知させるように努めなければ」と読み替えるものとする。

④　事業者は，第57条の2第1項又は第2項の規定により通知された事項を，化学物質，
化学物質を含有する製剤その他の物で当該通知された事項に係るものを取り扱う各作業
場の見やすい場所に常時掲示し，又は備え付けることその他の厚生労働省令で定める方
法により，当該物を取り扱う労働者に周知させなければならない。

（健康診断等に関する秘密の保持）

第105条　第65条の2第1項及び第66条第1項から第4項までの規定による健康診
断，第66条の8第1項，第66条の8の2第1項及び第66条の8の4第1項の規定に
よる面接指導，第66条の10第1項の規定による検査又は同条第3項の規定による面接
指導の実施の事務に従事した者は，その実施に関して知り得た労働者の秘密を漏らして
はならない。

第12章　罰則

第120条　次の各号のいずれかに該当する者は，50万円以下の罰金に処する。

1　第10条第1項，第11条第1項，第12条第1項，第13条第1項，第15条第1項，
第3項若しくは第4項，第15条の2第1項，第16条第1項，第17条第1項，第18
条第1項，第25条の2第2項（第30条の3第5項において準用する場合を含む。），
第26条，第30条第1項若しくは第4項，第30条の2第1項若しくは第4項，第32
条第1項から第6項まで，第33条第3項，第40条第2項，第44条第5項，第44条
の2第6項，第45条第1項若しくは第2項，第57条の4第1項，第59条第1項(同
条第2項において準用する場合を含む。),第61条第2項，第66条第1項から第3項
まで，第66条の3，第66条の6，第66条の8の2第1項，第66条の8の4第1項，
第87条第6項，第88条第1項から第4項まで，第101条第1項又は第103条第1項
の規定に違反した者

2　第11条第2項（第12条第2項及び第15条の2第2項において準用する場合を含
む。），第57条の5第1項，第65条第5項，第66条第4項，第98条第2項又は第99
条第2項の規定による命令又は指示に違反した者

3　第44条第4項又は第44条の2第5項の規定による表示をせず，又は虚偽の表示を
した者

4　第91条第1項若しくは第2項，第94条第1項又は第96条第1項，第2項若しく
は第4項の規定による立入り，検査，作業環境測定，収去若しくは検診を拒み，妨げ，
若しくは忌避し，又は質問に対して陳述をせず，若しくは虚偽の陳述をした者

5　第100条第1項又は第3項の規定による報告をせず，若しくは虚偽の報告をし，又

　　は出頭しなかつた者

　6　第 103 条第 3 項の規定による帳簿の備付け若しくは保存をせず，又は同項の帳簿に
　　虚偽の記載をした者

第 122 条　法人の代表者又は法人若しくは人の代理人，使用人その他の従業者が，その
　法人又は人の業務に関して，第 116 条，第 117 条，第 119 条又は第 120 条の違反行為を
　したときは，行為者を罰するほか，その法人又は人に対しても，各本条の罰金刑を科す
　る。

資　　料

〔資料1〕
労働安全衛生法第28条第3項の規定に基づき
厚生労働大臣が定める化学物質による健康障害を防止するための指針

平成28年3月31日健康障害を防止するための指針公示第26号
最終改正　令和2年2月7日健康障害を防止するための指針公示第27号

労働安全衛生法（昭和47年法律第57号）第28条第3項の規定に基づき，厚生労働大臣が定める化学物質による労働者の健康障害を防止するための指針を次のとおり公表する。

1　趣旨

この指針は，労働安全衛生法第28条第3項の規定に基づき厚生労働大臣が定める化学物質（以下「対象物質」という。）又は対象物質を含有する物（対象物質の含有量が重量の1パーセント以下のものを除く。以下「対象物質等」という。）を製造し，又は取り扱う業務に関し，対象物質による労働者の健康障害の防止に資するため，その製造，取扱い等に際し，事業者が講ずべき措置について定めたものである。

2　対象物質（CAS登録番号）

この指針において，対象物質（CAS登録番号）は，アクリル酸メチル（96-33-3），アクロレイン（107-02-8），2－アミノ－4－クロロフェノール（95-85-2），アントラセン（120-12-7），エチルベンゼン（100-41-4），2,3－エポキシ－1－プロパノール（556-52-5），塩化アリル（107-05-1），オルトーフェニレンジアミン及びその塩（95-54-5ほか），キノリン及びその塩（91-22-5ほか），1－クロロ－2－ニトロベンゼン（88-73-3），クロロホルム（67-66-3），酢酸ビニル（108-05-4），四塩化炭素（56-23-5），1,4－ジオキサン（123-91-1），1,2－ジクロロエタン(別名二塩化エチレン)（107-06-2），1,4－ジクロロ－2－ニトロベンゼン（89-61-2），2,4－ジクロロ－1－ニトロベンゼン（611-06-3），1,2－ジクロロプロパン（78-87-5），ジクロロメタン（別名二塩化メチレン)（75-09-2），N,N－ジメチルアセトアミド（127-19-5），ジメチル－2,2－ジクロロビニルホスフェイト（別名DDVP)（62-73-7），N,N－ジメチルホルムアミド（68-12-2），スチレン（100-42-5），4－ターシャリーブチルカテコール（98-29-3），多層カーボンナノチューブ（がんその他の重度の健康障害を労働者に生ずるおそれのあるものとして厚生労働省労働基準局長が定めるものに限る。），1,1,2,2－テトラクロロエタン（別名四塩化アセチレン)（79-34-5），テトラクロロエチレン（別名パークロルエチレン)（127-18-4），1,1,1－トリクロルエタン（71-55-6），トリクロロエチレン（79-01-6），ノルマルーブチル－2,3－エポキシプロピルエーテル（2426-08-6），パラージクロルベンゼン（106-46-7），パラーニトロアニソール（100-17-4），パラーニトロクロルベンゼン（100-00-5），ヒドラジン及びその塩並びにヒドラジン一水和物（302-01-2, 7803-

57-8ほか）, ビフェニル（92-52-4）, 2－ブテナール（123-73-9, 4170-30-3及び15798-64-8）, 1－ブロモ－3－クロロプロパン（109-70-6）, 1－ブロモブタン（109-65-9）, メタクリル酸 2, 3－エポキシプロピル（106-91-2）並びにメチルイソブチルケトン（108-10-1）をいう。

　　なお, CAS登録番号とは, 米国化学会の一部門であるCAS（Chemical　Abstracts Service）が運営・管理する化学物質登録システムから付与される固有の数値識別番号をいい, オルト－フェニレンジアミン及びその塩, キノリン及びその塩並びにヒドラジン及びその塩並びにヒドラジン一水和物については, その代表的なもののみを例示している。

3　対象物質へのばく露を低減するための措置について

(1)　N,N－ジメチルホルムアミド及び1,1,1－トリクロルエタン（以下「N,N－ジメチルホルムアミドほか1物質」という。）又はこれらのいずれかをその重量の1パーセントを超えて含有するもののうち, 有機溶剤中毒予防規則（昭和47年労働省令第36号。以下「有機則」という。）第1条第1項第1号に規定する有機溶剤の含有量がその重量の5パーセントを超えるもの（以下「N,N－ジメチルホルムアミド等」という。）を製造し, 又は取り扱う業務のうち, 有機則第1条第1項第6号に規定する有機溶剤業務（以下「N,N－ジメチルホルムアミド等有機溶剤業務」という。）については, 労働者のN,N－ジメチルホルムアミドほか1物質へのばく露の低減を図るため, 設備の密閉化, 局所排気装置の設置等既に有機則において定める措置のほか, 次の措置を講ずること。

ア　事業場におけるN,N－ジメチルホルムアミド等の製造量, 取扱量, 作業の頻度, 作業時間, 作業の態様等を勘案し, 必要に応じ, 次に掲げる作業環境管理に係る措置, 作業管理に係る措置その他必要な措置を講ずること。

　(ア)　作業環境管理

　　①　使用条件等の変更

　　②　作業工程の改善

　(イ)　作業管理

　　①　労働者がN,N－ジメチルホルムアミドほか1物質にばく露しないような作業位置, 作業姿勢又は作業方法の選択

　　②　呼吸用保護具, 不浸透性の保護衣, 保護手袋等の保護具の使用

　　③　N,N－ジメチルホルムアミドほか1物質にばく露される時間の短縮

イ　N,N－ジメチルホルムアミド等を作業場外へ排出する場合は, 当該物質を含有する排気, 排液等による事業場の汚染の防止を図ること。

ウ　保護具については, 同時に就業する労働者の人数分以上を備え付け, 常時有効かつ清潔に保持すること。また, 労働者に送気マスクを使用させたときは, 清浄な空気の取り入れが可能となるよう吸気口の位置を選定し, 当該労働者が有害な空気を吸入しないように措置すること。

エ　次の事項に係る基準を定め, これに基づき作業させること。

　　（ア）　設備，装置等の操作，調整及び点検

　　（イ）　異常な事態が発生した場合における応急の措置

　　（ウ）　保護具の使用

⑵　パラーニトロクロルベンゼン又はパラーニトロクロルベンゼンをその重量の5パーセントを超えて含有するもの（以下「パラーニトロクロルベンゼン等」という。）を製造し，又は取り扱う業務（以下「パラーニトロクロルベンゼン製造・取扱い業務」という。）については，労働者のパラーニトロクロルベンゼンへのばく露の低減を図るため，設備の密閉化，局所排気装置の設置等既に特定化学物質障害予防規則（昭和47年労働省令第39号。以下「特化則」という。）において定める措置のほか，次の措置を講ずること。

　ア　事業場におけるパラーニトロクロルベンゼン等の製造量，取扱量，作業の頻度，作業時間，作業の態様等を勘案し，必要に応じ，次に掲げる作業環境管理に係る措置，作業管理に係る措置その他必要な措置を講ずること。

　　（ア）　作業環境管理

　　　①　使用条件等の変更

　　　②　作業工程の改善

　　（イ）　作業管理

　　　①　労働者がパラーニトロクロルベンゼンにばく露しないような作業位置，作業姿勢又は作業方法の選択

　　　②　呼吸用保護具，不浸透性の保護衣，保護手袋等の保護具の使用

　　　③　パラーニトロクロルベンゼンにばく露される時間の短縮

　イ　パラーニトロクロルベンゼン等を作業場外へ排出する場合は，当該物質を含有する排気，排液等による事業場の汚染の防止を図ること。

　ウ　保護具については，同時に就業する労働者の人数分以上を備え付け，常時有効かつ清潔に保持すること。また，労働者に送気マスクを使用させたときは，清浄な空気の取り入れが可能となるよう吸気口の位置を選定し，当該労働者が有害な空気を吸入しないように措置すること。

　エ　次の事項に係る基準を定め，これに基づき作業させること。

　　（ア）　設備，装置等の操作，調整及び点検

　　（イ）　異常な事態が発生した場合における応急の措置

　　（ウ）　保護具の使用

⑶　エチルベンゼン，クロロホルム，四塩化炭素，1,4－ジオキサン，1,2－ジクロロエタン，1,2－ジクロロプロパン，ジクロロメタン，ジメチル－2,2－ジクロロビニルホスフェイト，スチレン，1,1,2,2－テトラクロロエタン，テトラクロロエチレン，トリクロロエチレン及びメチルイソブチルケトン（以下「エチルベンゼンほか12物質」という。）又はエチルベンゼンほか12物質のいずれかをその重量の1パーセントを超えて含有するもの（以下「エチルベンゼン等」という。）を製造し，又は取り扱う業務のうち，特化

則第2条の2第1号イに規定するクロロホルム等有機溶剤業務，同号ロに規定するエチルベンゼン塗装業務，同号ハに規定する1,2-ジクロロプロパン洗浄・払拭業務及びジメチル-2,2-ジクロロビニルホスフェイト又はこれをその重量の1パーセントを超えて含有する製剤その他の物を成形し，加工し，又は包装する業務のいずれにも該当しない業務（以下「クロロホルム等特化則適用除外業務」という。）については，労働者のエチルベンゼンほか12物質へのばく露の低減を図るため，次の措置を講ずること。

　ア　事業場におけるエチルベンゼン等の製造量，取扱量，作業の頻度，作業時間，作業の態様等を勘案し，必要に応じ，危険性又は有害性等の調査等を実施し，その結果に基づいて，次に掲げる作業環境管理に係る措置，作業管理に係る措置その他必要な措置を講ずること。

　　㋐　作業環境管理

　　　①　使用条件等の変更

　　　②　作業工程の改善

　　　③　設備の密閉化

　　　④　局所排気装置等の設置

　　㋑　作業管理

　　　①　作業を指揮する者の選任

　　　②　労働者がエチルベンゼンほか12物質にばく露しないような作業位置，作業姿勢又は作業方法の選択

　　　③　呼吸用保護具，不浸透性の保護衣，保護手袋等の保護具の使用

　　　④　エチルベンゼンほか12物質にばく露される時間の短縮

　イ　上記アによりばく露を低減するための装置等の設置等を行った場合，次により当該装置等の管理を行うこと。

　　㋐　局所排気装置等については，作業が行われている間，適正に稼働させること。

　　㋑　局所排気装置等については，定期的に保守点検を行うこと。

　　㋒　エチルベンゼン等を作業場外へ排出する場合は，当該物質を含有する排気，排液等による事業場の汚染の防止を図ること。

　ウ　保護具については，同時に就業する労働者の人数分以上を備え付け，常時有効かつ清潔に保持すること。また，労働者に送気マスクを使用させたときは，清浄な空気の取り入れが可能となるよう吸気口の位置を選定し，当該労働者が有害な空気を吸入しないように措置すること。

　エ　次の事項に係る基準を定め，これに基づき作業させること。

　　㋐　設備，装置等の操作，調整及び点検

　　㋑　異常な事態が発生した場合における応急の措置

　　㋒　保護具の使用

(4)　対象物質等（エチルベンゼン等を除く。(4)及び4(3)において同じ。）を製造し，又は取

り扱う業務（N, N－ジメチルホルムアミド等有機溶剤業務及びパラ－ニトロクロルベンゼン製造・取扱い業務を除く。⑷及び 4 において同じ。）については，労働者の対象物質（エチルベンゼンほか 12 物質を除く。⑷及び 4⑶において同じ。）へのばく露の低減を図るため，次の措置を講ずること。

ア　事業場における対象物質等の製造量，取扱量，作業の頻度，作業時間，作業の態様等を勘案し，必要に応じ，危険性又は有害性等の調査等を実施し，その結果に基づいて，次に掲げる作業環境管理に係る措置，作業管理に係る措置その他必要な措置を講ずること。

　　㋐　作業環境管理
　　　①　使用条件等の変更
　　　②　作業工程の改善
　　　③　設備の密閉化
　　　④　局所排気装置等の設置

　　㋑　作業管理
　　　①　作業を指揮する者の選任
　　　②　労働者が対象物質にばく露しないような作業位置, 作業姿勢又は作業方法の選択
　　　③　呼吸用保護具, 不浸透性の保護衣, 保護手袋等の保護具の使用
　　　④　対象物質にばく露される時間の短縮

イ　上記アによりばく露を低減するための装置等の設置等を行った場合，次により当該装置等の管理を行うこと。

　　㋐　局所排気装置等については，作業が行われている間，適正に稼働させること。
　　㋑　局所排気装置等については，定期的に保守点検を行うこと。
　　㋒　対象物質等を作業場外へ排出する場合は，当該物質を含有する排気，排液等による事業場の汚染の防止を図ること。

ウ　保護具については，同時に就業する労働者の人数分以上を備え付け，常時有効かつ清潔に保持すること。また，労働者に送気マスクを使用させたときは，清浄な空気の取り入れが可能となるよう吸気口の位置を選定し，当該労働者が有害な空気を吸入しないように措置すること。

エ　次の事項に係る基準を定め，これに基づき作業させること。

　　㋐　設備, 装置等の操作, 調整及び点検
　　㋑　異常な事態が発生した場合における応急の措置
　　㋒　保護具の使用

4　作業環境測定について

⑴　N, N－ジメチルホルムアミド等有機溶剤業務については有機則に定めるところにより，パラ－ニトロクロルベンゼン製造・取扱い業務については特化則に定めるところに

より，作業環境測定及び測定の結果の評価を行うこととするほか，作業環境測定の結果
及び結果の評価の記録を30年間保存するよう努めること。

⑵　クロロホルム等特化則適用除外業務については，次の措置を講ずること。

ア　屋内作業場について，エチルベンゼンほか12物質の空気中における濃度を定期的
に測定すること。なお，測定は作業環境測定士が実施することが望ましい。また，測
定は6月以内ごとに1回実施するよう努めること。

イ　作業環境測定を行ったときは，当該測定結果の評価を行い，その結果に基づき施設，
設備，作業工程及び作業方法等の点検を行うこと。これらの点検結果に基づき，必要
に応じて使用条件等の変更，作業工程の改善，作業方法の改善その他作業環境改善の
ための措置を講ずるとともに，呼吸用保護具の着用その他労働者の健康障害を予防す
るため必要な措置を講ずること。

ウ　作業環境測定の結果及び結果の評価の記録を30年間保存するよう努めること。

⑶　対象物質等を製造し，又は取り扱う業務については，次の措置を講ずること。

ア　屋内作業場について，対象物質（アクロレインを除く。）の空気中における濃度を
定期的に測定すること。なお，測定は作業環境測定士が実施することが望ましい。ま
た，測定は6月以内ごとに1回実施するよう努めること。

イ　作業環境測定（2－アミノ－4－クロロフェノール，アントラセン，キノリン及びそ
の塩，1,4－ジクロロ－2－ニトロベンゼン，多層カーボンナノチューブ（がんその他
の重度の健康障害を労働者に生ずるおそれのあるものとして厚生労働省労働基準局長
が定めるものに限る。）並びに1－ブロモブタン又はこれらをその重量の1パーセント
を超えて含有するもの（以下「2－アミノ－4－クロロフェノール等」という。）を製
造し，又は取り扱う業務に係る作業環境測定を除く。）を行ったときは，当該測定結果
の評価を行い，その結果に基づき施設，設備，作業工程及び作業方法等の点検を行う
こと。これらの点検結果に基づき，必要に応じて使用条件等の変更，作業工程の改善，
作業方法の改善その他作業環境改善のための措置を講ずるとともに，呼吸用保護具の
着用その他労働者の健康障害を予防するため必要な措置を講ずること。

ウ　作業環境測定の結果及び結果の評価の記録（2－アミノ－4－クロロフェノール等を
製造し，又は取り扱う業務については，作業環境測定の結果の記録に限る。）を30年
間保存するよう努めること。

5　労働衛生教育について

⑴　対象物質等を製造し，又は取り扱う業務（特化則第2条の2第1号イに規定するクロ
ロホルム等有機溶剤業務，同号ロに規定するエチルベンゼン塗装業務，同号ハに規定す
る1,2－ジクロロプロパン洗浄・払拭業務及びジメチル－2,2－ジクロロビニルホスフ
ェイト又はこれをその重量の1パーセントを超えて含有する製剤その他の物を成形し，
加工し，又は包装する業務を除く。6において同じ。）に従事している労働者に対しては

速やかに，また，当該業務に従事させることとなった労働者に対しては従事させる前に，次の事項について労働衛生教育を行うこと。

ア　対象物質の性状及び有害性

イ　対象物質等を使用する業務

ウ　対象物質による健康障害，その予防方法及び応急措置

エ　局所排気装置その他の対象物質へのばく露を低減するための設備及びそれらの保守，点検の方法

オ　作業環境の状態の把握

カ　保護具の種類，性能，使用方法及び保守管理

キ　関係法令

(2)　上記の事項に係る労働衛生教育の時間は総じて 4.5 時間以上とすること。

6　労働者の把握について

対象物質等を製造し，又は取り扱う業務に常時従事する労働者について，1 月を超えない期間ごとに次の事項を記録すること。

(1)　労働者の氏名

(2)　従事した業務の概要及び当該業務に従事した期間

(3)　対象物質により著しく汚染される事態が生じたときは，その概要及び講じた応急措置の概要

なお，上記の事項の記録は，当該記録を行った日から 30 年間保存するよう努めること。

7　危険有害性等の表示及び譲渡提供時の文書交付について

(1)　対象物質等のうち，労働安全衛生法第 57 条及び第 57 条の 2 の規定の対象となるもの（以下「表示・通知対象物」という。）を譲渡し，又は提供する場合は，これらの規定に基づき，容器又は包装に名称等の表示を行うとともに，相手方に安全データシート（以下「SDS」という。）の交付等により名称等を通知すること。また，SDS の交付等により表示・通知対象物の名称等を通知された場合は，同法第 101 条第 4 項の規定に基づき，通知された事項を作業場に掲示する等により労働者に周知すること。さらに，労働者（表示・通知対象物を製造し，又は輸入する事業者の労働者を含む。）に表示・通知対象物を取り扱わせる場合は，化学物質等の危険性又は有害性等の表示又は通知等の促進に関する指針（平成 24 年厚生労働省告示第 133 号。以下「表示・通知促進指針」という。）第 4 条第 1 項の規定に基づき，容器又は包装に名称等の表示を行うこと。このほか，労働者（表示・通知対象物を製造し，又は輸入する事業者の労働者をいう。以下(1)において同じ。）に表示・通知対象物を取り扱わせる場合は，表示・通知促進指針第 4 条第 5 項及び第 5 条第 1 項の規定に基づき，SDS を作成するとともに，その記載事項を作業場に掲示する等により労働者に周知すること。

(2) 対象物質等のうち，上記(1)以外のもの（以下「表示・通知努力義務対象物」という。）を譲渡し，又は提供する場合は，労働安全衛生規則（昭和 47 年労働省令第 32 号）第 24 条の 14 及び第 24 条の 15 並びに表示・通知促進指針第 2 条第 1 項及び第 3 条第 1 項の規定に基づき，容器又は包装に名称等の表示を行うとともに，相手方に SDS の交付等により名称等を通知すること。また，労働者（表示・通知努力義務対象物を製造し，又は取り扱う事業者の労働者を含む。以下同じ。）に表示・通知努力義務対象物を取り扱わせる場合は，表示・通知促進指針第 4 条第 1 項及び第 5 条第 1 項の規定に基づき，容器又は包装に名称等を表示するとともに，譲渡提供者から通知された事項（表示・通知努力義務対象物を製造し，又は輸入する事業者にあっては，表示・通知促進指針第 4 条第 5 項の規定に基づき作成した SDS の記載事項）を作業場に掲示する等により労働者に周知すること。

〔資料 2〕

騒音障害防止のためのガイドライン

平成 4 年 10 月 1 日基発第 546 号

1　目　的

本ガイドラインは，労働安全衛生法令に基づく措置を含め騒音障害防止対策を講ずることにより，騒音作業に従事する労働者の騒音障害を防止することを目的とする。

2　騒音作業

本ガイドラインの対象とする騒音作業は，別表第 1 及び別表第 2 に掲げる作業場における業務をいう。

3　事業者の責務

別表第 1 及び第 2 に掲げる作業場を有する事業者（以下「事業者」という。）は，当該作業場について，本ガイドラインに基づき適切な措置を講ずることにより，騒音レベルの低減化等に努めるものとする。

4　計画の届出

事業者は，労働安全衛生法（昭和 47 年法律第 57 号）第 88 条の規定に基づく計画の届出を行う場合において，当該計画が別表第 1 又は別表第 2 に掲げる作業場に係るものであるときは，届出に騒音障害防止対策の概要を示す書面又は図面を添付すること。

5　作業環境管理及び作業管理

⑴　屋内作業場

イ　作業環境測定

　㋑　事業者は，別表第 1 に掲げる屋内作業場及び別表第 2 に掲げる作業場のうち屋内作業場について，次の測定を行うこと。

　　①　作業環境測定基準（昭和 51 年労働省告示第 46 号）第 4 条第 1 号及び第 2 号に定める方法による等価騒音レベルの測定（以下「A 測定」という。）

　　②　音源に近接する場所において作業が行われる単位作業場にあっては，作業環境測定基準第 4 条第 3 号に定める方法による等価騒音レベルの測定（以下「B 測定」という。）

　㋺　測定は，6 月以内ごとに 1 回，定期に行うこと。

　　ただし，施設，設備，作業工程又は作業方法を変更した場合は，その都度，測定

すること。

(ハ)　測定は，作業が定常的に行われている時間帯に，1測定点について10分間以上継続して行うこと。

ロ　作業環境測定結果の評価

事業者は，単位作業場所ごとに，次の表により，作業環境測定結果の評価を行うこと。

		B 測 定		
		85 dB(A)未満	85 dB(A)以上 90 dB(A)未満	90 dB(A)以上
A 測定 平均値	85 dB(A)未満	第Ⅰ管理区分	第Ⅱ管理区分	第Ⅲ管理区分
	85 dB(A)以上 90 dB(A)未満	第Ⅱ管理区分	第Ⅱ管理区分	第Ⅲ管理区分
	90 dB(A)以上	第Ⅲ管理区分	第Ⅲ管理区分	第Ⅲ管理区分

備考 1　「A測定平均値」は，測定値を算術平均して求めること。
　　 2　「A測定平均値」の算定には，80 dB(A)未満の測定値は含めないこと。
　　 3　A測定のみを実施した場合は，表中のB測定の欄は85 dB(A)未満の欄を用いて評価を行うこと。

ハ　管理区分ごとの対策

事業者は，作業環境測定結果の評価結果に基づき，管理区分ごとに，それぞれ次の措置を講ずること。

(イ)　第Ⅰ管理区分の場合

第Ⅰ管理区分に区分された場所については，当該場所における作業環境の継続的維持に努めること。

(ロ)　第Ⅱ管理区分の場合

①　第Ⅱ管理区分に区分された場所については，当該場所を標識によって明示する等の措置を講ずること。

②　施設，設備，作業工程又は作業方法の点検を行い，その結果に基づき，施設又は設備の設置又は整備，作業工程又は作業方法の改善その他作業環境を改善するため必要な措置を講じ，当該場所の管理区分が第Ⅰ管理区分となるよう努めること。

③　騒音作業に従事する労働者に対し，必要に応じ，防音保護具を使用させること。

(ハ)　第Ⅲ管理区分の場合

①　第Ⅲ管理区分に区分された場所については，当該場所を標識によって明示する等の措置を講ずること。

②　施設，設備，作業工程又は作業方法の点検を行い，その結果に基づき，施設又は設備の設置又は整備，作業工程又は作業方法の改善その他作業環境を改善するため必要な措置を講じ，当該場所の管理区分が第Ⅰ管理区分又は第Ⅱ管理区分となるようにすること。

　　　なお，作業環境を改善するための措置を講じたときは，その効果を確認するた
　　め，当該場所について作業環境測定を行い，その結果の評価を行うこと。
　　③　騒音作業に従事する労働者に防音保護具を使用させるとともに，防音保護具の
　　　使用について，作業中の労働者の見やすい場所に掲示すること。
　ニ　測定結果等の記録
　　　事業者は，作業環境測定を実施し，測定結果の評価を行ったときは，その都度，次
　　の事項を記録して，これを3年間保存すること。
　　　①　測定日時
　　　②　測定方法
　　　③　測定箇所
　　　④　測定条件
　　　⑤　測定結果
　　　⑥　評価日時
　　　⑦　評価箇所
　　　⑧　評価結果
　　　⑨　測定及び評価を実施した者の氏名
　　　⑩　測定及び評価の結果に基づいて改善措置を講じたときは，当該措置の概要

(2)　屋内作業場以外の作業場
　イ　測　定
　　(イ)　事業者は，別表第2に掲げる作業場のうち屋内作業場以外の作業場については，
　　　音源に近接する場所において作業が行われている時間のうち，騒音レベルが最も大
　　　きくなると思われる時間に，当該作業が行われる位置において等価騒音レベルの測
　　　定を行うこと。
　　(ロ)　測定は，施設，設備，作業工程又は作業方法を変更した場合に，その都度行うこ
　　　と。
　ロ　測定結果に基づく措置
　　　事業者は，測定結果に基づき，次の措置を講ずること。
　　(イ)　85 dB(A)以上90 dB(A)未満の場合
　　　騒音作業に従事する労働者に対し，必要に応じ，防音保護具を使用させること。
　　(ロ)　90 dB(A)以上の場合
　　　騒音作業に従事する労働者に防音保護具を使用させるとともに，防音保護具の使
　　　用について，作業中の労働者の見やすい場所に掲示すること。

6 健康管理

(1) 健康診断

イ 雇入時等健康診断

事業者は，騒音作業に常時従事する労働者に対し，その雇入れの際又は当該業務への配置替えの際に，次の項目について，医師による健康診断を行うこと。

① 既往歴の調査

② 業務歴の調査

③ 自覚症状及び他覚症状の有無の検査

④ オージオメータによる250, 500, 1,000, 2,000, 4,000, 8,000ヘルツにおける聴力の検査

⑤ その他医師が必要と認める検査

ロ 定期健康診断

事業者は，騒音作業に常時従事する労働者に対し，6月以内ごとに1回，定期に，次の項目について，医師による健康診断を行うこと。

① 既往歴の調査

② 業務歴の調査

③ 自覚症状及び他覚症状の有無の検査

④ オージオメータによる1,000ヘルツ及び4,000ヘルツにおける選別聴力検査

事業者は，上記の健康診断の結果，医師が必要と認める者については，次の項目について，医師による健康診断を行うこと。

① オージオメータによる250, 500, 1,000, 2,000, 4,000, 8,000ヘルツにおける聴力の検査

② その他医師が必要と認める検査

(2) 健康診断結果に基づく事後措置

事業者は，健康診断の結果に応じて，次に掲げる措置を講ずること。

イ 前駆期の症状が認められる者及び軽度の聴力低下が認められる者に対しては，屋内作業場にあっては第Ⅱ管理区分に区分された場所，屋内作業場以外の作業場にあっては等価騒音レベルで85 dB(A)以上90 dB(A)未満の作業場においても防音保護具の使用を励行させるほか，必要な措置を講ずること。

ロ 中等度以上の聴力低下が認められ，聴力低下が進行するおそれがある者に対しては，防音保護具使用の励行のほか，騒音作業に従事する時間の短縮等必要な措置を講ずること。

(3) 健康診断結果の記録と報告

事業者は，雇入時等又は定期の健康診断を実施したときは，その結果を記録し，5年間保存すること。

また，定期健康診断については，実施後遅滞なく，その結果を所轄労働基準監督署長

に報告すること。

7　労働衛生教育

事業者は，常時騒音作業に労働者を従事させようとするときは，当該労働者に対し，次の科目について労働衛生教育を行うこと。

① 騒音の人体に及ぼす影響
② 適正な作業環境の確保と維持管理
③ 防音保護具の使用の方法
④ 改善事例及び関係法令

別表第1

(1) 鋲打ち機，はつり機，鋳物の型込機等圧縮空気により駆動される機械又は器具を取り扱う業務を行う屋内作業場

(2) ロール機，圧延機等による金属の圧延，伸線，ひずみ取り又は板曲げの業務（液体プレスによるひずみ取り及び板曲げ並びにダイスによる線引きの業務を除く。）を行う屋内作業場

(3) 動力により駆動されるハンマーを用いる金属の鍛造又は成型の業務を行う屋内作業場

(4) タンブラーによる金属製品の研磨又は砂落しの業務を行う屋内作業場

(5) 動力によりチェーン等を用いてドラムかんを洗浄する業務を行う屋内作業場

(6) ドラムバーカーにより，木材を削皮する業務を行う屋内作業場

(7) チッパーによりチップする業務を行う屋内作業場

(8) 多筒抄紙機により紙をすく業務を行う屋内作業場

別表第2

(1) インパクトレンチ，ナットランナー，電動ドライバー等を用い，ボルト，ナット等の締め付け，取り外しの業務を行う作業場

(2) ショットブラストにより金属の研磨の業務を行う作業場

(3) 携帯用研削盤，ベルトグラインダー，チッピングハンマー等を用いて金属の表面の研削又は研磨の業務を行う作業場

(4) 動力プレス（油圧プレス及びプレスブレーキを除く。）により，鋼板の曲げ，絞り，せん断等の業務を行う作業場

(5) シャーにより，鋼板を連続的に切断する業務を行う作業場

(6) 動力により鋼線を切断し，くぎ，ボルト等の連続的な製造の業務を行う作業場

(7) 金属を溶融し，鋳鉄製品，合金製品等の成型の業務を行う作業場

(8) 高圧酸素ガスにより，鋼材の溶断の業務を行う作業場

(9) 鋼材，金属製品等のロール搬送等の業務を行う作業場

⑽　乾燥したガラス原料を振動フィーダーで搬送する業務を行う作業場

⑾　鋼管をスキッド上で検査する業務を行う作業場

⑿　動力巻取機により，鋼板，線材を巻き取る業務を行う作業場

⒀　ハンマーを用いて金属の打撃又は成型の業務を行う作業場

⒁　圧縮空気を用いて溶融金属を吹き付ける業務を行う作業場

⒂　ガスバーナーにより金属表面のキズを取る業務を行う作業場

⒃　丸のこ盤を用いて金属を切断する業務を行う作業場

⒄　内燃機関の製造工場又は修理工場で，内燃機関の試運転の業務を行う作業場

⒅　動力により駆動する回転砥石を用いて，のこ歯を目立てする業務を行う作業場

⒆　衝撃式造形機を用いて砂型を造形する業務を行う作業場

⒇　コンクリートパネル等を製造する工程において，テーブルバイブレータにより締め固めの業務を行う作業場

㉑　振動式型ばらし機を用いて砂型より鋳物を取り出す業務を行う作業場

㉒　動力によりガスケットをはく離する業務を行う作業場

㉓　びん，ブリキかん等の製造，充てん，冷却，ラベル表示，洗浄等の業務を行う作業場

㉔　射出成型機を用いてプラスチックの押出し，切断の業務を行う作業場

㉕　プラスチック原料等を動力により混合する業務を行う作業場

㉖　みそ製造工程において動力機械により大豆の選別の業務を行う作業場

㉗　ロール機を用いてゴムを練る業務を行う作業場

㉘　ゴムホースを製造する工程において，ホース内の内紙を編上機により編み上げる業務を行う作業場

㉙　織機を用いてガラス繊維等原糸を織布する業務を行う作業場

㉚　ダブルツインスター等高速回転の機械を用いて，ねん糸又は加工糸の製造の業務を行う作業場

㉛　カップ成型機により，紙カップを成型する業務を行う作業場

㉜　モノタイプ，キャスター等を用いて，活字の鋳造の業務を行う作業場

㉝　コルゲータマシンによりダンボール製造の業務を行う作業場

㉞　動力により，原紙，ダンボール紙等の連続的な折り曲げ又は切断の業務を行う作業場

㉟　高速輪転機により印刷の業務を行う作業場

㊱　高圧水により鋼管の検査の業務を行う作業場

㊲　高圧リムーバを用いて IC パッケージのバリ取りの業務を行う作業場

㊳　圧縮空気を吹き付けることにより，物の選別，取出し，はく離，乾燥等の業務を行う作業場

㊴　乾燥設備を使用する業務を行う作業場

㊵　電気炉，ボイラー又はエアコンプレッサーの運転業務を行う作業場

㊶　ディーゼルエンジンにより発電の業務を行う作業場

⑷2　多数の機械を集中して使用することにより製造，加工又は搬送の業務を行う作業場

⑷3　岩石又は鉱物を動力により破砕し，又は粉砕する業務を行う作業場

⑷4　振動式スクリーンを用いて，土石をふるい分ける業務を行う作業場

⑷5　裁断機により石材を裁断する業務を行う作業場

⑷6　車両系建設機械を用いて掘削又は積込みの業務を行う坑内の作業場

⑷7　さく岩機，コーキングハンマ，スケーリングハンマ，コンクリートブレーカ等圧縮空気により駆動される手持動力工具を取り扱う業務を行う作業場

⑷8　コンクリートカッタを用いて道路舗装のアスファルト等を切断する業務を行う作業場

⑷9　チェーンソー又は刈払機を用いて立木の伐採，草木の刈払い等の業務を行う作業場

⑸0　丸のこ盤，帯のこ盤等木材加工用機械を用いて木材を切断する業務を行う作業場

⑸1　水圧バーカー又はヘッドバーカーにより，木材を削皮する業務を行う作業場

⑸2　空港の駐機場所において，航空機への指示誘導，給油，荷物の積込み等の業務を行う作業場

〔資料3〕

職場における腰痛予防対策指針

平成25年6月18日基発0618第1号

1 はじめに

職場における腰痛は，特定の業種のみならず多くの業種及び作業において見られる。

腰痛の発生要因には，腰部に動的あるいは静的に過度の負担を加える動作要因，腰部への振動，温度，転倒の原因となる床・階段の状態等の環境要因，年齢，性，体格，筋力，椎間板ヘルニア，骨粗しょう症等の既往症又は基礎疾患の有無等の個人的要因，職場の対人ストレス等に代表される心理・社会的要因がある。

腰痛の発生要因は，このように多元的であるほか，作業様態や労働者等の状況と密接に関連し，変化することから，職場における腰痛を効果的に予防するには，労働衛生管理体制を整備し，多種多様な発生要因によるリスクに応じて，作業管理，作業環境管理，健康管理及び労働衛生教育を総合的かつ継続的に，また事業実施に係る管理と一体となって取り組むことが必要である。

本指針は，このような腰痛予防対策に求められる特性を踏まえ，リスクアセスメントや労働安全衛生マネジメントシステムの考え方を導入しつつ，労働者の健康保持増進の対策を含め，腰痛予防対策の基本的な進め方について具体的に示すものである。

事業者は，労働者の健康を確保する責務を有しており，トップとして腰痛予防対策に取り組む方針を表明した上で，安全衛生担当者の役割，責任及び権限を明確にしつつ，本指針を踏まえ，各事業場の作業の実態に即した対策を講ずる必要がある。

なお，本指針では，一般的な腰痛の予防対策を示した上で，腰痛の発生が比較的多い次に掲げる(1)から(5)までの5つの作業における腰痛の予防対策を別紙に示した。

　(1)　重量物取扱い作業
　(2)　立ち作業
　(3)　座り作業
　(4)　福祉・医療分野等における介護・看護作業
　(5)　車両運転等の作業

2 作業管理

(1) 自動化，省力化

腰部に負担のかかる重量物を取り扱う作業，人を抱え上げる作業，不自然な姿勢を伴う作業では，作業の全部又は一部を自動化することが望ましい。それが困難な場合には，負担を減らす台車等の適切な補助機器や道具，介護・看護等においては福祉用具を導入する

などの省力化を行い，労働者の腰部への負担を軽減すること。

(2)　作業姿勢，動作

労働者に対し，次の事項に留意させること。

イ　前屈，中腰，ひねり，後屈ねん転等の不自然な姿勢を取らないようにすること。適宜，前屈や中腰姿勢は膝を着いた姿勢に置き換え，ひねりや後屈ねんてんは体ごと向きを変え，正面を向いて作業することで不自然な姿勢を避けるように心がける。また，作業時は，作業対象にできるだけ身体を近づけて作業すること。

ロ　不自然な姿勢を取らざるを得ない場合には，前屈やひねり等の程度をできるだけ小さくし，その頻度と時間を減らすようにすること。また，適宜，台に寄りかかり，壁に手を着き，床に膝を着く等をして身体を支えること。

ハ　作業台や椅子は適切な高さに調節すること。具体的には，立位，椅座位に関わらず，作業台の高さは肘の曲げ角度がおよそ90度になる高さとすること。また，椅子座面の高さは，足裏全体が着く高さとすること。

ニ　立位，椅座位等において，同一姿勢を長時間取らないようにすること。具体的には，長時間の立位作業では，片足を乗せておくことのできる足台や立位のまま腰部を乗せておくことのできる座面の高い椅子等を利用し，長時間の座位作業では，適宜，立位姿勢を取るように心がける。

ホ　腰部に負担のかかる動作では，姿勢を整え，かつ，腰部の不意なひねり等の急激な動作を避けること。また，持ち上げる，引く，押す等の動作では，膝を軽く曲げ，呼吸を整え，下腹部に力を入れながら行うこと。

ヘ　転倒やすべり等の防止のために，足もとや周囲の安全を確認するとともに，不安定な姿勢や動作は取らないようにすること。また，大きな物や重い物を持っての移動距離は短くし，人力での階段昇降は避け，省力化を図ること。

(3)　作業の実施体制

イ　作業時間，作業量等の設定に際しては，作業に従事する労働者の数，作業内容，作業時間，取り扱う重量，自動化等の状況，補助機器や道具の有無等が適切に割り当てられているか検討すること。

ロ　特に，腰部に過度の負担のかかる作業では，無理に1人で作業するのではなく，複数人で作業できるようにすること。また，人員配置は，労働者個人の健康状態（腰痛の有無を含む。），特性（年齢，性別，体格，体力，等），技能・経験等を考慮して行うこと。健康状態は，例えば，4の(1)の健康診断等により把握すること。

(4)　作業標準

イ　作業標準の策定

腰痛の発生要因を排除又は低減できるよう，作業動作，作業姿勢，作業手順，作業時間等について，作業標準を策定すること。

ロ　作業標準の見直し

　　作業標準は，個々の労働者の健康状態・特性・技能レベル等を考慮して個別の作業内容に応じたものにしていく必要があるため，定期的に確認し，また新しい機器，設備等を導入した場合にも，その都度見直すこと。

(5) 休憩・作業量，作業の組合せ等

イ　適宜，休憩時間を設け，その時間には姿勢を変えるようにすること。作業時間中にも，小休止・休息が取れるようにすること。また，横になって安静を保てるよう十分な広さを有し，適切な温度に調節できる休憩設備を設けるよう努めること。

ロ　不自然な姿勢を取らざるを得ない作業や反復作業等を行う場合には，他の作業と組み合わせる等により，当該作業ができるだけ連続しないようにすること。

ハ　夜勤，交代勤務及び不規則勤務にあっては，作業量が昼間時における同一作業の作業量を下回るよう配慮し，適宜，休憩や仮眠が取れるようにすること。

ニ　過労を引き起こすような長時間勤務は避けること。

(6) 靴，服装等

イ　作業時の靴は，足に適合したものを使用すること。腰部に著しい負担のかかる作業を行う場合には，ハイヒールやサンダルを使用しないこと。

ロ　作業服は，重量物の取扱い動作や適切な姿勢の保持を妨げないよう，伸縮性，保温性，吸湿性のあるものとすること。

ハ　腰部保護ベルトは，個人により効果が異なるため，一律に使用するのではなく，個人毎に効果を確認してから使用の適否を判断すること。

3　作業環境管理

(1) 温度

　寒冷ばく露は腰痛を悪化させ，又は発生させやすくするので，屋内作業場において作業を行わせる場合には，作業場内の温度を適切に保つこと。また，冬季の屋外のように低温環境下で作業させざるを得ない場合には，保温のための衣服の着用や暖房設備の設置に配慮すること。

(2) 照明

　作業場所，通路，階段等で，足もとや周囲の安全が確認できるように適切な照度を保つこと。

(3) 作業床面

　労働者の転倒，つまずきや滑りなどを防止するため，作業床面はできるだけ凹凸がなく，防滑性，弾力性，耐衝撃性及び耐へこみ性に優れたものとすることが望ましい。

(4) 作業空間や設備，荷の配置等

　作業そのものや動作に支障をきたすような機器や設備の配置や整理整頓が不十分で雑然とした作業空間，狭い作業空間は，腰痛の発生や症状の悪化につながりやすいことか

ら，作業そのものや動作に支障がないよう十分に広い作業空間を確保し，2の⑵のように作業姿勢，動作が不自然にならないよう，機器・設備，荷の配置，作業台や椅子の高さ等に配慮を行うこと。

⑸　振動

　車両系建設機械の操作・運転等により腰部と全身に著しく粗大な振動，あるいは，車両運転等により腰部と全身に長時間振動を受ける場合，腰痛の発生が懸念されることから，座席等について振動ばく露の軽減対策をとること。

4　健康管理

⑴　健康診断

　重量物取扱い作業，介護・看護作業等腰部に著しい負担のかかる作業に常時従事する労働者に対しては，当該作業に配置する際及びその後6月以内ごとに1回，定期に，次のとおり医師による腰痛の健康診断を実施すること。

イ　配置前の健康診断

　配置前の労働者の健康状態を把握し，その後の健康管理の基礎資料とするため，配置前の健康診断の項目は，次のとおりとすること。

(イ)　既往歴（腰痛に関する病歴及びその経過）及び業務歴の調査

(ロ)　自覚症状（腰痛，下肢痛，下肢筋力減退，知覚障害等）の有無の検査

(ハ)　脊柱の検査：姿勢異常，脊柱の変形，脊柱の可動性及び疼痛，腰背筋の緊張及び圧痛，脊椎棘突起の圧痛等の検査

(ニ)　神経学的検査：神経伸展試験，深部腱反射，知覚検査，筋萎縮等の検査

(ホ)　脊柱機能検査：クラウス・ウェーバーテスト又はその変法（腹筋力，背筋力等の機能のテスト）

　なお，医師が必要と認める者については，画像診断と運動機能テスト等を行うこと。

ロ　定期健康診断

(イ)　定期に行う腰痛の健康診断の項目は，次のとおりとすること。

　a　既往歴（腰痛に関する病歴及びその経過）及び業務歴の調査

　b　自覚症状（腰痛，下肢痛，下肢筋力減退，知覚障害等）の有無の検査

(ロ)　(イ)の健康診断の結果，医師が必要と認める者については，次の項目についての健康診断を追加して行うこと。

　a　脊柱の検査：姿勢異常，脊柱の変形，脊柱の可動性及び疼痛，腰背筋の緊張及び圧痛，脊椎棘突起の圧痛等の検査

　b　神経学的検査：神経伸展試験，深部腱反射，知覚検査，徒手筋力テスト，筋萎縮等の検査

　なお，医師が必要と認める者については，画像診断と運動機能テスト等を行うこと。

ハ　事後措置

　　事業者は，腰痛の健康診断の結果について医師から意見を聴取し，労働者の腰痛を予防するため必要があると認めるときは，2の⑶の作業の実施体制を始め，作業方法等の改善，作業時間の短縮等，就労上必要な措置を講ずること。また，睡眠改善や保温対策，運動習慣の獲得，禁煙，健康的なストレスコントロール等の日常生活における腰痛予防に効果的な内容を助言することも重要である。

⑵　腰痛予防体操

　　重量物取扱い作業，介護・看護作業等の腰部に著しい負担のかかる作業に常時従事する労働者に対し，適宜，筋疲労回復，柔軟性，リラクセーションを高めることを目的として，腰痛予防体操を実施させること。なお，腰痛予防体操を行う時期は作業開始前，作業中，作業終了後等が考えられるが，疲労の蓄積度合い等に応じて適宜，腰痛予防体操を実施する時間・場所が確保できるよう配慮すること。

⑶　職場復帰時の措置

　　腰痛は再発する可能性が高いため，休業者等が職場に復帰する際には，事業者は，産業医等の意見を十分に尊重し，腰痛の発生に関与する重量物取扱い等の作業方法，作業時間等について就労上必要な措置を講じ，休業者等が復帰時に抱く不安を十分に解消すること。

5　労働衛生教育等

⑴　労働衛生教育

　　重量物取扱い作業，同一姿勢での長時間作業，不自然な姿勢を伴う作業，介護・看護作業，車両運転作業等に従事する労働者については，当該作業に配置する際及びその後必要に応じ，腰痛予防のための労働衛生教育を実施すること。

　　教育は，次の項目について労働者の従事する業務に即した内容で行う。また，受講者の経験，知識等を踏まえ，それぞれのレベルに合わせて行うこと。

①　腰痛の発生状況及び原因

②　腰痛発生要因の特定及びリスクの見積り方法

③　腰痛発生要因の低減措置

④　腰痛予防体操

　　なお，当該教育の講師としては，腰痛予防について十分な知識と経験を有する者が適当であること。

⑵　心理・社会的要因に関する留意点

　　職場では，腰痛に関して労働者が精神的ストレスを蓄積しないよう，上司や同僚の支援や相談窓口をつくる等の組織的な対策を整えること。

⑶　健康の保持増進のための措置

　　腰痛を予防するためには，職場内における対策を進めるのみならず，労働者の日常生活における健康の保持増進が重要である。このため，労働者の体力や健康状態を把握し

た上で，睡眠，禁煙，運動習慣，バランスのとれた食事，休日の過ごし方に関して産業
医等による保健指導を行うことが望ましい。

6　リスクアセスメント及び労働安全衛生マネジメントシステム

　職場における腰痛の発生には動作要因，環境要因，個人的要因，心理・社会的要因といっ
た多様な要因が関与するとともに，それぞれの事業場によって作業は様々であることか
ら，腰痛予防対策は，一律かつ網羅的に各種取組を行うのではなく，費用対効果を検討し，
的確な優先順位設定の下，各作業におけるリスクに応じて，合理的に実行可能かつ効果的
な対策を講じることが必要である。こうしたことを志向した安全衛生活動を実施していく
ためには，それぞれの作業の種類ごとに，場合によっては作業場所ごとに，腰痛の発生に
関与する要因のリスクアセスメントを実施し，その結果に基づいて適切な予防対策を実施
していくという手法を導入することが重要である。

　また，職場で腰痛を予防するには，作業管理，作業環境管理，健康管理，労働衛生教育
を的確に組み合わせて総合的に推進していくことが求められる。そうした予防対策は，腰
痛の発生要因が作業様態や労働者等の状況によって変化すること等から継続性を確保しつ
つ，また，業務の進め方と密接な関係にあることや人材や予算が必要になることから，事
業実施に係る管理と一体となって行われる必要がある。こうしたことを志向した安全衛生
活動を実施していくためには，事業場に労働安全衛生マネジメントシステムの考え方を導
入することが重要となる。

別紙　作業態様別の対策

Ⅰ　重量物取扱い作業

　重量物を取り扱う作業を行わせる場合には，事業者は，単に重量制限のみを厳守させる
のではなく，取扱い回数等の作業密度を考慮し，適切な作業時間，人員配置等に留意しつ
つ，次の対策を講ずること。

　なお，重量物とは製品，材料，荷物等のことを指し，人を対象とした抱上げ等の作業は
含まない。

1　自動化，省力化

　重量物の取扱い作業については，適切な動力装置等により自動化し，それが困難な場合
は，台車，補助機器の使用等により人力の負担を軽減することを原則とすること。例えば，
倉庫の荷役作業においては，リフターなどの昇降装置や自動搬送装置等を有する貨物自動
車を採用したり，ローラーコンベヤーや台車・二輪台車などの補助機器や道具を用いるな
ど，省力化を図ること。

2　人力による重量物の取扱い

⑴　人力による重量物取扱い作業が残る場合には，作業速度，取扱い物の重量の調整等に

より，腰部に負担がかからないようにすること。

(2)　満18歳以上の男子労働者が人力のみにより取り扱う物の重量は，体重のおおむね40％以下となるように努めること。満18歳以上の女子労働者では，さらに男性が取り扱うことのできる重量の60％位までとすること。

(3)　(2)の重量を超える重量物を取り扱わせる場合，適切な姿勢にて身長差の少ない労働者2人以上にて行わせるように努めること。この場合，各々の労働者に重量が均一にかかるようにすること。

3　荷姿の改善，重量の明示等

(1)　荷物はかさばらないようにし，かつ，適切な材料で包装し，できるだけ確実に把握することのできる手段を講じて，取扱いを容易にすること。

(2)　取り扱う物の重量は，できるだけ明示すること。

(3)　著しく重心の偏っている荷物は，その旨を明示すること。

(4)　荷物の持上げや運搬等では，手カギ，吸盤等の補助具の活用を図り，持ちやすくすること。

(5)　荷姿が大きい場合や重量がかさむ場合は，小分けにして，小さく，軽量化すること。

4　作業姿勢，動作

労働者に対し，次の事項に留意させること。

重量物を取り扱うときは，急激な身体の移動をなくし，前屈やひねり等の不自然な姿勢はとらず，かつ，身体の重心の移動を少なくする等できるだけ腰部に負担をかけない姿勢で行うこと。具体的には，次の事項にも留意させること。

(1)　重量物を持ち上げたり，押したりする動作をするときは，できるだけ身体を対象物に近づけ，重心を低くするような姿勢を取ること。

(2)　はい付け又ははいくずし作業においては，できるだけ，はいを肩より上で取り扱わないこと。

(3)　床面等から荷物を持ち上げる場合には，片足を少し前に出し，膝を曲げ，腰を十分に降ろして当該荷物をかかえ，膝を伸ばすことによって立ち上がるようにすること。

(4)　腰をかがめて行う作業を排除するため，適切な高さの作業台等を利用すること。

(5)　荷物を持ち上げるときは呼吸を整え，腹圧を加えて行うこと。

(6)　荷物を持った場合には，背を伸ばした状態で腰部のひねりが少なくなるようにすること。

(7)　2人以上での作業の場合，可能な範囲で，身長差の大きな労働者同士を組み合わせないようにすること。

5　取扱い時間

(1)　取り扱う物の重量，取り扱う頻度，運搬距離，運搬速度など，作業による負荷に応じて，小休止・休息をとり，また他の軽作業と組み合わせる等により，連続した重量物取扱い時間を軽減すること。

⑵　単位時間内における取扱い量を，労働者に過度の負担とならないよう適切に定めること。

6　その他

⑴　必要に応じて腰部保護ベルトの使用を考えること。腰部保護ベルトについては，一律に使用させるのではなく，労働者ごとに効果を確認してから使用の適否を判断すること。

⑵　長時間車両を運転した後に重量物を取り扱う場合は，小休止・休息及びストレッチングを行った後に作業を行わせること。

⑶　指針本文「4　健康管理」や「5　労働衛生教育等」により，腰部への負担に応じて適切に健康管理，労働衛生教育等を行うこと。

II　立ち作業

　機械・各種製品の組立工程やサービス業等に見られるような立ち作業においては，拘束性の強い静的姿勢を伴う立位姿勢，前屈姿勢や過伸展姿勢など，腰部に過度の負担のかかる姿勢となる場合がある。

　このような立位姿勢をできるだけ少なくするため，事業者は次の対策を講ずること。

1　作業機器及び作業台の配置

　作業機器及び作業台の配置は，前屈，過伸展等の不自然な姿勢での作業を避けるため，労働者の上肢長，下肢長等の体型を考慮したものとする。

2　他作業との組合せ

　長時間の連続した立位姿勢保持を避けるため，腰掛け作業等，他の作業を組み合わせる。

3　椅子の配置

⑴　他作業との組合せが困難であるなど，立ち作業が長時間継続する場合には，椅子を配置し，作業の途中で腰掛けて小休止・休息が取れるようにすること。また，座面の高い椅子等を配置し，立位に加え，椅座位でも作業ができるようにすること。

⑵　椅子は座面の高さ，背もたれの角度等を調整できる背当て付きの椅子を用いることが望ましい。それができない場合には，適当な腰当て等を使用させること。また，椅子の座面等を考慮して作業台の下方の空間を十分に取り，膝や足先を自由に動かせる空間を取ること。

4　片足置き台の使用

　両下肢をあまり使用しない作業では，作業動作や作業位置に応じた適当な高さの片足置き台を使用させること。

5　小休止・休息

　立ち作業を行う場合には，おおむね1時間につき，1，2回程度小休止・休息を取らせ，下肢の屈伸運動やマッサージ等を行わせることが望ましい。

6　その他

⑴　床面が硬い場合は，立っているだけでも腰部への衝撃が大きいので，クッション性の
　ある作業靴やマットを利用して，衝撃を緩和すること。

⑵　寒冷下では筋が緊張しやすくなるため，冬期は足もとの温度に配慮すること。

⑶　指針本文「4　健康管理」や「5　労働衛生教育等」により，腰部への負担に応じて適
　切に健康管理，労働衛生教育等を行うこと。

Ⅲ　座り作業

　座り姿勢は，立位姿勢に比べて，身体全体への負担は軽いが，腰椎にかかる力学的負荷
は大きい。一般事務，VDT作業，窓口業務，コンベヤー作業等のように椅子に腰掛ける
椅座位作業や直接床に座る座作業において，拘束性の強い静的姿勢で作業を行わせる場
合，また腰掛けて身体の可動性が制限された状態にて，物を曲げる，引く，ねじる等の体
幹の動作を伴う作業など，腰部に過度の負担のかかる作業を行わせる場合には，事業者は
次の対策を講ずること。また，指針本文「4　健康管理」や「5　労働衛生教育等」により，
腰部への負担に応じて，健康管理，労働衛生教育等を行うこと。

1　腰掛け作業

⑴　椅子の改善

　　座面の高さ，奥行きの寸法，背もたれの寸法と角度及び肘掛けの高さが労働者の体格
　等に合った椅子，又はそれらを調節できる椅子を使用させること。椅子座面の体圧分布
　及び硬さについても配慮すること。

⑵　机・作業台の改善

　　机・作業台の高さや角度，机・作業台と椅子との距離は，調節できるように配慮すること。

⑶　作業姿勢等

　　労働者に対し，次の事項に留意させること。

　イ　椅子に深く腰を掛けて，背もたれで体幹を支え，履物の足裏全体が床に接する姿勢
　　を基本とすること。また，必要に応じて，滑りにくい足台を使用すること。

　ロ　椅子と大腿下部との間には，手指が押し入る程度のゆとりがあり，大腿部に無理な
　　圧力が加わらないようにすること。

　ハ　膝や足先を自由に動かせる空間を取ること。

　ニ　前傾姿勢を避けること。また，適宜，立ち上がって腰を伸ばす等姿勢を変えること。

⑷　作業域

　　腰掛け作業における作業域は，労働者が不自然な姿勢を強いられない範囲とするこ
　と。肘を起点として円弧を描いた範囲内に作業対象物を配置すること。

2　座作業

　直接床に座る座作業は，仙腸関節，股関節等に負担がかかるため，できる限り避けるよ
う配慮すること。やむを得ず座作業を行わせる場合は，労働者に対し，次の事項に留意さ

せること。

⑴　同一姿勢を保持しないようにするとともに，適宜，立ち上がって腰を伸ばすようにすること。

⑵　あぐらをかく姿勢を取るときは，適宜，臀部が高い位置となった姿勢が取れるよう，座ぶとん等を折り曲げて臀部をその上に載せて座ること。

Ⅳ　福祉・医療分野等における介護・看護作業

　高齢者介護施設・障害児者施設・保育所等の社会福祉施設,医療機関,訪問介護・看護,特別支援学校での教育等で介護・看護作業等を行う場合には，重量の負荷，姿勢の固定，前屈等の不自然な姿勢で行う作業等の繰り返しにより，労働者の腰部に過重な負担が持続的に，又は反復して加わることがあり，これが腰痛の大きな要因となっている。

　このため，事業者は，次の対策を講じること。

1　腰痛の発生に関与する要因の把握

　介護・看護作業等に従事する労働者の腰痛の発生には，「介護・看護等の対象となる人（以下「対象者」という。）の要因」「労働者の要因」「福祉用具（機器や道具）の状況」「作業姿勢・動作の要因」「作業環境の要因」「組織体制」「心理・社会的要因」等の様々な要因が関与していることから，これらを的確に把握する。

2　リスクの評価（見積り）

　具体的な介護・看護等の作業を想定して，労働者の腰痛の発生に関与する要因のリスクを見積もる。リスクの見積りに関しては，個々の要因ごとに「高い」「中程度」「低い」などと評価を行い，当該介護・看護等の作業のリスクを評価する。

3　リスクの回避・低減措置の検討及び実施

　2で評価したリスクの大きさや緊急性などを考慮して，リスク回避・低減措置の優先度等を判断しつつ，次に掲げるような，腰痛の発生要因に的確に対処できる対策の内容を決定する。

⑴　対象者の残存機能等の活用

　　対象者が自立歩行，立位保持，座位保持が可能かによって介護・看護の程度が異なることから，対象者の残存機能と介助への協力度等を踏まえた介護・看護方法を選択すること。

⑵　福祉用具の利用

　　福祉用具（機器・道具）を積極的に使用すること。

⑶　作業姿勢・動作の見直し

　イ　抱上げ

　　　移乗介助，入浴介助及び排泄介助における対象者の抱上げは，労働者の腰部に著しく負担がかかることから，全介助の必要な対象者には，リフト等を積極的に使用することとし，原則として人力による人の抱上げは行わせないこと。また，対象者が座位

保持できる場合にはスライディングボード等の使用，立位保持できる場合にはスタンディングマシーン等の使用を含めて検討し，対象者に適した方法で移乗介助を行わせること。

　　人力による荷物の取扱い作業の要領については，「Ⅰ　重量物取扱い作業」によること。

　ロ　不自然な姿勢

　　ベッドの高さ調節，位置や向きの変更，作業空間の確保，スライディングシート等の活用により，前屈やひねり等の姿勢を取らせないようにすること。特に，ベッドサイドの介護・看護作業では，労働者が立位で前屈にならない高さまで電動で上がるベッドを使用し，各自で作業高を調整させること。

　　不自然な姿勢を取らざるを得ない場合は，前屈やひねりの程度を小さくし，壁に手をつく，床やベッドの上に膝を着く等により身体を支えることで腰部にかかる負担を分散させ，また不自然な姿勢をとる頻度及び時間も減らすこと。

(4)　作業の実施体制

　　(2)の福祉用具の使用が困難で，対象者を人力で抱え上げざるを得ない場合は，対象者の状態及び体重等を考慮し，できるだけ適切な姿勢にて身長差の少ない2名以上で作業すること。労働者の数は，施設の構造，勤務体制，作業内容及び対象者の心身の状況に応じ必要数を確保するとともに，適正に配置し，負担の大きい業務が特定の労働者に集中しないよう十分配慮すること。

(5)　作業標準の策定

　　腰痛の発生要因を排除又は低減できるよう，作業標準を策定すること。作業標準は，対象者の状態，職場で活用できる福祉用具（機器や道具）の状況，作業人数，作業時間，作業環境等を考慮して，対象者ごとに，かつ，移乗，入浴，排泄，おむつ交換，食事，移動等の介助の種類ごとに策定すること。作業標準は，定期的及び対象者の状態が変わるたびに見直すこと。

(6)　休憩，作業の組合せ

　イ　適宜，休憩時間を設け，その時間にはストレッチングや安楽な姿勢が取れるようにすること。また，作業時間中にも，小休止・休息が取れるようにすること。

　ロ　同一姿勢が連続しないよう，できるだけ他の作業と組み合わせること。

(7)　作業環境の整備

　イ　温湿度，照明等の作業環境を整えること。

　ロ　通路及び各部屋には車いすやストレッチャー等の移動の障害となるような段差等を設けないこと。また，それらの移動を妨げないように，機器や設備の配置を考えること。機器等にはキャスター等を取り付けて，適宜，移動できるようにすること。

　ハ　部屋や通路は，動作に支障がないように十分な広さを確保すること。また，介助に必要な福祉用具（機器や道具）は，出し入れしやすく使用しやすい場所に収納するこ

と。

ニ　休憩室は，空調を完備し，適切な温度に保ち，労働者がくつろげるように配慮するとともに，交替勤務のある施設では仮眠が取れる場所と寝具を整備すること。

ホ　対象者の家庭が職場となる訪問介護・看護では，腰痛予防の観点から作業環境の整備が十分なされていないことが懸念される。このことから，事業者は各家庭に説明し，腰痛予防の対応策への理解を得るよう努めること。

(8)　健康管理

長時間労働や夜勤に従事し，腰部に著しく負担を感じている者は，勤務形態の見直しなど，就労上の措置を検討すること。その他，指針本文4により，適切に健康管理を行うこと。

(9)　労働衛生教育等

特に次のイ〜ハに留意しつつ，指針本文5により適切に労働衛生教育等を行うこと。

イ　教育・訓練

労働者には，腰痛の発生に関与する要因とその回避・低減措置について適切な情報を与え，十分な教育・訓練ができる体制を確立すること。

ロ　協力体制

腰痛を有する労働者及び腰痛による休業から職場復帰する労働者に対して，組織的に支援できる協力体制を整えること。

ハ　指針・マニュアル等

職場ごとに課題や現状を考慮した腰痛予防のための指針やマニュアル等を作成すること。

4　リスクの再評価，対策の見直し及び実施継続

事業者は，定期的な職場巡視，聞き取り調査，健診，衛生委員会等を通じて，職場に新たな負担や腰痛が発生していないかを確認する体制を整備すること。問題がある場合には，速やかにリスクを再評価し，リスク要因の回避・低減措置を図るため，作業方法の再検討，作業標準の見直しを行い，新たな対策の実施又は検討を担当部署や衛生委員会に指示すること。特に問題がなければ，現行の対策を継続して実施すること。また，腰痛等の発生報告も欠かすことなく行うこと。

V　車両運転等の作業

車両系建設機械，フォークリフト，乗用型農業機械の操作・運転作業等によって粗大な振動にばく露し，又はトラック等の貨物自動車やバス・タクシー等の旅客自動車の運転作業等によって長時間の姿勢拘束下で振動にばく露すると，腰部に過度の負担がかかり腰痛が発生しやすくなる。

そのため，事業者は次の対策を講ずること。

1　腰痛の発生に関与する要因の把握

　長時間の車両運転等に従事する労働者の腰痛の発生には，「作業姿勢・動作」「振動ばく露及びばく露時間」「座席及び操作装置等の配置」「荷物の積み卸し作業」「作業場の環境」「組織体制」「心理・社会的要因」等の様々な要因が関与していることから，これらを的確に把握すること。

2　リスクの評価（見積り）

　具体的な車両運転等の作業を想定して，労働者の腰痛の発生に関与する要因ごとにリスクを見積もる。リスクの見積りに関しては，1で指摘した腰痛に関連する要因がどの程度のリスクに相当するか，「高い」「中程度」「低い」の定性的な評価を行い，当該運転労働等の作業のリスクを評価する。リスクの見積りからリスクの回避・低減措置の実施につなげるに当たっては，「アクション・チェックリスト」も参考になる。

3　リスクの回避・低減措置の検討及び実施

　2で評価したリスクの重大性や緊急性などを考慮して，リスク低減措置の優先度を判断しつつ，次に掲げるような，要因に的確に対処できる対策の内容を決定する。

⑴　運転座席の改善等

　運転座席は，座面・背もたれ角度が調整可能，腰背部の安定した支持，運転に伴う振動の減衰効果に優れたものに改善されることが望ましい。このような運転座席を導入することで，運転に伴う拘束姿勢や不安定な姿勢・動作や振動のリスクを低減することが可能となる。また，運転作業開始前に操作性を配慮し，座面角度，背もたれ角度，座席の位置等の適正な調整を行わせることも重要となる。振動減衰に優れた運転座席への改善やこうした構造を有する車両の採用ができない場合には，クッション等を用いて振動の軽減に努めること。

⑵　車両運転等の時間管理

　運転座席への拘束姿勢を強いられ，振動にばく露する長時間の車両運転等の作業は腰痛を発生させる懸念があるため，総走行距離や一連続運転時間等の時間管理を適切に行い，適宜，小休止・休息を取らせるようにすること。小休止・休息の際は車両から降りてストレッチング等を行い，筋疲労からの回復を十分図ること。また，車両運転が深夜等に及ぶ際には，仮眠の確保等についても配慮する必要がある。仮眠の確保等は腰痛予防だけでなく，安全運転という観点からも極めて重要である。

⑶　荷物の積み卸し作業

　人力による荷物の取扱い作業の要領は「Ⅰ　重量物取扱い作業」によること。

　なお，長時間車両を運転した後に重量物を取り扱う場合は，小休止・休息及びストレッチングを行った後に作業を行わせること。

⑷　構内作業場の環境の改善

　不要な振動ばく露の軽減や労働者の転倒やつまずきを防止するため，床面の凹凸をなくし，作業の安全が確保できる程度の照明を確保し，さらには，労働者が寒冷にさらさ

れることのないよう，温湿度の管理にも心がけること。

(5)　その他

　　車両運転等の作業に従事する際は，動きやすい作業服や滑りにくい靴，必要な保護具を着用させること。

　　指針本文「4　健康管理」や「5　労働衛生教育等」により，腰部への負担に応じて適切に健康管理，労働衛生教育等を実施すること。

4　リスクの再評価，対策の見直し及び実施継続

　事業者は，定期的な職場巡視，聞き取り調査，健診，衛生委員会等を通じて，職場に新たな負担や腰痛が発生していないかを確認する体制を整備すること。問題がある場合には，速やかにリスクを再評価し，リスク要因の回避・低減措置を図るため，作業方法や作業環境等の再検討や見直しを行い，新たな対策の実施又は検討を担当部署や衛生委員会に指示すること。特に問題がなければ，現行の対策を継続して実施すること。また，腰痛等の発生報告も欠かすことなく行うこと。

〔資料4〕
職場における受動喫煙防止のためのガイドライン(抄)

令和元年 7 月 1 日基発 0701 第 1 号

1　趣旨等

　職場における受動喫煙防止については，労働安全衛生法（昭和 47 年法律第 57 号。以下「安衛法」という。）第 68 条の 2 により対策を進めているところであるが，これに関連し，昨年 7 月，健康増進法の一部を改正する法律（平成 30 年法律第 78 号。以下「改正法」という。）が成立・公布されたところである。

　改正法は，国民の健康の向上を目的として，多数の者が利用する施設等の管理権原者等に，当該多数の者の望まない受動喫煙を防止するための措置義務を課すものである。一方，安衛法は，職場における労働者の安全と健康の保護を目的として，事業者に，屋内における当該労働者の受動喫煙を防止するための措置について努力義務を課すものである。

　本ガイドラインは，改正法が本年 1 月 24 日より順次施行されていることに伴い，改正法による改正後の健康増進法（平成 14 年法律第 103 号。以下「健康増進法」という。）で義務付けられる事項及び安衛法第 68 条の 2 により事業者が実施すべき事項を一体的に示すことを目的とするものである。

　なお，事業者と管理権原者が異なる場合，当該事業者は，本ガイドラインに基づく対応に当たり，健康増進法の規定が遵守されるよう，管理権原者と連携を図る必要がある。

2　用語の定義
　本ガイドラインで使用する用語の定義は，次に掲げるとおりであること。
⑴　施設の「屋外」と「屋内」
　「屋内」とは，外気の流入が妨げられる場所として，屋根がある建物であって，かつ，側壁がおおむね半分以上覆われているものの内部を指し，これに該当しないものは「屋外」となること。
⑵　第一種施設
　「第一種施設」とは，多数の者が利用する施設のうち，学校，病院，児童福祉施設その他の受動喫煙により健康を損なうおそれが高い者が主として利用する施設として健康増進法施行令（平成 14 年政令第 361 号）第 3 条及び健康増進法施行規則（平成 15 年厚生労働省令第 86 号）第 12 条から第 14 条までに規定するもの並びに国及び地方公共団体の行政機関の庁舎（行政機関がその事務を処理するために使用する施設に限る。）をいうこと。

⑶　第二種施設

　「第二種施設」とは，多数の者が利用する施設のうち，第一種施設及び喫煙目的施設以外の施設（一般の事務所や工場，飲食店等も含まれる。）をいうこと。

⑷　喫煙目的施設

　「喫煙目的施設」とは，多数の者が利用する施設のうち，その施設を利用する者に対して，喫煙をする場所を提供することを主たる目的とする施設であって，次に掲げるものをいうこと。

　ア　公衆喫煙所

　　施設の屋内の場所の全部を，専ら喫煙をする場所とするもの。

　イ　喫煙を主たる目的とするバー，スナック等

　　たばこの対面販売（出張販売を含む。）をしており，施設の屋内の場所において喫煙する場所を提供することを主たる目的とし，併せて設備を設けて客に飲食をさせる営業（「通常主食と認められる食事」を主として提供するものを除く。）を行う事業場。

　ウ　店内で喫煙可能なたばこ販売店

　　たばこ又は専ら喫煙の用に供するための器具の販売（たばこの販売については，対面販売をしている場合に限る。）をし，施設の屋内の場所において喫煙をする場所を提供することを主たる目的とする事業場（設備を設けて客に飲食をさせる営業を行うものを除く。）。

⑸　既存特定飲食提供施設

　「既存特定飲食提供施設」とは，次に掲げる要件を全て満たすものをいうこと。

　ア　令和2年4月1日時点で，営業している飲食店であること。

　イ　個人又は資本金5,000万円以下の会社が経営しているものであること（一の大規模会社が発行済株式の総数の2分の1以上を有する場合などを除く。）。

　ウ　客席面積が100平方メートル以下であること。

⑹　特定屋外喫煙場所

　「特定屋外喫煙場所」とは，第一種施設の屋外の場所の一部のうち，当該第一種施設の管理権原者によって区画され，受動喫煙を防止するために健康増進法施行規則で定める必要な措置がとられた場所をいうこと。

⑺　喫煙専用室

　「喫煙専用室」とは，第二種施設等の屋内又は内部の場所の一部の場所であって，構造及び設備がその室外の場所（第二種施設等の屋内又は内部の場所に限る。）へのたばこの煙の流出を防止するための技術的基準に適合した室を，専ら喫煙をすることができる場所として定めたものをいうこと。

　専ら喫煙をする用途で使用されるものであることから，喫煙専用室内で飲食等を行うことは認められないこと。

(8)　指定たばこ専用喫煙室

　「指定たばこ専用喫煙室」とは，第二種施設等の屋内又は内部の場所の一部の場所であって，構造及び設備がその室外の場所（第二種施設等の屋内又は内部の場所に限る。）への指定たばこ（加熱式たばこをいう。）の煙の流出を防止するための技術的基準に適合した室を，指定たばこのみ喫煙をすることができる場所として定めたものをいうこと。

　指定たばこ専用喫煙室内では，飲食等を行うことが認められていること。

3　組織的対策

(1)　事業者・労働者の役割

　職場における受動喫煙防止対策を効果的に進めていくためには，企業において，組織的に実施することが重要であり，事業者は衛生委員会，安全衛生委員会等（以下「衛生委員会等」という。）の場を通じて，労働者の受動喫煙防止対策についての意識・意見を十分に把握し，事業場の実情を把握した上で，各々の事業場における適切な措置を決定すること。

　職場の受動喫煙防止対策の推進のためには，当該事業場に従事する労働者の意識，行動等の在り方が特に重要であるため，労働者は事業者が決定した措置や基本方針を理解しつつ，衛生委員会等の代表者を通じる等により，必要な対策について積極的に意見を述べることが望ましいこと。

(2)　受動喫煙防止対策の組織的な進め方

　職場における受動喫煙防止対策の実施に当たり，事業者は，事業場の実情に応じ，次のような取組を組織的に進めることが必要であること。

　ア　推進計画の策定

　　事業者は，事業場の実情を把握した上で，受動喫煙防止対策を推進するための計画（中長期的なものを含む。以下「推進計画」という。）を策定すること。この場合，安全衛生に係る計画，衛生教育の実施計画，健康保持増進を図るため必要な措置の実施計画等に，職場の受動喫煙防止対策に係る項目を盛り込む方法もあること。

　　推進計画には，例えば，受動喫煙防止対策に関し将来達成する目標と達成時期，当該目標達成のために講じる措置や活動等があること。

　　なお，推進計画の策定の際は，事業者が参画し，労働者の積極的な協力を得て，衛生委員会等で十分に検討すること。

　イ　担当部署の指定

　　事業者は，企業全体又は事業場の規模等に応じ，受動喫煙防止対策の担当部署やその担当者を指定し，受動喫煙防止対策に係る相談対応等を実施させるとともに，各事業場における受動喫煙防止対策の状況について定期的に把握，分析，評価等を行い，問題がある職場について改善のための指導を行わせるなど，受動喫煙防止対策全般についての事務を所掌させること。

　また，評価結果等については，経営幹部や衛生委員会等に適宜報告し，事業者及び事業場の実情に応じた適切な措置の決定に資するようにすること。

　ウ　労働者の健康管理等

　　事業者は，事業場における受動喫煙防止対策の状況を衛生委員会等における調査審議事項とすること。また，産業医の職場巡視に当たり，受動喫煙防止対策の実施状況に留意すること。

　エ　標識の設置・維持管理

　　事業者は，施設内に喫煙専用室，指定たばこ専用喫煙室など喫煙することができる場所を定めようとするときは，当該場所の出入口及び施設の主たる出入口の見やすい箇所に必要な事項を記載した標識を掲示しなければならないこと。

　　なお，ピクトグラムを用いた標識例については，「『健康増進法の一部を改正する法律』の施行について」（平成31年健発0222第1号）の別添3や「なくそう！望まない受動喫煙」ホームページを参照すること。

　オ　意識の高揚及び情報の収集・提供

　　事業者は，労働者に対して，受動喫煙による健康への影響，受動喫煙の防止のために講じた措置の内容，健康増進法の趣旨等に関する教育や相談対応を行うことで，受動喫煙防止対策に対する意識の高揚を図ること。さらに，各事業場における受動喫煙防止対策の担当部署等は，他の事業場の対策の事例，受動喫煙による健康への影響等に関する調査研究等の情報を収集し，これらの情報を衛生委員会等に適宜提供すること。

　カ　労働者の募集及び求人の申込み時の受動喫煙防止対策の明示

　　事業者は，労働者の募集及び求人の申込みに当たっては，就業の場所における受動喫煙を防止するための措置に関する事項を明示すること。明示する内容としては，例えば以下のような事項が考えられること。

　　・施設の敷地内又は屋内を全面禁煙としていること。

　　・施設の敷地内又は屋内を原則禁煙とし，特定屋外喫煙場所や喫煙専用室等を設けていること。

　　・施設の屋内で喫煙が可能であること。

⑶　妊婦等への特別な配慮

　事業者は，妊娠している労働者や呼吸器・循環器等に疾患を持つ労働者，がん等の疾病を治療しながら就業する労働者，化学物質に過敏な労働者など，受動喫煙による健康への影響を一層受けやすい懸念がある者に対して，下記4及び5に掲げる事項の実施に当たり，これらの者への受動喫煙を防止するため，特に配慮を行うこと。

4　喫煙可能な場所における作業に関する措置

(1)　20歳未満の者の立入禁止

　　事業者は，健康増進法において，喫煙専用室などの喫煙可能な場所に20歳未満の者を立ち入らせることが禁止されていることから，20歳未満の労働者を喫煙専用室等に案内してはならないことはもちろん，20歳未満の労働者を喫煙専用室等に立ち入らせて業務を行わせないようにすること（喫煙専用室等の清掃作業も含まれる。）。

　　また，20歳未満と思われる者が喫煙専用室等に立ち入ろうとしている場合にあっては，施設の管理権原者等に声掛けをすることや年齢確認を行うことで20歳未満の者を喫煙専用室等に立ち入らせないようにさせること。

(2)　20歳未満の者への受動喫煙防止措置

　　事業者は，健康増進法において適用除外の場所となっている宿泊施設の客室（個室に限る。）や職員寮の個室，特別養護老人ホーム・有料老人ホームなどの入居施設の個室，業務車両内等についても，望まない受動喫煙を防止するため，20歳未満の者が喫煙可能な場所に立ち入らないよう措置を講じること。

(3)　20歳以上の労働者に対する配慮

　　事業者は，20歳以上の労働者についても，望まない受動喫煙を防止する趣旨から，事業場の実情に応じ，次に掲げる事項について配慮すること。

　ア　勤務シフト，勤務フロア，動線等の工夫

　　　望まない受動喫煙を防止するため，勤務シフトや業務分担を工夫すること。また，受動喫煙を望まない労働者が喫煙区域に立ち入る必要のないよう，禁煙フロアと喫煙フロアを分けることや喫煙区域を通らないような動線の工夫等について配慮すること。

　イ　喫煙専用室等の清掃における配慮

　　　喫煙専用室等の清掃作業は，室内に喫煙者がいない状態で，換気により室内のたばこの煙を排出した後に行うこと。やむを得ず室内のたばこの煙の濃度が高い状態で清掃作業を行わなければならない場合には，呼吸用保護具の着用等により，有害物質の吸入を防ぐ対策をとること。また，吸い殻の回収作業等の際には，灰等が飛散しないよう注意して清掃を行うこと。

　ウ　業務車両内での喫煙時の配慮

　　　営業や配達等の業務で使用する車両内などであっても，健康増進法において喫煙者に配慮義務が課せられていることを踏まえ，喫煙者に対し，望まない受動喫煙を防止するため，同乗者の意向に配慮するよう周知すること。

5　各種施設における受動喫煙防止対策

(1)　第一種施設

　　事業者は，第一種施設が健康増進法により「原則敷地内禁煙」とされていることから，

第一種施設内では，受動喫煙を防止するために必要な別紙1〈編注：略〉の技術的基準を満たす特定屋外喫煙場所を除き，労働者に敷地内で喫煙させないこと。また，技術的基準を満たすための効果的手法等の例には，別紙2〈編注：略〉に示すものがあること。

⑵　第二種施設

　ア　事業者は，第二種施設が健康増進法により「原則屋内禁煙」とされていることから，第二種施設内では，次に掲げるたばこの煙の流出を防止するための技術的基準に適合した室を除き，労働者に施設の屋内で喫煙させないこと。

　　㋐　喫煙専用室

　　　喫煙専用室は，別紙1〈編注：略〉のたばこの煙の流出を防止するための技術的基準を満たすものでなければならないこと。また，技術的基準を満たすための効果的手法等の例には，別紙2〈編注：略〉に示すものがあること。

　　㋑　指定たばこ専用喫煙室

　　　指定たばこ専用喫煙室は，別紙1〈編注：略〉の指定たばこの煙の流出を防止するための技術的基準を満たすものでなければならないこと。また，技術的基準を満たすための効果的手法等の例には，別紙2〈編注：略〉に示すものがあること。

　イ　事業者は，望まない受動喫煙を防止するため，指定たばこ専用喫煙室を設ける施設の営業について広告又は宣伝をするときは，指定たばこ専用喫煙室の設置施設であることを明らかにしなければならないこと。

　ウ　事業者は，受動喫煙を望まない者が指定たばこ専用喫煙室において業務や飲食を避けることができるよう配慮すること。

　エ　施設の屋内を全面禁煙とし，屋外喫煙所（閉鎖系に限る。）を設ける場合にあっては，これらに要する経費の一部については助成を受けることができること。

⑶　喫煙目的施設

　ア　事業者は，望まない受動喫煙を防止するため，喫煙目的室を設ける施設の営業について広告又は宣伝をするときは，喫煙目的室の設置施設であることを明らかにしなければならないこと。

　イ　事業者は，受動喫煙を望まない者が，喫煙目的室であって飲食等可能な室内において，業務や飲食を避けることができるよう配慮すること。

⑷　既存特定飲食提供施設

　ア　事業者は，望まない受動喫煙を防止するため，喫煙可能室を設ける施設の営業について広告又は宣伝をするときは，喫煙可能室の設置施設であることを明らかにしなければならないこと。

　イ　事業者は，受動喫煙を望まない者が喫煙可能室において業務や飲食を避けることができるよう配慮すること。また，業務上であるか否かにかかわらず，受動喫煙を望まない者を喫煙可能室に同行させることのないよう，労働者に周知すること。

　ウ　事業者は，望まない受動喫煙を防止するため，既存特定飲食提供施設の飲食ができ

る場所を全面禁煙として喫煙専用室又は屋外喫煙所を設置する場合には，別紙1〈編注：略〉の技術的基準を満たす喫煙専用室を設ける，又は，屋外喫煙所を設けることが望ましいこと。この場合，これらの措置（屋外喫煙所にあっては閉鎖系に限る。）に要する経費の一部について助成を受けることができること。

エ　健康増進法により次に掲げる事項が求められていることから，事業者はそれらの事項が実施されているか管理権原者に確認すること。

　㋐　既存特定飲食提供施設の要件に該当することを証する書類を備えること。

　㋑　喫煙可能室設置施設の届出を保健所に行うこと。

6　受動喫煙防止対策に対する支援

　事業者は，5の(2)及び(4)の助成対象となる措置に要する費用の一部への助成など，職場の受動喫煙防止対策に取り組む事業者への支援制度を活用しようとするときは，次に掲げる各制度の問合せ先へ相談することができること。

(1)　助成金に関する事項

　　事業場の所在地を所管する都道府県労働局労働基準部健康主務課

(2)　受動喫煙防止対策の技術的な相談

　　厚生労働省ホームページで最新の問合せ先を確認すること。

　　厚生労働省ホームページ：

　　（https：//www.mhlw.go.jp/stf/seisakunitsuite/bunya/koyou_roudou/roudoukijun/anzen/kitsuen/index.html）

(3)　たばこの煙の濃度等の測定機器の無料貸出し

　　厚生労働省ホームページ（同上）で最新の問合せ先を確認すること。

〔資料5〕
職場における熱中症予防基本対策要綱の策定について（抄）

令和3年4月20日基発0420第3号

　職場における熱中症の予防については，平成17年7月29日付け基安発第0729001号「熱中症の予防対策におけるWBGTの活用について」及び平成21年6月19日付け基発第0619001号「職場における熱中症の予防について」に基づき対策を推進してきたところであるが，熱中症による休業4日以上の業務上疾病者数は依然として高止まりしており，死亡に至る事例も後を絶たない状況にある。

　今般，日本産業規格JIS Z 8504が約20年ぶりに改正され，WBGT基準値，着衣補正値等に関する改正が行われたこと等により，別紙のとおり，職場における熱中症予防基本対策要綱を定め，熱中症予防対策の一層の推進を図ることとしたところである。

　ついては，関係事業場等において本要綱の内容が適切な安全衛生管理体制のもと，適切に実施されるよう指導等に遺漏なきを期されたい。

　また，関係団体等に対して別添〈編注：略〉のとおり通知しているので，併せて了知されたい。

　なお，本通達をもって，平成17年7月29日付け基安発第0729001号及び平成21年6月19日付け基発第0619001号通達は廃止する。

（別紙）

職場における熱中症予防基本対策要綱

第1　WBGT値（暑さ指数）の活用

1　WBGT値等

　WBGT（Wet-Bulb Globe Temperature：湿球黒球温度（単位：℃））の値は，暑熱環境による熱ストレスの評価を行う暑さ指数（式①又は②により算出）であり，作業場所に，WBGT指数計を設置する等により，WBGT値を求めることが望ましいこと。特に，熱中症予防情報サイト等により，事前にWBGT値が表1−1〈編注：略〉のWBGT基準値（以下「WBGT基準値」という。）を超えることが予想される場合は，WBGT値を作業中に測定するよう努めること。

　　ア　日射がない場合
　　　　WBGT値＝0.7×自然湿球温度＋0.3×黒球温度　　　　　　　　　　　　式①
　　イ　日射がある場合
　　　　WBGT値＝0.7×自然湿球温度＋0.2×黒球温度＋0.1×気温（乾球温度）　　式②

　また，WBGT 値の測定が行われていない場合においても，気温（乾球温度）及び相対湿度を熱ストレスの評価を行う際の参考にすること。

2　WBGT 値に係る留意事項

　表1－2〈編注：略〉に掲げる衣類を着用して作業を行う場合にあっては，式①又は②により算出された WBGT 値に，それぞれ表1－2に掲げる着衣補正値を加える必要があること。
　また，WBGT 基準値は，健康な労働（作業）者を基準に，ばく露されてもほとんどの者が有害な影響を受けないレベルに相当するものとして設定されていることに留意すること。

3　WBGT 基準値に基づく評価等

　把握した WBGT 値が，WBGT 基準値を超え，又は超えるおそれのある場合には，冷房等により当該作業場所の WBGT 値の低減を図ること，身体作業強度（代謝率レベル）の低い作業に変更すること，WBGT 基準値より低い WBGT 値である作業場所での作業に変更すること等の熱中症予防対策を作業の状況等に応じて実施するよう努めること。それでもなお，WBGT 基準値を超え，又は超えるおそれのある場合には，第2の熱中症予防対策の徹底を図り，熱中症の発生リスクの低減を図ること。ただし，WBGT 基準値を超えない場合であっても，WBGT 基準値が前提としている条件に当てはまらないとき又は着衣補正値を考慮した WBGT 基準値を算出することができないときは，WBGT 基準値を超え，又は超えるおそれのある場合と同様に，第2の熱中症予防対策の徹底を図らなければならない場合があることに留意すること。
　上記のほか，熱中症を発症するリスクがあるときは，必要に応じて第2の熱中症予防対策を実施することが望ましいこと。

第2　熱中症予防対策

1　作業環境管理

(1)　WBGT 値の低減等
　　次に掲げる措置を講ずること等により当該作業場所の WBGT 値の低減に努めること。

　ア　WBGT 基準値を超え，又は超えるおそれのある作業場所（以下単に「高温多湿作業場所」という。）においては，発熱体と労働者の間に熱を遮ることのできる遮へい物等を設けること。

　イ　屋外の高温多湿作業場所においては，直射日光並びに周囲の壁面及び地面からの照り返しを遮ることができる簡易な屋根等を設けること。

　ウ　高温多湿作業場所に適度な通風又は冷房を行うための設備を設けること。また，屋内の高温多湿作業場所における当該設備は，除湿機能があることが望ましいこと。

　　なお，通風が悪い高温多湿作業場所での散水については，散水後の湿度の上昇に注意すること。

(2)　休憩場所の整備等

　　労働者の休憩場所の整備等について，次に掲げる措置を講ずるよう努めること。

　ア　高温多湿作業場所の近隣に冷房を備えた休憩場所又は日陰等の涼しい休憩場所を設けること。また，当該休憩場所は，足を伸ばして横になれる広さを確保すること。

　イ　高温多湿作業場所又はその近隣に氷，冷たいおしぼり，水風呂，シャワー等の身体を適度に冷やすことのできる物品及び設備を設けること。

　ウ　水分及び塩分の補給を定期的かつ容易に行えるよう高温多湿作業場所に飲料水などの備付け等を行うこと。

2　作業管理

(1)　作業時間の短縮等

　　作業の休止時間及び休憩時間を確保し，高温多湿作業場所の作業を連続して行う時間を短縮すること，身体作業強度（代謝率レベル）が高い作業を避けること，作業場所を変更すること等の熱中症予防対策を，作業の状況等に応じて実施するよう努めること。

(2)　暑熱順化

　　高温多湿作業場所において労働者を作業に従事させる場合には，暑熱順化（熱に慣れ当該環境に適応すること）の有無が，熱中症の発生リスクに大きく影響することを踏まえて，計画的に，暑熱順化期間を設けることが望ましいこと。特に，梅雨から夏季になる時期において，気温等が急に上昇した高温多湿作業場所で作業を行う場合，新たに当該作業を行う場合，又は，長期間，当該作業場所での作業から離れ，その後再び当該作業を行う場合等においては，通常，労働者は暑熱順化していないことに留意が必要であること。

(3)　水分及び塩分の摂取

　　自覚症状以上に脱水状態が進行していることがあること等に留意の上，自覚症状の有無にかかわらず，水分及び塩分の作業前後の摂取及び作業中の定期的な摂取を指導するとともに，労働者の水分及び塩分の摂取を確認するための表の作成，作業中の巡視における確認等により，定期的な水分及び塩分の摂取の徹底を図ること。特に，加齢や疾患によって脱水状態であっても自覚症状に乏しい場合があることに留意すること。

　　なお，塩分等の摂取が制限される疾患を有する労働者については，主治医，産業医等に相談させること。

(4)　服装等

　　熱を吸収し，又は保熱しやすい服装は避け，透湿性及び通気性の良い服装を着用させること。また，これらの機能を持つ身体を冷却する服の着用も望ましいこと。

　　なお，直射日光下では通気性の良い帽子等を着用させること。

　また，作業中における感染症拡大防止のための不織布マスク等の飛沫飛散防止器具の着用については，現在までのところ，熱中症の発症リスクを有意に高めるとの科学的なデータは示されておらず，表1−2〈編注：略〉に示すような着衣補正値のWBGT値への加算は必要ないと考えられる。

　一方，飛沫飛散防止器具の着用は，息苦しさや不快感のもととなるほか，円滑な作業や労働災害防止上必要なコミュニケーションに支障をきたすことも考えられるため，作業の種類，作業負荷，気象条件等に応じて飛沫飛散防止器具を選択するとともに，感染防止の観点から着用が必要と考えられる作業や場所，周囲に人がいない等飛沫飛散防止器具を外してもよい場面や場所等を明確にし，関係者に周知しておくことが望ましい。

⑸　作業中の巡視

　定期的な水分及び塩分の摂取に係る確認を行うとともに，労働者の健康状態を確認し，熱中症を疑わせる兆候が表れた場合において速やかな作業の中断その他必要な措置を講ずること等を目的に，高温多湿作業場所での作業中は巡視を頻繁に行うこと。

3　健康管理

⑴　健康診断結果に基づく対応等

　労働安全衛生規則（昭和47年労働省令第32号）第43条，第44条及び第45条の規定に基づく健康診断の項目には，糖尿病，高血圧症，心疾患，腎不全等の熱中症の発症に影響を与えるおそれのある疾患と密接に関係した血糖検査，尿検査，血圧の測定，既往歴の調査等が含まれていること及び労働安全衛生法（昭和47年法律第57号）第66条の4及び第66条の5の規定に基づき，異常所見があると診断された場合には医師等の意見を聴き，当該意見を勘案して，必要があると認めるときは，事業者は，就業場所の変更，作業の転換等の適切な措置を講ずることが義務付けられていることに留意の上，これらの徹底を図ること。

　また，熱中症の発症に影響を与えるおそれのある疾患の治療中等の労働者については，事業者は，高温多湿作業場所における作業の可否，当該作業を行う場合の留意事項等について産業医，主治医等の意見を勘案して，必要に応じて，就業場所の変更，作業の転換等の適切な措置を講ずること。

⑵　日常の健康管理等

　高温多湿作業場所で作業を行う労働者については，睡眠不足，体調不良，前日等の飲酒，朝食の未摂取等が熱中症の発症に影響を与えるおそれがあることに留意の上，日常の健康管理について指導を行うとともに，必要に応じ健康相談を行うこと。これを含め，労働安全衛生法第69条の規定に基づき健康の保持増進のための措置を講ずるよう努めること。

　さらに，熱中症の発症に影響を与えるおそれのある疾患の治療中等である場合は，熱中症を予防するための対応が必要であることを労働者に対して教示するとともに，労働

者が主治医等から熱中症を予防するための対応が必要とされた場合又は労働者が熱中症を予防するための対応が必要となる可能性があると判断した場合は，事業者に申し出るよう指導すること。

⑶　労働者の健康状態の確認

　　作業開始前に労働者の健康状態を確認すること。

　　作業中は巡視を頻繁に行い，声をかける等して労働者の健康状態を確認すること。

　　また，複数の労働者による作業においては，労働者にお互いの健康状態について留意させること。

⑷　身体の状況の確認

　　休憩場所等に体温計，体重計等を備え，必要に応じて，体温，体重その他の身体の状況を確認できるようにすることが望ましいこと。

4　労働衛生教育

　労働者を高温多湿作業場所において作業に従事させる場合には，適切な作業管理，労働者自身による健康管理等が重要であることから，作業を管理する者及び労働者に対して，あらかじめ次の事項について労働衛生教育を行うこと。

⑴　熱中症の症状

⑵　熱中症の予防方法

⑶　緊急時の救急処置

⑷　熱中症の事例

なお，⑵の事項には，1から4までの熱中症予防対策が含まれること。

5　救急処置

⑴　緊急連絡網の作成及び周知

　　労働者を高温多湿作業場所において作業に従事させる場合には，労働者の熱中症の発症に備え，あらかじめ，病院，診療所等の所在地及び連絡先を把握するとともに，緊急連絡網を作成し，関係者に周知すること。

⑵　救急措置

　　熱中症を疑わせる症状が現われた場合は，救急処置として涼しい場所で身体を冷し，水分及び塩分の摂取等を行うこと。また，必要に応じ，救急隊を要請し，又は医師の診察を受けさせること。

〔資料6〕
健康診断結果に基づき事業者が講ずべき措置に関する指針（抄）

平成 8 年 10 月 1 日健康診断結果措置指針公示第 1 号
最終改正　平成 29 年 4 月 14 日健康診断結果措置指針公示第 9 号

1　趣旨

　産業構造の変化，働き方の多様化を背景とした労働時間分布の長短二極化，高齢化の進展等労働者を取り巻く環境は大きく変化してきている。その中で，脳・心臓疾患につながる所見を始めとして何らかの異常の所見があると認められる労働者が年々増加し，5 割を超えている。さらに，労働者が業務上の事由によって脳・心臓疾患を発症し突然死等の重大な事態に至る「過労死」等の事案が多発し，社会的にも大きな問題となっている。

　このような状況の中で，労働者が職業生活の全期間を通して健康で働くことができるようにするためには，事業者が労働者の健康状態を的確に把握し，その結果に基づき，医学的知見を踏まえて，労働者の健康管理を適切に講ずることが不可欠である。そのためには，事業者は，健康診断（労働安全衛生法（昭和 47 年法律第 57 号）第 66 条の 2 の規定に基づく深夜業に従事する労働者が自ら受けた健康診断（以下「自発的健診」という。）及び労働者災害補償保険法（昭和 22 年法律第 50 号）第 26 条第 2 項第 1 号の規定に基づく二次健康診断（以下「二次健康診断」という。）を含む。）の結果，異常の所見があると診断された労働者について，当該労働者の健康を保持するために必要な措置について聴取した医師又は歯科医師（以下「医師等」という。）の意見を十分勘案し，必要があると認めるときは，当該労働者の実情を考慮して，就業場所の変更，作業の転換，労働時間の短縮，深夜業の回数の減少，昼間勤務への転換等の措置を講ずるほか，作業環境測定の実施，施設又は設備の設置又は整備，当該医師等の意見の衛生委員会若しくは安全衛生委員会（以下「衛生委員会等」という。）又は労働時間等設定改善委員会（労働時間等の設定の改善に関する特別措置法（平成 4 年法律第 90 号）第 7 条第 1 項に規定する労働時間等設定改善委員会をいう。以下同じ。）への報告その他の適切な措置を講ずる必要がある（以下，事業者が講ずる必要があるこれらの措置を「就業上の措置」という。）。

　また，個人情報の保護に関する法律（平成 15 年法律第 57 号）の趣旨を踏まえ，健康診断の結果等の個々の労働者の健康に関する個人情報（以下「健康情報」という。）については，特にその適正な取扱いの確保を図る必要がある。

　この指針は，健康診断の結果に基づく就業上の措置が，適切かつ有効に実施されるため，就業上の措置の決定・実施の手順に従って，健康診断の実施，健康診断の結果についての医師等からの意見の聴取，就業上の措置の決定，健康情報の適正な取扱い等についての留意事項を定めたものである。

439

2　就業上の措置の決定・実施の手順と留意事項

⑴　健康診断の実施

　　事業者は，労働安全衛生法第66条第1項から第4項までの規定に定めるところにより，労働者に対し医師等による健康診断を実施し，当該労働者ごとに診断区分（異常なし，要観察，要医療等の区分をいう。以下同じ。)に関する医師等の判定を受けるものとする。

　　なお，健康診断の実施に当たっては，事業者は受診率が向上するよう労働者に対する周知及び指導に努める必要がある。

　　また，産業医の選任義務のある事業場においては，事業者は，当該事業場の労働者の健康管理を担当する産業医に対して，健康診断の計画や実施上の注意等について助言を求めることが必要である。

⑵　二次健康診断の受診勧奨等

　　事業者は，労働安全衛生法第66条第1項の規定による健康診断又は当該健康診断に係る同条第5項ただし書の規定による健康診断（以下「一次健康診断」という。)における医師の診断の結果に基づき，二次健康診断の対象となる労働者を把握し，当該労働者に対して，二次健康診断の受診を勧奨するとともに，診断区分に関する医師の判定を受けた当該二次健康診断の結果を事業者に提出するよう働きかけることが適当である。

⑶　健康診断の結果についての医師等からの意見の聴取

　　事業者は，労働安全衛生法第66条の4の規定に基づき，健康診断の結果（当該健康診断の項目に異常の所見があると診断された労働者に係るものに限る。)について，医師等の意見を聴かなければならない。

　イ　意見を聴く医師等

　　　事業者は，産業医の選任義務のある事業場においては，産業医が労働者個人ごとの健康状態や作業内容，作業環境についてより詳細に把握しうる立場にあることから，産業医から意見を聴くことが適当である。

　　　なお，産業医の選任義務のない事業場においては，労働者の健康管理等を行うのに必要な医学に関する知識を有する医師等から意見を聴くことが適当であり，こうした医師が労働者の健康管理等に関する相談等に応じる地域産業保健センターの活用を図ること等が適当である。

　ロ　医師等に対する情報の提供

　　　事業者は，適切に意見を聴くため，必要に応じ，意見を聴く医師等に対し，労働者に係る作業環境，労働時間，労働密度，深夜業の回数及び時間数，作業態様，作業負荷の状況,過去の健康診断の結果等に関する情報及び職場巡視の機会を提供し,また,健康診断の結果のみでは労働者の身体的又は精神的状態を判断するための情報が十分でない場合は，労働者との面接の機会を提供することが適当である。また，過去に実施された労働安全衛生法第66条の8，第66条の9及び第66条の10第3項の規定に

基づく医師による面接指導等の結果又は労働者から同意を得て事業者に提供された法第66条の10第1項の規定に基づく心理的な負担の程度を把握するための検査の結果に関する情報を提供することも考えられる。

　なお，労働安全衛生規則（昭和47年労働省令第32号）第51条の2第3項等の規定に基づき，事業者は，医師等から，意見聴取を行う上で必要となる労働者の業務に関する情報を求められたときは，速やかに，これを提供する必要がある。

　また，二次健康診断の結果について医師等の意見を聴取するに当たっては，意見を聴く医師等に対し，当該二次健康診断の前提となった一次健康診断の結果に関する情報を提供することが適当である。

ハ　意見の内容

　事業者は，就業上の措置に関し，その必要性の有無，講ずべき措置の内容等に係る意見を医師等から聴く必要がある。

㈑　就業区分及びその内容についての意見

　　当該労働者に係る就業区分及びその内容に関する医師等の判断を下記の区分（例）によって求めるものとする。

就業区分		就業上の措置の内容
区分	内容	
通常勤務	通常の勤務でよいもの	
就業制限	勤務に制限を加える必要のあるもの	勤務による負荷を軽減するため，労働時間の短縮，出張の制限，時間外労働の制限，労働負荷の制限，作業の転換，就業場所の変更，深夜業の回数の減少，昼間勤務への転換等の措置を講じる。
要休業	勤務を休む必要のあるもの	療養のため，休暇，休職等により一定期間勤務させない措置を講じる。

㈡　作業環境管理及び作業管理についての意見

　　健康診断の結果，作業環境管理及び作業管理を見直す必要がある場合には，作業環境測定の実施，施設又は設備の設置又は整備，作業方法の改善その他の適切な措置の必要性について意見を求めるものとする。

ニ　意見の聴取の方法と時期

　事業者は，医師等に対し，労働安全衛生規則等に基づく健康診断の個人票の様式中医師等の意見欄に，就業上の措置に関する意見を記入することを求めることとする。

　なお，記載内容が不明確である場合等については，当該医師等に内容等の確認を求めておくことが適当である。

　また，意見の聴取は，速やかに行うことが望ましく，特に自発的健診及び二次健康診断に係る意見の聴取はできる限り迅速に行うことが適当である。

⑷　就業上の措置の決定等

イ　労働者からの意見の聴取等

事業者は，⑶の医師等の意見に基づいて，就業区分に応じた就業上の措置を決定する場合には，あらかじめ当該労働者の意見を聴き，十分な話合いを通じてその労働者の了解が得られるよう努めることが適当である。

なお，産業医の選任義務のある事業場においては，必要に応じて，産業医の同席の下に労働者の意見を聴くことが適当である。

ロ　衛生委員会等への医師等の意見の報告等

衛生委員会等において労働者の健康障害の防止対策及び健康の保持増進対策について調査審議を行い，又は労働時間等設定改善委員会において労働者の健康に配慮した労働時間等の設定の改善について調査審議を行うに当たっては，労働者の健康の状況を把握した上で調査審議を行うことが，より適切な措置の決定等に有効であると考えられることから，事業者は，衛生委員会等の設置義務のある事業場又は労働時間等設定改善委員会を設置している事業場においては，必要に応じ，健康診断の結果に係る医師等の意見をこれらの委員会に報告することが適当である。

なお，この報告に当たっては，労働者のプライバシーに配慮し，労働者個人が特定されないよう医師等の意見を適宜集約し，又は加工する等の措置を講ずる必要がある。

また，事業者は，就業上の措置のうち，作業環境測定の実施，施設又は設備の設置又は整備，作業方法の改善その他の適切な措置を決定する場合には，衛生委員会等の設置義務のある事業場においては，必要に応じ，衛生委員会等を開催して調査審議することが適当である。

ハ　就業上の措置の実施に当たっての留意事項

⑴　関係者間の連携等

事業者は，就業上の措置を実施し，又は当該措置の変更若しくは解除をしようとするに当たっては，医師等と他の産業保健スタッフとの連携はもちろんのこと，当該事業場の健康管理部門と人事労務管理部門との連携にも十分留意する必要がある。また，就業上の措置の実施に当たっては，特に労働者の勤務する職場の管理監督者の理解を得ることが不可欠であることから，プライバシーに配慮しつつ事業者は，当該管理監督者に対し，就業上の措置の目的，内容等について理解が得られるよう必要な説明を行うことが適当である。

また，労働者の健康状態を把握し，適切に評価するためには，健康診断の結果を総合的に考慮することが基本であり，例えば，平成19年の労働安全衛生規則の改正により新たに追加された腹囲等の項目もこの総合的考慮の対象とすることが適当と考えられる。しかし，この項目の追加によって，事業者に対して，従来と異なる責任が求められるものではない。

　　　なお，就業上の措置を講じた後，健康状態の改善が見られた場合には，医師等の
　　意見を聴いた上で，通常の勤務に戻す等適切な措置を講ずる必要がある。
　㈹　健康診断結果を理由とした不利益な取扱いの防止
　　　健康診断の結果に基づく就業上の措置は，労働者の健康の確保を目的とするもの
　　であるため，事業者が，健康診断において把握した労働者の健康情報等に基づき，
　　当該労働者の健康の確保に必要な範囲を超えて，当該労働者に対して不利益な取扱
　　いを行うことはあってはならない。このため，以下に掲げる事業者による不利益な
　　取扱いについては，一般的に合理的なものとはいえないため，事業者はこれらを行っ
　　てはならない。なお，不利益な取扱いの理由が以下に掲げる理由以外のものであっ
　　たとしても，実質的に以下に掲げるものに該当するとみなされる場合には，当該不
　　利益な取扱いについても，行ってはならない。
　　①　就業上の措置の実施に当たり，健康診断の結果に基づく必要な措置について医
　　　師の意見を聴取すること等の法令上求められる手順に従わず，不利益な取扱いを
　　　行うこと。
　　②　就業上の措置の実施に当たり，医師の意見とはその内容・程度が著しく異なる
　　　等医師の意見を勘案し必要と認められる範囲内となっていないもの又は労働者の
　　　実情が考慮されていないもの等の法令上求められる要件を満たさない内容の不利
　　　益な取扱いを行うこと。
　　③　健康診断の結果を理由として，以下の措置を行うこと。
　　　㈰　解雇すること。
　　　㈪　期間を定めて雇用される者について契約の更新をしないこと。
　　　㈫　退職勧奨を行うこと。
　　　㈬　不当な動機・目的をもってなされたと判断されるような配置転換又は職位
　　　　（役職）の変更を命じること。
　　　㈭　その他の労働契約法等の労働関係法令に違反する措置を講じること。

⑸　その他の留意事項
　イ　健康診断結果の通知
　　　事業者は，労働者が自らの健康状態を把握し，自主的に健康管理が行えるよう，労
　　働安全衛生法第66条の6の規定に基づき，健康診断を受けた労働者に対して，異常
　　の所見の有無にかかわらず，遅滞なくその結果を通知しなければならない。
　ロ　保健指導
　　　事業者は，労働者の自主的な健康管理を促進するため，労働安全衛生法第66条の
　　7第1項の規定に基づき，一般健康診断の結果，特に健康の保持に努める必要がある
　　と認める労働者に対して，医師又は保健師による保健指導を受けさせるよう努めなけ
　　ればならない。この場合，保健指導として必要に応じ日常生活面での指導，健康管理
　　に関する情報の提供，健康診断に基づく再検査又は精密検査，治療のための受診の勧

奨等を行うほか，その円滑な実施に向けて，健康保険組合その他の健康増進事業実施者（健康増進法（平成14年法律第103号）第6条に規定する健康増進事業実施者をいう。）等との連携を図ること。

　深夜業に従事する労働者については，昼間業務に従事する者とは異なる生活様式を求められていることに配慮し，睡眠指導や食生活指導等を一層重視した保健指導を行うよう努めることが必要である。

　また，労働者災害補償保険法第26条第2項第2号の規定に基づく特定保健指導及び高齢者の医療の確保に関する法律（昭和57年法律第80号）第24条の規定に基づく特定保健指導を受けた労働者については，労働安全衛生法第66条の7第1項の規定に基づく保健指導を行う医師又は保健師にこれらの特定保健指導の内容を伝えるよう働きかけることが適当である。

　なお，産業医の選任義務のある事業場においては，個々の労働者ごとの健康状態や作業内容，作業環境等についてより詳細に把握し得る立場にある産業医が中心となり実施されることが適当である。

ハ　再検査又は精密検査の取扱い

　事業者は，就業上の措置を決定するに当たっては，できる限り詳しい情報に基づいて行うことが適当であることから，再検査又は精密検査を行う必要のある労働者に対して，当該再検査又は精密検査受診を勧奨するとともに，意見を聴く医師等に当該検査の結果を提出するよう働きかけることが適当である。

　なお，再検査又は精密検査は，診断の確定や症状の程度を明らかにするものであり，一律には事業者にその実施が義務付けられているものではないが，有機溶剤中毒予防規則（昭和47年労働省令第36号），鉛中毒予防規則（昭和47年労働省令第37号），特定化学物質障害予防規則（昭和47年労働省令第39号），高気圧作業安全衛生規則（昭和47年労働省令第40号）及び石綿障害予防規則（平成17年厚生労働省令第21号）に基づく特殊健康診断として規定されているものについては，事業者にその実施が義務付けられているので留意する必要がある。

ニ　健康情報の保護

　事業者は，雇用管理に関する個人情報の適正な取扱いを確保するために事業者が講ずべき措置に関する指針（平成16年厚生労働省告示第259号）に基づき，健康情報の保護に留意し，その適正な取扱いを確保する必要がある。

　事業者は，就業上の措置の実施に当たって，産業保健業務従事者（産業医，保健師等，衛生管理者その他の労働者の健康管理に関する業務に従事する者をいう。）以外の者に健康情報を取り扱わせる時は，これらの者が取り扱う健康情報が就業上の措置を実施する上で必要最小限のものとなるよう，必要に応じて健康情報の内容を適切に加工した上で提供する等の措置を講ずる必要があり，診断名，検査値，具体的な愁訴の内容等の加工前の情報や詳細な医学的情報は取り扱わせてはならないものとする。

　ホ　健康診断結果の記録の保存

　　事業者は，労働安全衛生法第 66 条の 3 及び第 103 条の規定に基づき，健康診断結果の記録を保存しなければならない。記録の保存には，書面による保存及び電磁的記録による保存があり，電磁的記録による保存を行う場合は，厚生労働省の所管する法令の規定に基づく民間事業者等が行う書面の保存等における情報通信の技術の利用に関する省令（平成 17 年厚生労働省令第 44 号）に基づき適切な保存を行う必要がある。また，健康診断結果には医療に関する情報が含まれることから，事業者は安全管理措置等について「医療情報システムの安全管理に関するガイドライン」を参照することが望ましい。

　　また，二次健康診断の結果については，事業者にその保存が義務付けられているものではないが，継続的に健康管理を行うことができるよう，保存することが望ましい。

　　なお，保存に当たっては，当該労働者の同意を得ることが必要である。

3　派遣労働者に対する健康診断に係る留意事項（略）

〔資料 7〕

労働安全衛生マネジメントシステムに関する指針

平成 11 年 4 月 30 日労働省告示第 53 号
最終改正　令和元年 7 月 1 日厚生労働省告示第 54 号

（目的）

第 1 条　この指針は，事業者が労働者の協力の下に一連の過程を定めて継続的に行う自主的な安全衛生活動を促進することにより，労働災害の防止を図るとともに，労働者の健康の増進及び快適な職場環境の形成の促進を図り，もって事業場における安全衛生の水準の向上に資することを目的とする。

第 2 条　この指針は，労働安全衛生法（昭和 47 年法律第 57 号。以下「法」という。）の規定に基づき機械，設備，化学物質等による危険又は健康障害を防止するため事業者が講ずべき具体的な措置を定めるものではない。

（定義）

第 3 条　この指針において次の各号に掲げる用語の意義は，それぞれ当該各号に定めるところによる。

　1　労働安全衛生マネジメントシステム　事業場において，次に掲げる事項を体系的かつ継続的に実施する安全衛生管理に係る一連の自主的活動に関する仕組みであって，生産管理等事業実施に係る管理と一体となって運用されるものをいう。

　　イ　安全衛生に関する方針（以下「安全衛生方針」という。）の表明

　　ロ　危険性又は有害性等の調査及びその結果に基づき講ずる措置

　　ハ　安全衛生に関する目標（以下「安全衛生目標」という。）の設定

　　ニ　安全衛生に関する計画（以下「安全衛生計画」という。）の作成，実施，評価及び改善

　2　システム監査　労働安全衛生マネジメントシステムに従って行う措置が適切に実施されているかどうかについて，安全衛生計画の期間を考慮して事業者が行う調査及び評価をいう。

（適用）

第 4 条　労働安全衛生マネジメントシステムに従って行う措置は，事業場又は法人が同一である二以上の事業場を一の単位として実施することを基本とする。ただし，建設業に属する事業の仕事を行う事業者については，当該仕事の請負契約を締結している事業場及び当該事業場において締結した請負契約に係る仕事を行う事業場を併せて一の単位として実施することを基本とする。

（安全衛生方針の表明）

第 5 条　事業者は，安全衛生方針を表明し，労働者及び関係請負人その他の関係者に周

知させるものとする。

② 安全衛生方針は，事業場における安全衛生水準の向上を図るための安全衛生に関する基本的考え方を示すものであり，次の事項を含むものとする。

1 労働災害の防止を図ること。

2 労働者の協力の下に，安全衛生活動を実施すること。

3 法又はこれに基づく命令，事業場において定めた安全衛生に関する規程（以下「事業場安全衛生規程」という。）等を遵守すること。

4 労働安全衛生マネジメントシステムに従って行う措置を適切に実施すること。

（労働者の意見の反映）

第6条 事業者は，安全衛生目標の設定並びに安全衛生計画の作成，実施，評価及び改善に当たり，安全衛生委員会等（安全衛生委員会，安全委員会又は衛生委員会をいう。以下同じ。）の活用等労働者の意見を反映する手順を定めるとともに，この手順に基づき，労働者の意見を反映するものとする。

（体制の整備）

第7条 事業者は，労働安全衛生マネジメントシステムに従って行う措置を適切に実施する体制を整備するため，次の事項を行うものとする。

1 システム各級管理者（事業場においてその事業の実施を統括管理する者（法人が同一である二以上の事業場を一の単位として労働安全衛生マネジメントシステムに従って行う措置を実施する場合には，当該単位においてその事業の実施を統括管理する者を含む。）及び製造，建設，運送，サービス等の事業実施部門，安全衛生部門等における部長，課長，係長，職長等の管理者又は監督者であって，労働安全衛生マネジメントシステムを担当するものをいう。以下同じ。）の役割，責任及び権限を定めるとともに，労働者及び関係請負人その他の関係者に周知させること。

2 システム各級管理者を指名すること。

3 労働安全衛生マネジメントシステムに係る人材及び予算を確保するよう努めること。

4 労働者に対して労働安全衛生マネジメントシステムに関する教育を行うこと。

5 労働安全衛生マネジメントシステムに従って行う措置の実施に当たり，安全衛生委員会等を活用すること。

（明文化）

第8条 事業者は，次の事項を文書により定めるものとする。

1 安全衛生方針

2 労働安全衛生マネジメントシステムに従って行う措置の実施の単位

3 システム各級管理者の役割，責任及び権限

4 安全衛生目標

5 安全衛生計画

　　6　第6条，次項，第10条，第13条，第15条第1項，第16条及び第17条第1項の
　　規定に基づき定められた手順

②　事業者は，前項の文書を管理する手順を定めるとともに，この手順に基づき，当該文
　書を管理するものとする。

（記録）

第9条　事業者は，安全衛生計画の実施状況，システム監査の結果等労働安全衛生マネ
　ジメントシステムに従って行う措置の実施に関し必要な事項を記録するとともに，当該
　記録を保管するものとする。

（危険性又は有害性等の調査及び実施事項の決定）

第10条　事業者は，法第28条の2第2項に基づく指針及び法第57条の3第3項に基づ
　く指針に従って危険性又は有害性等を調査する手順を定めるとともに，この手順に基づ
　き，危険性又は有害性等を調査するものとする。

②　事業者は，法又はこれに基づく命令，事業場安全衛生規程等に基づき実施すべき事項
　及び前項の調査の結果に基づき労働者の危険又は健康障害を防止するため必要な措置を
　決定する手順を定めるとともに，この手順に基づき，実施する措置を決定するものとす
　る。

（安全衛生目標の設定）

第11条　事業者は，安全衛生方針に基づき，次に掲げる事項を踏まえ，安全衛生目標を
　設定し，当該目標において一定期間に達成すべき到達点を明らかとするとともに，当該
　目標を労働者及び関係請負人その他の関係者に周知するものとする。

　　1　前条第1項の規定による調査結果

　　2　過去の安全衛生目標の達成状況

（安全衛生計画の作成）

第12条　事業者は，安全衛生目標を達成するため，事業場における危険性又は有害性等
　の調査の結果等に基づき，一定の期間を限り，安全衛生計画を作成するものとする。

②　安全衛生計画は，安全衛生目標を達成するための具体的な実施事項，日程等について
　定めるものであり，次の事項を含むものとする。

　　1　第10条第2項の規定により決定された措置の内容及び実施時期に関する事項

　　2　日常的な安全衛生活動の実施に関する事項

　　3　健康の保持増進のための活動の実施に関する事項

　　4　安全衛生教育及び健康教育の内容及び実施時期に関する事項

　　5　関係請負人に対する措置の内容及び実施時期に関する事項

　　6　安全衛生計画の期間に関する事項

　　7　安全衛生計画の見直しに関する事項

（安全衛生計画の実施等）

第13条　事業者は，安全衛生計画を適切かつ継続的に実施する手順を定めるとともに，

この手順に基づき，安全衛生計画を適切かつ継続的に実施するものとする。

② 事業者は，安全衛生計画を適切かつ継続的に実施するために必要な事項について労働者及び関係請負人その他の関係者に周知させる手順を定めるとともに，この手順に基づき，安全衛生計画を適切かつ継続的に実施するために必要な事項をこれらの者に周知させるものとする。

（緊急事態への対応）

第14条 事業者は，あらかじめ，労働災害発生の急迫した危険がある状態（以下「緊急事態」という。）が生ずる可能性を評価し，緊急事態が発生した場合に労働災害を防止するための措置を定めるとともに，これに基づき適切に対応するものとする。

（日常的な点検，改善等）

第15条 事業者は，安全衛生計画の実施状況等の日常的な点検及び改善を実施する手順を定めるとともに，この手順に基づき，安全衛生計画の実施状況等の日常的な点検及び改善を実施するものとする。

② 事業者は，次回の安全衛生計画を作成するに当たって，前項の日常的な点検及び改善並びに次条の調査等の結果を反映するものとする。

（労働災害発生原因の調査等）

第16条 事業者は，労働災害，事故等が発生した場合におけるこれらの原因の調査並びに問題点の把握及び改善を実施する手順を定めるとともに，労働災害，事故等が発生した場合には，この手順に基づき，これらの原因の調査並びに問題点の把握及び改善を実施するものとする。

（システム監査）

第17条 事業者は，定期的なシステム監査の計画を作成し，第5条から前条までに規定する事項についてシステム監査を適切に実施する手順を定めるとともに，この手順に基づき，システム監査を適切に実施するものとする。

② 事業者は，前項のシステム監査の結果，必要があると認めるときは，労働安全衛生マネジメントシステムに従って行う措置の実施について改善を行うものとする。

（労働安全衛生マネジメントシステムの見直し）

第18条 事業者は，前条第一項のシステム監査の結果を踏まえ，定期的に，労働安全衛生マネジメントシステムの妥当性及び有効性を確保するため，安全衛生方針の見直し，この指針に基づき定められた手順の見直し等労働安全衛生マネジメントシステムの全般的な見直しを行うものとする。

〔資料 8〕

危険性又は有害性等の調査等に関する指針

平成 18 年 3 月 10 日危険性又は有害性等の調査等に関する指針公示第 1 号

1　趣旨等

　生産工程の多様化・複雑化が進展するとともに，新たな機械設備・化学物質が導入されていること等により，労働災害の原因が多様化し，その把握が困難になっている。

　このような現状において，事業場の安全衛生水準の向上を図っていくため，労働安全衛生法（昭和 47 年法律第 57 号。以下「法」という。）第 28 条の 2 第 1 項において，労働安全衛生関係法令に規定される最低基準としての危害防止基準を遵守するだけでなく，事業者が自主的に個々の事業場の建設物，設備，原材料，ガス，蒸気，粉じん等による，又は作業行動その他業務に起因する危険性又は有害性等の調査（以下単に「調査」という。）を実施し，その結果に基づいて労働者の危険又は健康障害を防止するため必要な措置を講ずることが事業者の努力義務として規定されたところである。

　本指針は，法第 28 条の 2 第 2 項の規定に基づき，当該措置が各事業場において適切かつ有効に実施されるよう，その基本的な考え方及び実施事項について定め，事業者による自主的な安全衛生活動への取組を促進することを目的とするものである。

　また，本指針を踏まえ，特定の危険性又は有害性の種類等に関する詳細な指針が別途策定されるものとする。詳細な指針には，「化学物質等による労働者の危険又は健康障害を防止するため必要な措置に関する指針」，機械安全に関して厚生労働省労働基準局長の定めるものが含まれる。

　なお，本指針は，「労働安全衛生マネジメントシステムに関する指針」（平成 11 年労働省告示第 53 号）に定める危険性又は有害性等の調査及び実施事項の特定の具体的実施事項としても位置付けられるものである。

2　適用

　本指針は，建設物，設備，原材料，ガス，蒸気，粉じん等による，又は作業行動その他業務に起因する危険性又は有害性（以下単に「危険性又は有害性」という。）であって，労働者の就業に係る全てのものを対象とする。

3　実施内容

　事業者は，調査及びその結果に基づく措置（以下「調査等」という。）として，次に掲げる事項を実施するものとする。

⑴　労働者の就業に係る危険性又は有害性の特定

⑵　⑴により特定された危険性又は有害性によって生ずるおそれのある負傷又は疾病の重篤度及び発生する可能性の度合（以下「リスク」という。）の見積り

⑶　⑵の見積りに基づくリスクを低減するための優先度の設定及びリスクを低減するための措置（以下「リスク低減措置」という。）内容の検討

⑷　⑶の優先度に対応したリスク低減措置の実施

4　実施体制等

⑴　事業者は，次に掲げる体制で調査等を実施するものとする。

　ア　総括安全衛生管理者等，事業の実施を統括管理する者（事業場トップ）に調査等の実施を統括管理させること。

　イ　事業場の安全管理者，衛生管理者等に調査等の実施を管理させること。

　ウ　安全衛生委員会等（安全衛生委員会，安全委員会又は衛生委員会をいう。）の活用等を通じ，労働者を参画させること。

　エ　調査等の実施に当たっては，作業内容を詳しく把握している職長等に危険性又は有害性の特定，リスクの見積り，リスク低減措置の検討を行わせるように努めること。

　オ　機械設備等に係る調査等の実施に当たっては，当該機械設備等に専門的な知識を有する者を参画させるように努めること。

⑵　事業者は，⑴で定める者に対し，調査等を実施するために必要な教育を実施するものとする。

5　実施時期

⑴　事業者は，次のアからオまでに掲げる作業等の時期に調査等を行うものとする。

　ア　建設物を設置し，移転し，変更し，又は解体するとき。

　イ　設備を新規に採用し，又は変更するとき。

　ウ　原材料を新規に採用し，又は変更するとき。

　エ　作業方法又は作業手順を新規に採用し，又は変更するとき。

　オ　その他，次に掲げる場合等，事業場におけるリスクに変化が生じ，又は生ずるおそれのあるとき。

　　㈠　労働災害が発生した場合であって，過去の調査等の内容に問題がある場合

　　㈡　前回の調査等から一定の期間が経過し，機械設備等の経年による劣化，労働者の入れ替わり等に伴う労働者の安全衛生に係る知識経験の変化，新たな安全衛生に係る知見の集積等があった場合

⑵　事業者は，⑴のアからエまでに掲げる作業を開始する前に，リスク低減措置を実施することが必要であることに留意するものとする。

⑶　事業者は，⑴のアからエまでに係る計画を策定するときは，その計画を策定するときにおいても調査等を実施することが望ましい。

6　対象の選定

事業者は，次により調査等の実施対象を選定するものとする。

(1)　過去に労働災害が発生した作業，危険な事象が発生した作業等，労働者の就業に係る危険性又は有害性による負傷又は疾病の発生が合理的に予見可能であるものは，調査等の対象とすること。

(2)　(1)のうち，平坦な通路における歩行等，明らかに軽微な負傷又は疾病しかもたらさないと予想されるものについては，調査等の対象から除外して差し支えないこと。

7　情報の入手

(1)　事業者は，調査等の実施に当たり，次に掲げる資料等を入手し，その情報を活用するものとする。入手に当たっては，現場の実態を踏まえ，定常的な作業に係る資料等のみならず，非定常作業に係る資料等も含めるものとする。

　　ア　作業標準，作業手順書等

　　イ　仕様書，化学物質等安全データシート（MSDS）等，使用する機械設備，材料等に係る危険性又は有害性に関する情報

　　ウ　機械設備等のレイアウト等，作業の周辺の環境に関する情報

　　エ　作業環境測定結果等

　　オ　混在作業による危険性等，複数の事業者が同一の場所で作業を実施する状況に関する情報

　　カ　災害事例，災害統計等

　　キ　その他，調査等の実施に当たり参考となる資料等

(2)　事業者は，情報の入手に当たり，次に掲げる事項に留意するものとする。

　　ア　新たな機械設備等を外部から導入しようとする場合には，当該機械設備等のメーカーに対し，当該設備等の設計・製造段階において調査等を実施することを求め，その結果を入手すること。

　　イ　機械設備等の使用又は改造等を行おうとする場合に，自らが当該機械設備等の管理権原を有しないときは，管理権原を有する者等が実施した当該機械設備等に対する調査等の結果を入手すること。

　　ウ　複数の事業者が同一の場所で作業する場合には，混在作業による労働災害を防止するために元方事業者が実施した調査等の結果を入手すること。

　　エ　機械設備等が転倒するおそれがある場所等，危険な場所において，複数の事業者が作業を行う場合には，元方事業者が実施した当該危険な場所に関する調査等の結果を入手すること。

8　危険性又は有害性の特定

(1)　事業者は，作業標準等に基づき，労働者の就業に係る危険性又は有害性を特定するた

めに必要な単位で作業を洗い出した上で，各事業場における機械設備，作業等に応じて
あらかじめ定めた危険性又は有害性の分類に則して，各作業における危険性又は有害性
を特定するものとする。

⑵　事業者は，⑴の危険性又は有害性の特定に当たり，労働者の疲労等の危険性又は有害
性への付加的影響を考慮するものとする。

9　リスクの見積り

⑴　事業者は，リスク低減の優先度を決定するため，次に掲げる方法等により，危険性又
は有害性により発生するおそれのある負傷又は疾病の重篤度及びそれらの発生の可能性
の度合をそれぞれ考慮して，リスクを見積もるものとする。ただし，化学物質等による
疾病については，化学物質等の有害性の度合及びばく露の量をそれぞれ考慮して見積も
ることができる。

　ア　負傷又は疾病の重篤度とそれらが発生する可能性の度合を相対的に尺度化し，それ
　　らを縦軸と横軸とし，あらかじめ重篤度及び可能性の度合に応じてリスクが割り付け
　　られた表を使用してリスクを見積もる方法

　イ　負傷又は疾病の発生する可能性とその重篤度を一定の尺度によりそれぞれ数値化
　　し，それらを加算又は乗算等してリスクを見積もる方法

　ウ　負傷又は疾病の重篤度及びそれらが発生する可能性等を段階的に分岐していくこと
　　によりリスクを見積もる方法

⑵　事業者は，⑴の見積りに当たり，次に掲げる事項に留意するものとする。

　ア　予想される負傷又は疾病の対象者及び内容を明確に予測すること。

　イ　過去に実際に発生した負傷又は疾病の重篤度ではなく，最悪の状況を想定した最も
　　重篤な負傷又は疾病の重篤度を見積もること。

　ウ　負傷又は疾病の重篤度は，負傷や疾病等の種類にかかわらず，共通の尺度を使うこ
　　とが望ましいことから，基本的に，負傷又は疾病による休業日数等を尺度として使用
　　すること。

　エ　有害性が立証されていない場合でも，一定の根拠がある場合は，その根拠に基づき，
　　有害性が存在すると仮定して見積もるよう努めること。

⑶　事業者は，⑴の見積りを，事業場の機械設備，作業等の特性に応じ，次に掲げる負傷
又は疾病の類型ごとに行うものとする。

　ア　はさまれ，墜落等の物理的な作用によるもの

　イ　爆発，火災等の化学物質の物理的効果によるもの

　ウ　中毒等の化学物質等の有害性によるもの

　エ　振動障害等の物理因子の有害性によるもの

　　また，その際，次に掲げる事項を考慮すること。

　ア　安全装置の設置，立入禁止措置その他の労働災害防止のための機能又は方策（以下

「安全機能等」という。)の信頼性及び維持能力

イ　安全機能等を無効化する又は無視する可能性

ウ　作業手順の逸脱，操作ミスその他の予見可能な意図的・非意図的な誤使用又は危険行動の可能性

10　リスク低減措置の検討及び実施

⑴　事業者は，法令に定められた事項がある場合にはそれを必ず実施するとともに，次に掲げる優先順位でリスク低減措置内容を検討の上，実施するものとする。

ア　危険な作業の廃止・変更等，設計や計画の段階から労働者の就業に係る危険性又は有害性を除去又は低減する措置

イ　インターロック，局所排気装置等の設置等の工学的対策

ウ　マニュアルの整備等の管理的対策

エ　個人用保護具の使用

⑵　⑴の検討に当たっては，リスク低減に要する負担がリスク低減による労働災害防止効果と比較して大幅に大きく，両者に著しい不均衡が発生する場合であって，措置を講ずることを求めることが著しく合理性を欠くと考えられるときを除き，可能な限り高い優先順位のリスク低減措置を実施する必要があるものとする。

⑶　なお，死亡，後遺障害又は重篤な疾病をもたらすおそれのあるリスクに対して，適切なリスク低減措置の実施に時間を要する場合は，暫定的な措置を直ちに講ずるものとする。

11　記録

事業者は，次に掲げる事項を記録するものとする。

⑴　洗い出した作業

⑵　特定した危険性又は有害性

⑶　見積もったリスク

⑷　設定したリスク低減措置の優先度

⑸　実施したリスク低減措置の内容

〔資料9〕
化学物質等による危険性又は有害性等の調査等に関する指針

平成 27 年 9 月 18 日危険性又は有害性等の調査等に関する指針公示第 3 号

1 趣旨等

　本指針は，労働安全衛生法（昭和 47 年法律第 57 号。以下「法」という。）第 57 条の 3 第 3 項の規定に基づき，事業者が，化学物質，化学物質を含有する製剤その他の物で労働者の危険又は健康障害を生ずるおそれのあるものによる危険性又は有害性等の調査（以下「リスクアセスメント」という。）を実施し，その結果に基づいて労働者の危険又は健康障害を防止するため必要な措置（以下「リスク低減措置」という。）が各事業場において適切かつ有効に実施されるよう，リスクアセスメントからリスク低減措置の実施までの一連の措置の基本的な考え方及び具体的な手順の例を示すとともに，これらの措置の実施上の留意事項を定めたものである。

　また，本指針は，「労働安全衛生マネジメントシステムに関する指針」（平成 11 年労働省告示第 53 号）に定める危険性又は有害性等の調査及び実施事項の特定の具体的実施事項としても位置付けられるものである。

2 適用

　本指針は，法第 57 条の 3 第 1 項の規定に基づき行う「第 57 条第 1 項の政令で定める物及び通知対象物」（以下「化学物質等」という。）に係るリスクアセスメントについて適用し，労働者の就業に係る全てのものを対象とする。

3 実施内容

　事業者は，法第 57 条の 3 第 1 項に基づくリスクアセスメントとして，(1)から(3)までに掲げる事項を，労働安全衛生規則（昭和 47 年労働省令第 32 号。以下「安衛則」という。）第 34 条の 2 の 8 に基づき(5)に掲げる事項を実施しなければならない。また，法第 57 条の 3 第 2 項に基づき，法令の規定による措置を講ずるほか(4)に掲げる事項を実施するよう努めなければならない。

(1) 化学物質等による危険性又は有害性の特定

(2) (1)により特定された化学物質等による危険性又は有害性並びに当該化学物質等を取り扱う作業方法，設備等により業務に従事する労働者に危険を及ぼし，又は当該労働者の健康障害を生ずるおそれの程度及び当該危険又は健康障害の程度（以下「リスク」という。）の見積り

(3) (2)の見積りに基づくリスク低減措置の内容の検討

455

⑷　⑶のリスク低減措置の実施

⑸　リスクアセスメント結果の労働者への周知

4　実施体制等

⑴　事業者は，次に掲げる体制でリスクアセスメント及びリスク低減措置（以下「リスクアセスメント等」という。）を実施するものとする。

　ア　総括安全衛生管理者が選任されている場合には，当該者にリスクアセスメント等の実施を統括管理させること。総括安全衛生管理者が選任されていない場合には，事業の実施を統括管理する者に統括管理させること。

　イ　安全管理者又は衛生管理者が選任されている場合には，当該者にリスクアセスメント等の実施を管理させること。安全管理者又は衛生管理者が選任されていない場合には，職長その他の当該作業に従事する労働者を直接指導し，又は監督する者としての地位にあるものにリスクアセスメント等の実施を管理させること。

　ウ　化学物質等の適切な管理について必要な能力を有する者のうちから化学物質等の管理を担当する者(以下「化学物質管理者」という。)を指名し，この者に，上記イに掲げる者の下でリスクアセスメント等に関する技術的業務を行わせることが望ましいこと。

　エ　安全衛生委員会，安全委員会又は衛生委員会が設置されている場合には，これらの委員会においてリスクアセスメント等に関することを調査審議させ，また，当該委員会が設置されていない場合には，リスクアセスメント等の対象業務に従事する労働者の意見を聴取する場を設けるなど，リスクアセスメント等の実施を決定する段階において労働者を参画させること。

　オ　リスクアセスメント等の実施に当たっては，化学物質管理者のほか，必要に応じ，化学物質等に係る危険性及び有害性や，化学物質等に係る機械設備，化学設備，生産技術等についての専門的知識を有する者を参画させること。

　カ　上記のほか，より詳細なリスクアセスメント手法の導入又はリスク低減措置の実施に当たっての，技術的な助言を得るため，労働衛生コンサルタント等の外部の専門家の活用を図ることが望ましいこと。

⑵　事業者は，⑴のリスクアセスメントの実施を管理する者，技術的業務を行う者等（カの外部の専門家を除く。）に対し，リスクアセスメント等を実施するために必要な教育を実施するものとする。

5　実施時期

⑴　事業者は，安衛則第34条の2の7第1項に基づき，次のアからウまでに掲げる時期にリスクアセスメントを行うものとする。

　ア　化学物質等を原材料等として新規に採用し，又は変更するとき。

　イ　化学物質等を製造し，又は取り扱う業務に係る作業の方法又は手順を新規に採用

し，又は変更するとき。

ウ　化学物質等による危険性又は有害性等について変化が生じ，又は生ずるおそれがあるとき。具体的には，化学物質等の譲渡又は提供を受けた後に，当該化学物質等を譲渡し，又は提供した者が当該化学物質等に係る安全データシート（以下「SDS」という。）の危険性又は有害性に係る情報を変更し，その内容が事業者に提供された場合等が含まれること。

(2)　事業者は，(1)のほか，次のアからウまでに掲げる場合にもリスクアセスメントを行うよう努めること。

ア　化学物質等に係る労働災害が発生した場合であって，過去のリスクアセスメント等の内容に問題がある場合

イ　前回のリスクアセスメント等から一定の期間が経過し，化学物質等に係る機械設備等の経年による劣化，労働者の入れ替わり等に伴う労働者の安全衛生に係る知識経験の変化，新たな安全衛生に係る知見の集積等があった場合

ウ　既に製造し，又は取り扱っていた物質がリスクアセスメントの対象物質として新たに追加された場合など，当該化学物質等を製造し，又は取り扱う業務について過去にリスクアセスメント等を実施したことがない場合

(3)　事業者は，(1)のア又はイに掲げる作業を開始する前に，リスク低減措置を実施することが必要であることに留意するものとする。

(4)　事業者は，(1)のア又はイに係る設備改修等の計画を策定するときは，その計画策定段階においてもリスクアセスメント等を実施することが望ましいこと。

6　リスクアセスメント等の対象の選定

事業者は，次に定めるところにより，リスクアセスメント等の実施対象を選定するものとする。

(1)　事業場における化学物質等による危険性又は有害性等をリスクアセスメント等の対象とすること。

(2)　リスクアセスメント等は，対象の化学物質等を製造し，又は取り扱う業務ごとに行うこと。ただし，例えば，当該業務に複数の作業工程がある場合に，当該工程を1つの単位とする，当該業務のうち同一場所において行われる複数の作業を1つの単位とするなど，事業場の実情に応じ適切な単位で行うことも可能であること。

(3)　元方事業者にあっては，その労働者及び関係請負人の労働者が同一の場所で作業を行うこと（以下「混在作業」という。）によって生ずる労働災害を防止するため，当該混在作業についても，リスクアセスメント等の対象とすること。

7　情報の入手等

(1)　事業者は，リスクアセスメント等の実施に当たり，次に掲げる情報に関する資料等を

入手するものとする。

　　入手に当たっては，リスクアセスメント等の対象には，定常的な作業のみならず，非定常作業も含まれることに留意すること。

　　また，混在作業等複数の事業者が同一の場所で作業を行う場合にあっては，当該複数の事業者が同一の場所で作業を行う状況に関する資料等も含めるものとすること。

　　ア　リスクアセスメント等の対象となる化学物質等に係る危険性又は有害性に関する情報（SDS 等）

　　イ　リスクアセスメント等の対象となる作業を実施する状況に関する情報（作業標準，作業手順書等，機械設備等に関する情報を含む。）

⑵　事業者は，⑴のほか，次に掲げる情報に関する資料等を，必要に応じ入手するものとすること。

　　ア　化学物質等に係る機械設備等のレイアウト等，作業の周辺の環境に関する情報

　　イ　作業環境測定結果等

　　ウ　災害事例，災害統計等

　　エ　その他，リスクアセスメント等の実施に当たり参考となる資料等

⑶　事業者は，情報の入手に当たり，次に掲げる事項に留意するものとする。

　　ア　新たに化学物質等を外部から取得等しようとする場合には，当該化学物質等を譲渡し，又は提供する者から，当該化学物質等に係る SDS を確実に入手すること。

　　イ　化学物質等に係る新たな機械設備等を外部から導入しようとする場合には，当該機械設備等の製造者に対し，当該設備等の設計・製造段階においてリスクアセスメントを実施することを求め，その結果を入手すること。

　　ウ　化学物質等に係る機械設備等の使用又は改造等を行おうとする場合に，自らが当該機械設備等の管理権原を有しないときは，管理権原を有する者等が実施した当該機械設備等に対するリスクアセスメントの結果を入手すること。

⑷　元方事業者は，次に掲げる場合には，関係請負人におけるリスクアセスメントの円滑な実施に資するよう，自ら実施したリスクアセスメント等の結果を当該業務に係る関係請負人に提供すること。

　　ア　複数の事業者が同一の場所で作業する場合であって，混在作業における化学物質等による労働災害を防止するために元方事業者がリスクアセスメント等を実施したとき。

　　イ　化学物質等にばく露するおそれがある場所等，化学物質等による危険性又は有害性がある場所において，複数の事業者が作業を行う場合であって，元方事業者が当該場所に関するリスクアセスメント等を実施したとき。

8　危険性又は有害性の特定

　　事業者は，化学物質等について，リスクアセスメント等の対象となる業務を洗い出した上で，原則としてア及びイに即して危険性又は有害性を特定すること。また，必要に応じ，

ウに掲げるものについても特定することが望ましいこと。

ア　国際連合から勧告として公表された「化学品の分類及び表示に関する世界調和システム（GHS）」（以下「GHS」という。）又は日本工業規格 Z 7252 に基づき分類された化学物質等の危険性又は有害性（SDS を入手した場合には，当該 SDS に記載されている GHS 分類結果）

イ　日本産業衛生学会の許容濃度又は米国産業衛生専門家会議（ACGIH）の TLV-TWA 等の化学物質等のばく露限界（以下「ばく露限界」という。）が設定されている場合にはその値（SDS を入手した場合には，当該 SDS に記載されているばく露限界）

ウ　ア又はイによって特定される危険性又は有害性以外の，負傷又は疾病の原因となるおそれのある危険性又は有害性。この場合，過去に化学物質等による労働災害が発生した作業，化学物質等による危険又は健康障害のおそれがある事象が発生した作業等により事業者が把握している情報があるときには，当該情報に基づく危険性又は有害性が必ず含まれるよう留意すること。

9　リスクの見積り

(1)　事業者は，リスク低減措置の内容を検討するため，安衛則第 34 条の 2 の 7 第 2 項に基づき，次に掲げるいずれかの方法（危険性に係るものにあっては，ア又はウに掲げる方法に限る。）により，又はこれらの方法の併用により化学物質等によるリスクを見積もるものとする。

ア　化学物質等が当該業務に従事する労働者に危険を及ぼし，又は化学物質等により当該労働者の健康障害を生ずるおそれの程度（発生可能性）及び当該危険又は健康障害の程度（重篤度）を考慮する方法。具体的には，次に掲げる方法があること。

(ア)　発生可能性及び重篤度を相対的に尺度化し，それらを縦軸と横軸とし，あらかじめ発生可能性及び重篤度に応じてリスクが割り付けられた表を使用してリスクを見積もる方法

(イ)　発生可能性及び重篤度を一定の尺度によりそれぞれ数値化し，それらを加算又は乗算等してリスクを見積もる方法

(ウ)　発生可能性及び重篤度を段階的に分岐していくことによりリスクを見積もる方法

(エ)　ILO の化学物質リスク簡易評価法（コントロール・バンディング）等を用いてリスクを見積もる方法

(オ)　化学プラント等の化学反応のプロセス等による災害のシナリオを仮定して，その事象の発生可能性と重篤度を考慮する方法

イ　当該業務に従事する労働者が化学物質等にさらされる程度（ばく露の程度）及び当該化学物質等の有害性の程度を考慮する方法。具体的には，次に掲げる方法があるが，このうち，(ア)の方法を採ることが望ましいこと。

(ア)　対象の業務について作業環境測定等により測定した作業場所における化学物質等

の気中濃度等を，当該化学物質等のばく露限界と比較する方法

　　㈦　数理モデルを用いて対象の業務に係る作業を行う労働者の周辺の化学物質等の気中濃度を推定し，当該化学物質のばく露限界と比較する方法

　　㈢　対象の化学物質等への労働者のばく露の程度及び当該化学物質等による有害性を相対的に尺度化し，それらを縦軸と横軸とし，あらかじめばく露の程度及び有害性の程度に応じてリスクが割り付けられた表を使用してリスクを見積もる方法

　ウ　ア又はイに掲げる方法に準ずる方法。具体的には，次に掲げる方法があること。

　　㈠　リスクアセスメントの対象の化学物質等に係る危険又は健康障害を防止するための具体的な措置が労働安全衛生法関係法令（主に健康障害の防止を目的とした有機溶剤中毒予防規則（昭和 47 年労働省令第 36 号），鉛中毒予防規則（昭和 47 年労働省令第 37 号），四アルキル鉛中毒予防規則（昭和 47 年労働省令第 38 号）及び特定化学物質障害予防規則（昭和 47 年労働省令第 39 号）の規定並びに主に危険の防止を目的とした労働安全衛生法施行令（昭和 47 年政令第 318 号）別表第 1 に掲げる危険物に係る安衛則の規定）の各条項に規定されている場合に，当該規定を確認する方法。

　　㈡　リスクアセスメントの対象の化学物質等に係る危険を防止するための具体的な規定が労働安全衛生法関係法令に規定されていない場合において，当該化学物質等のSDS に記載されている危険性の種類（例えば「爆発物」など）を確認し，当該危険性と同種の危険性を有し，かつ，具体的措置が規定されている物に係る当該規定を確認する方法

⑵　事業者は，⑴のア又はイの方法により見積りを行うに際しては，用いるリスクの見積り方法に応じて，7で入手した情報等から次に掲げる事項等必要な情報を使用すること。

　ア　当該化学物質等の性状

　イ　当該化学物質等の製造量又は取扱量

　ウ　当該化学物質等の製造又は取扱い（以下「製造等」という。)に係る作業の内容

　エ　当該化学物質等の製造等に係る作業の条件及び関連設備の状況

　オ　当該化学物質等の製造等に係る作業への人員配置の状況

　カ　作業時間及び作業の頻度

　キ　換気設備の設置状況

　ク　保護具の使用状況

　ケ　当該化学物質等に係る既存の作業環境中の濃度若しくはばく露濃度の測定結果又は生物学的モニタリング結果

⑶　事業者は，⑴のアの方法によるリスクの見積りに当たり，次に掲げる事項等に留意するものとする。

　ア　過去に実際に発生した負傷又は疾病の重篤度ではなく，最悪の状況を想定した最も重篤な負傷又は疾病の重篤度を見積もること。

イ 負傷又は疾病の重篤度は，傷害や疾病等の種類にかかわらず，共通の尺度を使うことが望ましいことから，基本的に，負傷又は疾病による休業日数等を尺度として使用すること。

ウ リスクアセスメントの対象の業務に従事する労働者の疲労等の危険性又は有害性への付加的影響を考慮することが望ましいこと。

(4) 事業者は，一定の安全衛生対策が講じられた状態でリスクを見積もる場合には，用いるリスクの見積り方法における必要性に応じて，次に掲げる事項等を考慮すること。

ア 安全装置の設置，立入禁止措置，排気・換気装置の設置その他の労働災害防止のための機能又は方策（以下「安全衛生機能等」という。）の信頼性及び維持能力

イ 安全衛生機能等を無効化する又は無視する可能性

ウ 作業手順の逸脱，操作ミスその他の予見可能な意図的・非意図的な誤使用又は危険行動の可能性

エ 有害性が立証されていないが，一定の根拠がある場合における当該根拠に基づく有害性

10 リスク低減措置の検討及び実施

(1) 事業者は，法令に定められた措置がある場合にはそれを必ず実施するほか，法令に定められた措置がない場合には，次に掲げる優先順位でリスク低減措置の内容を検討するものとする。ただし，法令に定められた措置以外の措置にあっては，9(1)イの方法を用いたリスクの見積り結果として，ばく露濃度等がばく露限界を相当程度下回る場合は，当該リスクは，許容範囲内であり，リスク低減措置を検討する必要がないものとして差し支えないものであること。

ア 危険性又は有害性のより低い物質への代替，化学反応のプロセス等の運転条件の変更，取り扱う化学物質等の形状の変更等又はこれらの併用によるリスクの低減

イ 化学物質等に係る機械設備等の防爆構造化，安全装置の二重化等の工学的対策又は化学物質等に係る機械設備等の密閉化，局所排気装置の設置等の衛生工学的対策

ウ 作業手順の改善，立入禁止等の管理的対策

エ 化学物質等の有害性に応じた有効な保護具の使用

(2) (1)の検討に当たっては，より優先順位の高い措置を実施することにした場合であって，当該措置により十分にリスクが低減される場合には，当該措置よりも優先順位の低い措置の検討まで要するものではないこと。また，リスク低減に要する負担がリスク低減による労働災害防止効果と比較して大幅に大きく，両者に著しい不均衡が発生する場合であって，措置を講ずることを求めることが著しく合理性を欠くと考えられるときを除き，可能な限り高い優先順位のリスク低減措置を実施する必要があるものとする。

(3) 死亡，後遺障害又は重篤な疾病をもたらすおそれのあるリスクに対して，適切なリスク低減措置の実施に時間を要する場合は，暫定的な措置を直ちに講ずるほか，(1)におい

て検討したリスク低減措置の内容を速やかに実施するよう努めるものとする。

⑷　リスク低減措置を講じた場合には，当該措置を実施した後に見込まれるリスクを見積もることが望ましいこと。

11　リスクアセスメント結果等の労働者への周知等

⑴　事業者は，安衛則第34条の2の8に基づき次に掲げる事項を化学物質等を製造し，又は取り扱う業務に従事する労働者に周知するものとする。

　ア　対象の化学物質等の名称

　イ　対象業務の内容

　ウ　リスクアセスメントの結果

　　㈠　特定した危険性又は有害性

　　㈡　見積もったリスク

　エ　実施するリスク低減措置の内容

⑵　⑴の周知は，次に掲げるいずれかの方法によること。

　ア　各作業場の見やすい場所に常時掲示し，又は備え付けること

　イ　書面を労働者に交付すること

　ウ　磁気テープ，磁気ディスクその他これらに準ずる物に記録し，かつ，各作業場に労働者が当該記録の内容を常時確認できる機器を設置すること

⑶　法第59条第1項に基づく雇入れ時教育及び同条第2項に基づく作業変更時教育においては，安衛則第35条第1項第1号，第2号及び第5号に掲げる事項として，⑴に掲げる事項を含めること。

　　なお，5の⑴に掲げるリスクアセスメント等の実施時期のうちアからウまでについては，法第59条第2項の「作業内容を変更したとき」に該当するものであること。

⑷　リスクアセスメントの対象の業務が継続し⑴の労働者への周知等を行っている間は，事業者は⑴に掲げる事項を記録し，保存しておくことが望ましい。

12　その他

　表示対象物又は通知対象物以外のものであって，化学物質，化学物質を含有する製剤その他の物で労働者に危険又は健康障害を生ずるおそれのあるものについては，法第28条の2に基づき，この指針に準じて取り組むよう努めること。

〔資料 10〕

化学物質等の危険性又は有害性等の表示
又は通知等の促進に関する指針

平成 24 年 3 月 16 日厚生労働省告示第 133 号
最終改正　平成 28 年 4 月 18 日厚生労働省告示第 208 号

（目的）

第 1 条　この指針は，危険有害化学物質等（労働安全衛生規則（以下「則」という。）第 24
条の 14 第 1 項に規定する危険有害化学物質等をいう。以下同じ。）及び特定危険有害化
学物質等（則第 24 条の 15 第 1 項に規定する特定危険有害化学物質等をいう。以下同じ。）
の危険性又は有害性等についての表示及び通知に関し必要な事項を定めるとともに，労
働者に対する危険又は健康障害を生ずるおそれのある物（危険有害化学物質等並びに労
働安全衛生法施行令（昭和 47 年政令第 318 号）第 18 条各号及び同令別表第 3 第 1 号に
掲げる物をいう。以下「化学物質等」という。）に関する適切な取扱いを促進し，もって
化学物質等による労働災害の防止に資することを目的とする。

〔譲渡提供者による表示〕

第 2 条　危険有害化学物質等を容器に入れ，又は包装して，譲渡し，又は提供する者は，
当該容器又は包装（容器に入れ，かつ，包装して，譲渡し，又は提供する場合にあって
は，その容器。以下この条において同じ。）に，当該危険有害化学物質等に係る次に掲げ
るものを表示するものとする。ただし，その容器又は包装のうち，主として一般消費者
の生活の用に供するためのものについては，この限りでない。

　1　次に掲げる事項

　　イ　名称

　　ロ　人体に及ぼす作用

　　ハ　貯蔵又は取扱い上の注意

　　ニ　表示をする者の氏名（法人にあっては，その名称），住所及び電話番号

　　ホ　注意喚起語

　　ヘ　安定性及び反応性

　2　則第 24 条の 14 第 1 項第 2 号の規定に基づき厚生労働大臣が定める標章（平成 24
　　年厚生労働省告示第 151 号）において定める絵表示

②　前項の規定による表示は，同項の容器又は包装に，同項各号に掲げるもの（以下「表
示事項等」という。）を印刷し，又は表示事項等を印刷した票箋を貼り付けて行わなけれ
ばならない。ただし，当該容器又は包装に表示事項等の全てを印刷し，又は表示事項等
の全てを印刷した票箋を貼り付けることが困難なときは，当該表示事項等のうち同項第
1 号ロからヘまで及び同項第 2 号に掲げるものについては，これらを印刷した票箋を当

463

該容器又は包装に結びつけることにより表示することができる。

③　危険有害化学物質等を第1項に規定する方法以外の方法により譲渡し，又は提供する者は，表示事項等を記載した文書を，譲渡し，又は提供する相手方に交付するものとする。

④　危険有害化学物質等を譲渡し，又は提供した者は，譲渡し，又は提供した後において，当該危険有害化学物質等に係る表示事項等に変更が生じた場合には，当該変更の内容について，譲渡し，又は提供した相手方に，速やかに，通知するものとする。

⑤　前四項の規定にかかわらず，危険有害化学物質等に関し表示事項等の表示について法令に定めがある場合には，当該表示事項等の表示については，その定めによることができる。

（譲渡提供者による通知等）

第3条　特定危険有害化学物質等を譲渡し，又は提供する者は，文書の交付又は相手方の事業者が承諾した方法により当該特定危険有害化学物質等に関する次に掲げる事項（前条第3項に規定する者にあっては，表示事項等を除く。）を，譲渡し，又は提供する相手方に通知するものとする。ただし，主として一般消費者の生活の用に供される製品として特定危険有害化学物質等を譲渡し，又は提供する場合については，この限りではない。

1　名称

2　成分及びその含有量

3　物理的及び化学的性質

4　人体に及ぼす作用

5　貯蔵又は取扱い上の注意

6　流出その他の事故が発生した場合において講ずべき応急の措置

7　通知を行う者の氏名（法人にあっては，その名称），住所及び電話番号

8　危険性又は有害性の要約

9　安定性及び反応性

10　適用される法令

11　その他参考となる事項

②　前条第4項の規定は，前項の通知について準用する。

（事業者による表示及び文書の作成等）

第4条　事業者（化学物質等を製造し，又は輸入する事業者及び当該物の譲渡又は提供を受ける相手方の事業者をいう。以下同じ。）は，容器に入れ，又は包装した化学物質等を労働者に取り扱わせるときは，当該容器又は包装（容器に入れ，かつ，包装した化学物質等を労働者に取り扱わせる場合にあっては，当該容器。以下第3項において「容器等」という。）に，表示事項等を表示するものとする。

②　第2条第2項の規定は，前項の表示について準用する。

③　事業者は，前項において準用する第2条第2項の規定による表示をすることにより労働者の化学物質等の取扱いに支障が生じるおそれがある場合又は同項ただし書の規定による表示が困難な場合には，次に掲げる措置を講ずることにより表示することができる。

　1　当該容器等に名称を表示し，必要に応じ，第2条第1項第2号の絵表示を併記すること。

　2　表示事項等を，当該容器等を取り扱う労働者が容易に知ることができるよう常時作業場の見やすい場所に掲示し，若しくは表示事項等を記載した一覧表を当該作業場に備え置くこと，又は表示事項等を，磁気テープ，磁気ディスクその他これらに準ずる物に記録し，かつ，当該容器等を取り扱う作業場に当該容器等を取り扱う労働者が当該記録の内容を常時確認できる機器を設置すること。

④　事業者は，化学物質等を第1項に規定する方法以外の方法により労働者に取り扱わせるときは，当該化学物質等を専ら貯蔵し，又は取り扱う場所に，表示事項等を掲示するものとする。

⑤　事業者（化学物質等を製造し，又は輸入する事業者に限る。）は，化学物質等を労働者に取り扱わせるときは，当該化学物質等に係る前条第1項各号に掲げる事項を記載した文書を作成するものとする。

⑥　事業者は，第2条第4項（前条第2項において準用する場合を含む。）の規定により通知を受けたとき，第1項の規定により表示（第2項の規定により準用する第2条第2項ただし書の場合における表示及び第3項の規定により講じる措置を含む。以下この項において同じ。）をし，若しくは第4項の規定により掲示をした場合であって当該表示若しくは掲示に係る表示事項等に変更が生じたとき，又は前項の規定により文書を作成した場合であって当該文書に係る前条第1項各号に掲げる事項に変更が生じたときは，速やかに，当該通知，当該表示事項等の変更又は当該各号に掲げる事項の変更に係る事項について，その書換えを行うものとする。

（安全データシートの掲示等）

第5条　事業者は，化学物質等を労働者に取り扱わせるときは，第3条第1項の規定により通知された事項又は前条第5項の規定により作成された文書に記載された事項（以下この条においてこれらの事項が記載された文書等を「安全データシート」という。）を，常時作業場の見やすい場所に掲示し，又は備え付ける等の方法により労働者に周知するものとする。

②　事業者は，労働安全衛生法（以下第4項において「法」という。）第28条の2第1項又は第57条の3第1項の調査を実施するに当たっては，安全データシートを活用するものとする。

③　事業者は，化学物質等を取り扱う労働者について当該化学物質等による労働災害を防止するための教育その他の措置を講ずるに当たっては，安全データシートを活用するも

のとする。

④　法第17条第1項の安全委員会，法第18条第1項の衛生委員会又は法第19条第1項
の安全衛生委員会（以下この項において「委員会」という。)を設置する事業者は，当該
事業場において取り扱う化学物質等の危険性又は有害性その他の性質等について，事業
者，労働者その他の関係者の理解を深めるとともに，化学物質等に関する適切な取扱い
を行わせるための方策に関し，委員会に調査審議させ，及び事業者に対し意見を述べさ
せるものとする。

（細目）

第6条　この指針に定める事項に関し必要な細目は，厚生労働省労働基準局長が定める。

〔資料11〕
事業場における労働者の健康保持増進のための指針

昭和63年9月1日健康保持増進のための指針公示第1号
最終改正　令和3年2月8日健康保持増進のための指針公示第8号

1　趣旨

　近年の高年齢労働者の増加，急速な技術革新の進展等の社会経済情勢の変化，労働者の就業意識や働き方の変化，業務の質的変化等に伴い，定期健康診断の有所見率が増加傾向にあるとともに，心疾患及び脳血管疾患の誘因となるメタボリックシンドロームが強く疑われる者とその予備群は，男性の約2人に1人，女性の約5人に1人の割合に達している。また，仕事に関して強い不安やストレスを感じている労働者の割合が高い水準で推移している。

　このような労働者の心身の健康問題に対処するためには，早い段階から心身の両面について健康教育等の予防対策に取り組むことが重要であることから，事業場において，全ての労働者を対象として心身両面の総合的な健康の保持増進を図ることが必要である。なお，労働者の健康の保持増進を図ることは，労働生産性向上の観点からも重要である。

　また，事業場において健康教育等の労働者の健康の保持増進のための措置が適切かつ有効に実施されるためには，その具体的な実施方法が，事業場において確立していることが必要である。

　本指針は，労働安全衛生法（昭和47年法律第57号）第70条の2第1項の規定に基づき，同法第69条第1項の事業場において事業者が講ずるよう努めるべき労働者の健康の保持増進のための措置（以下「健康保持増進措置」という。)が適切かつ有効に実施されるため，当該措置の原則的な実施方法について定めたものである。事業者は，健康保持増進措置の実施に当たっては，本指針に基づき，事業場内の産業保健スタッフ等に加えて，積極的に労働衛生機関，中央労働災害防止協会，スポーツクラブ，医療保険者，地域の医師会や歯科医師会，地方公共団体又は産業保健総合支援センター等の事業場外資源を活用することで，効果的な取組を行うものとする。また，全ての措置の実施が困難な場合には，可能なものから実施する等，各事業場の実態に即した形で取り組むことが望ましい。

2　健康保持増進対策の基本的考え方

　近年，生活習慣病予備群に対する生活習慣への介入効果についての科学的根拠が国際的に蓄積され，生活習慣病予備群に対する効果的な介入プログラムが開発されてきた。さらに，メタボリックシンドロームの診断基準が示され，内臓脂肪の蓄積に着目した保健指導の重要性が明らかになっている。また，健康管理やメンタルヘルスケア等心身両面にわた

467

る健康指導技術の開発も進み，多くの労働者を対象とした健康の保持増進活動が行えるようになってきた。

　また，労働者の健康の保持増進には，労働者が自主的，自発的に取り組むことが重要である。しかし，労働者の働く職場には労働者自身の力だけでは取り除くことができない疾病増悪要因，ストレス要因等が存在しているため，労働者の健康を保持増進していくためには，労働者の自助努力に加えて，事業者の行う健康管理の積極的推進が必要である。その健康管理も単に健康障害を防止するという観点のみならず，更に一歩進んで，労働生活の全期間を通じて継続的かつ計画的に心身両面にわたる積極的な健康保持増進を目指したものでなければならず，生活習慣病の発症や重症化の予防のために保健事業を実施している医療保険者と連携したコラボヘルスの推進も求められている。

　労働者の健康の保持増進のための具体的措置としては，運動指導，メンタルヘルスケア，栄養指導，口腔保健指導，保健指導等があり，各事業場の実態に即して措置を実施していくことが必要である。

　さらに，事業者は，健康保持増進対策を推進するに当たって，次の事項に留意することが必要である。

① 　健康保持増進対策における対象の考え方

　　健康保持増進措置は，主に生活習慣上の課題を有する労働者の健康状態の改善を目指すために個々の労働者に対して実施するものと，事業場全体の健康状態の改善や健康増進に係る取組の活性化等，生活習慣上の課題の有無に関わらず労働者を集団として捉えて実施するものがある。事業者はそれぞれの措置の特徴を理解したうえで，これらの措置を効果的に組み合わせて健康保持増進対策に取り組むことが望ましい。

② 　労働者の積極的な参加を促すための取組

　　労働者の中には健康増進に関心を持たない者も一定数存在すると考えられることから，これらの労働者にも抵抗なく健康保持増進に取り組んでもらえるようにすることが重要である。加えて，労働者の行動が無意識のうちに変化する環境づくりやスポーツ等の楽しみながら参加できる仕組みづくり等に取り組むことも重要である。また，これらを通じて事業者は，労働者が健康保持増進に取り組む文化や風土を醸成していくことが望ましい。

③ 　労働者の高齢化を見据えた取組

　　労働者が高年齢期を迎えても就業を継続するためには，心身両面の総合的な健康が維持されていることが必要である。加齢に伴う筋量の低下等による健康状態の悪化を防ぐためには，高齢期のみならず，若年期からの運動の習慣化等の健康保持増進が有効である。健康保持増進措置を検討するに当たっては，このような視点を盛り込むことが望ましい。

3　健康保持増進対策の推進に当たっての基本事項

事業者は，健康保持増進対策を中長期的視点に立って，継続的かつ計画的に行うため，以下の項目に沿って積極的に進めていく必要がある。

また，健康保持増進対策の推進に当たっては，事業者が労働者等の意見を聴きつつ事業場の実態に即した取組を行うため，労使，産業医，衛生管理者等で構成される衛生委員会等を活用して以下の項目に取り組むとともに，各項目の内容について関係者に周知することが必要である。

なお，衛生委員会等の設置義務のない小規模事業場においても，これらの実施に当たっては，労働者等の意見が反映されるようにすることが必要である。

加えて，健康保持増進対策の推進単位については，事業場単位だけでなく，企業単位で取り組むことも考えられる。

⑴　健康保持増進方針の表明

事業者は，健康保持増進方針を表明するものとする。健康保持増進方針は，事業場における労働者の健康の保持増進を図るための基本的な考え方を示すものであり，次の事項を含むものとする。

・事業者自らが事業場における健康保持増進を積極的に支援すること。

・労働者の健康の保持増進を図ること。

・労働者の協力の下に，健康保持増進対策を実施すること。

・健康保持増進措置を適切に実施すること。

⑵　推進体制の確立

事業者は，事業場内の健康保持増進対策を推進するため，その実施体制を確立するものとする（4⑴参照）。

⑶　課題の把握

事業者は，事業場における労働者の健康の保持増進に関する課題等を把握し，健康保持増進対策を推進するスタッフ等の専門的な知見も踏まえ，健康保持増進措置を検討するものとする。なお，課題の把握に当たっては，労働者の健康状態等が把握できる客観的な数値等を活用することが望ましい。

⑷　健康保持増進目標の設定

事業者は，健康保持増進方針に基づき，把握した課題や過去の目標の達成状況を踏まえ，健康保持増進目標を設定し，当該目標において一定期間に達成すべき到達点を明らかにする。

また，健康保持増進対策は，中長期的視点に立って，継続的かつ計画的に行われるようにする必要があることから，目標においても中長期的な指標を設定し，その達成のために計画を進めていくことが望ましい。

⑸　健康保持増進措置の決定

事業者は，表明した健康保持増進方針，把握した課題及び設定した健康保持増進目標

を踏まえ，事業場の実情も踏まえつつ，健康保持増進措置を決定する。

(6)　健康保持増進計画の作成

　　事業者は，健康保持増進目標を達成するため，健康保持増進計画を作成するものとする。健康保持増進計画は各事業場における労働安全衛生に関する計画の中に位置付けることが望ましい。

　　健康保持増進計画は具体的な実施事項，日程等について定めるものであり，次の事項を含むものとする。

・健康保持増進措置の内容及び実施時期に関する事項

・健康保持増進計画の期間に関する事項

・健康保持増進計画の実施状況の評価及び計画の見直しに関する事項

(7)　健康保持増進計画の実施

　　事業者は，健康保持増進計画を適切かつ継続的に実施するものとする。また，健康保持増進計画を適切かつ継続的に実施するために必要な留意すべき事項を定めるものとする。

(8)　実施結果の評価

　　事業者は，事業場における健康保持増進対策を，継続的かつ計画的に推進していくため，当該対策の実施結果等を評価し，新たな目標や措置等に反映させることにより，今後の取組を見直すものとする。

4　健康保持増進対策の推進に当たって事業場ごとに定める事項

　　以下の項目は，健康保持増進対策の推進に当たって，効果的な推進体制を確立するための方法及び健康保持増進措置についての考え方を示したものである。事業者は，各事業場の実態に即した適切な体制の確立及び実施内容について，それぞれ以下の事項より選択し，実施するものとする。

(1)　体制の確立

　　事業者は，次に掲げるスタッフや事業場外資源等を活用し，健康保持増進対策の実施体制を整備し，確立する。

　イ　事業場内の推進スタッフ

　　　事業場における健康保持増進対策の推進に当たっては，事業場の実情に応じて，事業者が，労働衛生等の知識を有している産業医等，衛生管理者等，事業場内の保健師等の事業場内産業保健スタッフ及び人事労務管理スタッフ等を活用し，各担当における役割を定めたうえで，事業場内における体制を構築する。

　　　また，例えば労働者に対して運動プログラムを作成し，運動実践を行うに当たっての指導を行うことができる者，労働者に対してメンタルヘルスケアを行うことができる者等の専門スタッフを養成し，活用することも有効である。なお，健康保持増進措置を効果的に実施する上で，これらのスタッフは，専門分野における十分な知識・技

能と労働衛生等についての知識を有していることが必要である。このため，事業者は，これらのスタッフに研修機会を与える等の能力の向上に努める。

ロ　事業場外資源

　健康保持増進対策の推進体制を確立するため，事業場内のスタッフを活用することに加え，事業場が取り組む内容や求めるサービスに応じて，健康保持増進に関し専門的な知識を有する各種の事業場外資源を活用する。事業場外資源を活用する場合は，健康保持増進対策に関するサービスが適切に実施できる体制や，情報管理が適切に行われる体制が整備されているか等について，事前に確認する。事業場外資源として考えられる機関等は以下のとおり。

・労働衛生機関，中央労働災害防止協会，スポーツクラブ等の健康保持増進に関する支援を行う機関

・医療保険者

・地域の医師会や歯科医師会，地方公共団体等の地域資源

・産業保健総合支援センター

(2)　健康保持増進措置の内容

　事業者は，次に掲げる健康保持増進措置の具体的項目を実施する。

イ　健康指導

(イ)　労働者の健康状態の把握

　健康指導の実施に当たっては，健康診断や必要に応じて行う健康測定等により労働者の健康状態を把握し，その結果に基づいて実施する必要がある。健康測定とは，健康指導を行うために実施される調査，測定等のことをいい，疾病の早期発見に重点をおいた健康診断を活用しつつ，追加で生活状況調査や医学的検査等を実施するものである。

　なお，健康測定は，産業医等が中心となって行い，その結果に基づき各労働者の健康状態に応じた必要な指導を決定する。それに基づき，事業場内の推進スタッフ等が労働者に対して労働者自身の健康状況について理解を促すとともに，必要な健康指導を実施することが効果的である。

　また，データヘルスやコラボヘルス等の労働者の健康保持増進対策を推進するため，労働安全衛生法に基づく定期健康診断の結果の記録等，労働者の健康状態等が把握できる客観的な数値等を医療保険者に共有することが必要であり，そのデータを医療保険者と連携して，事業場内外の複数の集団間のデータと比較し，事業場における労働者の健康状態の改善や健康保持増進に係る取組の決定等に活用することが望ましい。

(ロ)　健康指導の実施

　労働者の健康状態の把握を踏まえ実施される労働者に対する健康指導については，以下の項目を含むもの又は関係するものとする。また，事業者は，希望する労

働者に対して個別に健康相談等を行うように努めることが必要である。

・労働者の生活状況，希望等が十分に考慮され，運動の種類及び内容が安全に楽しくかつ効果的に実践できるよう配慮された運動指導

・ストレスに対する気付きへの援助，リラクセーションの指導等のメンタルヘルスケア

・食習慣や食行動の改善に向けた栄養指導

・歯と口の健康づくりに向けた口腔保健指導

・勤務形態や生活習慣による健康上の問題を解決するために職場生活を通して行う，睡眠，喫煙，飲酒等に関する健康的な生活に向けた保健指導

ロ　その他の健康保持増進措置

　イに掲げるもののほか，健康教育，健康相談又は，健康保持増進に関する啓発活動や環境づくり等の内容も含むものとする。なお，その他の健康保持増進措置を実施するに当たっても労働者の健康状態を事前に把握し，取り組むことが有用である。

5　健康保持増進対策の推進における留意事項

(1)　客観的な数値の活用

　事業場における健康保持増進の問題点についての正確な把握や達成すべき目標の明確化等が可能となることから，課題の把握や目標の設定等においては，労働者の健康状態等を客観的に把握できる数値を活用することが望ましい。数値については，例えば，定期健康診断結果や医療保険者から提供される事業場内外の複数の集団間の健康状態を比較したデータ等を活用することが考えられる。

(2)　「労働者の心の健康の保持増進のための指針」との関係

　本指針のメンタルヘルスケアとは，積極的な健康づくりを目指す人を対象にしたものであって，その内容は，ストレスに対する気付きへの援助，リラクセーションの指導等であり，その実施に当たっては，労働者の心の健康の保持増進のための指針（平成18年3月31日健康保持増進のための指針公示第3号）を踏まえて，集団や労働者の状況に応じて適切に行われる必要がある。また，健康保持増進措置として，メンタルヘルスケアとともに，運動指導，保健指導等を含めた取組を実施する必要がある。

(3)　個人情報の保護への配慮

　健康保持増進対策を進めるに当たっては，健康情報を含む労働者の個人情報の保護に配慮することが極めて重要である。

　健康情報を含む労働者の個人情報の保護に関しては，個人情報の保護に関する法律（平成15年法律第57号）及び労働者の心身の状態に関する情報の適正な取扱いのために事業者が講ずべき措置に関する指針（平成30年9月7日労働者の心身の状態に関する情報の適正な取扱い指針公示第1号）等の関連する指針等が定められており，個人情報を

事業の用に供する個人情報取扱事業者に対して，個人情報の利用目的の公表や通知，目的外の取扱いの制限，安全管理措置，第三者提供の制限等を義務づけている。また，個人情報取扱事業者以外の事業者であって健康情報を取り扱う者は，健康情報が特に適正な取扱いの厳格な実施を確保すべきものであることに十分留意し，その適正な取扱いの確保に努めることとされている。事業者は，これらの法令等を遵守し，労働者の健康情報の適正な取扱いを図るものとする。

また，健康測定等健康保持増進の取組において，その実施の事務に従事した者が，労働者から取得した健康情報を利用するに当たっては，当該労働者の健康保持増進のために必要な範囲を超えて利用してはならないことに留意すること。事業者を含む第三者が，労働者本人の同意を得て健康情報を取得した場合であっても，これと同様であること。

なお，高齢者の医療の確保に関する法律（昭和 57 年法律第 80 号）第 27 条第 2 項及び第 3 項の規定に基づき，医療保険者から定期健康診断に関する記録の写しの提供の求めがあった場合に，事業者は当該記録の写しを医療保険者に提供しなければならないこととされていることに留意が必要であり，当該規定に基づく提供は個人情報の保護に関する法律第 23 条第 1 項第 1 号に規定する「法令に基づく場合」に該当するため，第三者提供に係る本人の同意は不要である。

(4)　記録の保存

事業者は，健康保持増進措置の実施の事務に従事した者の中から，担当者を指名し，当該担当者に健康測定の結果，運動指導の内容等健康保持増進措置に関する記録を保存させることが適切である。

6　定義

本指針において，以下に掲げる用語の意味は，それぞれ次に定めるところによる。

①　健康保持増進対策

　　労働安全衛生法第 69 条第 1 項の規定に基づく事業場において事業者が講ずるよう努めるべき労働者の健康の保持増進のための措置を継続的かつ計画的に講ずるための，方針の表明から計画の策定，実施，評価等の一連の取組全体をいう。

②　産業医等

　　産業医その他労働者の健康保持増進等を行うのに必要な知識を有する医師をいう。

③　衛生管理者等

　　衛生管理者，衛生推進者及び安全衛生推進者をいう。

④　事業場内産業保健スタッフ

　　産業医等，衛生管理者等及び事業場内の保健師等をいう。

⑤　事業場外資源

　　事業場外で健康保持増進に関する支援を行う外部機関や地域資源及び専門家をい

う。

⑥　健康保持増進措置

　　労働安全衛生法第 69 条第 1 項の規定に基づく事業場において事業者が講ずるよう
　努めるべき労働者の健康の保持増進のための措置をいう。

〔資料 12〕
労働者の心の健康の保持増進のための指針（抄）

平成 18 年 3 月 31 日健康保持増進のための指針公示第 3 号
最終改正　平成 27 年 11 月 30 日健康保持増進のための指針公示第 6 号

1　趣旨（略）

2　メンタルヘルスケアの基本的考え方

　ストレスの原因となる要因（以下「ストレス要因」という。）は，仕事，職業生活，家庭，地域等に存在している。心の健康づくりは，労働者自身が，ストレスに気づき，これに対処すること（セルフケア）の必要性を認識することが重要である。

　しかし，職場に存在するストレス要因は，労働者自身の力だけでは取り除くことができないものもあることから，労働者の心の健康づくりを推進していくためには，職場環境の改善も含め，事業者によるメンタルヘルスケアの積極的推進が重要であり，労働の場における組織的かつ計画的な対策の実施は，大きな役割を果たすものである。

　このため，事業者は，以下に定めるところにより，自らがストレスチェック制度を含めた事業場におけるメンタルヘルスケアを積極的に推進することを表明するとともに，衛生委員会又は安全衛生委員会（以下「衛生委員会等」という。）において十分調査審議を行い，メンタルヘルスケアに関する事業場の現状とその問題点を明確にし，その問題点を解決する具体的な実施事項等についての基本的な計画（以下「心の健康づくり計画」という。）を策定・実施するとともに，ストレスチェック制度の実施方法等に関する規程を策定し，制度の円滑な実施を図る必要がある。また，心の健康づくり計画の実施に当たっては，ストレスチェック制度の活用や職場環境等の改善を通じて，メンタルヘルス不調を未然に防止する「一次予防」，メンタルヘルス不調を早期に発見し，適切な措置を行う「二次予防」及びメンタルヘルス不調となった労働者の職場復帰を支援等を行う「三次予防」が円滑に行われるようにする必要がある。これらの取組においては，教育研修，情報提供及び「セルフケア」，「ラインによるケア」，「事業場内産業保健スタッフ等によるケア」並びに「事業場外資源によるケア」の 4 つのメンタルヘルスケアが継続的かつ計画的に行われるようにすることが重要である。

　さらに，事業者は，メンタルヘルスケアを推進するに当たって，次の事項に留意することが重要である。

　①　心の健康問題の特性

　　心の健康については，客観的な測定方法が十分確立しておらず，その評価には労働者本人から心身の状況に関する情報を取得する必要があり，さらに，心の健康問題の発生過程には個人差が大きく，そのプロセスの把握が難しい。また，心の健康は，す

べての労働者に関わることであり，すべての労働者が心の問題を抱える可能性がある
にもかかわらず，心の健康問題を抱える労働者に対して，健康問題以外の観点から評
価が行われる傾向が強いという問題や，心の健康問題自体についての誤解や偏見等解
決すべき問題が存在している。

② 労働者の個人情報の保護への配慮

　メンタルヘルスケアを進めるに当たっては，健康情報を含む労働者の個人情報の保
護及び労働者の意思の尊重に留意することが重要である。心の健康に関する情報の収
集及び利用に当たっての，労働者の個人情報の保護への配慮は，労働者が安心してメ
ンタルヘルスケアに参加できること，ひいてはメンタルヘルスケアがより効果的に推
進されるための条件である。

③ 人事労務管理との関係

　労働者の心の健康は，職場配置，人事異動，職場の組織等の人事労務管理と密接に
関係する要因によって，大きな影響を受ける。メンタルヘルスケアは，人事労務管理
と連携しなければ，適切に進まない場合が多い。

④ 家庭・個人生活等の職場以外の問題

　心の健康問題は，職場のストレス要因のみならず家庭・個人生活等の職場外のスト
レス要因の影響を受けている場合も多い。また，個人の要因等も心の健康問題に影響
を与え，これらは複雑に関係し，相互に影響し合う場合が多い。

3　衛生委員会等における調査審議

　メンタルヘルスケアの推進に当たっては，事業者が労働者等の意見を聴きつつ事業場の
実態に即した取組を行うことが必要である。また，心の健康問題に適切に対処するために
は，産業医等の助言を求めることも必要である。このためにも，労使，産業医，衛生管理
者等で構成される衛生委員会等を活用することが効果的である。労働安全衛生規則（昭和
47年労働省令第32号）第22条において，衛生委員会の付議事項として「労働者の精神
的健康の保持増進を図るための対策の樹立に関すること」が規定されており，4に掲げる
心の健康づくり計画の策定はもとより，その実施体制の整備等の具体的な実施方策や個人
情報の保護に関する規程等の策定等に当たっては，衛生委員会等において十分調査審議を
行うことが必要である。

　また，ストレスチェック制度に関しては，心理的な負担の程度を把握するための検査及
び面接指導の実施並びに面接指導結果に基づき事業者が講ずべき措置に関する指針（平成
27年4月15日心理的な負担の程度を把握するための検査等指針公示第1号。以下「スト
レスチェック指針」という。）により，衛生委員会等においてストレスチェックの実施方法
等について調査審議を行い，その結果を踏まえてストレスチェック制度の実施に関する規
程を定めることとされていることから，ストレスチェック制度に関する調査審議とメンタ
ルヘルスケアに関する調査審議を関連付けて行うことが望ましい。

　なお，衛生委員会等の設置義務のない小規模事業場においても，4に掲げる心の健康づくり計画及びストレスチェック制度の実施に関する規程の策定並びにこれらの実施に当たっては，労働者の意見が反映されるようにすることが必要である。

4　心の健康づくり計画

　メンタルヘルスケアは，中長期的視点に立って，継続的かつ計画的に行われるようにすることが重要であり，また，その推進に当たっては，事業者が労働者の意見を聴きつつ事業場の実態に則した取組を行うことが必要である。このため，事業者は，3に掲げるとおり衛生委員会等において十分調査審議を行い，心の健康づくり計画を策定することが必要である。心の健康づくり計画は，各事業場における労働安全衛生に関する計画の中に位置付けることが望ましい。

　メンタルヘルスケアを効果的に推進するためには，心の健康づくり計画の中で，事業者自らが事業場におけるメンタルヘルスケアを積極的に推進することを表明するとともに，その実施体制を確立する必要がある。心の健康づくり計画の実施においては，実施状況等を適切に評価し，評価結果に基づき必要な改善を行うことにより，メンタルヘルスケアの一層の充実・向上に努めることが望ましい。心の健康づくり計画で定めるべき事項は次に掲げるとおりである。

　　①　事業者がメンタルヘルスケアを積極的に推進する旨の表明に関すること。
　　②　事業場における心の健康づくりの体制の整備に関すること。
　　③　事業場における問題点の把握及びメンタルヘルスケアの実施に関すること。
　　④　メンタルヘルスケアを行うために必要な人材の確保及び事業場外資源の活用に関すること。
　　⑤　労働者の健康情報の保護に関すること。
　　⑥　心の健康づくり計画の実施状況の評価及び計画の見直しに関すること。
　　⑦　その他労働者の心の健康づくりに必要な措置に関すること。

　なお，ストレスチェック制度は，各事業場の実情に即して実施されるメンタルヘルスケアに関する一次予防から三次予防までの総合的な取組の中に位置付けることが重要であることから，心の健康づくり計画において，その位置付けを明確にすることが望ましい。また，ストレスチェック制度の実施に関する規程の策定を心の健康づくり計画の一部として行っても差し支えない。

5　4つのメンタルヘルスケアの推進

　メンタルヘルスケアは，労働者自身がストレスや心の健康について理解し，自らのストレスを予防，軽減するあるいはこれに対処する「セルフケア」，労働者と日常的に接する管理監督者が，心の健康に関して職場環境等の改善や労働者に対する相談対応を行う「ラインによるケア」，事業場内の産業医等事業場内産業保健スタッフ等が，事業場の心の健康づ

くり対策の提言を行うとともに，その推進を担い，また，労働者及び管理監督者を支援する「事業場内産業保健スタッフ等によるケア」及び事業場外の機関及び専門家を活用し，その支援を受ける「事業場外資源によるケア」の４つのケアが継続的かつ計画的に行われることが重要である。

(1)　セルフケア

　心の健康づくりを推進するためには，労働者自身がストレスに気づき，これに対処するための知識，方法を身につけ，それを実施することが重要である。ストレスに気づくためには，労働者がストレス要因に対するストレス反応や心の健康について理解するとともに，自らのストレスや心の健康状態について正しく認識できるようにする必要がある。

　このため，事業者は，労働者に対して，6(1)アに掲げるセルフケアに関する教育研修，情報提供を行い，心の健康に関する理解の普及を図るものとする。また，6(3)に掲げるところにより相談体制の整備を図り，労働者自身が管理監督者や事業場内産業保健スタッフ等に自発的に相談しやすい環境を整えるものとする。

　また，ストレスへの気付きを促すためには，ストレスチェック制度によるストレスチェックの実施が重要であり，特別の理由がない限り，すべての労働者がストレスチェックを受けることが望ましい。

　さらに，ストレスへの気付きのためには，ストレスチェックとは別に，随時，セルフチェックを行う機会を提供することも効果的である。

　また，管理監督者にとってもセルフケアは重要であり，事業者は，セルフケアの対象者として管理監督者も含めるものとする。

(2)　ラインによるケア

　管理監督者は，部下である労働者の状況を日常的に把握しており，また，個々の職場における具体的なストレス要因を把握し，その改善を図ることができる立場にあることから，6(2)に掲げる職場環境等の把握と改善，6(3)に掲げる労働者からの相談対応を行うことが必要である。

　このため，事業者は，管理監督者に対して，6(1)イに掲げるラインによるケアに関する教育研修，情報提供を行うものとする。

　なお，業務を一時的なプロジェクト体制で実施する等，通常のラインによるケアが困難な業務形態にある場合には，実務において指揮命令系統の上位にいる者等によりケアが行われる体制を整えるなど，ラインによるケアと同等のケアが確実に実施されるようにするものとする。

(3)　事業場内産業保健スタッフ等によるケア

　事業場内産業保健スタッフ等は，セルフケア及びラインによるケアが効果的に実施されるよう，労働者及び管理監督者に対する支援を行うとともに，心の健康づくり計画に基づく具体的なメンタルヘルスケアの実施に関する企画立案，メンタルヘルスに関する

個人の健康情報の取扱い，事業場外資源とのネットワークの形成やその窓口となること等，心の健康づくり計画の実施に当たり，中心的な役割を果たすものである。

　このため，事業者は，事業場内産業保健スタッフ等によるケアに関して，次の措置を講じるものとする。

①　6(1)ウに掲げる職務に応じた専門的な事項を含む教育研修，知識修得等の機会の提供を図ること。

②　メンタルヘルスケアに関する方針を明示し，実施すべき事項を委嘱又は指示すること。

③　6(3)に掲げる事業場内産業保健スタッフ等が，労働者の自発的相談やストレスチェック結果の通知を受けた労働者からの相談等を受けることができる制度及び体制を，それぞれの事業場内の実態に応じて整えること。

④　産業医等の助言，指導等を得ながら事業場のメンタルヘルスケアの推進の実務を担当する事業場内メンタルヘルス推進担当者を，事業場内産業保健スタッフ等の中から選任するよう努めること。事業場内メンタルヘルス推進担当者としては，衛生管理者等や常勤の保健師等から選任することが望ましいこと。ただし，事業場内メンタルヘルス推進担当者は，労働者のメンタルヘルスに関する個人情報を取り扱うことから，労働者について解雇，昇進又は異動に関して直接の権限を持つ監督的地位にある者(以下「人事権を有する者」という。)を選任することは適当でないこと。なお，ストレスチェック制度においては，労働安全衛生規則第52条の10第2項により，ストレスチェックを受ける労働者について人事権を有する者は，ストレスチェックの実施の事務に従事してはならないこととされていることに留意すること。

⑤　一定規模以上の事業場にあっては，事業場内に又は企業内に，心の健康づくり専門スタッフや保健師等を確保し，活用することが望ましいこと。

　なお，事業者は心の健康問題を有する労働者に対する就業上の配慮について，事業場内産業保健スタッフ等に意見を求め，また，これを尊重するものとする。メンタルヘルスケアに関するそれぞれの事業場内産業保健スタッフ等の役割は，主として以下のとおりである。なお，以下に掲げるもののほか，ストレスチェック制度における事業場内産業保健スタッフ等の役割については，ストレスチェック指針によることとする。

ア　産業医等

　　産業医等は，労働者の健康管理等を職務として担う者であるという面から，事業場の心の健康づくり計画の策定に助言，指導等を行い，これに基づく対策の実施状況を把握する。また，専門的な立場から，セルフケア及びラインによるケアを支援し，教育研修の企画及び実施，情報の収集及び提供，助言及び指導等を行う。就業上の配慮が必要な場合には，事業者に必要な意見を述べる。専門的な相談・対応が必要な事例については，事業場外資源との連絡調整に，専門的な立場から関わる。さらに，ストレスチェック制度及び長時間労働者等に対する面接指導等の実施並びにメンタルヘル

スに関する個人の健康情報の保護についても中心的役割を果たすことが望ましい。

イ　衛生管理者等

　衛生管理者等は，心の健康づくり計画に基づき，産業医等の助言，指導等を踏まえて，具体的な教育研修の企画及び実施，職場環境等の評価と改善，心の健康に関する相談ができる雰囲気や体制づくりを行う。またセルフケア及びラインによるケアを支援し，その実施状況を把握するとともに，産業医等と連携しながら事業場外資源との連絡調整に当たることが効果的である。

ウ　保健師等

　衛生管理者以外の保健師等は，産業医等及び衛生管理者等と協力しながら，セルフケア及びラインによるケアを支援し，教育研修の企画・実施，職場環境等の評価と改善，労働者及び管理監督者からの相談対応，保健指導等に当たる。

エ　心の健康づくり専門スタッフ

　事業場内に心の健康づくり専門スタッフがいる場合には，事業場内産業保健スタッフと協力しながら，教育研修の企画・実施，職場環境等の評価と改善，労働者及び管理監督者からの専門的な相談対応等に当たるとともに，当該スタッフの専門によっては，事業者への専門的立場からの助言等を行うことも有効である。

オ　人事労務管理スタッフ

　人事労務管理スタッフは，管理監督者だけでは解決できない職場配置，人事異動，職場の組織等の人事労務管理が心の健康に及ぼしている具体的な影響を把握し，労働時間等の労働条件の改善及び適正配置に配慮する。

⑷　**事業場外資源によるケア**

　メンタルヘルスケアを行う上では，事業場が抱える問題や求めるサービスに応じて，メンタルヘルスケアに関し専門的な知識を有する各種の事業場外資源の支援を活用することが有効である。また，労働者が事業場内での相談等を望まないような場合にも，事業場外資源を活用することが効果的である。ただし，事業場外資源を活用する場合は，メンタルヘルスケアに関するサービスが適切に実施できる体制や，情報管理が適切に行われる体制が整備されているか等について，事前に確認することが望ましい。

　また，事業場外資源の活用にあたっては，これに依存することにより事業者がメンタルヘルスケアの推進について主体性を失わないよう留意すべきである。このため，事業者は，メンタルヘルスケアに関する専門的な知識，情報等が必要な場合は，事業場内産業保健スタッフ等が窓口となって，適切な事業場外資源から必要な情報提供や助言を受けるなど円滑な連携を図るよう努めるものとする。また，必要に応じて労働者を速やかに事業場外の医療機関及び地域保健機関に紹介するためのネットワークを日頃から形成しておくものとする。

　特に，小規模事業場においては，9〈編注：略〉に掲げるとおり，必要に応じて産業保健総合支援センターの地域窓口（地域産業保健センター）等の事業場外資源を活用す

ることが有効である。

6　メンタルヘルスケアの具体的進め方

　　メンタルヘルスケアは，5 に掲げる 4 つのケアを継続的かつ計画的に実施することが基本であるが，具体的な推進に当たっては，事業場内の関係者が相互に連携し，以下の取組を積極的に推進することが効果的である。

(1)　メンタルヘルスケアを推進するための教育研修・情報提供

　　事業者は，4 つのケアが適切に実施されるよう，以下に掲げるところにより，それぞれの職務に応じ，メンタルヘルスケアの推進に関する教育研修・情報提供を行うよう努めるものとする。この際には，必要に応じて事業場外資源が実施する研修等への参加についても配慮するものとする。

　　なお，労働者や管理監督者に対する教育研修を円滑に実施するため，事業場内に教育研修担当者を計画的に育成することも有効である。

　ア　労働者への教育研修・情報提供

　　　事業者は，セルフケアを促進するため，管理監督者を含む全ての労働者に対して，次に掲げる項目等を内容とする教育研修，情報提供を行うものとする。

　　①　メンタルヘルスケアに関する事業場の方針

　　②　ストレス及びメンタルヘルスケアに関する基礎知識

　　③　セルフケアの重要性及び心の健康問題に対する正しい態度

　　④　ストレスへの気づき方

　　⑤　ストレスの予防，軽減及びストレスへの対処の方法

　　⑥　自発的な相談の有用性

　　⑦　事業場内の相談先及び事業場外資源に関する情報

　イ　管理監督者への教育研修・情報提供

　　　事業者は，ラインによるケアを促進するため，管理監督者に対して，次に掲げる項目等を内容とする教育研修，情報提供を行うものとする。

　　①　メンタルヘルスケアに関する事業場の方針

　　②　職場でメンタルヘルスケアを行う意義

　　③　ストレス及びメンタルヘルスケアに関する基礎知識

　　④　管理監督者の役割及び心の健康問題に対する正しい態度

　　⑤　職場環境等の評価及び改善の方法

　　⑥　労働者からの相談対応（話の聴き方，情報提供及び助言の方法等）

　　⑦　心の健康問題により休業した者の職場復帰への支援の方法

　　⑧　事業場内産業保健スタッフ等との連携及びこれを通じた事業場外資源との連携の方法

　　⑨　セルフケアの方法

⑩　事業場内の相談先及び事業場外資源に関する情報

⑪　健康情報を含む労働者の個人情報の保護等

ウ　事業場内産業保健スタッフ等への教育研修・情報提供

　　事業者は，事業場内産業保健スタッフ等によるケアを促進するため，事業場内産業保健スタッフ等に対して，次に掲げる項目等を内容とする教育研修，情報提供を行うものとする。

　　また，産業医，衛生管理者，事業場内メンタルヘルス推進担当者，保健師等，各事業場内産業保健スタッフ等の職務に応じて専門的な事項を含む教育研修，知識修得等の機会の提供を図るものとする。

①　メンタルヘルスケアに関する事業場の方針

②　職場でメンタルヘルスケアを行う意義

③　ストレス及びメンタルヘルスケアに関する基礎知識

④　事業場内産業保健スタッフ等の役割及び心の健康問題に対する正しい態度

⑤　職場環境等の評価及び改善の方法

⑥　労働者からの相談対応（話の聴き方，情報提供及び助言の方法等）

⑦　職場復帰及び職場適応の支援，指導の方法

⑧　事業場外資源との連携（ネットワークの形成）の方法

⑨　教育研修の方法

⑩　事業場外資源の紹介及び利用勧奨の方法

⑪　事業場の心の健康づくり計画及び体制づくりの方法

⑫　セルフケアの方法

⑬　ラインによるケアの方法

⑭　事業場内の相談先及び事業場外資源に関する情報

⑮　健康情報を含む労働者の個人情報の保護等

(2)　職場環境等の把握と改善

　　労働者の心の健康には，作業環境，作業方法，労働者の心身の疲労の回復を図るための施設及び設備等，職場生活で必要となる施設及び設備等，労働時間，仕事の量と質，パワーハラスメントやセクシュアルハラスメント等職場内のハラスメントを含む職場の人間関係，職場の組織及び人事労務管理体制，職場の文化や風土等の職場環境等が影響を与えるものであり，職場レイアウト，作業方法，コミュニケーション，職場組織の改善などを通じた職場環境等の改善は，労働者の心の健康の保持増進に効果的であるとされている。このため，事業者は，メンタルヘルス不調の未然防止を図る観点から職場環境等の改善に積極的に取り組むものとする。また，事業者は，衛生委員会等における調査審議や策定した心の健康づくり計画を踏まえ，管理監督者や事業場内産業保健スタッフ等に対し，職場環境等の把握と改善の活動を行いやすい環境を整備するなどの支援を行うものとする。

ア　職場環境等の評価と問題点の把握

　　職場環境等を改善するためには，まず，職場環境等を評価し，問題点を把握することが必要である。このため，事業者は，管理監督者による日常の職場管理や労働者からの意見聴取の結果を通じ，また，ストレスチェック結果の集団ごとの分析の結果や面接指導の結果等を活用して，職場環境等の具体的問題点を把握するものとする。

　　事業場内産業保健スタッフ等は，職場環境等の評価と問題点の把握において中心的役割を果たすものであり，職場巡視による観察，労働者及び管理監督者からの聞き取り調査，産業医，保健師等によるストレスチェック結果の集団ごとの分析の実施又は集団ごとの分析結果を事業場外資源から入手する等により，定期的又は必要に応じて，職場内のストレス要因を把握し，評価するものとする。

イ　職場環境等の改善

　　事業者は，アにより職場環境等を評価し，問題点を把握した上で，職場環境のみならず勤務形態や職場組織の見直し等の様々な観点から職場環境等の改善を行うものとする。具体的には，事業場内産業保健スタッフ等は，職場環境等の評価結果に基づき，管理監督者に対してその改善を助言するとともに，管理監督者と協力しながらその改善を図り，また，管理監督者は，労働者の労働の状況を日常的に把握し，個々の労働者に過度な長時間労働，疲労，ストレス，責任等が生じないようにする等，労働者の能力，適性及び職務内容に合わせた配慮を行うことが重要である。

　　また，事業者は，その改善の効果を定期的に評価し，効果が不十分な場合には取組方法を見直す等，対策がより効果的なものになるように継続的な取組に努めるものとする。これらの改善を行う際には，必要に応じて，事業場外資源の助言及び支援を求めることが望ましい。

　　なお，職場環境等の改善に当たっては，労働者の意見を踏まえる必要があり，労働者が参加して行う職場環境等の改善手法等を活用することも有効である。

(3)　メンタルヘルス不調への気付きと対応

　　メンタルヘルスケアにおいては，ストレス要因の除去又は軽減や労働者のストレス対処などの予防策が重要であるが，これらの措置を実施したにもかかわらず，万一，メンタルヘルス不調に陥る労働者が発生した場合は，その早期発見と適切な対応を図る必要がある。

　　このため，事業者は，個人情報の保護に十分留意しつつ，労働者，管理監督者，家族等からの相談に対して適切に対応できる体制を整備するものとする。さらに，相談等により把握した情報を基に，労働者に対して必要な配慮を行うこと，必要に応じて産業医や事業場外の医療機関につないでいくことができるネットワークを整備するよう努めるものとする。

ア　労働者による自発的な相談とセルフチェック

　　事業者は，労働者によるメンタルヘルス不調への気付きを促進するため，事業場の

実態に応じて，その内部に相談に応ずる体制を整備する，事業場外の相談機関の活用を図る等，労働者が自ら相談を行えるよう必要な環境整備を行うものとする。この相談体制については，ストレスチェック結果の通知を受けた労働者に対して，相談の窓口を広げ，相談しやすい環境を作るために重要であること。また，5（1）に掲げたとおり，ストレスへの気付きのために，随時，セルフチェックを行うことができる機会を提供することも効果的である。

イ　管理監督者，事業場内産業保健スタッフ等による相談対応等

　管理監督者は，日常的に，労働者からの自発的な相談に対応するよう努める必要がある。特に，長時間労働等により疲労の蓄積が認められる労働者，強度の心理的負荷を伴う出来事を経験した労働者，その他特に個別の配慮が必要と思われる労働者から，話を聞き，適切な情報を提供し，必要に応じ事業場内産業保健スタッフ等や事業場外資源への相談や受診を促すよう努めるものとする。

　事業場内産業保健スタッフ等は，管理監督者と協力し，労働者の気付きを促して，保健指導，健康相談等を行うとともに，相談等により把握した情報を基に，必要に応じて事業場外の医療機関への相談や受診を促すものとする。また，事業場内産業保健スタッフ等は，管理監督者に対する相談対応，メンタルヘルスケアについても留意する必要がある。

　なお，心身両面にわたる健康保持増進対策（THP）を推進している事業場においては，心理相談を通じて，心の健康に対する労働者の気づきと対処を支援することが重要である。また，運動指導，保健指導等のTHPにおけるその他の指導においても，積極的にストレスや心の健康問題を取り上げることが効果的である。

ウ　労働者個人のメンタルヘルス不調を把握する際の留意点

　事業場内産業保健スタッフ等が労働者個人のメンタルヘルス不調等の労働者の心の健康に関する情報を把握した場合には，本人に対してその結果を提供するとともに，本人の同意を得て，事業者に対して把握した情報のうち就業上の措置に必要な情報を提供することが重要であり，事業者は提供を受けた情報に基づいて必要な配慮を行うことが重要である。ただし，事業者がストレスチェック結果を含む労働者の心の健康に関する情報を入手する場合には，労働者本人の同意を得ることが必要であり，また，事業者は，その情報を，労働者に対する健康確保上の配慮を行う以外の目的で使用してはならない。

　さらに，労働安全衛生法に基づく健康診断，ストレスチェック制度における医師による面接指導及び一定時間を超える長時間労働を行った労働者に対する医師による面接指導等により，労働者のメンタルヘルス不調が認められた場合における，事業場内産業保健スタッフ等のとるべき対応についてあらかじめ明確にしておくことが必要である。

エ　労働者の家族による気づきや支援の促進

　　労働者に日常的に接している家族は，労働者がメンタルヘルス不調に陥った際に最初に気づくことが少なくない。また，治療勧奨，休業中，職場復帰時及び職場復帰後のサポートなど，メンタルヘルスケアに大きな役割を果たす。

　　このため，事業者は，労働者の家族に対して，ストレスやメンタルヘルスケアに関する基礎知識，事業場のメンタルヘルス相談窓口等の情報を社内報や健康保険組合の広報誌等を通じて提供することが望ましい。また，事業者は，事業場に対して家族から労働者に関する相談があった際には，事業場内産業保健スタッフ等が窓口となって対応する体制を整備するとともに，これを労働者やその家族に周知することが望ましい。

⑷　職場復帰における支援

　　メンタルヘルス不調により休業した労働者が円滑に職場復帰し，就業を継続できるようにするため，事業者は，その労働者に対する支援として，次に掲げる事項を適切に行うものとする。

①　衛生委員会等において調査審議し，産業医等の助言を受けながら職場復帰支援プログラムを策定すること。職場復帰支援プログラムにおいては，休業の開始から通常業務への復帰に至るまでの一連の標準的な流れを明らかにするとともに，それに対応する職場復帰支援の手順，内容及び関係者の役割等について定めること。

②　職場復帰支援プログラムの実施に関する体制や規程の整備を行い，労働者に周知を図ること。

③　職場復帰支援プログラムの実施について，組織的かつ計画的に取り組むこと。

④　労働者の個人情報の保護に十分留意しながら，事業場内産業保健スタッフ等を中心に労働者，管理監督者がお互いに十分な理解と協力を行うとともに，労働者の主治医との連携を図りつつ取り組むこと。

　　なお，職場復帰支援における専門的な助言や指導を必要とする場合には，それぞれの役割に応じた事業場外資源を活用することも有効である。

7　メンタルヘルスに関する個人情報の保護への配慮（略）

8　心の健康に関する情報を理由とした不利益な取扱いの防止（略）

9　小規模事業場におけるメンタルヘルスケアの取組の留意事項（略）

10　定義

本指針において，以下に掲げる用語の意味は，それぞれ次に定めるところによる。

①　ライン

　　日常的に労働者と接する，職場の管理監督者（上司その他労働者を指揮命令する者）をいう。

② 産業医等

産業医その他労働者の健康管理等を行うのに必要な知識を有する医師をいう。

③ 衛生管理者等

衛生管理者，衛生推進者及び安全衛生推進者をいう。

④ 事業場内産業保健スタッフ

産業医等，衛生管理者等及び事業場内の保健師等をいう。

⑤ 心の健康づくり専門スタッフ

精神科・心療内科等の医師，精神保健福祉士，心理職等をいう。

⑥ 事業場内産業保健スタッフ等

事業場内産業保健スタッフ及び事業場内の心の健康づくり専門スタッフ，人事労務管理スタッフ等をいう。

⑦ 事業場外資源

事業場外でメンタルヘルスケアへの支援を行う機関及び専門家をいう。

⑧ メンタルヘルス不調

精神および行動の障害に分類される精神障害や自殺のみならず，ストレスや強い悩み，不安など，労働者の心身の健康，社会生活および生活の質に影響を与える可能性のある精神的および行動上の問題を幅広く含むものをいう。

⑨ ストレスチェック

労働安全衛生法第 66 条の 10 に基づく心理的な負担の程度を把握するための検査をいう。

⑩ ストレスチェック制度

ストレスチェック及びその結果に基づく面接指導の実施，集団ごとの集計・分析等，労働安全衛生法第 66 条の 10 に係る事業場における一連の取組全体をいう。

〔資料13〕
心理的な負担の程度を把握するための検査及び面接指導の実施 並びに面接指導結果に基づき事業者が講ずべき措置に関する指針(抄)

平成27年4月15日心理的な負担の程度を把握するための検査等指針公示第1号
最終改正　平成30年8月22日心理的な負担の程度を把握するための検査等指針公示第3号

1　趣旨（略）

2　ストレスチェック制度の基本的な考え方

　事業場における事業者による労働者のメンタルヘルスケアは，取組の段階ごとに，労働者自身のストレスへの気付き及び対処の支援並びに職場環境の改善を通じて，メンタルヘルス不調となることを未然に防止する「一次予防」，メンタルヘルス不調を早期に発見し，適切な対応を行う「二次予防」及びメンタルヘルス不調となった労働者の職場復帰を支援する「三次予防」に分けられる。

　新たに創設されたストレスチェック制度は，これらの取組のうち，特にメンタルヘルス不調の未然防止の段階である一次予防を強化するため，定期的に労働者のストレスの状況について検査を行い，本人にその結果を通知して自らのストレスの状況について気付きを促し，個々の労働者のストレスを低減させるとともに，検査結果を集団ごとに集計・分析し，職場におけるストレス要因を評価し，職場環境の改善につなげることで，ストレスの要因そのものを低減するよう努めることを事業者に求めるものである。さらにその中で，ストレスの高い者を早期に発見し，医師による面接指導につなげることで，労働者のメンタルヘルス不調を未然に防止することを目的としている。

　事業者は，メンタルヘルス指針に基づき各事業場の実態に即して実施される二次予防及び三次予防も含めた労働者のメンタルヘルスケアの総合的な取組の中に本制度を位置付け，メンタルヘルスケアに関する取組方針の決定，計画の作成，計画に基づく取組の実施，取組結果の評価及び評価結果に基づく改善の一連の取組を継続的かつ計画的に進めることが望ましい。

　また，事業者は，ストレスチェック制度が，メンタルヘルス不調の未然防止だけでなく，従業員のストレス状況の改善及び働きやすい職場の実現を通じて生産性の向上にもつながるものであることに留意し，事業経営の一環として，積極的に本制度の活用を進めていくことが望ましい。

3　ストレスチェック制度の実施に当たっての留意事項

　ストレスチェック制度を円滑に実施するためには，事業者，労働者及び産業保健スタッフ等の関係者が，次に掲げる事項を含め，制度の趣旨を正しく理解した上で，本指針に定

める内容を踏まえ，衛生委員会又は安全衛生委員会（以下「衛生委員会等」という。）の場を活用し，互いに協力・連携しつつ，ストレスチェック制度をより効果的なものにするよう努力していくことが重要である。

① ストレスチェックに関して，労働者に対して受検を義務付ける規定が置かれていないのは，メンタルヘルス不調で治療中のため受検の負担が大きい等の特別の理由がある労働者にまで受検を強要する必要はないためであり，本制度を効果的なものとするためにも，全ての労働者がストレスチェックを受検することが望ましい。

② 面接指導は，ストレスチェックの結果，高ストレス者として選定され，面接指導を受ける必要があると実施者が認めた労働者に対して，医師が面接を行い，ストレスその他の心身及び勤務の状況等を確認することにより，当該労働者のメンタルヘルス不調のリスクを評価し，本人に指導を行うとともに，必要に応じて，事業者による適切な措置につなげるためのものである。このため，面接指導を受ける必要があると認められた労働者は，できるだけ申出を行い，医師による面接指導を受けることが望ましい。

③ ストレスチェック結果の集団ごとの集計・分析及びその結果を踏まえた必要な措置は，労働安全衛生規則（昭和47年労働省令第32号。以下「規則」という。）第52条の14の規定に基づく努力義務であるが，事業者は，職場環境におけるストレスの有無及びその原因を把握し，必要に応じて，職場環境の改善を行うことの重要性に留意し，できるだけ実施することが望ましい。

4　ストレスチェック制度の手順

ストレスチェック制度に基づく取組は，次に掲げる手順で実施するものとする。

ア　基本方針の表明

事業者は，法，規則及び本指針に基づき，ストレスチェック制度に関する基本方針を表明する。

イ　ストレスチェック及び面接指導

① 衛生委員会等において，ストレスチェック制度の実施方法等について調査審議を行い，その結果を踏まえ，事業者がその事業場におけるストレスチェック制度の実施方法等を規程として定める。

② 事業者は，労働者に対して，医師，保健師又は厚生労働大臣が定める研修を修了した歯科医師，看護師，精神保健福祉士若しくは公認心理師（以下「医師等」という。）によるストレスチェックを行う。

③ 事業者は，ストレスチェックを受けた労働者に対して，当該ストレスチェックを実施した医師等（以下「実施者」という。）から，その結果を直接本人に通知させる。

④ ストレスチェック結果の通知を受けた労働者のうち，高ストレス者として選定され，面接指導を受ける必要があると実施者が認めた労働者から申出があった場合は，

事業者は，当該労働者に対して，医師による面接指導を実施する。

⑤　事業者は，面接指導を実施した医師から，就業上の措置に関する意見を聴取する。

⑥　事業者は，医師の意見を勘案し，必要に応じて，適切な措置を講じる。

ウ　集団ごとの集計・分析

①　事業者は，実施者に，ストレスチェック結果を一定規模の集団ごとに集計・分析させる。

②　事業者は，集団ごとの集計・分析の結果を勘案し，必要に応じて，適切な措置を講じる。

5　衛生委員会等における調査審議

(1)　衛生委員会等における調査審議の意義

　ストレスチェック制度を円滑に実施するためには，事業者，労働者及び産業保健スタッフ等の関係者が，制度の趣旨を正しく理解した上で，本指針に定める内容を踏まえ，互いに協力・連携しつつ，事業場の実態に即した取組を行っていくことが重要である。このためにも，事業者は，ストレスチェック制度に関する基本方針を表明した上で，事業の実施を統括管理する者，労働者，産業医及び衛生管理者等で構成される衛生委員会等において，ストレスチェック制度の実施方法及び実施状況並びにそれを踏まえた実施方法の改善等について調査審議を行わせることが必要である。

(2)　衛生委員会等において調査審議すべき事項

　規則第22条において，衛生委員会等の付議事項として「労働者の精神的健康の保持増進を図るための対策の樹立に関すること」が規定されており，当該事項の調査審議に当たっては，ストレスチェック制度に関し，次に掲げる事項を含めるものとする。また，事業者は，当該調査審議の結果を踏まえ，法令に則った上で，当該事業場におけるストレスチェック制度の実施に関する規程を定め，これをあらかじめ労働者に対して周知するものとする。

①　ストレスチェック制度の目的に係る周知方法

・ストレスチェック制度は，労働者自身のストレスへの気付き及びその対処の支援並びに職場環境の改善を通じて，メンタルヘルス不調となることを未然に防止する一次予防を目的としており，メンタルヘルス不調者の発見を一義的な目的とはしないという趣旨を事業場内で周知する方法。

②　ストレスチェック制度の実施体制

・ストレスチェックの実施者及びその他の実施事務従事者の選任等ストレスチェック制度の実施体制。

　実施者が複数いる場合は，共同実施者及び実施代表者を明示すること。この場合において，当該事業場の産業医等が実施者に含まれるときは，当該産業医等を実施代表者とすることが望ましい。

　　なお，外部機関にストレスチェックの実施の全部を委託する場合は，当該委託契約の中で委託先の実施者，共同実施者及び実施代表者並びにその他の実施事務従事者を明示させること（結果の集計業務等の補助的な業務のみを外部機関に委託する場合にあっては，当該委託契約の中で委託先の実施事務従事者を明示させること）。

③　ストレスチェック制度の実施方法
・ストレスチェックに使用する調査票及びその媒体。
・調査票に基づくストレスの程度の評価方法及び面接指導の対象とする高ストレス者を選定する基準。
・ストレスチェックの実施頻度，実施時期及び対象者。
・面接指導の申出の方法。
・面接指導の実施場所等の実施方法。

④　ストレスチェック結果に基づく集団ごとの集計・分析の方法
・集団ごとの集計・分析の手法。
・集団ごとの集計・分析の対象とする集団の規模。

⑤　ストレスチェックの受検の有無の情報の取扱い
・事業者による労働者のストレスチェックの受検の有無の把握方法。
・ストレスチェックの受検の勧奨の方法。

⑥　ストレスチェック結果の記録の保存方法
・ストレスチェック結果の記録を保存する実施事務従事者の選任。
・ストレスチェック結果の記録の保存場所及び保存期間。
・実施者及びその他の実施事務従事者以外の者によりストレスチェック結果が閲覧されないためのセキュリティの確保等の情報管理の方法。

⑦　ストレスチェック，面接指導及び集団ごとの集計・分析の結果の利用目的及び利用方法
・ストレスチェック結果の本人への通知方法。
・ストレスチェックの実施者による面接指導の申出の勧奨方法。
・ストレスチェック結果，集団ごとの集計・分析結果及び面接指導結果の共有方法及び共有範囲。
・ストレスチェック結果を事業者へ提供するに当たっての本人の同意の取得方法。
・本人の同意を取得した上で実施者から事業者に提供するストレスチェック結果に関する情報の範囲。
・集団ごとの集計・分析結果の活用方法。

⑧　ストレスチェック，面接指導及び集団ごとの集計・分析に関する情報の開示，訂正，追加及び削除の方法
・情報の開示等の手続き。
・情報の開示等の業務に従事する者による秘密の保持の方法。

⑨　ストレスチェック，面接指導及び集団ごとの集計・分析に関する情報の取扱いに関する苦情の処理方法

・苦情の処理窓口を外部機関に設ける場合の取扱い。

なお，苦情の処理窓口を外部機関に設ける場合は，当該外部機関において労働者からの苦情又は相談に対し適切に対応することができるよう，当該窓口のスタッフが，企業内の産業保健スタッフと連携を図ることができる体制を整備しておくことが望ましい。

⑩　労働者がストレスチェックを受けないことを選択できること

・労働者にストレスチェックを受検する義務はないが，ストレスチェック制度を効果的なものとするためにも，全ての労働者がストレスチェックを受検することが望ましいという制度の趣旨を事業場内で周知する方法。

⑪　労働者に対する不利益な取扱いの防止

・ストレスチェック制度に係る労働者に対する不利益な取扱いとして禁止される行為を事業場内で周知する方法。

6　ストレスチェック制度の実施体制の整備

ストレスチェック制度は事業者の責任において実施するものであり，事業者は，実施に当たって，実施計画の策定，当該事業場の産業医等の実施者又は委託先の外部機関との連絡調整及び実施計画に基づく実施の管理等の実務を担当する者を指名する等，実施体制を整備することが望ましい。当該実務担当者には，衛生管理者又はメンタルヘルス指針に規定する事業場内メンタルヘルス推進担当者を指名することが望ましいが，ストレスチェックの実施そのものを担当する実施者及びその他の実施事務従事者と異なり，ストレスチェック結果等の個人情報を取り扱わないため，労働者の解雇等に関して直接の権限を持つ監督的地位にある者を指名することもできる。

7　ストレスチェックの実施方法等（略）
8　面接指導の実施方法等（略）
9　ストレスチェック結果に基づく集団ごとの集計・分析及び職場環境の改善（略）
10　労働者に対する不利益な取扱いの防止（略）
11　ストレスチェック制度に関する労働者の健康情報の保護（略）
12　その他の留意事項等（略）

13　定義

本指針において，次に掲げる用語の意味は，それぞれ次に定めるところによる。

①　ストレスチェック制度

法第 66 条の 10 に係る制度全体をいう。

② 調査票

　　ストレスチェックの実施に用いる紙媒体又は電磁的な媒体による自記式の質問票をいう。

③ 共同実施者・実施代表者

　　事業場の産業医等及び外部機関の医師が共同でストレスチェックを実施する場合等，実施者が複数名いる場合の実施者を「共同実施者」という。この場合の複数名の実施者を代表する者を「実施代表者」という。

④ 実施事務従事者

　　実施者のほか，実施者の指示により，ストレスチェックの実施の事務（個人の調査票のデータ入力，結果の出力又は記録の保存（事業者に指名された場合に限る。)等を含む。)に携わる者をいう。

⑤ ストレスチェック結果

　　調査票に記入又は入力した内容に基づいて出力される個人の結果であって，次に掲げる内容が含まれるものをいう。

　・職場における当該労働者の心理的な負担の原因に関する項目，心理的な負担による心身の自覚症状に関する項目及び職場における他の労働者による当該労働者への支援に関する項目について，個人ごとのストレスの特徴及び傾向を数値又は図表等で示したもの

　・個人ごとのストレスの程度を示したものであって，高ストレスに該当するかどうかを示した結果

　・医師による面接指導の要否

⑥ 集団ごとの集計・分析

　　ストレスチェック結果を事業場内の一定規模の集団(部又は課等)ごとに集計して，当該集団のストレスの特徴及び傾向を分析することをいう。

⑦ 産業医等

　　産業医その他労働者の健康管理等を行うのに必要な知識を有する医師をいう。

⑧ 産業保健スタッフ

　　事業場において労働者の健康管理等の業務に従事している産業医等，保健師，看護師，心理職又は衛生管理者等をいう。

⑨ メンタルヘルス不調

　　精神及び行動の障害に分類される精神障害及び自殺のみならず，ストレス，強い悩み及び不安等，労働者の心身の健康，社会生活及び生活の質に影響を与える可能性のある精神的及び行動上の問題を幅広く含むものをいう。

〔資料14〕
心の健康問題により休業した労働者の職場復帰支援の手引き（概要）

平成16年10月　厚生労働省発表
最終改訂　平成24年7月

○　職場復帰支援の基本的考え方

　ア　職場復帰支援プログラム

　　　心の健康問題で休業している労働者が円滑に職場に復帰し，業務が継続できるようにするためには，休業の開始から通常業務への復帰までの流れをあらかじめ明確にしておく必要がある。事業者は本手引きを参考にしながら衛生委員会等において調査審議し，産業医等の助言を受け，個々の事業場の実態に即した形で，事業場職場復帰支援プログラム（以下「職場復帰支援プログラム」という。）を以下の要領で策定し，それが組織的かつ計画的に行われるよう積極的に取り組むことが必要である。

　　・職場復帰支援プログラムには，職場復帰支援の標準的な流れを明らかにするとともに，それに対応する手順，内容及び関係者の役割等について定める。

　　・職場復帰支援プログラムを円滑に実施するために必要な関連規程等や体制の整備を行う。

　　・職場復帰支援プログラム，関連規程等及び体制については，労働者，管理監督者及び事業場内産業保健スタッフ等に対し，教育研修の実施等により十分周知する。

　イ　職場復帰支援プラン

　　　実際の職場復帰支援では，職場復帰支援プログラムに基づき，支援対象となる個々の労働者ごとに具体的な職場復帰支援プランを作成する。その上で，労働者のプライバシーに十分配慮しながら，事業場内産業保健スタッフ等を中心に，労働者，管理監督者が互いに十分な理解と協力を行うとともに，主治医との連携を図りつつ取り組む。

　ウ　主治医との連携等

　　　心の健康問題がどの様な状態であるかの判断は多くの事業場にとって困難であること，心の健康問題を抱えている労働者への対応はケースごとに柔軟に行う必要があることから，主治医との連携が重要となる。また，職場復帰支援においては，職場配置，処遇，労働条件，社内勤務制度，雇用契約等の適切な運用を行う必要があることから人事労務管理スタッフが重要な役割を担うことに留意する必要がある（なお，本手引きにおいて，事業場内産業保健スタッフ等には，人事労務管理スタッフが含まれている。）。

○　職場復帰支援に当たって留意すべき事項

　　職場復帰支援に当たっては，特に以下の点について留意する必要がある。

　　・心の健康問題の特性として，健康問題以外の観点から評価が行われる傾向が強いという問題や，心の健康問題自体についての誤解や偏見等解決すべき問題が存在していることに留意の上，心の健康問題を抱える労働者への対応を行う必要があること。

493

・事業場においては，計画的にストレス及びメンタルヘルスケアに関する基礎知識や心の健康問題に対する正しい態度など，メンタルヘルスケアを推進するための教育研修・情報提供を行うことが重要であること。

・職場復帰支援をスムーズに進めるためには，休業していた労働者とともに，その同僚や管理監督者に対する過度の負担がかからないように配慮する必要があること。

・家族の理解や協力も重要であることから，家族に対して必要な情報を提供する等の支援が望まれること。

○　職場復帰支援の流れ

　　職場復帰支援の流れは，病気休業開始から職場復帰後のフォローアップまでの5つのステップからなる（図参照）。

図　　　　　　　　　　　　　　職場復帰支援の流れ

＜第1ステップ＞病気休業開始及び休業中のケア

ア　病気休業開始時の労働者からの診断書（病気休業診断書）の提出 イ　管理監督者によるケア及び事業場内産業保健スタッフ等によるケア	ウ　病気休業期間中の労働者の安心感の醸成のための対応 エ　その他

↓

＜第2ステップ＞主治医による職場復帰可能の判断

ア　労働者からの職場復帰の意思表示と職場復帰可能の判断が記された診断書の提出	イ　産業医等による精査 ウ　主治医への情報提供

↓

＜第3ステップ＞職場復帰の可否の判断及び職場復帰支援プランの作成

ア　情報の収集と評価 　（ア）労働者の職場復帰に対する意思の確認 　（イ）産業医等による主治医からの意見収集 　（ウ）労働者の状態等の評価 　（エ）職場環境等の評価 　（オ）その他 イ　職場復帰の可否についての判断	ウ　職場復帰支援プランの作成 　（ア）職場復帰日 　（イ）管理監督者による就業上の配慮 　（ウ）人事労務管理上の対応 　（エ）産業医等による医学的見地からみた意見 　（オ）フォローアップ 　（カ）その他

↓

＜第4ステップ＞最終的な職場復帰の決定

ア　労働者の状態の最終確認 イ　就業上の配慮等に関する意見書の作成	ウ　事業者による最終的な職場復帰の決定 エ　その他

↓

職場復帰

↓

＜第5ステップ＞職場復帰後のフォローアップ

ア　疾患の再燃・再発，新しい問題の発生等の有無の確認 イ　勤務状況及び業務遂行能力の評価 ウ　職場復帰支援プランの実施状況の確認	エ　治療状況の確認 オ　職場復帰支援プランの評価と見直し カ　職場環境等の改善等 キ　管理監督者，同僚等への配慮等

〔資料 15〕
情報機器作業における労働衛生管理のためのガイドライン（抄）

令和元年 7 月 12 日基発第 0712 第 3 号

1　はじめに（略）

2　対象となる作業（抄）

　対象となる作業は，事務所（事務所衛生基準規則第 1 条第 1 項に規定する事務所をいう。以下同じ。）において行われる情報機器作業（パソコンやタブレット端末等の情報機器を使用して，データの入力・検索・照合等，文章・画像等の作成・編集・修正等，プログラミング，監視等を行う作業をいう。以下同じ。）とし，別紙「情報機器作業の作業区分」〈編注：略〉を参考に，作業の実態を踏まえながら，産業医等の専門家の意見を聴きつつ，衛生委員会等で，個々の情報機器作業を区分し，作業内容及び作業時間に応じた労働衛生管理を行うこととする。

3　対策の検討及び進め方に当たっての留意事項（抄）

　事務所における情報機器作業が多様化したこと，また，情報機器の発達により，当該機器の使用方法の自由度が増したことから，情報機器作業の健康影響の程度についても労働者個々人の作業姿勢等により依存するようになった。そのため，対策を一律かつ網羅的に行うのではなく，それぞれの作業内容や使用する情報機器，作業場所ごとに，健康影響に関与する要因のリスクアセスメントを実施し，その結果に基づいて必要な対策を取捨選択することが必要である。

4　作業環境管理

　作業者の心身の負担を軽減し，作業者が支障なく作業を行うことができるよう，次により情報機器作業に適した作業環境管理を行うこと。

(1)　照明及び採光

　イ　室内は，できる限り明暗の対照が著しくなく，かつ，まぶしさを生じさせないようにすること。

　ロ　ディスプレイを用いる場合のディスプレイ画面上における照度は 500 ルクス以下，書類上及びキーボード上における照度は 300 ルクス以上を目安とし，作業しやすい照度とすること。また，ディスプレイ画面の明るさ，書類及びキーボード面における明るさと周辺の明るさの差はなるべく小さくすること。

　ハ　ディスプレイ画面に直接又は間接的に太陽光等が入射する場合は，必要に応じて窓にブラインド又はカーテン等を設け，適切な明るさとなるようにすること。

ニ　間接照明等のグレア防止用照明器具を用いること。

ホ　その他グレアを防止するための有効な措置を講じること。

⑵　情報機器等

イ　情報機器の選択

　　情報機器を事業場に導入する際には，作業者への健康影響を考慮し，作業者が行う作業に最も適した機器を選択し導入すること。

ロ　デスクトップ型機器

　㈔　ディスプレイ

　　　ディスプレイは，次の要件を満たすものを用いること。

　　a　目的とする情報機器作業を負担なく遂行できる画面サイズであること。

　　b　ディスプレイ画面上の輝度又はコントラストは作業者が容易に調整できるものであることが望ましい。

　　c　必要に応じ，作業環境及び作業内容等に適した反射処理をしたものであること。

　　d　ディスプレイ画面の位置，前後の傾き，左右の向き等を調整できるものであることが望ましい。

　㈠　入力機器（キーボード，マウス等）

　　a　入力機器は，次の要件を満たすものを用いること。

　　　㈎　キーボードは，ディスプレイから分離して，その位置が作業者によって調整できることが望ましい。

　　　㈏　キーボードのキーは，文字が明瞭で読みやすく，キーの大きさ及びキーの数がキー操作を行うために適切であること。

　　　㈐　マウスは，使用する者の手に適した形状及び大きさで，持ちやすく操作がしやすいこと。

　　　㈑　キーボードのキー及びマウスのボタンは，押下深さ（ストローク）及び押下力が適当であり，操作したことを作業者が知覚し得ることが望ましい。

　　b　目的とする情報機器作業に適した入力機器を使用できるようにすること。

　　c　必要に応じ，パームレスト（リストレスト）を利用できるようにすること。

ハ　ノート型機器

　㈔　適した機器の使用

　　　目的とする情報機器作業に適したノート型機器を適した状態で使用させること。

　㈠　ディスプレイ

　　　ディスプレイは，上記ロの（イ）の要件に適合したものを用いること。ただし，ノート型機器は，通常，ディスプレイとキーボードを分離できないので，長時間，情報機器作業を行う場合については，作業の内容に応じ外付けディスプレイなども使用することが望ましい。

(ハ)　入力機器（キーボード，マウス等）

入力機器は，上記ロの（ロ）の要件に適合したものを用いること。

ただし，ノート型機器は，通常，ディスプレイとキーボードを分離できないので，小型のノート型機器で長時間の情報機器作業を行う場合については，外付けキーボードを使用することが望ましい。

(ニ)　マウス等の使用

必要に応じて，マウス等を利用できるようにすることが望ましい。

(ホ)　テンキー入力機器の使用

数字を入力する作業が多い場合は，テンキー入力機器を利用できるようにすることが望ましい。

ニ　タブレット，スマートフォン等

(イ)　適した機器の使用

目的とする情報機器作業に適した機器を適した状態で使用させること。

(ロ)　オプション機器の使用

長時間，タブレット型機器等を用いた作業を行う場合には，作業の内容に応じ適切なオプション機器（ディスプレイ，キーボード，マウス等）を適切な配置で利用できるようにすることが望ましい。

ホ　その他の情報機器

ロからニまで以外の新しい表示装置や入力機器等を導入し，使用する場合には，作業者への健康影響を十分に考慮して，目的とする情報機器作業に適した機器を適した状態で使用させること。

ヘ　ソフトウェア

ソフトウェアは，次の要件を満たすものを用いることが望ましい。

(イ)　目的とする情報機器作業の内容，作業者の技能，能力等に適合したものであること。

(ロ)　作業者の求めに応じて，作業者に対して，適切な説明が与えられるものであること。

(ハ)　作業上の必要性，作業者の技能，好み等に応じて，インターフェイス用のソフトウェアの設定が容易に変更可能なものであること。

(ニ)　操作ミス等によりデータ等が消去された場合に容易に復元可能なものであること。

ト　椅子

椅子は，次の要件を満たすものを用いること。

(イ)　安定しており，かつ，容易に移動できること。

(ロ)　床からの座面の高さは，作業者の体形に合わせて，適切な状態に調整できること。

(ハ)　複数の作業者が交替で同一の椅子を使用する場合には，高さの調整が容易であ

り，調整中に座面が落下しない構造であること。

　㈡　適当な背もたれを有していること。また，背もたれは，傾きを調整できることが望ましい。

　㈼　必要に応じて適当な長さの肘掛けを有していること。

　チ　机又は作業台

　机又は作業台は，次の要件を満たすものを用いること。

　㈠　作業面は，キーボード，書類，マウスその他情報機器作業に必要なものが適切に配置できる広さであること。

　㈡　作業者の脚の周囲の空間は，情報機器作業中に脚が窮屈でない大きさのものであること。

　㈢　机又は作業台の高さについては，次によること。

　　　a　高さの調整ができない机又は作業台を使用する場合，床からの高さは作業者の体形にあった高さとすること。

　　　b　高さの調整が可能な机又は作業台を使用する場合，床からの高さは作業者の体形にあった高さに調整できること。

⑶　騒音の低減措置

　情報機器及び周辺機器から不快な騒音が発生する場合には，騒音の低減措置を講じること。

⑷　その他

　換気，温度及び湿度の調整，空気調和，静電気除去，休憩等のための設備等について事務所衛生基準規則に定める措置等を講じること。

5　作業管理

　作業者が，心身の負担が少なく作業を行うことができるよう，次により作業時間の管理を行うとともに，4により整備した情報機器，関連什器等を調整し，作業の特性や個々の作業者の特性に合った適切な作業管理を行うこと。

⑴　作業時間等

　イ　一日の作業時間

　情報機器作業が過度に長時間にわたり行われることのないように指導すること。

　ロ　一連続作業時間及び作業休止時間

　一連続作業時間が1時間を超えないようにし，次の連続作業までの間に10分～15分の作業休止時間を設け，かつ，一連続作業時間内において1回～2回程度の小休止を設けるよう指導すること。

　ハ　業務量への配慮

　作業者の疲労の蓄積を防止するため，個々の作業者の特性を十分に配慮した無理のない適度な業務量となるよう配慮すること。

⑵　調整

　作業者に自然で無理のない姿勢で情報機器作業を行わせるため，次の事項を作業者に留意させ，椅子の座面の高さ，机又は作業台の作業面の高さ，キーボード，マウス，ディスプレイの位置等を総合的に調整させること。

　イ　作業姿勢

　　座位のほか，時折立位を交えて作業することが望ましく，座位においては，次の状態によること。

　　㈠　椅子に深く腰をかけて背もたれに背を十分にあて，履き物の足裏全体が床に接した姿勢を基本とすること。また，十分な広さを有し，かつ，すべりにくい足台を必要に応じて備えること。

　　㈡　椅子と大腿部膝側背面との間には手指が押し入る程度のゆとりがあり，大腿部に無理な圧力が加わらないようにすること。

　ロ　ディスプレイ

　　㈠　おおむね 40 cm 以上の視距離が確保できるようにし，この距離で見やすいように必要に応じて適切な眼鏡による矯正を行うこと。

　　㈡　ディスプレイは，その画面の上端が眼の高さとほぼ同じか，やや下になる高さにすることが望ましい。

　　㈢　ディスプレイ画面とキーボード又は書類との視距離の差が極端に大きくなく，かつ，適切な視野範囲になるようにすること。

　　㈣　ディスプレイは，作業者にとって好ましい位置，角度，明るさ等に調整すること。

　　㈤　ディスプレイに表示する文字の大きさは，小さすぎないように配慮し，文字高さがおおむね 3 mm 以上とするのが望ましい。

　ハ　入力機器

　　マウス等のポインティングデバイスにおけるポインタの速度，カーソルの移動速度等は，作業者の技能，好み等に応じて適切な速度に調整すること。

　ニ　ソフトウェア

　　表示容量，表示色数，文字等の大きさ及び形状，背景，文字間隔，行間隔等は，作業の内容，作業者の技能等に応じて，個別に適切なレベルに調整すること。

6　情報機器等及び作業環境の維持管理　（略）

7　健康管理　（略）

8　労働衛生教育

　労働衛生管理のための諸対策の目的と方法を作業者に周知することにより，職場における作業環境・作業方法の改善，適正な健康管理を円滑に行うため及び情報機器作業による

心身への負担の軽減を図ることができるよう，次の労働衛生教育を実施すること。

　また，新たに情報機器作業に従事する作業者に対しては，情報機器作業の習得に必要な訓練を行うこと。なお，教育及び訓練を実施する場合は，計画的に実施するとともに，実施結果について記録することが望ましい。

(1)　作業者に対する教育内容

　作業者に対して，次の事項について教育を行うこと。また，当該作業者が自主的に健康を維持管理し，かつ，増進していくために必要な知識についても教育を行うことが望ましい。

　イ　情報機器ガイドライン〈編注：「情報機器作業における労働衛生管理のためのガイドライン」の本ガイドライン中における略称〉の概要

　ロ　作業管理

　　（内容）　作業計画・方法，作業姿勢，ストレッチ・体操など

　ハ　作業環境管理

　　（内容）　情報機器の種類・特徴・注意点

　ニ　健康管理

　　（内容）　情報機器作業の健康への影響（疲労，視覚への影響，筋骨格系への影響，メンタルヘルスなど）

(2)　管理者に対する教育内容

　情報機器作業に従事する者を直接管理する者に対して，次の事項について教育を行うこと。

　イ　情報機器ガイドラインの概要（労働災害統計を含む。）

　ロ　作業管理

　　（内容）　作業時間，作業計画・方法，ストレッチ・体操など

　ハ　作業環境管理

　　（内容）　情報機器の種類・特徴・注意点，作業環境（作業空間，ワークステーション，什器，採光・照明，空調など）

　ニ　健康管理

　　（内容）　情報機器作業の健康への影響（疲労，視覚への影響，筋骨格系への影響，メンタルヘルスなど），健康相談・健康診断（受け方），事後措置

9　情報機器作業の作業区分に応じて実施する事項（略）

10　配慮事項等

(1)　高齢者に対する配慮事項等

　高年齢の作業者については，照明条件やディスプレイに表示する文字の大きさ等を作業者ごとに見やすいように設定するとともに，過度の負担にならないように作業時間や

作業密度に対する配慮を行うことが望ましい。

また，作業の習熟の速度が遅い作業者については，それに合わせて追加の教育，訓練を実施する等により，配慮を行うことが望ましい。

(2) 障害等を有する作業者に対する配慮事項

情報機器作業の入力装置であるキーボードとマウスなどが使用しにくい障害等を有する者には，必要な音声入力装置等を使用できるようにするなどの必要な対策を講じること。

また，適切な視力矯正によってもディスプレイを読み取ることが困難な者には，拡大ディスプレイ，弱視者用ディスプレイ等を使用できるようにするなどの必要な対策を講じること。

(3) テレワークを行う労働者に対する配慮事項

情報機器ガイドラインのほか，「情報通信技術を利用した事業場外勤務の適切な導入及び実施のためのガイドライン」（平成30年2月22日付け基発0222第1号，雇均発0222第1号「情報通信技術を利用した事業場外勤務の適切な導入及び実施のためのガイドラインの策定について」別添1）を参照して必要な健康確保措置を講じること。

その際，事業者が業務のために提供している作業場以外でテレワークを行う場合については，事務所衛生基準規則，労働安全衛生規則及び情報機器ガイドラインの衛生基準と同等の作業環境となるよう，テレワークを行う労働者に助言等を行うことが望ましい。

(4) 自営型テレワーカーに対する配慮事項

注文者は，「自営型テレワークの適正な実施のためのガイドライン」（平成30年2月2日付け雇均発0202第1号「「在宅ワークの適正な実施のためのガイドライン」の改正について」別添）に基づき，情報機器作業の適切な実施方法等の健康を確保するための手法について，自営型テレワーカーに情報提供することが望ましい。

また，情報提供の際は，必要に応じて情報機器ガイドラインを参考にし，情報提供することが望ましい。

参　考

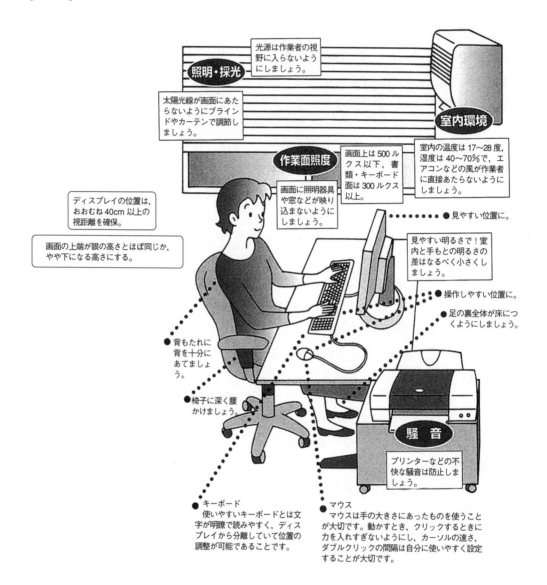

照明・採光

光源は作業者の視野に入らないようにしましょう。

太陽光線が画面にあたらないようにブラインドやカーテンで調節しましょう。

室内環境

作業面照度

画面上は500ルクス以下，書類・キーボード面は300ルクス以上。

室内の温度は17～28度，湿度は40～70％で，エアコンなどの風が作業者に直接あたらないようにしましょう。

ディスプレイの位置は，おおむね40cm以上の視距離を確保。

画面に照明器具や窓などが映り込まないようにしましょう。

●見やすい位置に。

画面の上端が眼の高さとほぼ同じか，やや下になる高さにする。

見やすい明るさで！室内と手もとの明るさの差はなるべく小さくしましょう。

●操作しやすい位置に。

●足の裏全体が床につくようにしましょう。

●背もたれに背を十分にあてましょう。

椅子に深く腰かけましょう。

騒　音

プリンターなどの不快な騒音は防止しましょう。

●キーボード
使いやすいキーボードとは文字が明瞭で読みやすく，ディスプレイから分離していて位置の調整が可能であることです。

●マウス
マウスは手の大きさにあったものを使うことが大切です。動かすとき，クリックするときに力を入れすぎないようにし，カーソルの速さ，ダブルクリックの間隔は自分に使いやすく設定することが大切です。

情報機器作業の留意事項

（「令和2年度　労働衛生のしおり」（中央労働災害防止協会発行）等より）

〔資料16〕
定期健康診断における有所見率の改善に向けた取組について（抄）

平成 22 年 3 月 25 日基発 0325 第 1 号

労働安全衛生規則（昭和 47 年労働省令第 32 号）第 44 条及び第 45 条の規定による定期の健康診断（以下「定期健康診断」という。）における有所見率（健康診断を受診した労働者のうち異常の所見（以下「有所見」という。）のある者（以下「有所見者」という。）の占める割合をいう。以下同じ。）は，平成 20 年には 51% に達し，半数を超える労働者が有所見者という状況となっている。

また，脳血管疾患及び虚血性心疾患等（以下「脳・心臓疾患」という。）による労災支給決定件数も高水準にあり，脳・心臓疾患の発生防止の徹底を図ることが必要な状況にある。

さらに，第 11 次労働災害防止計画においては，「労働者の健康確保対策を推進し，定期健康診断における有所見率の増加傾向に歯止めをかけ，減少に転じさせること」を目標の 1 つとしている。

これらの状況を踏まえ，各局においては，労働者の健康の保持増進対策を推進し，定期健康診断における有所見率の改善が促進されるよう，下記のとおり，事業者に対する指導又は周知啓発，要請等に遺憾なきを期されたい。

記

1　趣旨等

定期健康診断における有所見率が増加し続けていること及び脳・心臓疾患による労災支給決定件数も高水準にある現状にかんがみると，脳・心臓疾患の発生防止の徹底を図るには，長時間労働者に対する労働安全衛生法（昭和 47 年法律第 57 号。以下「法」という。）第 66 条の 8 の規定に基づく面接指導等の実施だけでなく，定期健康診断における脳・心臓疾患関係の主な検査項目（血中脂質検査，血圧の測定，血糖検査，尿中の糖の検査及び心電図検査をいう。以下同じ。）における有所見となった状態の改善（以下「有所見の改善」という。）に取り組むことが重要である。また，職業性疾病としての熱中症等の予防においても，有所見の改善が重要である。

有所見の改善のためには，事業者が行う保健指導等に基づき，労働者が栄養改善，運動等に取り組むこと，また，事業者が就業上の措置を適切に行うことなどが必要である。

以上を踏まえ，都道府県労働局及び労働基準監督署は，事業者及び労働者をはじめとする関係者が，上記のような有所見率の改善に向けた取組（以下「有所見率改善の取組」と

いう。)の必要性・重要性を十分に理解し，積極的に取り組むよう，上記の趣旨を十分説明
し理解を得ること。

2　事業者及び労働者による有所見率改善の取組

(1)　事業者が次の事項について確実に取り組むよう指導すること。

　ア　定期健康診断実施後の措置

　　　法第66条の4の規定に基づく有所見についての医師からの意見聴取及び法第66条
の5の規定に基づく作業の転換，労働時間の短縮等の措置は，労働者の健康保持及び
有所見に関係した疾病発生リスクの低減のみならず，有所見の改善にも資することを
踏まえ，事業者はこれらを適切に実施しなければならないものであること。

　イ　定期健康診断の結果の労働者への通知

　　　労働者が，その健康の保持増進のための取組に積極的に努めるようにするために
は，自らの健康状況を把握することが重要であることも踏まえ，事業者は，法第66
条の6の規定に基づき，定期健康診断の結果を労働者に通知しなければならないもの
であること。

(2)　事業者及び労働者が，次の事項について取り組むよう周知啓発，要請等を行うこと。

　ア　定期健康診断の結果に基づく保健指導

　　(ア)　法第66条の7第1項の規定に基づく医師又は保健師による保健指導（以下単に
「保健指導」という。)は，これにより有所見者が，食生活の改善等に取り組むこと，
医療機関で治療を受けることなどにより，有所見の改善に資するものであることか
ら，事業者の努力義務であることも踏まえ，事業者は適切に実施するよう努めるこ
と。

　　　　したがって，保健指導は，再検査若しくは精密検査又は治療の勧奨にとどまらず，
有所見の改善に向けて，食生活等の指導，健康管理に関する情報提供を十分に行う
こと。

　　(イ)　保健指導は，事業者が実施するだけでなく，これに基づき労働者が自ら健康の保
持に取り組まなければ予期した効果を期待できないことから，労働者は，法第66
条の7第2項の規定に基づき，定期健康診断の結果及び保健指導を利用して，その
健康の保持に努めること。

　イ　健康教育等

　　(ア)　法第69条第1項の規定に基づく健康教育及び健康相談その他労働者の健康の保
持増進を図るため必要な措置（以下「健康教育等」という。)は，これにより労働者
が栄養改善，運動等に取り組むことにより，有所見の改善に資するものであること
から，事業者の努力義務であること等も踏まえ，事業者は適切に実施するよう努め
ること。

　　　　なお，健康教育等は，有所見者のみならず，毎年検査値が悪化するなど有所見者

となることが懸念される者についても重点的に行うこと。

おって，健康教育等の実施においては，脳・心臓疾患関係の主な検査項目の有所見率がおおむね増加傾向にあることから，当該有所見の改善に係る健康教育等を重点的に行うこと。

(イ)　健康教育等は，事業者が実施するだけでなく，これに基づき労働者自ら健康の保持増進に取り組まなければ予期した効果を期待できないことから，労働者は，法第69条第2項の規定に基づき，事業者が講ずる措置を利用して，その健康の保持増進に努めること。

ウ　留意事項

事業者は，保健指導及び健康教育等においては，個々の労働者の状況に応じて，労働者が取り組むべき具体的な内容を示すとともに，その後の労働者の取組状況を把握し，必要に応じて指導を行うこと。

また，(1)イの際，事業者は，保健指導及び健康教育等において示された労働者自身が取り組むべき事項を実施するよう労働者を指導すること。

(3)　計画的かつ効果的な実施のための取組事項

事業者が，(1)及び(2)の事項を計画的かつ効果的に実施するため，次の事項について取り組むよう周知啓発，要請等を行うこと。

ア　計画的な取組

(ア)　事業者は，(1)及び(2)の事項のうち事業者が取り組む事項（以下「事業者の取組事項」という。）への取組について計画を作成するなど，計画的に取り組むこと。

(イ)　事業者は，毎月，産業医が作業場等の巡視を行う日などにおいて，計画的に，健康教育等を行うとともに，(2)の事項のうち労働者が取り組む事項（以下「労働者の取組事項」という。）の実施状況を確認すること。

(ウ)　事業者は，全国労働衛生週間及びその準備期間において，有所見率改善の取組を効果的に推進するため，重点的に，社内誌，講演会，電子メール，掲示等による労働者への啓発等を行うとともに，自主点検表等を活用した(1)及び(2)の事項の実施状況の点検を行うこと。

イ　取組状況の評価

事業者は，労働者ごと及び事業場全体について，実施した保健指導及び健康教育等の内容，労働者自身の取組状況，定期健康診断の結果等を基に，事業者の取組事項の実施状況及びその結果を評価し，その後充実強化すべき事項等をその後のア(ア)の計画に反映させること。その際，衛生委員会等を活用すること。

なお，定期健康診断の結果の評価においては，必要に応じて，検査値が改善傾向であるかについても評価すること。

ウ　高齢者の医療の確保に関する法律に基づく施策との連携

保健指導及び健康教育等については，高齢者の医療の確保に関する法律（昭和57

年法律第 80 号）に基づき，医療保険者は，40 歳以上の加入者に対し，生活習慣病に着目した特定健康診査及び特定保健指導を実施することが義務付けられており，平成 20 年 1 月 17 日付け基発第 0117001 号・保発第 0117003 号「特定健康診査等の実施に関する協力依頼について（依頼）」を踏まえ，事業者は，これらの施策との連携にも留意すること。

3　都道府県労働局等による具体的な周知啓発，要請等の方法　（略）

〔資料 17〕
高年齢労働者の安全と健康確保のためのガイドライン
（エイジフレンドリーガイドライン）（抄）

令和2年3月6日基安発0316第2号

第1　趣旨

　本ガイドラインは，労働安全衛生関係法令とあいまって，高年齢労働者が安心して安全に働ける職場環境づくりや労働災害の予防的観点からの高年齢労働者の健康づくりを推進するために，高年齢労働者を使用する又は使用しようとする事業者（以下「事業者」という。）及び労働者に取組が求められる事項を具体的に示し，高年齢労働者の労働災害を防止することを目的とする。

　事業者は，本ガイドラインの「第2　事業者に求められる事項」のうち，各事業場における高年齢労働者の就労状況や業務の内容等の実情に応じて，国のほか，労働災害防止団体，独立行政法人労働者健康安全機構（以下「健安機構」という。）等の関係団体等による支援も活用して，高年齢労働者の労働災害防止対策（以下「高齢者労働災害防止対策」という。）に積極的に取り組むよう努めるものとする。

　労働者は，事業者が実施する高齢者労働災害防止対策の取組に協力するとともに，自己の健康を守るための努力の重要性を理解し，自らの健康づくりに積極的に取り組むよう努めるものとする。

　この際，事業者と労働者がそれぞれの役割を理解し，連携して取組を進めることが重要である。

　また，国，関係団体等は，それぞれの役割を担いつつ必要な連携を図りながら，事業者及び労働者の取組を支援するものとする。

　なお，請負の形式による契約により業務を行う者についても本ガイドラインを参考にすることが期待される。

第2　事業者に求められる事項

　事業者は，以下の1から5までに示す事項について，各事業場における高年齢労働者の就労状況や業務の内容等の各事業場の実情に応じて，第4に示す国，関係団体等による支援も活用して，実施可能な高齢者労働災害防止対策に積極的に取り組むことが必要である。なお，事業場における安全衛生管理の基本的体制及び具体的取組の体系について図解すると，別紙〈編注：略。本文に図6-12として掲載〉のとおりとなる。

507

1　安全衛生管理体制の確立等

(1)　経営トップによる方針表明及び体制整備

高齢者労働災害防止対策を組織的かつ継続的に実施するため，次の事項に取り組むこと。

ア　経営トップ自らが，高齢者労働災害防止対策に取り組む姿勢を示し，企業全体の安全意識を高めるため，高齢者労働災害防止対策に関する事項を盛り込んだ安全衛生方針を表明すること。

イ　安全衛生方針に基づき，高齢者労働災害防止対策に取り組む組織や担当者を指定する等により，高齢者労働災害防止対策の実施体制を明確化すること。

ウ　高齢者労働災害防止対策について，労働者の意見を聴く機会や，労使で話し合う機会を設けること。

エ　安全委員会，衛生委員会又は安全衛生委員会（以下「安全衛生委員会等」という。）を設けている事業場においては，高齢者労働災害防止対策に関する事項を調査審議すること。

これらの事項を実施するに当たっては，以下の点を考慮すること。

・高齢者労働災害防止対策を担当する組織としては，安全衛生部門が存在する場合，同部門が想定され，業種・事業場規模によっては人事管理部門等が担当することも考えられること。

・高年齢労働者の健康管理については，産業医を中心とした産業保健体制を活用すること。また，保健師等の活用も有効であること。産業医が選任されていない事業場では地域産業保健センター等の外部機関を活用することが有効であること。

・高年齢労働者が，職場で気付いた労働安全衛生に関するリスクや働く上で負担に感じている事項，自身の不調等を相談できるよう，企業内相談窓口を設置することや，高年齢労働者が孤立することなくチームに溶け込んで何でも話せる風通しの良い職場風土づくりが効果的であること。

・働きやすい職場づくりは労働者のモチベーションの向上につながるという認識を共有することが有効であること。

(2)　危険源の特定等のリスクアセスメントの実施

高年齢労働者の身体機能の低下等による労働災害の発生リスクについて，災害事例やヒヤリハット事例から危険源の洗い出しを行い，当該リスクの高さを考慮して高齢者労働災害防止対策の優先順位を検討（以下「リスクアセスメント」という。）すること。

その際，「危険性又は有害性等の調査等に関する指針」（平成18年3月10日危険性又は有害性等の調査等に関する指針公示第1号）に基づく手法で取り組むよう努めるものとすること。

リスクアセスメントの結果を踏まえ，以下の2から5までに示す事項を参考に優先

順位の高いものから取り組む事項を決めること。その際，年間推進計画を策定し，当該計画に沿って取組を実施し，当該計画を一定期間で評価し，必要な改善を行うことが望ましいこと。

これらの事項を実施するに当たっては，以下の点を考慮すること。

・小売業，飲食店，社会福祉施設等のサービス業等の事業場で，リスクアセスメントが定着していない場合には，同一業種の他の事業場の好事例等を参考に，職場環境改善に関する労働者の意見を聴く仕組みを作り，負担の大きい作業，危険な場所，作業フローの不備等の職場の課題を洗い出し，改善につなげる方法があること。

・高年齢労働者の安全と健康の確保のための職場改善ツールである「エイジアクション100」のチェックリスト（別添1〈編注：略〉）を活用することも有効であること。

・健康状況や体力が低下することに伴う高年齢労働者の特性や課題を想定し，リスクアセスメントを実施すること。

・高年齢労働者の状況に応じ，フレイルやロコモティブシンドロームについても考慮する必要があること。

なお，フレイルとは，加齢とともに，筋力や認知機能等の心身の活力が低下し，生活機能障害や要介護状態等の危険性が高くなった状態であり，ロコモティブシンドロームとは，年齢とともに骨や関節，筋肉等運動器の衰えが原因で「立つ」,「歩く」といった機能（移動機能）が低下している状態のことをいうこと。

・サービス業のうち社会福祉施設，飲食店等では，家庭生活と同種の作業を行うため危険を認識しにくいが，作業頻度や作業環境の違いにより家庭生活における作業とは異なるリスクが潜んでいることに留意すること。

・社会福祉施設等で利用者の事故防止に関するヒヤリハット事例の収集に取り組んでいる場合，こうした仕組みを労働災害の防止に活用することが有効であること。

・労働安全衛生マネジメントシステムを導入している事業場においては，労働安全衛生方針の中に，例えば「年齢にかかわらず健康に安心して働ける」等の内容を盛り込んで取り組むこと。

2　職場環境の改善

(1)　身体機能の低下を補う設備・装置の導入（主としてハード面の対策）

身体機能が低下した高年齢労働者であっても安全に働き続けることができるよう，事業場の施設，設備，装置等の改善を検討し，必要な対策を講じること。

その際，以下に掲げる対策の例を参考に，高年齢労働者の特性やリスクの程度を勘案し，事業場の実情に応じた優先順位をつけて施設，設備，装置等の改善に取り組むこと。

＜共通的な事項＞

・視力や明暗の差への対応力が低下することを前提に，通路を含めた作業場所の照度

を確保するとともに，照度が極端に変化する場所や作業の解消を図ること。

・階段には手すりを設け，可能な限り通路の段差を解消すること。

・床や通路の滑りやすい箇所に防滑素材（床材や階段用シート）を採用すること。また，滑りやすい箇所で作業する労働者に防滑靴を利用させること。併せて，滑りの原因となる水分・油分を放置せずに，こまめに清掃すること。

・墜落制止用器具，保護具等の着用を徹底すること。

・やむをえず，段差や滑りやすい箇所等の危険箇所を解消することができない場合には，安全標識等の掲示により注意喚起を行うこと。

＜危険を知らせるための視聴覚に関する対応＞

・警報音等は，年齢によらず聞き取りやすい中低音域の音を採用する，音源の向きを適切に設定する，指向性スピーカーを用いる等の工夫をすること。

・作業場内で定常的に発生する騒音（背景騒音）の低減に努めること。

・有効視野を考慮した警告・注意機器（パトライト等）を採用すること。

＜暑熱な環境への対応＞

・涼しい休憩場所を整備すること。

・保熱しやすい服装は避け，通気性の良い服装を準備すること。

・熱中症の初期症状を把握できるウェアラブルデバイス等の IoT 機器を利用すること。

＜重量物取扱いへの対応＞

・補助機器等の導入により，人力取扱重量を抑制すること。

・不自然な作業姿勢を解消するために，作業台の高さや作業対象物の配置を改善すること。

・身体機能を補助する機器（パワーアシストスーツ等）を導入すること。

＜介護作業等への対応＞

・リフト，スライディングシート等の導入により，抱え上げ作業を抑制すること。

・労働者の腰部負担を軽減するための移乗支援機器等を活用すること。

＜情報機器作業への対応＞

・パソコン等を用いた情報機器作業では，「情報機器作業における労働衛生管理のためのガイドライン」（令和元年7月12日付け基発 0712 第3号厚生労働省労働基準局長通知）に基づき，照明，画面における文字サイズの調整，必要な眼鏡の使用等によって適切な視環境や作業方法を確保すること。

(2)　高年齢労働者の特性を考慮した作業管理（主としてソフト面の対策）

　　　敏捷性や持久性，筋力といった体力の低下等の高年齢労働者の特性を考慮して，作業内容等の見直しを検討し，実施すること。

　　　その際，以下に掲げる対策の例を参考に，高年齢労働者の特性やリスクの程度を勘案し，事業場の実情に応じた優先順位をつけて対策に取り組むこと。

＜共通的な事項＞

・事業場の状況に応じて，勤務形態や勤務時間を工夫することで高年齢労働者が就労しやすくすること（短時間勤務，隔日勤務，交替制勤務等）。

・高年齢労働者の特性を踏まえ，ゆとりのある作業スピード，無理のない作業姿勢等に配慮した作業マニュアルを策定し，又は改定すること。

・注意力や集中力を必要とする作業について作業時間を考慮すること。

・注意力や判断力の低下による災害を避けるため，複数の作業を同時進行させる場合の負担や優先順位の判断を伴うような作業に係る負担を考慮すること。

・腰部に過度の負担がかかる作業に係る作業方法については，重量物の小口化，取扱回数の減少等の改善を図ること。

・身体的な負担の大きな作業では，定期的な休憩の導入や作業休止時間の運用を図ること。

＜暑熱作業への対応＞

・一般に，年齢とともに暑い環境に対処しにくくなることを考慮し，脱水症状を生じさせないよう意識的な水分補給を推奨すること。

・健康診断結果を踏まえた対応はもとより，管理者を通じて始業時の体調確認を行い，体調不良時に速やかに申し出るよう日常的に指導すること。

・熱中症の初期対応が遅れ重篤化につながることがないよう，病院への搬送や救急隊の要請を的確に行う体制を整備すること。

＜情報機器作業への対応＞

・情報機器作業が過度に長時間にわたり行われることのないようにし，作業休止時間を適切に設けること。

・データ入力作業等相当程度拘束性がある作業においては，個々の労働者の特性に配慮した無理のない業務量とすること。

3 高年齢労働者の健康や体力の状況の把握

(1) 健康状況の把握

労働安全衛生法で定める雇入時及び定期の健康診断を確実に実施すること。その他，以下に掲げる例を参考に，高年齢労働者が自らの健康状況を把握できるような取組を実施することが望ましいこと。

＜取組例＞

・労働安全衛生法で定める健康診断の対象にならない者が，地域の健康診断等（特定健康診査等）の受診を希望する場合は，必要な勤務時間の変更や休暇の取得について柔軟な対応をすること。

・労働安全衛生法で定める健康診断の対象にならない者に対して，事業場の実情に応じて，健康診断を実施するよう努めること。

・健康診断の結果について，産業医，保健師等に相談できる環境を整備すること。

・健康診断の結果を高年齢労働者に通知するに当たり，産業保健スタッフから健康診断項目毎の結果の意味を丁寧に説明する等，高年齢労働者が自らの健康状況を理解できるようにすること。

・日常的なかかわりの中で，高年齢労働者の健康状況等に気を配ること。

(2)　体力の状況の把握

　　高年齢労働者の労働災害を防止する観点から，事業者，高年齢労働者双方が当該高年齢労働者の体力の状況を客観的に把握し，事業者はその体力に合った作業に従事させるとともに，高年齢労働者が自らの身体機能の維持向上に取り組めるよう，主に高年齢労働者を対象とした体力チェックを継続的に行うことが望ましいこと。

　　体力チェックの対象となる労働者から理解が得られるよう，わかりやすく丁寧に体力チェックの目的を説明するとともに，事業場における方針を示し，運用の途中で適宜当該方針を見直すこと。

　　具体的な体力チェックの方法として次のようなものが挙げられること。

・労働者の気付きを促すため，加齢による心身の衰えのチェック項目（フレイルチェック）等を導入すること。

・厚生労働省作成の「転倒等リスク評価セルフチェック票」（別添2〈編注：略〉）等を活用すること。

・事業場の働き方や作業ルールにあわせた体力チェックを実施すること。この場合，安全作業に必要な体力について定量的に測定する手法及び評価基準は安全衛生委員会等の審議を踏まえてルール化することが望ましいこと。

　　体力チェックの実施に当たっては，以下の点を考慮すること。

・体力チェックの評価基準を設けない場合は，体力チェックを高年齢労働者の気付きにつなげるとともに，業務に従事する上で考慮すべきことを検討する際に活用することが考えられること。

・体力チェックの評価基準を設ける場合は，合理的な水準に設定し，職場環境の改善や高年齢労働者の体力の向上に取り組むことが必要であること。

・作業を行う労働者の体力に幅があることを前提とし，安全に行うために必要な体力の水準に満たない労働者がいる場合は，当該労働者の体力でも安全に作業できるよう職場環境の改善に取り組むとともに，当該労働者も作業に必要な体力の維持向上に取り組む必要があること。

・高年齢労働者が病気や怪我による休業から復帰する際，休業前の体力チェックの結果を休業後のものと比較することは，体力の状況等の客観的な把握，体力の維持向上への意欲や作業への注意力の高まりにつながり，有用であること。

(3)　健康や体力の状況に関する情報の取扱い

　　健康情報等を取り扱う際には，「労働者の心身の状態に関する情報の適正な取扱い

のために事業者が講ずべき措置に関する指針」（平成30年9月7日労働者の心身の状態に関する情報の適正な取扱い指針公示第1号）を踏まえた対応をしなければならないことに留意すること。

　また，労働者の体力の状況の把握に当たっては，個々の労働者に対する不利益な取扱いを防ぐため，労働者自身の同意の取得方法や労働者の体力の状況に関する情報の取扱方法等の事業場内手続について安全衛生委員会等の場を活用して定める必要があること。

　例えば，労働者の健康や体力の状況に関する医師等の意見を安全衛生委員会等に報告する場合等に，労働者個人が特定されないよう医師等の意見を集約又は加工する必要があること。

4　高年齢労働者の健康や体力の状況に応じた対応

(1)　個々の高年齢労働者の健康や体力の状況を踏まえた措置

　健康や体力の状況を踏まえて必要に応じ就業上の措置を講じること。

　脳・心臓疾患が起こる確率は加齢にしたがって徐々に増加するとされており，高年齢労働者については基礎疾患の罹患状況を踏まえ，労働時間の短縮や深夜業の回数の減少，作業の転換等の措置を講じること。

　就業上の措置を講じるに当たっては，以下の点を考慮すること。

・健康診断や体力チェック等の結果，当該高年齢労働者の労働時間や作業内容を見直す必要がある場合は，産業医等の意見を聴いて実施すること。

・業務の軽減等の就業上の措置を実施する場合は，高年齢労働者に状況を確認して，十分な話合いを通じて当該高年齢労働者の了解が得られるよう努めること。また，健康管理部門と人事労務管理部門との連携にも留意すること。

(2)　高年齢労働者の状況に応じた業務の提供

　高齢者に適切な就労の場を提供するため，職場における一定の働き方のルールを構築するよう努めること。

　労働者の健康や体力の状況は高齢になるほど個人差が拡大するとされており，個々の労働者の健康や体力の状況に応じて，安全と健康の点で適合する業務を高年齢労働者とマッチングさせるよう努めること。

　個々の労働者の状況に応じた対応を行う際には，以下の点を考慮すること。

・業種特有の就労環境に起因する労働災害があることや，労働時間の状況や作業内容により，個々の労働者の心身にかかる負荷が異なることに留意すること。

・危険有害業務を伴う労働災害リスクの高い製造業，建設業，運輸業等の労働環境と，第三次産業等の労働環境とでは，必要とされる身体機能等に違いがあることに留意すること。例えば，運輸業等においては，運転適性の確認を重点的に行うこと等が考えられること。

　　・何らかの疾病を抱えながらも働き続けることを希望する高年齢労働者の治療と仕事
　　　の両立を考慮すること。
　　・複数の労働者で業務を分けあう，いわゆるワークシェアリングを行うことにより，
　　　高年齢労働者自身の健康や体力の状況や働き方のニーズに対応することも考えられ
　　　ること。

(3)　心身両面にわたる健康保持増進措置

　　「事業場における労働者の健康保持増進のための指針」(昭和63年9月1日健康保持
増進のための指針公示第1号) に基づき，事業場における健康保持増進対策の推進体
制の確立を図る等組織的に労働者の健康づくりに取り組むよう努めること。

　　集団及び個々の高年齢労働者を対象として，身体機能の維持向上のための取組を実
施することが望ましいこと。

　　常時50人以上の労働者を使用する事業者は，対象の高年齢労働者に対してストレ
スチェックを確実に実施するとともに，ストレスチェックの集団分析を通じた職場環
境の改善等のメンタルヘルス対策に取り組むこと。

　　併せて，「労働者の心の健康の保持増進のための指針」(平成18年3月31日健康保
持増進のための指針公示第3号) に基づき，メンタルヘルス対策に取り組むよう努め
ること。

　　これらの事項を実施するに当たっては，以下に掲げる対策の例を参考に，リスクの
程度を勘案し，事業場の実情に応じた優先順位をつけて取り組むこと。

　　・健康診断や体力チェックの結果等に基づき，必要に応じて運動指導や栄養指導，保
　　　健指導，メンタルヘルスケアを実施すること。
　　・フレイルやロコモティブシンドロームの予防を意識した健康づくり活動を実施する
　　　こと。
　　・身体機能の低下が認められる高年齢労働者については，身体機能の維持向上のため
　　　の支援を行うことが望ましいこと。例えば，運動する時間や場所への配慮，トレー
　　　ニング機器の配置等の支援が考えられる。
　　・保健師や専門的な知識を有するトレーナー等の指導の下で高年齢労働者が身体機能
　　　の維持向上に継続的に取り組むことを支援すること。
　　・労働者の健康管理を経営的視点から考え，戦略的に実践する健康経営の観点から企
　　　業が労働者の健康づくり等に取り組むこと。
　　・保険者と企業が連携して労働者の健康づくりを効果的・効率的に実行するコラボヘ
　　　ルスの観点から職域単位の健康保険組合が健康づくりを実施する場合には，連携・
　　　共同して取り組むこと。

5 安全衛生教育

(1) 高年齢労働者に対する教育

　　労働安全衛生法で定める雇入れ時等の安全衛生教育，一定の危険有害業務において必要となる技能講習や特別教育を確実に行うこと。

　　高年齢労働者を対象とした教育においては，作業内容とそのリスクについての理解を得やすくするため，十分な時間をかけ，写真や図，映像等の文字以外の情報も活用すること。中でも，高年齢労働者が，再雇用や再就職等により経験のない業種や業務に従事する場合には，特に丁寧な教育訓練を行うこと。

　　併せて，加齢に伴う健康や体力の状況の低下や個人差の拡大を踏まえ，以下の点を考慮して安全衛生教育を計画的に行い，その定着を図ることが望ましいこと。

・高年齢労働者が自らの身体機能の低下が労働災害リスクにつながることを自覚し，体力維持や生活習慣の改善の必要性を理解することが重要であること。

・高年齢労働者が働き方や作業ルールにあわせた体力チェックの実施を通じ，自らの身体機能の客観的な認識の必要性を理解することが重要であること。

・高年齢労働者にみられる転倒災害は危険に感じられない場所で発生していることも多いため，安全標識や危険箇所の掲示に留意するとともに，わずかな段差等の周りの環境にも常に注意を払うよう意識付けをすること。

・高年齢労働者に対して，サービス業の多くでみられる軽作業や危険と認識されていない作業であっても，災害に至る可能性があることを周知すること。

・勤務シフト等から集合研修の実施が困難な事業場においては，視聴覚教材を活用した教育も有効であること。

・危険予知トレーニング（KYT）を通じた危険感受性の向上教育や，VR技術を活用した危険体感教育の活用も考えられること。

・介護を含むサービス業ではコミュニケーション等の対人面のスキルの教育も労働者の健康の維持に効果的であると考えられること。

・IT機器に詳しい若年労働者と現場で培った経験を持つ高年齢労働者がチームで働く機会の積極的設定等を通じ，相互の知識経験の活用を図ること。

(2) 管理監督者等に対する教育

　　事業場内で教育を行う者や当該高年齢労働者が従事する業務の管理監督者，高年齢労働者と共に働く各年代の労働者に対しても，高年齢労働者に特有の特徴と高年齢労働者に対する安全衛生対策についての教育を行うことが望ましいこと。

　　この際，高齢者労働災害防止対策の具体的内容の理解に資するよう，高年齢労働者を支援する機器や装具に触れる機会を設けることが望ましいこと。

　　事業場内で教育を行う者や高年齢労働者が従事する業務の管理監督者に対しての教育内容は以下の点が考えられること。

・加齢に伴う労働災害リスクの増大への対策についての教育

・管理監督者の責任，労働者の健康問題が経営に及ぼすリスクについての教育

　また，こうした要素を労働者が主体的に取り組む健康づくりとともに体系的キャリア教育の中に位置付けることも考えられること。

　併せて，高年齢労働者が脳・心臓疾患を発症する等緊急の対応が必要な状況が発生した場合に，適切な対応をとることができるよう，職場において救命講習や緊急時対応の教育を行うことが望ましいこと。

第3　労働者に求められる事項

　生涯にわたり健康で長く活躍できるようにするために，一人ひとりの労働者は，事業者が実施する取組に協力するとともに，自己の健康を守るための努力の重要性を理解し，自らの健康づくりに積極的に取り組むことが必要である。また，個々の労働者が，自らの身体機能の変化が労働災害リスクにつながり得ることを理解し，労使の協力の下，以下の取組を実情に応じて進めることが必要である。

・高年齢労働者が自らの身体機能や健康状況を客観的に把握し，健康や体力の維持管理に努めること。なお，高齢になってから始めるのではなく，青年，壮年期から取り組むことが重要であること。

・事業者が行う労働安全衛生法で定める定期健康診断を必ず受けるとともに，短時間勤務等で当該健康診断の対象とならない場合には，地域保健や保険者が行う特定健康診査等を受けるよう努めること。

・事業者が体力チェック等を行う場合には，これに参加し，自身の体力の水準について確認し，気付きを得ること。

・日ごろから足腰を中心とした柔軟性や筋力を高めるためのストレッチや軽いスクワット運動等を取り入れ，基礎的な体力の維持と生活習慣の改善に取り組むこと。

・各事業所の目的に応じて実施されているラジオ体操や転倒予防体操等の職場体操には積極的に参加すること。また，通勤時間や休憩時間にも，簡単な運動を小まめに実施したり，自ら効果的と考える運動等を積極的に取り入れること。

・適正体重を維持する，栄養バランスの良い食事をとる等，食習慣や食行動の改善に取り組むこと。

・青年，壮年期から健康に関する情報に関心を持ち，健康や医療に関する情報を入手，理解，評価，活用できる能力（ヘルスリテラシー）の向上に努めること。

第4　国，関係団体等による支援の活用

　事業者は，第2の事項に取り組むに当たり，以下に掲げる国，関係団体等による支援策を効果的に活用することが望ましいこと。

(1)　中小企業や第三次産業における高齢者労働災害防止対策の取組事例の活用

　　厚生労働省，労働災害防止団体及び独立行政法人高齢・障害・求職者雇用支援機構（以下「JEED」という。）のホームページ等で提供されている中小企業や第三次産業を含む多くの事業場における高齢者労働災害防止対策の積極的な取組事例を参考にすること。

(2)　個別事業場に対するコンサルティング等の活用

　　中央労働災害防止協会や業種別労働災害防止団体等の関係団体では，JEED等の関係機関と協力して，安全管理士や労働安全コンサルタント，労働衛生コンサルタント等の専門家による個別事業場の現場の診断と助言を行っているので，これらの支援を活用すること。

　　また，健康管理に関しては，健安機構の産業保健総合支援センターにおいて，医師，保健師，衛生管理者等の産業保健スタッフに対する研修を実施するとともに，事業場の産業保健スタッフからの相談に応じており，労働者数50人未満の小規模事業場に対しては，地域産業保健センターにおいて産業保健サービスを提供しているので，これらの支援を活用すること。

(3)　エイジフレンドリー補助金等の活用

　　高年齢労働者が安心して安全に働く職場環境の整備に意欲のある中小企業における取組を支援するため，厚生労働省で実施する補助制度（エイジフレンドリー補助金等）を活用して，職場環境の改善を図ること。

(4)　社会的評価を高める仕組みの活用

　　厚生労働省では，高年齢労働者のための職場環境の改善の取組を評価項目として考慮した労働災害防止に係る表彰，好事例コンクール等を実施し，高齢者労働災害防止対策に積極的に取り組む事業場の社会的評価の向上に取り組んでいることから，これらを活用すること。

(5)　職域保健と地域保健の連携及び健康保険の保険者との連携の仕組みの活用

　　職域保健と地域保健との連携を強化するため，各地域において地域・職域連携推進協議会が設置され，地域の課題や実情に応じた連携が進められているところである。また，健康保険組合等の保険者と企業が連携して労働者の健康づくりを推進する取組も行われている。

　　具体的には，保険者による事業者に対する支援策等の情報提供や，保健所等の保健師や管理栄養士等の専門職が，事業場と協働して，事業協同組合等が実施する研修やセミナーで，地域の中小事業者に対して職場における健康づくりや生活習慣改善について講話や保健指導を実施するといった取組が行われており，これらの支援を活用すること。

◎演習問題 (p.323) の解答例

　演習課題についての解答の例を次に示すが，グループ討議においては，自ら作成する場合のことを想定しながら，さらにきめ細かな規程，手順がつくられるよう活発に議論されたい。

演習課題1　「安全衛生委員会規程の作成」
　第1条（委員会の目的）　労働災害の防止，快適職場の達成
　第2条（委員会の種類）　中央安全衛生委員会，事業場安全衛生委員会
　第3条（委員会の機能）　安全衛生に関する調査審議機関
　第4条（審議事項）　（一部省略可）
　　1　健康障害防止のための基本対策
　　2　健康保持増進のための基本対策
　　3　労働災害の原因及び再発防止対策
　　4　リスクアセスメントに関すること
　　5　労働衛生計画に関すること
　　6　労働衛生に関する規程の作成
　　7　労働衛生教育の実施計画の作成
　　8　作業環境測定結果及びそれに基づく対策
　　9　健康診断の結果及びそれに基づく対策
　　10　その他労働衛生に関する必要事項
　第5条（下部機構）　専門部会の設置等
　第6条（委員の構成）　議長，会社指名委員，労働組合推薦委員（同数），産業医，作業環境測定士等
　第7条（任期）　4月1日より1年間
　第8条（任命）　総括安全衛生管理者が任命
　第9条（開催時期）　1月に1回以上
　第10条（委員会の成立）　委員の3分の2以上出席
　第11条（議長）　総括安全衛生管理者
　第12条（委員の権限）　事業者への意見具申，職場巡視
　第13条（議事録）　作成及び配付先
　第14条（発効と改廃）　発効日，改廃の際の安全衛生委員会での審議

演習課題2　「作業手順書の作成」

1　準　　備

① 必要な用具

イ　塗料および溶剤　ロ　刷毛　ハ　脚立　ニ　ヘルメット　ホ　保護眼鏡
ヘ　有機溶剤用防毒マスク　ト　消火器　チ　ウエス

② 2名以上の作業者を確保する。

③ 付近に火気がないことを確認する。

④ 戸や窓はできるだけ開放しておく。

⑤ 取りやすい場所に消火器を置く。

⑥ 塗料を調合する外の通風のよい場所を確保する。

⑦ 塗料および溶剤容器には蓋をしておく。

⑧ 入り口に「塗装作業中・火気厳禁」の表示をする。

⑨ 作業前にヘルメット，保護眼鏡，防毒マスクの数，損傷等のないことを確認する。

2　作　　業

① 脚立を安定のよい場所に置く。不安定な場合は1人が押さえて安定させる。

② まず脚立に上り体を安定させる。塗料と刷毛は共同作業者が渡す。

③ 塗料は高い部分から低い部分へ順に塗っていく。

④ 作業位置を変更する場合は，一度脚立から降りて移動する。

⑤ 作業中塗料が多量にこぼれた場合はそのつどウエスで拭き取る。

⑥ 作業中気分が悪くなった時は通風のよい場所に出て休む。

3　後　始　末

① 余った塗料は容器に入れ，蓋をする。

② 塗料が乾くまでは窓は開放したままにする。

③ 入り口に「ペンキ塗りたて・火気厳禁」の表示をする。

④ 使用した保護具の手入れを行い，収納する。

⑤ 使用した他の用具を収納する。

演習課題3　「労働衛生計画等の作成」

テーマ　「職場のメンタルヘルス対策　ストレスチェック制度の運用と研修会の実施」

1　基本計画の作成

① 対　　象　　全従業員

② 実施時期等　・ストレスチェック　○月（健康診断実施時）

　　　　　　　　・研修時期　○月～○月，開催回数○回

③ 実施体制　　主催：工場長，事務局：衛生管理者，産業看護職

　　　　　　　　ストレスチェック実施者：産業医，産業看護職

　　　　　　　　ストレスチェック共同実施者：△△メンタルサポートサービス

2　事前準備

(1)　ストレスチェック

　　①　事業者による方針の表明

　　②　安全衛生委員会で調査・審議

　　　　（実施体制，実施方法，情報の取扱い，ストレスチェック結果の保存方法・利用目的等）

　　③　ストレスチェック実施規程の作成

　　④　ストレスチェック解析処理の業務委託契約

　　⑤　従業員への説明

(2)　研修会

　　①　事前手配　　　　　会場，分担の相談，外部講師依頼

　　②　打合せ　　　　　　研修内容の確認

　　③　連絡文書の送付　　職制あて

　　④　対象者の確認　　　参加予定人数の確認

　　⑤　個人あての連絡　　日時の確認，開催場所の連絡

　　⑥　資料の準備　　　　テキストの購入，資料の作成・印刷

3　実施

(1)　ストレスチェックの実施

　　①　検査実施の事前説明

　　②　実施者による検査の実施

　　③　実施者から結果を本人に通知，相談窓口等についても情報提供

　　④　本人から事業者へ面接指導の申出

　　⑤　産業医による面接指導の実施（必要に応じて）

　　⑥　事後措置：工場長は，産業医の意見，労働者の実情を考慮した上で，事後措置を実施

　　⑦　実施者によるストレスチェック結果に基づく集団ごとの集計・分析

　　⑧　報告・評価：産業医は実施結果について安全衛生委員会にて報告。評価を行って次年度の計画に生かす。

(2)　教育研修の実施

　　①　会場設営

　　②　受　　付　　　受付，アンケート等配布

　　③　オリエンテーション　　　挨拶，実施内容・注意事項の説明

　　④　教育内容　　　・管理職　　（外部講師によるラインケア研修）

　　　　　　　　　　　・一般従業員　（産業医によるセルフケア研修）

　　　　　　　　　　　※ストレスチェックの結果の見方，集団ごとの集計・分析，事後措置等の説明を加える。

　　⑤　評　　価　　　研修アンケートなどの結果，評価説明。次年度の計画に生かす。

衛生管理者の実務－能力向上教育用テキスト－

平成 22 年 10 月 29 日	第 1 版第 1 刷発行
平成 24 年　1 月 31 日	第 2 版第 1 刷発行
平成 25 年　3 月 25 日	第 3 版第 1 刷発行
平成 26 年 11 月　5 日	第 4 版第 1 刷発行
平成 27 年 11 月 12 日	第 5 版第 1 刷発行
平成 30 年　9 月　3 日	第 6 版第 1 刷発行
令和　3 年　7 月 30 日	第 7 版第 1 刷発行
令和　6 年　8 月　2 日	第 3 刷発行

編　者　中央労働災害防止協会
発行者　平　山　　剛
発行所　中央労働災害防止協会
〒108-0023
東京都港区芝浦 3 丁目 17 番 12 号
　　　　　　　　　吾妻ビル 9 階
電話　販売　03（3452）6401
　　　編集　03（3452）6209
印刷・製本　新日本印刷㈱

落丁・乱丁本はお取り替えいたします。　　　　　©JISHA 2021
ISBN 978-4-8059-1991-0 C 3060
中災防ホームページ　https://www.jisha.or.jp/

本書の内容は著作権法によって保護されています。
本書の全部または一部を複写（コピー）、複製、転載
すること（電子媒体への加工を含む）を禁じます。

中災防の 衛 生 管 理 者 向け 図 書

今日から安全衛生担当シリーズ
衛生管理者の仕事

福成雄三 著
A5判　224ページ
定価　1,320円（本体 1,200円＋税10%）

コードNo. 24800
ISBN 978-4-8059-1760-2 C3060

　衛生管理者が、その職責を果たし、労働衛生水準を向上させて従業員が働きやすくなるよう、達成感のある衛生管理の仕事をしていくために、具体的に何をどのように行えばよいかを、基本から示す。

衛生管理者のための
リスクアセスメント

中央労働災害防止協会 編
B5判　128ページ
定価　1,100円（本体 1,000円＋税10%）

コードNo. 26120
ISBN 978-4-8059-1680-3 C3060

　衛生管理者が中心となって進める労働衛生面のリスクアセスメントの手法をわかりやすく解説。化学物質、粉じん、騒音、暑熱、電離放射線を対象にした具体的な実施方法等を収録。先取りの労働衛生管理を目指す衛生管理者に必携の1冊。

安全衛生図書のお申込み・お問合せは

中央労働災害防止協会　出版事業部
　〒108-0023　東京都港区芝浦3-17-12　吾妻ビル9階
　TEL 03-3452-6401　FAX 03-3452-2480（共に受注専用）
　　　　　　　中災防HP https://www.jisha.or.jp/